古典文獻研究輯刊

十五編

潘美月・杜潔祥 主編

第24冊

《眞靈位業圖》神仙源流研究（上）

張雁勇 著

國家圖書館出版品預行編目資料

《真靈位業圖》神仙源流研究（上）／張雁勇　著—初版—
新北市：花木蘭文化出版社，2012〔民 101〕
目 2+284 面；19×26 公分
（古典文獻研究輯刊 十五編；第 24 冊）
ISBN：978-986-322-007-7（精裝）
1. 道藏　2. 研究考訂
011.08　　　　　　　　　　　　　　　　101015072

ISBN-978-986-322-007-7

9 789863 220077

古典文獻研究輯刊
十五編　第二四冊　　　　　　　ISBN：978-986-322-007-7

《眞靈位業圖》神仙源流研究（上）

作　　者　張雁勇
主　　編　潘美月　杜潔祥
總 編 輯　杜潔祥
企劃出版　北京大學文化資源研究中心
出　　版　花木蘭文化出版社
發 行 所　花木蘭文化出版社
發 行 人　高小娟
聯絡地址　新北市永和區中正路五九五號七樓
　　　　　電話：02-2923-1455／傳眞：02-2923-1452
網　　址　http://www.huamulan.tw 信箱 sut81518@gmail.com
印　　刷　普羅文化出版廣告事業
初　　版　2012 年 9 月
定　　價　十五編 26 冊（精裝）新台幣 42,000 元

《眞靈位業圖》神仙源流研究（上）

張雁勇　著

作者簡介

張雁勇，男，1983 年生，山西省原平市人，現為吉林大學古籍研究所博士研究生。撰有《我國歷史上影響人口的文化因素》（第二作者）、《〈真靈位業圖〉「九宮」位的兩個問題》（第二作者）、《〈真靈位業圖〉校勘舉要》和《〈真靈位業圖〉成書考論》等論文。

提　　要

　　本書為首次研究中國道教史上第一部系統的神仙譜錄《真靈位業圖》之專著。《位業圖》現存於明《正統道藏》洞真部譜錄類，原題陶弘景撰。作者采摭前代道經，將道教眾多神仙「埒其高卑，區其宮域」，分別歸於玉清、上清、太極、太清、九宮、地仙、酆都鬼境七階位，構建了一個等級嚴密的神靈體系。它的形成從戰國到南朝經歷了七、八百年，所收人物在歷朝社會思潮和文化背景下完成了複雜的神化過程，對後世的道教神仙系統有垂範之功。

　　本書主體由三部分構成：《緒論》、上篇《〈真靈位業圖〉神仙源流研究》和下篇《真靈位業圖校註》。

　　《緒論》闡明了選題緣由、研究概況和研究方法，並附有四篇專題論文。研究方法上，主要運用考據法和文化要素分析法。關於成書，福永光司等學者對作者為陶弘景的質疑沒有切實根據，從文辭、教理、文獻淵源、神仙名目、陶弘景的思想等角度考察，該圖反映的思想源於陶氏，它是以上清派為主幹，兼及其他道教派別，引儒釋入道的神靈譜系，成書在 499-536 年間。版本方面，《位業圖》現存 6 個古代傳本，大體一致，皆有一些舛誤，但「殘本」說不能成立。

　　《上篇》按照來源，將《位業圖》神仙分為九類，依次為傳說人物、寓言人物、戰國秦漢方士與隱士、仙傳志怪人物、《真誥》所見神仙、史傳人物、神話人物、道氣的人格化、術數與自然神。選取了彭祖、九宮尚書張奉、酆都大帝等典型神仙，追根溯源，再現了他們走上神壇的歷史軌跡 從一個側面梳理出了漢魏之前道教形成的歷史。其中提出了一些新的見解 如認為「羅酆」名稱源於《禮記》「大羅氏」與《周易》豐卦兩種文化要素的組合等。本質上，這些虛無飄渺的神仙是由春秋末年老子用攝生主義來針砭時弊而發其端，戰國莊子繼而發展為片面的養生哲學，一批神仙方士為追逐富貴，又編造神仙故事以取信諸侯。自戰國秦漢方士隱士以下，除去一些由形而上學觀念和方術思想經過複雜人格化形成的神靈，他們大多不再是虛幻的，而是堅信神仙可學、不死可致的實踐者。

　　《下篇》是《位業圖》的校註本，以「三家本」《道藏》為底本，以《秘冊彙函》本、《四庫全書》之《說郛》本《重刊道藏輯要》本及《古今圖書集成》本為輔本，兼及《真誥》《無上秘要》、《雲笈七籤》和其他道經與相關材料進行比勘。這部分是本書的材料基礎，全面展現了神譜中每一位神靈的神化演進過程。

本書得到吉林大學 2011 年博士研究生
傑出人才培育資助計劃的資助

目次

前　言

　　神仙是道教信仰的核心。《眞靈位業圖》是中國道教史上第一部系統的神仙譜系，現存於明《正統道藏》洞眞部譜錄類騰字帙中，原題「梁貞白先生陶弘景纂，唐天台妙有大師玄同先生賜紫閭丘方遠校定」。它對我們研究道教教義以及神靈系統具有非常重要的意義。

　　《位業圖》作者採摭前代道經，仿班固《古今人表》體例，將道教眾多神仙「埒其高卑，區其宮域」，分別歸於七個等級的約七百個具體仙位，這些等級又各置主神。七個階位，從上到下依次爲：玉清、上清、太極、太清、九宮、地仙、酆都鬼境。每階位都列有左、中、右三位，中位爲主神，左右位是其麾下的附屬仙眞，第二和第六階又特設女眞位，第五和第六階左右還設有散仙位。

　　《位業圖》各階位的基本情況如下：

　　第一階位神仙高居玉清三元宮，中位主神爲「上合虛皇道君應號元始天尊」；左位包括五靈七明混生高上道君等 19 位高仙；中散位有 11 君，諱字不顯；右位包含紫虛高上元皇道君等 19 位神仙。其中「元始天尊」、「玉皇」、「玉帝」多見於道經，其他神仙只有少數道經提及。右位的玉天太一君和太一玉君爲哲學觀念演變而來的神仙，其他皆爲成熟的道教所杜撰。此階位神靈之後附有說明：「右玉清境元始天尊爲主，已下道君皆得策命學道，號令群眞。太微天帝來受事，並不與下界相關。自九宮已上高眞仙官皆得朝宴焉。」可知，元始天尊爲最高統領，三元宮旗下的都是高級神仙，位處超然境界，名號神秘，看不出任何人間的痕跡，也無性別之分，與下界沒有直接聯繫，第五階位以上的神仙才有資格朝宴之。

　　第二階位神仙位處上清境，是凡人修道所能達到的最高境界。中位主神是「上清高聖太上玉晨玄皇大道君」；左位有 30 多位神仙和逸域宮等 5 座宮闕，其中有太微天帝、赤松子、西城王君、扶桑大帝、青童君、大茅君、許穆、楊羲等上清派重要仙眞。右位有右聖金闕帝晨後聖玄元道君、右輔侍帝晨領五嶽司命右弼桐栢眞人金庭宮王君、侍帝晨右仙公許君等，共計 8 位。與第一階位相比，第二階位有了一些人間的氣息，還設有女眞位，以紫微元靈白玉龜臺九靈太眞元君（即西王母）爲首，率領紫虛元君領上眞司命南嶽魏夫人等 50 多位女仙，還有太和殿等 5 座宮闕。此階位一部分神仙標明了具體職能，凸顯出了上清派所崇奉的仙眞。

　　第三階位神仙處於太極宮，中位主神是「太極金闕帝君姓李」，左位有神仙 49 位，右位有 34 位，左右位前列包括有太極左眞人中央黃老君在內的太極四眞人等杜撰的神仙，老聃、無上眞人文始先生尹喜等歷史人物，北極眞人安期生等得道的方士。值得注意的是，該階位出現了儒家聖賢孔子、顏回，傳說中的上古帝王堯、舜、禹等，以及支離、王倪、許由等《莊子》裏的寓言人物。

　　第四階位神仙位於太清境，神仙數目在 7 個階位中最多。與其他階位不同，該中位有兩位主神——「太清太上老君」和「上皇太上無上大道君」。其中左位以正一眞人三天法師張（諱道陵）爲首，有茅初成等得道之方士，元始天王、玄成青天上皇和南上大道君三位太清尊位之神，太上丈人、天帝君、九老仙都君、九氣丈人等，二十四官君將吏和千二百官君將吏爲氣化結成。右位除太清仙王趙車子等一些得道方士以外，還有大量的丈人、玉女、力士和使者，緯書中的東方靈威仰等五方帝也在其中，太素玉女、白素玉女均與五行和方位有關。

　　第五階位以九宮尙書「張奉」爲主神，基本爲郭四朝等一般道士，左有 4 位，右有 7 位，其他是散仙，凡 25 位。

　　第六階位以「右禁郎定祿眞君中茅君」（即茅固）爲主神，也基本上是一般道士，左位以三官保命小茅君爲首，共 11 位；右位以右理中監劉翊爲首，共 16 位；地仙散位 100 多位；設有女眞位，但女眞位中有一些男仙，或是傳抄舛誤所致；有童初府、蕭閑宮、易遷宮和含眞臺，這些宮闕里包括眾多的得道之人。由第一階位末尾所言「右玉清境元始天尊爲主……自九宮已上，上清已下，高眞仙官皆得朝宴焉」，可知第六階位和後面第七階位的神仙在神

界已經處於較低的地位了。

　　第七階位以「酆都北陰大帝」爲主神，共 75 職，名顯者凡 119 人。左右位絕大多數是古代的帝王將相和官吏，如有北帝上相秦始皇、北帝太傅魏武帝、水官司命晉文公等。還效倣古代帝王有四輔，列有東明公領斗君師夏啓、西明公領北帝師周文王、南明公召奭、北明公吳季札，四明公各治一天宮，各有賓友，另外鬼官北斗君周武王也治一天宮。縱覽這一階位，秦始皇曾經迷戀不死之藥，魏武帝籠絡方上，何晏曾服食五石散，王逸少（即王羲之）是五斗米信徒，殺鬼、地映、日遊，北帝常使之殺人，其他鬼官與道教關係不大，多爲三國兩晉時的名士。

　　研究這些眾多的神靈，本書分緒論、上篇《眞靈位業圖》神仙源流研究、下篇《眞靈位業圖》校註三個部分。緒論介紹了選題緣由、研究現狀以及研究思路，並附有四篇相關論文，對《位業圖》的成書、作者、版本、校勘等問題作了專題討論；上篇對神譜中神仙的源流進行了考察，按照神仙的來源，將《位業圖》中的神仙分爲九個類型，分別爲傳說人物、寓言人物、戰國秦漢方士與隱士、仙傳志怪人物、《眞誥》所見神仙、史傳人物、神話人物、道氣的人格化、術數與自然神，選取了其中的典型神仙，如黃帝、彭祖、九宮尙書張奉、酆都大帝等等，追溯了他們的根源，再現了他們走上神壇的歷史軌跡，試圖從一個側面梳理出漢魏之前道教形成的歷史。下篇是對《位業圖》七個階位諸神仙的校註，從大體上梳理了他們神化的過程，可爲大家繼續研究《位業圖》提供一些參考。

　　希望本書能夠對道教研究，特別是對道教早期神譜的研究稍盡綿力。書中不妥之處，敬祈學界師長賜予校正。

緒　論

　　緒論分爲兩部分，第一部分主要介紹本書選題緣起、研究現狀和研究思路。選題緣起指出本書是研究道教前史的重要組成部分；在研究現狀的梳理中，可以看出目前學界對於《位業圖》研究的深度有待加強；研究思路說明本書採用了文化要素分析的研究方法。第二部分是一些相關問題的研究，涉及到《位業圖》的成書和作者、「九宮」位的考釋和校勘三個問題。

第一節　選題緣起

　　道教作爲從中國原生文化土壤中孕育出來的宗教，對此後的政治、經濟、文化、社會都產生了廣泛而深刻的影響，是中國傳統文化的三大支柱之一。[註1] 基於文化發展的慣性，其中許多文化要素至今仍然以各種方式牢固地留存於中國人的日常生活之中。自二十世紀以來，道教研究在中外學者的努力經營下，逐漸展開並日益深入，取得了豐碩的成果，但在各種論作中，對道教前史的闡釋則失於簡約。如何通過梳理中國古代早期文化來推進道教前史的研究，是一個值得注意的課題。此外，世界的文明是多樣的，在借鑒西方文化人類學理論的同時，我們如何建立起中國自己的文化理論，來解釋中國古代文化，是值得學人長期深思的問題。我的導師常金倉先生有鑒於此，十年來指導數屆研究生在已有研究的基礎上，就早期道教形成中的諸要素進行了一些專題分析，以期對此有所補益。已做的相關碩士論文有晁天義的《文

〔註 1〕　任繼愈主編：《道藏提要・序》（第三次修訂），中國社會科學出版社 1991 年版，第 1 頁。

化新綜合的一個案例——〈抱朴子〉巫術溯源》、楊宇寧的《道符的由來》、王霄雲的《戰國時期的淫祀研究》、史海娜的《秦漢神仙方士文化的神學化與儒學化》、王娟的《〈眞靈位業圖〉神仙演化過程考察》等，博士論文有張文安的《中國神話研究與文化要素分析》。這次我們從神仙信仰的角度切入，仍然選取原題爲南朝齊梁高道陶弘景所造的重要道經《眞靈位業圖》進行深入探究，繼續促進道教前史中神仙譜系的研究進程。

　　道教的核心是對神仙的崇奉，對神仙體系的探索是梳理道教教理的關鍵一環。《位業圖》現存於明《正統道藏》洞眞部譜錄類之中，是中國道教史上第一部系統的神仙譜錄，它構建了一個等級嚴密的神靈世界。這個圖譜的形成從戰國到南朝經歷了七、八百年，所收人物在歷朝社會思潮和文化背景下完成了複雜的神化過程，對後世的道教神仙系統有開創和垂範之功。這次我們將重點放在考察神仙的類別和源流上，兼及對成書、作者和版本的考辨和闡述，試圖從一個側面梳理出漢魏之前道教形成的歷史。

　　在學術界，有些學者已經注意到了研究《位業圖》的學術價值，王明曾經肯定它爲「一種有用的歷史材料」。〔註 2〕王宗昱指出：「如果我們研究道教教義的發展變化，我認爲應該考察這個眞靈位業系統在道教史上的意義。」〔註 3〕日本石井昌子在《道教的神》一文中也認爲「其（指《位業圖》）列出的眞仙名稱對於考察道教教理也是必要的，也是研究道教神的基本資料」。〔註 4〕此外，在研究過程中，我們還發現一些學者由於對《位業圖》的瞭解不夠深入，導致了一些錯誤的認識，都需要我們加以糾正，如一概認爲該神譜中兩處出現「赤松子」爲撰者疏忽所致，有的把赤松子當作了老君的化身；〔註 5〕又如把第五中位的「張奉」誤認作道教的創始人；〔註 6〕再如把第三右位「西嶽卿副司命季翼仲甫」（即李仲甫）等同於「太極金闕帝君姓李」，〔註 7〕如此等等，不一而足。

　　基於上述原因，專門清理這部神譜顯得很有必要。通過這次研究，我們

〔註 2〕王明：《道家和道教思想研究》，中國社會科學出版社 1984 年版，第 95 頁。
〔註 3〕王宗昱：《〈道教義樞〉研究》，上海文化出版社 2001 年版，第 271 頁。
〔註 4〕〔日〕福井康順等監修，朱越利等譯：《道教》，上海古籍出版社 1990 年版，第 1 卷，第 108 頁。
〔註 5〕周紹賢：《道家與神仙》，臺灣中華書局 1982 年版，第 115 頁。
〔註 6〕干春松：《神仙傳》，東方出版社 2005 年版，第 76 頁。
〔註 7〕容志毅：《〈太微靈書紫文琅玕華丹神眞上經〉出世朝代及外丹黃白法考》，《宗教學研究》2009 年第 3 期。

可能會在道教研究中推進關於神仙譜系的認識，糾正一些偏頗的觀點，以作爲今後進一步深入研究的基礎。最後，這本小書雖然解決的祇是一個道教的學術問題，但通過我們的探索，可以使大家瞭解社會上所崇奉的神仙最初是如何產生的，明白這些神仙祇是一種存在的社會信仰，本質上是人類自身造作的結果，而萬萬不是什麼眞實的客觀存在。這本身就是對社會現實的積極觀照和回應，是指向可操作性工作的一個必然前提。從這方面來說，本課題又具有一定的實踐價值和現實意義。

第二節　研究概況

　　目前對《位業圖》進行系統研究的成果有限，相關論述散見於道教研究的各種論作之中。總體上來看，這些論述多側重於神譜的結構、與儒家和佛教間的關係、在道教史上地位的闡釋，在成書年代與作者考證上也略有涉及，取得了一些積極的成果；而對它的版本和從整體的角度來審視眾多神仙來歷的研究則近於忽視，也沒有出現校註本，因此有待全面的梳理和深入探究。現將學者相關研究成果介紹如下：

一、《眞靈位業圖》的綜合研究

（一）成書背景與作者

　　以任繼愈主編的《中國道教史》，李養正的《道教概說》，卿希泰主編的《中國道教》、《中國道教史》，湯一介的《早期道教史》，牟鍾鑒的《中國道教》，鍾國發的《陶弘景評傳》，日本福井康順監修的《道教》，小柳司氣太的《道教概說》等爲代表的通論性著作，在以陶弘景爲作者的前提下，均對《眞靈位業圖》的成書背景有所交代。歸納起來有兩點：大而言之，南朝政壇波譎雲詭，陶弘景從一名疲憊的官僚轉化爲宗教學者；小而言之，道教眾經中的神仙新舊雜陳，紛然無序，亟待梳理。〔註8〕他們普遍認爲南北朝是道教勃興但存在諸多問題的時代，當時派別很多，不相統屬，理論不一，佛教對道教又有很大的衝擊力，自然在道教理論上整齊劃一顯得十分迫切。陶弘景由於仕途的不得志，轉向了道教特別是道教理論方面的建設，《位業圖》即是其

〔註8〕　任繼愈主編：《中國道教史》，上海人民出版社 1990 年版，第 170、188 頁；卿希泰主編：《中國道教史》（修訂本），四川人民出版社 1996 年版，第 1 卷，第 502～521 頁。

中的重要成果。鍾國發則進一步強調，陶弘景對神仙譜系的整合是類似於佛教的一種「教相判釋」行為，其目的就是為了建造以上清派為主，相容道教其他派別的神仙體系。〔註9〕

關於作者，由於陶翊的《華陽隱居先生本起錄》沒有著錄《位業圖》，後世一些學者對《位業圖》是否成於陶弘景頗有懷疑。明朝王世貞在《題陶貞白〈靈寶真靈位業圖〉》（《秘冊彙函》本）中說：「《靈寶真靈位業圖》者，華陽陶隱居通明造……余疑後人傅會書耳，而序辭頗質雅而不快爽，類陶筆……考通明傳所載著書，在世者一百六十六卷，入山者五十七卷，都不載有此，終恐後人傅會耳。」〔註10〕清朝學者王士禎更是站在捍衛儒家的立場之上，在《居易錄》、《香祖筆記》、《古夫於亭雜錄》中對《位業圖》持強烈的批判態度，在《居易錄》中，他認為該神譜可能是宋林靈素一輩道流所造。〔註11〕《四庫全書總目提要》卷 147《位業圖》（內府藏本）條曰：「舊本題陶弘景撰，弘景有《真誥》已著錄，《真誥》見於唐宋志，朱子謂其竊佛家至鄙至陋者，此書杜撰鑿空，又出《真誥》之下，其用緯書靈威仰……誕妄殆不足辨。」〔註12〕

到了民國時期，《位業圖》蒙以偽名之狀況大有改觀，學者余嘉錫將《位業圖》的著作權又重歸陶弘景名下，他在《四庫提要辨證》中說：「弘景肯作《真誥》，未必不可作此書。《道藏》尊字型大小《陶隱居集》載有此書之序，相其文詞，實出六朝人之筆，非出偽託。雖《雲笈七籤》卷一百七弘景從子翊所撰《華陽隱居先生本起錄》篇末詳列弘景撰集名目凡三十六種，二百一十九卷，並無此書之名，似有可疑。然翊自註云：『又有圖象雜記甚多，未得一二盡知見也。』則弘景之著述，翊容有未知，不足深怪。」〔註13〕余先生

〔註 9〕 鍾國發：《陶弘景評傳》，南京大學出版社 2005 年版，第 254、260 頁。

〔註 10〕 陶弘景：《靈寶真靈位業圖》（影印本），中華書局 1990 年版，第 5 頁。

〔註 11〕 王士禎《居易錄》曰：「《真靈位業圖》，世傳陶貞白所造，然荒唐謬悠可笑。其云長史、施存，虞翻非吳之仲翔矣，抑誤記時代耶，至以夫子為太極上真公，顏子為明晨侍郎，帝舜以服九轉神丹入九疑山得道，夏禹受鍾山真人靈寶九跡法治水……吾儒以自重，如釋氏以至聖先師為儒童菩薩之類，尤可恨也。弇州固常駁其非通明作，然何物道流敢於舞文侮聖如此，當墮泥黎地獄，或是林靈素、劉煉一輩所造作耳。」《文淵閣四庫全書》，臺灣商務印書館 1986 年版，第 869 分冊，第 378 頁。

〔註 12〕 〔清〕永瑢，紀昀主編：《四庫全書總目提要》，海南出版社 1999 年版，第 759 頁。

〔註 13〕 余嘉錫：《四庫提要辨證》，中華書局 1980 年版，第 3 分冊，第 1223 頁。

的判斷得到了學界的廣泛認同。〔註 14〕需要提及的是，日本福永光司似乎更爲謹愼，他指出「把《位業圖》作爲陶弘景所撰，這是有疑問的。」理由有四：第一，在《眞誥》和《登眞隱訣》等陶弘景的道教著作中，元始天尊等上位之神全然未見；第二，《位業圖》的現行本經唐末五代道士閭丘方遠校定；第三，第二中位主神「上清高聖太上玉晨元皇大道君，爲萬道之主」和第二右位「右聖金闕帝晨後聖玄元道君」等名稱和唐李淳風《金鎖流珠引序》的名稱一樣；第四，《辨證論》卷 7 引《陶隱居內傳》之「住茅山中，立佛道二堂，隔日朝禮，佛堂有像，道堂無像。」評曰：「所以然者，道本無形，但是元氣。」〔註 15〕對於福永光司所列理由，筆者不敢苟同，理由如次：首先，雖然元始天尊等不少高級仙眞未見於陶氏其他道教著作，但六朝道經《元始高上玉檢大錄》約有 20 位神仙見於《位業圖》，多在玉清三元宮，陶氏總結前代道書神仙名目造作《位業圖》未嘗不可；其次，閭丘氏所進行的校定衹是整理舊籍，與陶氏爲作者不存在矛盾；再次，第二位的高仙名目與李淳風《金鎖流珠引序》相同，這與陶氏造作該圖亦無牴牾之處，而事實是《眞誥·甄命授第一》陶註就有「太上高聖玉晨大道君」，《眞誥·協昌期第一》正文也有「太上大道玉晨君」，〔註 16〕《登眞隱訣》卷下亦有「上清上宮太上高聖玉晨道君」。〔註 17〕另外，李淳風曾爲陶弘景所集《太上赤文洞神三籙》作註，〔註 18〕以此推之，他承襲陶氏在《位業圖》中的神仙名目則更有可能；復次，

〔註 14〕 持此觀點的學者甚眾，主要有：李養正：《道教概說》，中華書局 1989 年版，第 99 頁；任繼愈主編：《道藏提要》（第三次修訂），中國社會科學出版社，1991 年版，第 73 頁；潘雨廷：《道藏書目提要》，上海古籍出版社 2003 年版，第 63 頁；王明：《道家和道教思想研究》，中國社會科學出版社 1984 年版，第 94 頁；卿希泰主編：《中國道教史》（修訂本），四川人民出版社 1996 年版，第 1 卷，第 521 頁；湯一介：《早期道教史》，昆侖出版社 2006 年版，第 271 頁；〔日〕窪德忠著，蕭坤華譯：《道教史》，上海譯文出版社 1987 年版，第 147 頁；〔法〕安娜·塞德爾著，蔣見元、劉凌譯：《西方道教研究史》，上海古籍出版社 2000 年版，第 49 頁等。

〔註 15〕 〔日〕福永光司：《昊天上帝、天皇大帝和元始天尊——儒教的最高神和道教的最高神》，陳鼓應主編《道家文化研究》，上海古籍出版社 1994 年版，第 5 輯，第 360 頁。

〔註 16〕 〔日〕吉川忠夫、麥谷邦夫編，朱越利譯：《眞誥校註》，中國社會科學出版社 2006 年版，第 162、292 頁。

〔註 17〕 《道藏》，文物出版社、上海書店、天津古籍出版社聯合影印明《道藏》1988 年版，第 6 分冊，第 620 頁。

〔註 18〕 《道藏》，文物出版社、上海書店、天津古籍出版社聯合影印明《道藏》1988 年版，第 10 分冊，第 793 頁。

「道堂無像」並不能說明陶氏沒有確立最高神。鑒於福永光司所列理由缺乏說服力，所以作者問題需要進一步釐清。

（二）文獻特徵

關於《位業圖》的特徵，學者多從所屬派系、結構、與政治的關係、和儒釋間的關係等角度進行分析。王宗昱先生主要從位業教義的角度提出了一些看法，他指出，該神譜完全是在上清經典的傳統教義基礎上構造而成，卻也在某種程度上包容了靈寶經中的因素，而佛教對它基本沒有影響，也無靈寶經典中的佛教成分。〔註 19〕干春松認爲兩晉南北朝道教神仙信仰的一大特點就是出現了以《位業圖》爲代表的神仙譜系，道教徒塑造越來越多的神仙是出於應對當時佛教衝擊的考慮。〔註 20〕湯一介先生認爲「道教爲自己的宗教建立神仙譜系的要求無疑是受到佛教的影響」，但又進一步指出「更爲重要的仍是中國社會自身的原因所使之然的」。〔註 21〕與其他觀點相比較而言，這應該是比較通達的看法。日本常盤博士注意到了神譜的結構，將《位業圖》稱爲道教之「曼陀羅」，認爲它與密教的曼陀羅有相似之處。〔註 22〕葛兆光先生對《位業圖》作了獨特的分析，他指出，中國古代的宇宙圖式和「生存」與「死亡」的二元對立觀念是組織這個神譜的兩個坐標系。〔註 23〕馬曉宏先生對《位業圖》的特點作了總結，第一，該神譜雜而多端，陶弘景祇是對當時所奉神仙作了羅列；第二，對三清的劃分不夠明確，對天仍是水準方向的認識；第三，這一時期的道教造神是對前代的全面繼承和發展，神仙隊伍的擴大是攀比佛教的結果；第四，以地上官階的品序爲神仙定尊卑，旨在對道教各派別的統一。〔註 24〕對於第四點，鍾玉英也從社會學的角度闡述了自己的認識，她認爲，陶弘景爲群神排定座次深受當時社會等級分層影響，「實際上是從宗教神學的立場來證明和強化封建等級制度的合理性，肯定和維護既有的社會分層秩序。」〔註 25〕湯一介先生也有類似看法，他指出：「陶弘景所

〔註 19〕王宗昱：《〈道教義樞〉研究》，上海文化出版社 2001 年版，第 270 頁。
〔註 20〕干春松：《神仙信仰與傳說》，中國人民大學出版社 1992 年版，第 36 頁。
〔註 21〕湯一介：《早期道教史》，昆侖出版社 2006 年版，第 281 頁。
〔註 22〕轉引自〔日〕小柳司氣太著，陳彬龢譯：《道教概説》，商務印書館 1926 年版，第 76～77 頁。
〔註 23〕葛兆光：《道教與中國文化》，上海人民出版社 1987 年版，第 60 頁。
〔註 24〕馬曉宏：《天‧神‧人——中國傳統文化中的造神運動》，國際文化出版公司 1988 年版，第 103～105 頁。
〔註 25〕鍾玉英《漢末魏晉南北朝道教與社會分層關係研究》，四川大學出版社 2008

構造的神仙譜系的等級不過是人間等級制度的投影，它又反過來給人間現存的制度加上神聖的靈光，以便論證其『合理性』。」〔註26〕日本石井昌子也認為「該書與當時梁武帝確立的國家權力相呼應，具有連鎖反應的意義。」〔註27〕法國安娜·塞德爾認為，陶弘景將各種教義中的所有道教神祇都歸入一張有秩序的譜系圖中，是對超自然官僚結構最清楚的系統闡述。塞德爾還對研究女仙在道教中的地位作了提示，〔註28〕這為我們研究神譜中以「紫微元靈白玉龜臺九靈太真元君」（即西王母）和「紫虛元君領上真司命南嶽魏夫人」（即魏華存）為首的女仙提供了一些思路。王景琳認為較同時期其他道教派別神仙系統而言，《位業圖》更顯得體系精緻，寬宏大度，容易使社會各個階層接受，體現了陶弘景具有政治家和思想家的獨特眼光，因此影響深遠。至於將有名的歷史人物列入神譜，他認為可能是為了給道教壯大門面。〔註29〕與儒家關係方面，干春松指出，將儒家代表人物納入神仙系統，明顯吸收了儒家的思想，「體現了宗教與世俗權力的結合，作為維持社會秩序的一大支柱」。〔註30〕

（三）相關文獻

任繼愈先生主編的《道藏提要》指出，《位業圖》的神仙名目與《真誥》和《元始上真眾仙記》部分相合，在《七域修真證品圖》的介紹中提示，經文將修仙之功果分為七等，與陶弘景的《位業圖》極為相似，兩者都為上清派道書，成書年代大致相同。〔註31〕干娟的《道教神譜〈真靈位業圖〉神仙演化過程考察》有進一步推廣，指出《列仙傳》、《太平經》、《神仙傳》、《元始上真眾仙記》、《大洞真經》、《元始高上玉檢大錄》、《靈寶五符經》、《真誥》、《登真隱訣》等道經為《位業圖》中神仙名目主要的文獻淵源。其實除此之

年版，第 180 頁。
〔註26〕湯一介：《早期道教史》，昆侖出版社 2006 年版，第 284 頁。
〔註27〕〔日〕石井昌子：《道教的神》，福井康順等監修，朱越利等譯《道教》，上海古籍出版社 1990 年版，第 1 卷，第 108 頁。
〔註28〕〔法〕安娜·塞德爾著，蔣見元、劉凌譯：《西方道教研究史》，上海古籍出版社 2000 年版，第 49、37 頁。
〔註29〕王景琳：《鬼神的魔力——漢民族的鬼神信仰》，生活·讀書·新知三聯書店，1992 年版，第 105 頁。
〔註30〕干春松：《神仙信仰與傳說》，中國人民大學出版社 1992 年版，第 37 頁。
〔註31〕任繼愈主編：《道藏提要》（第三次修訂），中國社會科學出版社 1991 年版，第 72、73、193 頁。

外，該神譜中的神仙還源於更多的道經，需要深入發掘。日本石井昌子將《位業圖》與北周時期道教類書《無上秘要》卷 83 和卷 84 進行了比較分析，注意到兩者的神仙排列次序存在大同小異的情況，由此提出一種假說，即該神譜最初可能不是現行《道藏》的形式，而是類似於千佛圖的樣式，但作者的困惑仍然存在，認爲兩者之間有密切聯繫，有進一步研究的必要。〔註 32〕

（四）總體評價

中國古代學者對《位業圖》多持否定態度。清朝學者王士禎在《居易錄》卷 6 和卷 27，《香祖筆記》卷 9 及《古夫於亭雜錄》卷 5 對它持強烈的批判態度。他認爲該神譜「荒唐謬悠可笑」，而且特別指出，將孔子等聖人列入神譜是「舞文侮聖」的行爲。〔註 33〕《四庫全書總目提要》卷 147 視《位業圖》爲杜撰鑿空之作，稱其「誕妄殆不足辨」，認爲明朝王世貞與胡震亨對此神譜的考覈「殆亦好奇之過矣」。總之，在中國古代社會中，士大夫們往往站在儒家的理性立場，對包括《位業圖》在內的道教經文進行激烈的批駁，這是由時代大背景所決定的。

任繼愈主編的《中國道教史》充分肯定了陶弘景在道教史上造作《位業圖》的貢獻，認爲經過這次整理，形成了一個等級有序、統屬分明的龐大完整的道教神仙譜系，「使得道教從多神教向一神教發展前進了一大步，在道教史上影響甚大」。〔註 34〕王娟的《道教神譜〈真靈位業圖〉神仙演化過程考察》總結了學者們的共同認識，指出該神譜是最早將紛亂的道教神仙整理爲譜系的代表之作，爲唐宋神仙譜系的最後定型奠定了重要基礎。這些概括都是切合實際的。《位業圖》對梁朝之後的道教發展及其他領域究竟產生了哪些具體的影響，如何估量它的作用和地位，還是需要繼續研究的。

二、神仙個案研究舉要

《位業圖》共分爲 7 個神階，大約包含 700 個仙位，數千名神仙，相關的研究成果甚多，不少重要神仙的源流已經被考察得相當成熟，形成了共識，但也有相當一部分未能得到應有的廓清，還有一部分研究者的結論存在進一步探討的餘地，現將前人關注的要點和問題舉要如下：

〔註 32〕 〔日〕石井昌子：《道教的神》，福井康順等監修，朱越利等譯《道教》，上海古籍出版社 1990 年版，第 1 卷，第 108～109 頁。
〔註 33〕 《文淵閣四庫全書》，臺灣商務印書館，1986 年版，第 869 分冊，第 378 頁。
〔註 34〕 任繼愈主編：《中國道教史》，上海人民出版社 1990 年版，183～189 頁。

（一）卿希泰主編的《中國道教》專列神仙譜系條目，梳理了諸如「三清」、東王公、西王母、赤松子、安期生等一部分重要神仙的源流。王娟的《道教神譜〈眞靈位業圖〉神仙演化過程考察》對一部分神仙的來源作了列表處理，又特別對「三清」、冠有「太一」名號的神仙、赤松子、西王母、安期生、黃帝、五方天神、淮南八公、鬼谷先生等的源流進行了較爲詳盡的追溯。但由於缺乏對神譜深入的探究，在「元始天尊」與「元始天王」之間的區別，「太極金闕帝君姓李」與「太上老君」及「老聃」之間的關係，兩次出現「赤松子」名目，以及府臺宮闕的存在是否爲神譜粗糙的表現等問題未能釐清，導致了一些認識上的錯誤。但總的來說，這篇論文爲日後在該課題上的繼續探索提供了有益的參考。

（二）關於老子的神話問題，各種道教通論如任繼愈先生主編的《中國道教史》，卿希泰主編的《中國道教》、《中國道教史》，牟鍾鑒的《中國道教》，卿希泰與詹石窗主編的《道教文化新典》等屢有涉及，普遍認爲老子的宗教化始於東漢年間，受讖緯神學影響，人們對老子這一道家宗師作了神化處理。論文方面有李養正先生的《〈老子〉、老聃與道教》〔註35〕，鍾肇鵬的《老子的神話》，〔註36〕潘慶的《老子怎樣成了太上老君》，〔註37〕晁天義的《老子長壽神話的文化學分析》，〔註38〕碣石的《漢代老子神話現象考》〔註39〕等等，分別從不同角度對老子與道教之間的關係進行了深入的分析。《位業圖》中出現了「太極金闕帝君姓李」、「太上老君」及「老聃」三個與老子直接相關的神仙名目，三者關係如何，有待考察。

（三）對西王母的研究歷來是學術屆的熱點。有些近代西方學者出於文化侵略的目的，一部分近代中國學者出於文化自卑或喜於接受所謂西方先進思想文化的傾向，先驗地拿來西方進化論和圖騰學說等理論，使用音訓、借用零星的考古材料等手段對西王母的起源提出了眾多的推斷，如朱芳圃在《西王母考》中論證西王母爲西方獯族所奉祀的圖騰動物；〔註40〕

〔註35〕李養正：《〈老子〉、老聃與道教》，《文史哲》1990 年第 3 期。

〔註36〕鍾肇鵬：《老子的神話》，《尋根》1996 年第 2 期。

〔註37〕潘慶：《老子怎樣成了太上老君》，《華夏文化》1997 年第 1 期。

〔註38〕晁天義：《老子長壽神話的文化學分析》，《史學集刊》2009 年第 3 期。

〔註39〕碣石：《漢代老子神話現象考》，《宗教學研究》1996 年第 4 期。

〔註40〕朱芳圃：《西王母考》，《開封師範學院學報》，1957 年第 2 期。

維吾爾族學者庫爾班・外力的《西王母新考》，則提出西王母與古印度文獻中的「烏摩」有關。〔註41〕總之，各種學說聚訟紛紜，概莫能一。常金倉先生無意於考察西王母產生的絕對時間和情形，而是充分考慮到西王母這一神話人物得以產生的社會歷史條件，指出西王母之形象產生於戰國濃厚的神仙思想氛圍當中，是方士在五行學說的影響下想像出來的。〔註42〕此說較其他通過音訓或零星的考古材料間接得出究竟的結論應該更為中肯。東漢末年道教正式形成之後，將西王母納入其神仙系統，並賦予了崇高的地位，唐末高道杜光庭撰《墉城集仙錄》，專門梳理道教中眾多的女仙，對西王母神話第一次進行了全面的敍述。以西王母為專題研究的文章有數百篇之多，從考古、民俗、她的形象、傳播、聖地，甚至與基督教聖母的比較等等作了多角度的分析。在道經中，西王母被屢次提及，其名號隨著時間的推移而變更，疊床架屋，在《位業圖》中，她是女真之首仙，名為「紫微元靈白玉龜臺九靈太真元君」，這有其豐富的文獻記載。

（四）元始天尊在《位業圖》中居於最高地位，是魏晉間道教新造的神靈。任繼愈主編的《中國道教史》等通論中指出，元始天王是葛洪在接受南方盤古傳說的基礎上於《枕中書》中構造出來的，後來上清派與靈寶派將元始天尊或元始天王奉為最高神，二者有時混稱。〔註43〕在《位業圖》中有元始天尊與元始天王兩個神靈名目，分別置於不同階位。

（五）酆都大帝在《位業圖》中處於第七階位，為天下鬼神之宗。卿希泰主編的《中國道教》認為其與《論衡》引《山海經》中的北方鬼國、《太平經》之土府及葛洪《枕中書》中的五方鬼帝有淵源關係。〔註44〕鍾國發和王宗昱都認為酆都大帝與東漢時儒家盛行的「六天」說有聯繫，並且指出「羅酆」這一名稱與周都及鬼官周文王、周武王等儒家聖賢有關。鍾國發還提示了古代司命、泰山及黃神信仰與酆都大帝之間的關係。〔註45〕周曉薇在《豐都與酆都的演變及其地理文化》一文中釐清

〔註41〕庫爾班・外力：《西王母新考》，《新疆社會科學》1982 年第 3 期。

〔註42〕常金倉：《穆天子傳的時代和文獻性質》，《社會科學戰線》2006 年第 6 期。

〔註43〕任繼愈主編：《中國道教史》，上海人民出版社 1990 年版，第 184～186 頁。

〔註44〕卿希泰：《中國道教》，知識出版社 1994 年版，第 3 卷，第 123 頁。

〔註45〕鍾國發：《陶弘景評傳》，南京大學出版社 2005 年版，第 291～302 頁；王宗昱：《道教「六天」說》，陳鼓應主編《道家文化研究》（第 16 輯），生活・讀書・新知三聯書店 1999 年版，第 22～49 頁。

了歷史文獻中「豐都」、「酆都」、「北豐」和「北酆」之間的關係，認為「羅酆」因南北朝遼東的「北豐」而附會成「北酆」。〔註46〕關於道教設置酆都大帝的作用，葛兆光認為這種象徵「生」的神與象徵「死」的鬼二元對立的神譜「是引導人們趨向生命的永恆而迴避生命的消失。當然，當宗教倫理滲入神譜之後，生命便與『善』、死亡便與『惡』相連，神譜的這一結構便有了整頓人間倫理道德的作用。」〔註47〕關於酆都大帝名稱的由來是否有其他的思路，有一定的探討空間。

（六）赤松子在《位業圖》中位列第二階，名為「左聖南極南嶽真人左仙公太虛真人赤松子」。卿希泰主編的《中國道教》將赤松子追溯到《淮南子·齊俗》，對相關文獻作了簡要的梳理。日本學者大形徹從松樹代表長壽這一傳統觀念出發，得出赤松子一名來自於《詩經·鄭風》和《戰國策·秦策》所言的「山有喬松」和「松喬之壽」，其考證極為詳盡，頗具啟發性。〔註48〕其實這種思路正是戰國神仙方士造構神仙的慣用方式。在《位業圖》中兩次出現「赤松子」，一次「赤松」，學者論及此處，或言是陶弘景的疏失所造成，或者表達了困惑，陶氏作為一位嚴謹的學者何以至此，我認為尚需深入研究後再作定論。

以上衹是提到了一些典型的問題，由於《位業圖》中神仙眾多，恕不一一列出。

第三節　研究思路

在文獻的選取上，由於道經繁雜多端，不成系統，導致對各種神仙的認識及加工存在一定的差別，所以我們主要選取重要的經典文獻和陶弘景本人造作及著錄的道經來進行考察，兼及參考其他道經；傳世歷史文獻也是我們探討道教前史的重要依據。在文獻的時間維度上，重點選取梁朝之前的，也選取一些唐朝前後的典型文獻。

研究重心方面，因學力和時間所限，本書不計劃就上述提出的所有問題

〔註46〕 周曉薇：《豐都與酆都的演變及其地理文化》，《中國歷史地理論叢》2007年第3期。

〔註47〕 葛兆光：《道教與中國文化》，上海人民出版社1987年版，第61頁。

〔註48〕 〔日〕大形徹：《松喬考——關於赤松子和王子喬的傳說》，《復旦大學學報（社會科學版）》1996年第4期。

進行全面探討，而是將重點放在《位業圖》典型神仙的源流考察上。在方法上，不僅要沿用傳統的歷史考據法，而且還將應用文化要素分析法，對道教神仙的形成及演變進行闡釋，後者是常金倉先生在對文化理論進行多年反思之後於歷史研究中特別提倡的一種科學的分析方法。常先生在《論現象史學》一文中對這一方法進行了專門的闡述，他指出：「一個現象往往是由若干更簡單的文化因素組成的。因而當一個現象被確定下來以後，緊接著就要對這個現象加以分解」，而弄清楚現象是「由哪些因素綜合而成，以及這些因素在綜合體中分別發揮什麼作用」是現象分解的首要任務。〔註 49〕先生常告訴我們，研究歷史的重點應該放在文化現象上，通過分解，可以準確地理解歷史，在此基礎上，對其中的要素進行調適，進而可以有效地解決相應的社會問題。前文已經述及，通過我們的研究，可以使人們瞭解中國道教中神仙產生和發展的過程，明白所謂崇拜的偶像祇是人類在當時社會條件下自身玄構或誇張的結果，而真正的神仙是不存在的。從這一角度講，本書與現象史學的目的是完全一致的。就具體研究而言，本書使用文化要素分析法主要體現在以下兩點：首先，神譜是道教中的重要元素，我們根據神仙的來源把他們分成九大類別，就是對眾多仙真的一個分解，使我們可以對神譜中複雜繁多的神仙有一個明確而整體的認識；其次，我們將要考察的每類神仙當作一個生成和演變的歷史過程，在他們不斷神話化的進程中，多種文化因素與之不斷重新組合，從而不斷新陳代謝般重塑一個個信仰的形象，以致進入道教法眼最終被收列於神譜之中。另外，在理論上，常先生於《中國神話學的基本問題：神話的歷史化還是歷史的神話化？》一文中釜底抽薪般地批判了支配 20 世紀中國神話學的理論基礎——「神話歷史化」，指出它「本是在進化論指導下忽視文化多樣性的錯誤假定」，是「子虛烏有的臆測」。〔註 50〕道教本身是中國神話的一個營養倉，在考察《位業圖》神仙的產生和演化過程中，我們發現更多的則是「歷史的神話化」的現象，這也進一步印證了常先生理論的正確性。

〔註 49〕 常金倉：《論現象史學》，《寶雞文理學院學報（社會科學版）》2001 年第 3 期。
〔註 50〕 常金倉：《中國神話學的基本問題：神話的歷史化還是歷史的神話化？》，《陝西師範大學學報(哲學社會科學版)》2000 年第 3 期。

第四節　《眞靈位業圖》若干問題研究

　　考鏡源流，是正文字，應爲研究文獻的重要前提，故對《位業圖》的成書與作者以及校勘的探討是研究這一文獻的基石。學者對成書與作者的論述較爲疏闊，校勘方面則僅有王京州先生對《位業圖》序言進行研究的成果。本文試圖在這兩個方面作出進一步探索。

一、《眞靈位業圖》成書考論

　　對成書與作者問題的廓清是深入研究《位業圖》的基礎。如前所述，自明清以來，學界圍繞作者是否爲陶弘景頗有爭論，這些古今學者的討論爲我們探究作者問題提供了有益的參考，但綜觀其斷案立論，缺乏有力證據，未能夯實。余嘉錫先生持陶弘景編撰之說，筆者贊同此說，但認爲其論述還不夠透徹，解決這一問題的關鍵是從成書要素入手。基於此，現不揣淺陋，擬從文辭、教理、文獻源流、神仙名目、陶弘景思想等幾個方面對《位業圖》的成書以及它與陶弘景的關係略陳管見，以期對此有所補益。

（一）文辭

　　緒論已述及，余嘉錫先生據「相其文詞，實出六朝人之筆」以作爲《位業圖》「非出僞託」的一條證據，但未能明言。細加循檢，我們可以從序言與《眞誥》中的相似文辭得出明證。《位業圖·序》曰：「夫仰鏡玄精，覩景耀之鉅細；俯眄平區，見嚴海之崇深。」〔註51〕而《眞誥·運象篇第三》曰：「朗朗扇景曜，曄曄長庚煥。」《甄命授第三》也曰：「呼引景曜，凝靜六神。」《闡幽微第一》有「炎如霄中煙，勃若景曜華」〔註52〕這裡「耀」與「曜」意義相同。此外，葛洪《抱朴子內篇·明本》有「景耀高照，嘉禾畢遂」，東晉古籍《紫陽眞人內傳》〔註53〕有「光赤朝霞流景曜」一句，〔註54〕可知「景耀」或「景曜」在六朝時的道經中是常見的。「俯眄」一詞在《眞誥》中也時常出現，《運象篇第三》有「俯眄丘垤間，莫覺五嶽崇」；〔註55〕又有「仰超綠闕

〔註51〕《道藏》，文物出版社、上海書店、天津古籍出版社聯合影印明《道藏》1988
　　　　年版，第 3 分冊，第 272 頁。
〔註52〕〔日〕吉川忠夫·麥谷邦夫編，朱越利譯：《眞誥校註》，中國社會科學出版
　　　　社 2006 年版，第 118、222、472 頁。
〔註53〕任繼愈主編：《道藏提要》，中國社會科學出版社 1991 年版，第 136 頁。
〔註54〕《道藏》，文物出版社、上海書店、天津古籍出版社聯合影印明《道藏》1988
　　　　年版，第 5 分冊，第 545 頁。
〔註55〕〔日〕吉川忠夫、麥谷邦夫編，朱越利譯：《眞誥校註》，中國社會科學出版

內，俯眄朱火城」；〔註56〕還有「仰超琅園津，俯眄霄陵阿」。〔註57〕再如，《甄命授第一》有「墨羽之徒」，陶註曰：「墨羽應是墨翟，或是木羽也。」〔註58〕而序言雙行夾註中依然使用「墨羽」之名，未作改動。〔註59〕

最值得注意的是，在《眞誥》中，陶弘景已明確提出了「位業」這一概念。《運象篇第一》有「滄浪雲林右英夫人」，陶註曰：「案右英是紫微姊，今反在後，當位業有升降耳。」〔註60〕此外《翼眞檢第一‧眞誥敘錄》在「《眞誥‧稽神樞第四》」題下有小註曰：「此卷並區貫山水，宣敘洞宅，測眞仙位業，領理所關。分爲四卷。」〔註61〕馮利華指出「在明《正統道藏》中，（《眞誥》）首次被分析爲二十卷」，並進一步認爲「《眞誥敘錄》每篇題下小註則是明代道藏編修者所加，並非陶弘景的話。」〔註62〕由於《眞誥敘錄》這句話對於我們說明問題較爲重要，所以有必要對此略加辨正。《眞誥校註》爲《眞誥敘錄》中「《眞誥‧運象第一》」題下小註之「分爲四卷」作的注釋說：「以下所說『分爲四卷』、『分爲二卷』，蓋皆後世附加。」〔註63〕說明日本學者認爲「分爲四卷」和「分爲二卷」之前的話仍然是陶弘景所作。其實，小註開頭的「此卷」二字就可以說明陶弘景是按一卷來解題的，而後面的「分爲四卷」則是後世所加。因此，我們爲「位業」這一概念見於《眞誥》提供的以上證據是沒有問題的。此外，還有三則材料可以爲據，《闡幽微第二》曰：「玄子，字延期，隴西定谷人，漢明帝時諫議大夫、上洛雲中趙國三郡太守辛隱之子。」註曰：「辛隱字某某，檢外書未得此位業……」〔註64〕該篇另有文曰：

社 2006 年版，第 84 頁。

〔註56〕〔日〕吉川忠夫、麥谷邦夫編，朱越利譯：《眞誥校註》，中國社會科學出版社 2006 年版，第 92 頁。

〔註57〕〔日〕吉川忠夫、麥谷邦夫編，朱越利譯：《眞誥校註》，中國社會科學出版社 2006 年版，第 108 頁。

〔註58〕〔日〕吉川忠夫、麥谷邦夫編，朱越利譯：《眞誥校註》，中國社會科學出版社 2006 年版，第 184 頁。

〔註59〕《道藏》，文物出版社、上海書店、天津古籍出版社聯合影印明《道藏》1988年版，第 3 分冊，第 272 頁。

〔註60〕〔日〕吉川忠夫、麥谷邦夫編，朱越利譯：《眞誥校註》，中國社會科學出版社 2006 年版，第 8 頁。

〔註61〕〔日〕吉川忠夫、麥谷邦夫編，朱越利譯：《眞誥校註》，中國社會科學出版社 2006 年版，第 563 頁。

〔註62〕馮利華：《〈眞誥〉版本考述》，《古籍整理研究學刊》2006 年第 4 期。

〔註63〕〔日〕吉川忠夫、麥谷邦夫編，朱越利譯：《眞誥校註》，中國社會科學出版社 2006 年版，第 564 頁。

〔註64〕〔日〕吉川忠夫、麥谷邦夫編，朱越利譯：《眞誥校註》，中國社會科學出版

「鬼官職位，雖略因生時貴賤，而有大舛駁。皆由德業之優劣，功過之輕重，更品其階敘，不復得全依其本基耳。」〔註65〕在《運象篇第一》，南嶽夫人向弟子楊羲說神仙的次第位號，有23位男眞和25位女眞，其排列形式與《位業圖》十分相似。〔註66〕在《位業圖·序》中，「位業」這一觀念也得到了充分體現，文曰：「搜訪人綱，究朝班之品序；研綜天經，測眞靈之階業。」〔註67〕陶氏曾廣涉名山，致力於搜集道經，他在編撰《眞誥》之後，對神仙系統進行全面的整理應該是非常自然的事情。關於位業觀念的源流，我們將在下文論述。

（二）教理

《位業圖》中包含了位業、七階位、二十七品及四宮等具有鮮明等級性的觀念，在陶弘景的其他著作中均有所反映。這些觀念是對前代道教神仙觀念的繼承和綜合，對我們探討該神譜結構的形成具有重要價值，以下我們分別加以考察。

1.「位業」的觀念

「位業」是融合神仙階序和德業的一個道教名詞，這一觀念由來已久，後由陶弘景明確提出。六朝古靈寶經《太上太玄女青三元品誡拔罪妙經》〔註68〕卷上有「業力高下不同，受報各異。」和「隨業改形，隨福受報，隨劫轉輪，隨業死生」之說。〔註69〕另一部六朝古靈寶經《太上洞玄靈寶本行宿緣經》〔註70〕則指出「仙人有階級，眞人有品次矣」。〔註71〕約出於東晉末年的靈

社2006年版，第501頁。

〔註65〕〔日〕吉川忠夫、麥谷邦夫編，朱越利譯：《眞誥校註》，中國社會科學出版社2006年版，第496頁。

〔註66〕〔日〕吉川忠夫、麥谷邦夫編，朱越利譯：《眞誥校註》，中國社會科學出版社2006年版，第7～8頁。

〔註67〕《道藏》，文物出版社、上海書店、天津古籍出版社聯合影印明《道藏》1988年版，第3分冊，第272頁。

〔註68〕任繼愈主編：《道藏提要》（第三次修訂），中國社會科學出版社1991年版，第19頁。

〔註69〕《道藏》，文物出版社、上海書店、天津古籍出版社聯合影印明《道藏》1988年版，第1分冊，第836～837頁。

〔註70〕任繼愈主編：《道藏提要》（第三次修訂），中國社會科學出版社1991年版，第527頁。

〔註71〕《道藏》，文物出版社、上海書店、天津古籍出版社聯合影印明《道藏》1988年版，第24分冊，第670頁。

寶經《太上洞眞智慧上品大誡》〔註72〕借元始天尊之口說：「諸天上聖至眞大神諸天帝王即已過去塵沙之輩，得道之者，莫不由施散佈德作諸善功。」〔註73〕靈寶經中常充斥著不少佛教因果報應的內容，這裡的業報觀念應是直接採自佛教，但中國本土接受外國文化的內容是基於自身既有的傳統，所以我認爲「位業」觀念的淵源應當最終追溯到《周易·坤·文言》中「積善之家必有餘慶，積不善之家必有餘殃」的報應思想與傳統的等級觀念，東漢後期《太平經》中的承負說即是《周易》報應觀念的繼續發展。早期道經《太清太上八素眞經》〔註74〕亦受這種思想的影響，曰：「夫鬼可以學仙，如人可以學道，七世立德，故慶流子孫，令致神仙。」並且明確指出「眞中有高卑，玄中有階次」，「道有深淺，致有尊卑」，「道有尊貴，德業有昇降。」〔註75〕同爲早期上清經的《上清太上黃素四十四方經》〔註76〕也記載著修習不同的經典可以成爲不同的神仙。〔註77〕《眞誥·甄命授第四》也有「慶流七世」的說法。〔註78〕《稽神樞第一》曰：「高卑有差降，班次有等級耳。」〔註79〕由以上所舉道經內容可知，「位業」的觀念在早期上清派及靈寶派中已有廣泛的討論，只不過沒有形成像《位業圖》那樣統一的具體認識罷了。此外還有一個值得注意的參考系，唐朝時位業思想有進一步發展，唐初道士孟安排編撰的《道教義樞》〔註80〕對道教教義進行了系統總結，他在《位業義》中曰：

〔註72〕任繼愈主編：《道藏提要》（第三次修訂），中國社會科學出版社1991年版，第78頁。

〔註73〕《道藏》，文物出版社、上海書店、天津古籍出版社聯合影印明《道藏》1988年版，第3分冊，第395頁。

〔註74〕《道藏提要》因其見於《眞誥》，斷定爲成於梁以前古道經。任繼愈主編：《道藏提要》（第三次修訂），中國社會科學出版社1991年版，第190頁。《眞誥·甄命授第一》正文中提到了《八素眞經》，蓋更爲古老。

〔註75〕《道藏》，文物出版社、上海書店、天津古籍出版社聯合影印明《道藏》1988年版，第6分冊，第651～654頁。

〔註76〕任繼愈主編：《道藏提要》（第三次修訂），中國社會科學出版社1991年版，第670頁。

〔註77〕《道藏》，文物出版社、上海書店、天津古籍出版社聯合影印明《道藏》1988年版，第34分冊，第73頁。

〔註78〕〔日〕吉川忠夫、麥谷邦夫編，朱越利譯：《眞誥校註》，中國社會科學出版社2006年版，第251頁。

〔註79〕〔日〕吉川忠夫、麥谷邦夫編，朱越利譯：《眞誥校註》，中國社會科學出版社2006年版，第373頁。

〔註80〕任繼愈主編：《道藏提要》（第三次修訂），中國社會科學出版社1991年版，第537頁。

「義曰：位業者，登仙學道，階業不同；證果成眞，高卑有別。」註曰：「位是階序之名，業是德行之目。」〔註81〕將「位業」予以理論化，「試圖總結道教關於修煉成眞的境界及其階次的各種論述，構成一個有內在聯繫的系統。」〔註82〕可以說，《位業圖》和《道教義樞‧位業義》是道教在歷史上從不同角度闡釋位業觀念的兩個重要節點。但使我們略感困惑的是專門論述「位業」問題的《道教義樞‧位業義》竟然對《位業圖》絲毫未有提及，不過該章引用道書有限，《眞誥》也不再徵引範圍之內（援引過《眞跡》），對確定《位業圖》的成書年代影響不大。

「位業」觀念在陶弘景所編《登眞隱訣》和《眞誥》中皆有具體體現。《太平御覽》卷 662 引《登眞隱訣》曰：「三清九宮，並有僚屬，例左勝於右。其高總稱曰道君，次眞人、眞公、眞卿。其中有御史、玉郎諸小號，官位甚多也。女眞則稱元君、夫人，其名仙夫人之秩，比仙公也。」又曰：「凡稱太上者，皆一宮之所尊。又有太清右仙公、蓬萊左仙公、太極仙侯、眞伯、仙監、仙賓。」〔註83〕這段話所言的「例左勝於右」很容易使我們聯想到《位業圖》中的左位和右位，其中談到的神仙職位在神譜中皆有體現。《位業圖》是系統化的成果，應該成於《登眞隱訣》之後。《眞誥‧甄命授第一》又曰：「崑崙上有九府，是爲九宮，太極爲太宮也。諸仙人俱是九宮之官僚耳。至於眞人，乃九宮之公、卿、大夫。仙官有上下，各有次秩。仙有左右府，而有左右公、左右卿、左右大夫、左右御史也。明大洞爲仙卿，服金丹爲大夫，服眾芝爲御史，若得太極隱芝服之，便爲左右仙公及眞人矣。」〔註84〕這段話也有助於我們認識《位業圖》中對神仙官僚的安排。

2. 七階位的觀念

七階位指的是將神仙劃分爲七個等級，《位業圖》的七階位從上到下依次爲：玉清境、上清境、太極宮、太清境、九宮、地仙和酆都鬼官之境，這種劃分方式淵源有自。在《眞誥‧翼眞檢第一》中，陶弘景曰：「仰尋道經《上清》上品，事極高眞之業，佛經《妙法蓮華》，理會一乘之致，仙書《莊子內

〔註81〕《道藏》，文物出版社、上海書店、天津古籍出版社聯合影印明《道藏》1988年版，第 24 分冊，第 808 頁。

〔註82〕王宗昱：《〈道教義樞〉研究》，上海文化出版社 2001 年版，第 259 頁。

〔註83〕〔宋〕李昉等編：《太平御覽》，中華書局 1960 年版，第 3 分冊，第 2955 頁。

〔註84〕〔日〕吉川忠夫、麥谷邦夫編，朱越利譯：《眞誥校註》，中國社會科學出版社 2006 年版，第 187 頁。

篇》，義窮玄任之境。此三道足以包括萬象，體具幽明，而並各二十（據《眞誥校註》，「二十」應作「七」）卷者，當是璿璣七政以齊八方故也。隱居所製《登眞隱訣》亦爲七貫。今述此眞誥，復成七日（據《眞誥校註》，「日」應作「目」）。五七之數，物理備矣。」〔註85〕此說皆有所徵，其一，關於《上清》上品，《眞誥校註》指出見於《眞誥‧握眞輔第二》，〔註86〕陶註曰：「洞齋即大洞齋法，今有眞書小訣。如此則擽是備行上品七卷耳。」〔註87〕此外，《太平御覽》卷660引陶弘景《登眞隱訣》曰：「上眞人之道有七……」〔註88〕《上清太上八素眞經》也說：「夫上眞之道有七……」〔註89〕兼可印證《握眞輔第二》的「上品七卷」之說。其二，佛經《妙法蓮華》，係後秦鳩摩羅什譯，凡七卷二十八品。〔註90〕其三，《莊子內篇》包括《逍遙遊》等七篇內容。其四，「璿璣七政」之說最早見於《尚書》，《堯典下》曰：「在璿璣玉衡以齊七政。」〔註91〕其五，《登眞隱訣》爲「七貫」之說，在《登眞隱訣‧序》中就可尋得根據，文曰：「必須詳究委曲，乃當曉其所以，故道備七篇，義同高品。」〔註92〕其六，《眞誥》包括《運象篇》等七篇。看來，數字「七」被賦予了神聖的意蘊，從而影響到了上清派所著道經。

此外，七階觀念可能也與印度「七曜曆」有一定聯繫。七曜，指日（太陽）、月（太陰）與金（太白）、木（歲星）、水（辰星）、火（熒惑）、土（塡星、鎭星）五大行星。據江曉原《星占學與傳統文化》，「七曜曆」是一種講求個人吉凶禍福的印度星占學，「在南北朝時期，以『七曜』爲名的曆法著作在中土大量湧現，談論或撰著『七曜曆』成爲方術界的大時髦。許多著名人物如甄鸞、徐廣、張賓、趙歐、李業興、寇謙之、庾曼倩、陶弘景等，紛紛加

〔註85〕〔日〕吉川忠夫、麥谷邦夫編，朱越利譯：《眞誥校註》，中國社會科學出版社2006年版，第563～564頁。

〔註86〕〔日〕吉川忠夫、麥谷邦夫編，朱越利譯：《眞誥校註》，中國社會科學出版社2006年版，第564頁。

〔註87〕〔日〕吉川忠夫、麥谷邦夫編，朱越利譯：《眞誥校註》，中國社會科學出版社2006年版，第542頁。

〔註88〕〔宋〕李昉等編：《太平御覽》，中華書局1960年版，第3分冊，第2948頁。

〔註89〕《道藏》，文物出版社、上海書店、天津古籍出版社聯合影印明《道藏》1988年版，第6分冊，第649頁。

〔註90〕《大正新修大藏經》，臺北佛陀教育基金會印，1990年，第9分冊，第1～62頁。

〔註91〕〔清〕孫星衍：《尚書今古文註疏》，中華書局2004年版，第36頁。

〔註92〕王京州：《陶弘景集校註》，上海古籍出版社2009年版，第107頁。

入這一行列。」〔註93〕據賈嵩《華陽陶隱居內傳》，陶弘景隱居之前曾撰有《七曜新舊術數》2 卷。〔註94〕星占學乃緯書最重要的內容之一，《眞誥・翼眞檢第一》曰：「夫眞人之旨，不同世目。謹仰範緯候，取其義類，以三言爲題。」〔註95〕據此，所謂眞人的考慮是基於「仰範緯候」，以成三七之數，陶弘景編著的《眞誥》和《登眞隱訣》既然與緯書的關係如此密切，則《位業圖》的七階結構與此也有一定的關係。此外，筆者以爲「七曜」與南北朝道經時常論及的「七元」也有密切的聯繫，爲了免於論證的繁蕪，恕不展開論述。最後，我們可以得出一個結論，《位業圖》的七階結構直接源於《眞誥》的七篇設置，而《眞誥》則取法於早期上清派的《上清》上品七卷、佛經《妙法蓮華》七卷、《莊子內篇》七卷以及《登眞隱訣》七貫。總之，《位業圖》以七階位來安排諸位神仙乃是有意爲之，有著深刻的教義和學術背景。

在早期道經中，與《位業圖》存在密切關係的要數《七域修眞證品圖》，〔註96〕《道藏提要》根據它與《位業圖》內容上的聯繫，推斷它的成書大概在陶弘景前後。〔註97〕這部道經將修道之階從下到上共分爲七域：第一初果洞宮僊人、第二次果名山之上虛宮地眞人、第三次果九宮眞人、第四次果證位太清上仙、第五果位太極眞人、第六果位上清眞人、第七極果玉清聖人。從中可以發現，在結構上，《七域修眞證品圖》有四個果位與《位業圖》完全契合，不同之處有二，前者的前兩個果位在後者中只列於第六位，而且《位業圖》多出一個鬼官系統，但這兩篇道經兼具七級結構。這也使我們更加深刻地認識到了《位業圖》處在一個道教以「七」謀篇的高漲時代。

3. 二十七品的觀念

「二十七品」指的是將神仙劃分爲二十七個等級。《位業圖》七階位各有左、中、右位，第二和第六階設有女眞位，第五和第六階的左右位還置有散位，共計二十七位。二十七位的設置亦有緣由。南朝宋齊道士顧歡在《答袁

〔註93〕江曉原：《星占學與傳統文化》，上海古籍出版社 1992 年版，第 186 頁。
〔註94〕《道藏》，文物出版社、上海書店、天津古籍出版社聯合影印明《道藏》1988 年版，第 5 分冊，第 509 頁。
〔註95〕〔日〕吉川忠夫、麥谷邦夫編，朱越利譯：《眞誥校註》，中國社會科學出版社 2006 年版，第 564 頁。
〔註96〕《道藏》，文物出版社、上海書店、天津古籍出版社聯合影印明《道藏》1988 年版，第 6 分冊，第 693 頁。
〔註97〕任繼愈主編：《道藏提要》（第三次修訂），中國社會科學出版社 1991 年版，第 193 頁。

粲駁夷夏論》曰：「神仙有死，權便之說，神仙是大化之總稱，非窮妙之至名。至名無名，其有者二十七品，仙變成真，真變成神，或謂之聖，各有九品，品極則入空寂，無爲無名。」〔註98〕陶弘景從子陶翊《華陽隱居先生本起錄》著錄有「《真誥》一秩七卷」，註曰：「此一誥並是晉興寧中眾真降授楊許手書遺跡，顧居士已撰，多有漏謬，更詮次敘注之爾，不出外聞。」〔註99〕陶弘景既然曾以顧歡《真跡經》爲底本修訂成《真誥》，想必對他的思想是很瞭解的，承續二十七品說並作出更革，並巧妙地與七階的設置融合在一起是極有可能的。此外，唐王懸河集《三洞珠囊》卷7《二十七品中法門名數品》引宋文明《通門》曰：「上品曰聖，中品曰真，下品曰仙。聖品以復有三也，真品復有三也，仙品復有三也，合爲九品也。九品又各有三，合爲二十七品也。」引《太真科》亦言小、中、大三乘二十七品。〔註100〕看來二十七品的神仙階位思想得到了道教界較爲普遍的認可，《位業圖》雖然以「七階」爲框架來爲仙真排列次序，但依然滲透了這一重要的品位素。

　　4.「四宮」的觀念

　　「四宮」指道教中的四個高級仙宮。《位業圖》對「四宮」觀念既有繼承也有進一步的發展。《位業圖・序》曰：「但名爵隱顯，學號進退，四宮之內，疑似相參。」這裡提到了「四宮」，在神譜中，前四階位分別爲玉清三元宮、上清宮、太極宮、太清宮。〔註101〕《上清太上八素真經》曰：「玉清、上清、太極、太清、九宮，並各有官僚，公卿、大夫、侯伯，置署如一，更相管統，奉屬於上宮闕，次第類相似。但道有尊貴，德業有昇降。」〔註102〕明確指出了四仙宮及九宮間相互統屬的關係，並且每一仙宮內也是等級分明。前面我們提到過《七域修真證品圖》中的果位問題，其中最高的四級也與「四宮」的設置相吻合，該道經對各個仙宮的神靈亦有交代，最高一級玉清境，「證種高尊與眾聖齊位，非言象所及，與道混體，洞入自然，消則爲氣，息則爲人

〔註98〕〔梁〕蕭子顯：《南齊書》，中華書局1972年版，第934頁。
〔註99〕〔宋〕張君房編，李永晟點校：《雲笈七籤》，中華書局2003年版，第5分冊，第2326、2328頁。
〔註100〕《道藏》，文物出版社、上海書店、天津古籍出版社聯合影印明《道藏》1988年版，第25分冊，第337頁。
〔註101〕《道藏》，文物出版社、上海書店、天津古籍出版社聯合影印明《道藏》1988年版，第3分冊，第272頁。
〔註102〕《道藏》，文物出版社、上海書店、天津古籍出版社聯合影印明《道藏》1988年版，第6分冊，第654頁。

者也」，但這裡並未提及元始天尊爲主神；次高一級「上清境之境，太上玉晨大道君所治也」，這與《位業圖》一致；以下是太極眞人果位，「其宮闕在太清之上，上清之下，老君所治」；再下一級，「其宮在太清境中，太上老君所治」，這裡將「老君」和「太上老君」分列於太極宮和太清宮，二者是一神還是兩神，關係比較模糊，按《位業圖》，則太極宮爲金闕帝君所治，可能作者將太極宮也歸於老君治理之下了。〔註103〕此外，《太清太上八素眞經》和《七域修眞證品圖》也說到了「九宮飛仙」與「九宮眞人」。王宗昱指出「它（指《七域修眞證品圖》）是以上清經典的修持爲基礎的結構，然而比《八素眞經》要豐實得多，它增加了戒律和善行。第一級和第二級修持的九轉仙行和九轉眞行也是新內容。」〔註104〕《位業圖》不僅明確地爲「四宮」、「九宮」及其他階位安排了主神來統管，而且還在每一階位中列出左、中、右三位，有的還設有散仙位和女眞位，將眾多早期道經中的神仙名目提取出來「比類經正，讎校儀服，垺其高卑，區其宮域」，分別置於不同的階次，拿第三左位排在第一位的「太極左眞人中央黃老君」來說，《位業圖》對這一高眞的安排有文可徵：《上清太上帝君九眞中經》卷上曰：「太極有四眞人，中央黃老君處其左。」〔註105〕《眞誥‧甄命授第一》曰：「君（指裴君）曰：『老君者，太上之弟子也，年七歲而知長生之要，是以爲太極眞人。』君曰：『太極有四眞人，老君處其左……』」陶註：「此二條事出《九眞中經》，即是論中央黃老君也。黃老爲太極眞人南嶽赤君之師。裴既師赤君，所以崇其本始而陳其德位也。」〔註106〕可知《位業圖》是秉承先前經文意旨的。當然，爲繁雜的各種道經所提及的眾多神仙「垺其高卑，區其宮域」是難度相當大的一項工作，即便是敢於接手的《位業圖》作者也不得不在序言中提前聲明：「謹依誠陳啓，仰希照亮，若必不宜然，願垂戒告。」體現出「拿不準」的心境，而這種謹愼的態度與陶弘景爲《眞誥》所作的注釋又是十分契合的。承續和發展以前的階位思想，並以科學求眞的工作精神予以細化，《位業圖》實爲道教產生以來在仙眞名目整理方面的集大成之作。

〔註103〕《道藏》，文物出版社、上海書店、天津古籍出版社聯合影印明《道藏》1988年版，第6分冊，第695～696頁。

〔註104〕王宗昱：《〈道教義樞〉研究》，上海文化出版社2001年版，第267頁。

〔註105〕《道藏》，文物出版社、上海書店、天津古籍出版社聯合影印明《道藏》1988年版，第34分冊，第33頁。

〔註106〕〔日〕吉川忠夫、麥谷邦夫編，朱越利譯：《眞誥校註》，中國社會科學出版社2006年版，第162～163頁。

（三）文獻源流

《位業圖》所涉神仙與許多文獻有源流關係。任繼愈主編的《道藏提要》指出《位業圖》的神仙名目與《眞誥》和《元始上眞眾仙記》部分相合，〔註107〕在《七域修眞證品圖》的介紹中提示，經文將修仙之功果分爲七等，與陶弘景的《位業圖》極爲相似，兩者都爲上清派道書，成書年代大致相同。〔註108〕任繼愈主編的《中國道教史》指出：「《眞靈位業圖》一書主要根據《元始高上玉檢大錄》、《眞誥》、《登眞隱訣》、《元始上眞眾仙記》等上清派道書仙傳。」〔註109〕王娟的《道教神譜〈眞靈位業圖〉神仙演化過程考察》指出《列仙傳》、《太平經》、《神仙傳》、《元始上眞眾仙記》、《大洞眞經》、《元始高上玉檢大錄》、《靈寶五符經》、《眞誥》、《登眞隱訣》等道經爲《位業圖》神仙名目的主要文獻淵源。〔註110〕日本石井昌子對《位業圖》與北周時期道教類書《無上秘要》的卷 83 和卷 84 進行了比較分析，注意到兩者的神仙排列次序存在大同小異的情況。〔註111〕

《位業圖》中的神仙系統是作者對以往道經中的神仙名目經過整合後的成果，對後世道經的編撰也有著重要的影響，我們通過閱讀《道藏》，發現除以上所述之外，《位業圖》中的神仙名目還與更多的道經存在緊密關係，下面我們以神仙名目爲中心，盡可能按照成書年代的早晚進行排列，說明它們與《位業圖》的聯繫：

1.《太平經》

一般認爲成書於東漢末期，甲部已亡，今《太平經鈔》甲部經文，王明先生認爲是後人竊取晚出的一些道書僞補而成。甲部文字的來源「以《靈書紫文》爲主，《上清後聖道君列紀》並爲其採取的材料」，《靈書紫文》〔註112〕

〔註107〕任繼愈主編：《道藏提要》（第三次修訂），中國社會科學出版社 1991 年版，第 73 頁。

〔註108〕任繼愈主編：《道藏提要》（第三次修訂），中國社會科學出版社 1991 年版，第 193 頁。

〔註109〕任繼愈主編：《中國道教史》，上海人民出版社 1990 年版，第 188 頁。

〔註110〕王娟：《道教神譜〈眞靈位業圖〉神仙演化過程考察》，陝西師範大學歷史文化學院 2005 年碩士學位論文，第 11～29 頁。

〔註111〕〔日〕福井康順著，朱越利等譯：《道教》，上海古籍出版社 1990 年版，第 1卷，第 108 頁。

〔註112〕《皇天上清金闕帝君靈書紫文上經》（《道藏提要》第 277 頁，《道藏》，第 11分冊，第 380 頁）、《太微靈書紫文仙忌眞記上經》（《道藏提要》第 79 頁，《道藏》，第 3 分冊，第 402 頁）、《太微靈書紫文琅玕華丹神眞上經》（《道藏提要》

「爲晉代以後之著作」。〔註113〕《位業圖》第三左位有「五老上眞仙都老公」，
註曰「撰《靈書紫文》」，〔註114〕可知《位業圖》成於《靈書紫文》之後；《上
清後聖道君列紀》成書年代在劉宋蕭梁間。〔註115〕甲部與《位業圖》有關的
神仙有：太平金闕帝晨後聖帝君、後聖李君太師、後聖李君上宰西城宮總眞
君、後聖李君上相方諸宮青童君、後聖李君上保太丹宮南極元君、後聖李君
上傅白山宮太素眞君。其中金闕帝君是第二位的主神，後面高眞分別爲金闕
帝君之一師四輔，這些神仙都見於神譜第二位，級別很高。

　　2.《列仙傳》

　　原題西漢劉向撰，余嘉錫《四庫提要辨證》認爲「此書已盛行於東漢」，
「蓋明帝以後，順帝以前人之所作」。〔註116〕晉葛洪《抱朴子內篇·論仙》曰：
「劉向博學則究微極妙……其所撰《列仙傳》，僊人七十有餘，誠無其事，妄
造何爲乎？」又曰：「至於撰《列仙傳》，自刪秦大夫阮倉書中出之，或所親
見，然後記之，非妄言也。」可知葛洪已經認爲《列仙傳》出自劉向之手，《列
仙傳》成書與葛洪時代相隔已久。《眞誥》正文曾多次出現《列仙傳》中的神
仙名稱，如王子喬、鹿皮公、黃帝、寧生、涓了等等，〔註117〕陶弘景也曾引
用該書來說明《眞誥》中提及的馬皇、山圖公子和黃帝，〔註118〕可見兩者之
間存在明顯的淵源關係。《列仙傳》中共有近 40 位神仙見於《位業圖》中。

　　3.《抱朴子內篇》

　　葛洪撰，在陶弘景所引道書中，《內篇》提及神仙與《位業圖》相合很多，
計 80 多位。

　　　　第 111 頁，《道藏》，第 4 分冊，第 555 頁）及《上清後聖道君列紀》（《道藏
　　　　提要》第 197 頁，《道藏》，第 6 分冊，第 744 頁）。
〔註113〕王明：《道家和道教思想研究》，中國社會科學出版社 1984 年版，第 202～204
　　　　頁。
〔註114〕《道藏》，文物出版社、上海書店、天津古籍出版社聯合影印明《道藏》1988
　　　　年版，第 3 分冊，第 275 頁。
〔註115〕任繼愈主編：《道藏提要》（第三次修訂），中國社會科學出版社 1991 年版，
　　　　第 198 頁。
〔註116〕余嘉錫：《四庫提要辨證》，中華書局 1980 年版，第 3 分冊，第 1207 頁。
〔註117〕〔日〕吉川忠夫、麥谷邦夫編，朱越利譯：《眞誥校註》，中國社會科學出版
　　　　社 2006 年版，第 7、155、317 頁。
〔註118〕〔日〕吉川忠夫、麥谷邦夫編，朱越利譯：《眞誥校註》，中國社會科學出版
　　　　社 2006 年版，第 388、389、460 頁。

4.《元始上真眾仙記》

舊題晉葛洪撰,《道藏提要》指出它與《真誥》、《位業圖》有某些雷同之處,是六朝上清派之書。〔註119〕今人劉仲宇經過考證,認爲實由《枕中書》與《真記》兩部書組成,前者爲葛洪所著,後者爲後人輔《枕中書》而作。還進一步認爲《枕中書》「開了南朝道教對神仙譜系重加整理的先河」,並啓示了《真記》的作者,「這些應當是陶弘景《真靈位業圖》的先導」。〔註120〕《真書》中有元始天王、東王公、西王母、大庭氏等見於《位業圖》;《真記》共提到近百名神仙,有一半以上在《位業圖》中。

5.《神仙傳》

舊題晉葛洪撰。《真誥·稽神樞第三》曰:「保命有四丞……其一人是西山唐公房。」註曰:「此則《神仙傳》所載,是蜀人,奉事李八百者也。」〔註121〕可知《真誥》的這一內容源於《神仙傳》,《位業圖》亦承續之。《真誥》註引用《神仙傳》之處還有不少,不再枚舉。《真誥》正文中的黃子陽、白石生、王真、魯女生等等〔註122〕皆出於《神仙傳》。可能是受《真誥》捃拾《神仙傳》劉京、劉綱妻、唐公房等僊人〔註123〕素材的直接影響,《位業圖》收羅了近60個《神仙傳》的神仙名目。

6.《太上靈寶五符序》

《靈寶五符》爲早期道教經典,出於葛洪之前,今本出於葛洪之後。〔註124〕《位業圖》第三位之黃帝、玄帝顓頊(黃帝孫,受《靈寶五符》)、王子帝嚳(黃帝曾孫,受靈寶五符)、夏禹(受鍾山真人靈寶九跡法,治水有功)以及第四右位的太清五帝等30多位神仙均見於《太上靈寶五符序》。

〔註119〕任繼愈主編:《道藏提要》(第三次修訂),中國社會科學出版社1991年版,第72、73頁。

〔註120〕劉仲宇:《葛洪〈枕中書〉初探》,《中國道教》1990年第4期。

〔註121〕〔日〕吉川忠夫、麥谷邦夫編,朱越利譯:《真誥校註》,中國社會科學出版社2006年版,第421頁。

〔註122〕〔日〕吉川忠夫、麥谷邦夫編,朱越利譯:《真誥校註》,中國社會科學出版社2006年版,第176、186、317頁。

〔註123〕〔日〕吉川忠夫、麥谷邦夫編,朱越利譯:《真誥校註》,中國社會科學出版社2006年版,第341、342、421頁。

〔註124〕任繼愈主編:《道藏提要》(第三次修訂),中國社會科學出版社1991年版,第174頁。

7.《上清大洞真經》

宋朱自英《上清大洞眞經・序》曰：「夫道有三奇，第一之奇，《大洞眞經三十九章》；第二之奇，《五老雌一寶經》；第三之奇，《素靈大有妙經》。」該經爲早期上清派最重要的經典之一，南北朝時已經竄亂，今本遠非原經舊貌。〔註 125〕此經又稱《三十九章經》，所列三十九位神仙應是原本即有，如太微天帝君、玉晨太上大道君、東華方諸宮高晨師玉保仙王青童君、扶桑大帝、九靈眞仙母（即西王母）等多見於《位業圖》上清位中，多爲高級仙眞。〔註 126〕今本《大洞眞經》有近 30 位神仙與《位業圖》相合。

8.《太真玉帝四極明科經》

六朝上清派重要科戒，約成書於陸修靜之後，陶弘景之前，〔註 127〕約有40 位神仙在《位業圖》中。

9.《洞真上清太微帝君步天綱飛地紀經簡玉字上經》

六朝上清之書，〔註 128〕陶弘景在《眞誥》中曾引，〔註 129〕有 40 多位神仙在《位業圖》中，需要指出的是，《位業圖》中的被衣、齧缺、王倪、許由、巢父、支離、華封、子州、善卷、北人、安公、卞隨、務光、大瑣、接輿、伯昏、庚桑等很可能直接源於這部道經，它則取源於《莊子》，多爲寓言人物。

10.《登真隱訣》

陶弘景撰，是一部闡述得道秘訣的經典，有 40 多位神仙見於《位業圖》。

11.《真誥》

陶弘景編撰。《眞誥》與《位業圖》關係最爲密切，是我們研究《位業圖》最重要的參考系。前文我們從《位業圖》序言的文辭考察了它與《眞誥》之間的關係，下面我們從具體神仙名目進一步探索。《位業圖》中近半仙眞取自《眞誥》，對此，古代學者已有論述，在明朝《秘冊彙函》和《津逮秘書》之

〔註 125〕任繼愈主編：《道藏提要》（第三次修訂），中國社會科學出版社 1991 年版，第 4 頁。

〔註 126〕《道藏》，文物出版社、上海書店、天津古籍出版社聯合影印明《道藏》1988 年版，第 1 分冊，第 514～552 頁。

〔註 127〕任繼愈主編：《道藏提要》（第三次修訂），中國社會科學出版社 1991 年版，第 81 頁。

〔註 128〕任繼愈主編：《道藏提要》（第三次修訂），中國社會科學出版社 1991 年版，第 636 頁。

〔註 129〕〔日〕吉川忠夫、麥谷邦夫編，朱越利譯：《眞誥校註》，中國社會科學出版社 2006 年版，第 267、341、547、581 頁。

《題陶貞白〈靈寶眞靈位業圖〉》中，王世貞指出它「大槩依約《眞誥》而稍編次之」。胡震亨曰：「余因搜檢《眞誥》，惟自第七位中位次尊卑一準《闡幽微》耳，其上五位所列僊眞，《眞誥》雖十半載之，都無位次可準，至玉清三元宮則不見錄矣。」〔註130〕可以說，在某種程度上，《眞誥》可以看作是《位業圖》的一個詳細的註本。《眞誥‧甄命授第一》曰：「昔有姜伯眞者，學道在猛山中，行道採藥，奄値仙人。」〔註131〕《位業圖》第六左位地仙散位有「姜伯眞」，註曰：「一云在猛山學道採藥，二人映之儔侶。」〔註132〕顯然該條內容採自《眞誥》。《位業圖》基本沿襲了《眞誥》正文的內容，而未把陶弘景的認識加上去，如陶氏在《眞誥》中考證了「張奉」的來源，《眞誥‧稽神樞第二》曰：「張激子當爲太極仙侯，激子者，河內張奉者也，字公先，少時名激子耳。」指出在《三國志‧魏書》中有「張範，字公儀，河內修武人……弟承，字公先……」的記載，認爲「此說名字翻覆大異，承與奉乃相類而非袁（指太傅袁隗）婿，若是範，又其字不同，詳按事蹟，恐多是兄也。」〔註133〕我們暫且不論張奉之事的眞相，僅就《位業圖》而言，並未按《三國志》予以修改，而是遵從《眞誥》的記載，在第五中位「九宮尚書」處註曰：「姓張，名奉，字公先，河內人……」〔註134〕

《眞誥》還可以幫助我們來考察《位業圖》的成書年代。《協昌期第一》有註「悉以別撰在《登眞隱訣》中」云云。《翼眞檢第一》曰：「隱居所製《登眞隱訣》亦爲七貫。」又曰：「……此諸同異，悉已具載在《登眞隱訣》中。」〔註135〕可知陶弘景編著《眞誥》在《登眞隱訣》同時或之後。《登眞隱訣‧序》曰：「昔在人間，已鈔撰《眞經修事》兩卷……」〔註136〕又可知《登眞隱訣》是陶弘景在歸隱山林之後集撰而成。從而可以推斷出《登眞隱訣》與《眞誥》

〔註130〕陶弘景《靈寶眞靈位業圖》，中華書局影印，1990 年版，第 5、10、11 頁。

〔註131〕〔日〕吉川忠夫、麥谷邦夫編，朱越利譯：《眞誥校註》，中國社會科學出版社 2006 年版，第 177 頁。

〔註132〕《道藏》，文物出版社、上海書店、天津古籍出版社聯合影印明《道藏》1988 年版，第 3 分冊，第 278 頁。

〔註133〕〔日〕吉川忠夫、麥谷邦夫編，朱越利譯：《眞誥校註》，中國社會科學出版社 2006 年版，第 389 頁。

〔註134〕《道藏》，文物出版社、上海書店、天津古籍出版社聯合影印明《道藏》1988 年版，第 3 分冊，第 278 頁。

〔註135〕〔日〕吉川忠夫、麥谷邦夫編，朱越利譯：《眞誥校註》，中國社會科學出版社 2006 年版，第 569 頁。

〔註136〕王京州：《陶弘景集校註》，上海古籍出版社 2009 年版，第 107 頁。

皆成書於陶氏隱居之後。賈嵩《華陽陶隱居內傳》之「先生在山所著書」中就著錄有這兩部書，亦可爲證。〔註137〕前文已經言及《位業圖》的眾多仙眞取自《眞誥》，那麼，我們就可以得出一個結論，《位業圖》可能是陶氏在南齊永明十年（492 年）歸隱山林之後所作，並在《登眞隱訣》和《眞誥》成書之後。據唐李渤《梁茅山貞白先生傳》，可以推知陶弘景在永元二年（500 年）之前撰成《眞誥》（至少主體部分已經完成）。〔註138〕鍾國發根據《稽神樞第三》陶氏註「諸曆檢課，謂堯元年戊戌至齊之己卯歲二千八百三年」，〔註139〕推斷出《眞誥》全書編定不早於 499 年。〔註140〕這類證據亦見於《闡幽微第一》，陶註曰：「（夏啓）自崩滅後至今己卯歲……」〔註141〕當然，我們也不能排除陶弘景在整理道經以撰集《眞誥》的同時也進行著《位業圖》神仙譜系構建的可能性，祇是以情理來講概率較小罷了。所以，儻若《位業圖》確屬陶氏所造，那麼它的成書年代上限定爲 499 年是合適的。至於下限，我們將在《無上秘要》的介紹中加以釐定。

12.《元始高上玉檢大錄》

《道藏提要》認爲「是籙蓋爲六朝上清系符籙之一」。〔註142〕據《秘冊彙函》之《靈寶眞靈位業圖・題》，明朝胡震亨在搜檢《眞誥》後進而發現第一位高級神仙中有不少出自《玉檢大錄》。我們發現約有 20 位神仙見於《位業圖》，多在玉清三元宮。〔註143〕

13.《道跡靈仙記》

約出於六朝，〔註144〕記載基本與《眞誥》正文相合，蓋與《眞誥》有某

〔註137〕《道藏》，文物出版社、上海書店、天津古籍出版社聯合影印明《道藏》1988年版，第 5 分冊，第 509 頁。

〔註138〕〔宋〕張君房編，李永晟點校：《雲笈七籤》，中華書局 2003 年版，第 5 分冊，第 2331 頁。

〔註139〕〔日〕吉川忠夫、麥谷邦夫編，朱越利譯：《眞誥校註》，中國社會科學出版社 2006 年版，第 413 頁。

〔註140〕鍾國發：《陶弘景評傳》，南京大學出版社 2005 年版，第 122 頁。

〔註141〕〔日〕吉川忠夫、麥谷邦夫編，朱越利譯：《眞誥校註》，中國社會科學出版社 2006 年版，第 472 ~473 頁。

〔註142〕任繼愈主編：《道藏提要》（第三次修訂），中國社會科學出版社 1991 年版，第 74 頁。

〔註143〕《道藏》，文物出版社、上海書店、天津古籍出版社聯合影印明《道藏》1988年版，第 3 分冊，第 282~284 頁。

〔註144〕任繼愈主編：《道藏提要》（第三次修訂），中國社會科學出版社 1991 年版，

種淵源關係。其中篇章《鬼神主第二》中的北太帝君、武王發、夏啓等,《人臥法第三》中的山世遠、北嶽蔣夫人,《夜行啄齒第四》中的殺鬼、日遊、地祆,《太帝官隸第五》中的徐庶、龐得(德)、爰榆等,《靈人辛玄子自序並詩》之辛玄子、謝幼輿、鄧攸等《裴君說一年中得道人第七》之張石生、李方回、朱孺子等,《東卿道季主等第八》的司馬季主、西靈子都、王養伯等眾多鬼官及仙眞見於《位業圖》。〔註145〕

14.《上清元始變化寶眞上經九靈太妙龜山玄籙》

此經由《上清元始變化寶眞上經》與《九靈太妙龜山玄籙》兩篇組成,南北朝時已經流傳。〔註146〕其中《上清元始變化寶眞上經》記載有元始天王賜號西王母「西元九靈上眞仙母」之事,另有三天玉童、三元太明上皇君、玉晨太上大道君、中央黃老君、北玄高上虛皇君、南朱高上虛皇君、西華高上虛皇君、東明高上虛皇君、青腰玉女等等;《九靈太妙龜山玄籙》有紫微夫人、王喬、清虛眞人等,這些神仙均見於《位業圖》。〔註147〕

15.《七域修真證品圖》

(前文已有詳細論述)

16.《上清元始高上玉皇九天譜錄》

六朝上清經,〔註148〕著錄有九天一百多位帝皇之秘諱,包括有九天眞王、上清高聖太上玉晨玄皇道君、上清紫晨天帝君、上清紫晨太微天帝君、九炁丈人等等,約30位高眞見於《位業圖》。〔註149〕

17.《無上秘要》

該書編撰於北周時期,爲目前所知最早的道教類書,是北周武帝宇文邕於建德六年(577年)亡齊後敕纂。〔註150〕從內容分析,我們可以斷定《位

第 260 頁。

〔註145〕《道藏》,文物出版社、上海書店、天津古籍出版社聯合影印明《道藏》1988年版,第 11 分冊,第 45~50 頁。

〔註146〕任繼愈主編:《道藏提要》(第三次修訂),中國社會科學出版社 1991 年版,第 676 頁。

〔註147〕《道藏》,文物出版社、上海書店、天津古籍出版社聯合影印明《道藏》1988年版,第 34 分冊,第 177~227 頁。

〔註148〕朱越利:《道藏分類解題》,華夏出版社 1996 年版,第 104 頁。

〔註149〕《道藏》,文物出版社、上海書店、天津古籍出版社聯合影印明《道藏》1988年版,第 34 分冊,第 132~135 頁。

〔註150〕《續高僧傳·釋彥琮傳》曰:「周武平齊,訊蒙延入,共談玄籍,深會帝心,

業圖》成於《無上秘要》之後，即《位業圖》成書在 577 年之前，理由有三：首先，《無上秘要》卷 83 和 84 的神仙名目及排列與《位業圖》極爲相似，〔註151〕卷 85 和 86 雖然遺失，但我們從敦煌《無上秘要目錄》中可知今本所闕的 85 和 86 兩卷中有「得上清道人名品」和「得玉清道人名品」，由現存的卷 83 和 84 可以推斷出卷 85 和 86 的神仙名目亦與《位業圖》相似。其次，行文方面也有確證。卷 84 的《太清道人名品》曰：「河侯、河伯，又有河伯少女者，非必胎生，皆化附而已。此三條是得道人所補。」〔註152〕這句很明顯源於《位業圖》，並有所擴展。再次，即使內容極爲相似，又如何判斷《位業圖》肯定出於《無上秘要》之後呢？我們已經知道《無上秘要》乃是北周期間官方組織的對南北朝道教發展的一次系統總結，既然是總結之作，自然是收入了以前道經的內容，而《位業圖》內容基本即在其中。其實，將《位業圖》成書的下限定爲 577 年是極爲保守的，一是《無上秘要》在《位業圖》一出現就被收入的可能性很小，二是依本文的分析，《位業圖》成於陶弘景的可能性很大，而陶氏於 536 年壽終。通過《位業圖》與《無上秘要》的比較，我們發現後者在收入前者之前進行過一定程度的處理。

（四）神仙名目

從《位業圖》的神仙名目上可以察覺它與《眞誥》表述上的異同。在第七階位有眾多的鬼官，其中多爲三國兩晉時的名賢武將，這些人在《眞誥》中已經出現，說明這個鬼官體系最晚成熟於楊許之時，後被編作《位業圖》中的一個階位。

《位業圖》第七右位有「東越大將軍劉陶」，註曰：「字子寄，後魏人。」〔註153〕《眞誥・闡幽微第二》曰：「劉陶爲東越大將軍。」註曰：「漢魏晉凡有三劉陶。後漢者，字子奇，潁川人也，靈帝侍中尚書令。後繫獄，閉氣而

敕預通道觀學士，時年二十有一。與宇文愷等周代朝賢以《大易》、《老》、《莊》陪侍講論。江便外假俗衣，内持法服，更名彥琮。武帝自纘道書，號《無上秘要》。」《大正新修大藏經》，佛陀教育基金會印，1990 年，第 50 分冊，第 436 頁。

〔註151〕《道藏》，文物出版社、上海書店、天津古籍出版社聯合影印明《道藏》1988 年版，第 25 分冊，第 233～244 頁。

〔註152〕《道藏》，文物出版社、上海書店、天津古籍出版社聯合影印明《道藏》1988 年版，第 25 分冊，第 239 頁。

〔註153〕《道藏》，文物出版社、上海書店、天津古籍出版社聯合影印明《道藏》1988 年版，第 3 分冊，第 281 頁。

死。魏世者，字季冶，淮南人，劉曄之子也。才辨而無行，曹爽用爲選部郎。後出平原太守，景王誅之。晉初者，字正輿，沛國人，永嘉中爲楊州刺史。此三人不知何者是東越大將軍，以意言之，多是正輿耳。」〔註154〕查閱《後漢書·劉陶傳》有「劉陶，字子奇」，《位業圖》「奇」作「寄」，主要問題是《位業圖》註與《眞誥》陶氏註對「東越大將軍劉陶」爲何人的解釋相悖。可能是陶氏於《眞誥》之後另有所據。

　　《位業圖》第七階位曰：「此四明，主領四方，各治一天宮，在職一千六百年，得補仙官，其餘職不得矣。」〔註155〕此句與《眞誥》說法有出入。在《闡幽微第一》陶氏在爲東明公夏啓作註曰：「安（按）司命說格，在位二十（千）四百年，得補九宮。」〔註156〕又《闡幽微第二》正文曰：「夫有上聖之德，既終，皆受三官書爲地下主者，一千年乃轉補三官之五帝，或爲東西南北明公，以治鬼神。復一千四百年乃得遊行太清，爲九宮之中仙也。」陶註曰：「計此，終後凡二千四百年乃得入仙階。」〔註157〕可知在四明公陞遷的時間問題上，《位業圖》說法與《眞誥》正文及陶註異轍。除上述之外，《闡幽微第一》還有一特例——何次道，文曰：「何次道始從北帝內禁禦史，得還朱火宮受化，以其多施惠故也。」陶註曰：「……按如此旨，鬼職雜位，非四明公而猶得受化朱宮，此當是深功厚德之所致也。」〔註158〕看來何次道「受化朱宮」屬於破例的範疇，而前文所引《位業圖》之「其餘職不得矣」一句就明確劃出了可升與不可升的界限，並且沒有將何次道劃入神譜。從中我們可以得到一個印象，《位業圖》在處理一些問題上是較爲細緻的。

　　《位業圖》第六右位有「典柄執法郎淳于斟」，〔註159〕《眞誥·稽神樞第二》曰：「定錄府有典柄孰（執）法郎，是淳于斟，字叔顯，主試有道者。

〔註154〕〔日〕吉川忠夫、麥谷邦夫編，朱越利譯：《眞誥校註》，中國社會科學出版社 2006 年版，第 494～495 頁。

〔註155〕《道藏》，文物出版社、上海書店、天津古籍出版社聯合影印明《道藏》1988年版，第 3 分冊，第 280 頁。

〔註156〕〔日〕吉川忠夫、麥谷邦夫編，朱越利譯：《眞誥校註》，中國社會科學出版社 2006 年版，第 473 頁。

〔註157〕〔日〕吉川忠夫、麥谷邦夫編，朱越利譯：《眞誥校註》，中國社會科學出版社 2006 年版，第 507～508 頁。

〔註158〕〔日〕吉川忠夫、麥谷邦夫編，朱越利譯：《眞誥校註》，中國社會科學出版社 2006 年版，第 476 頁。

〔註159〕《道藏》，文物出版社、上海書店、天津古籍出版社聯合影印明《道藏》1988年版，第 3 分冊，第 279 頁。

斟，會稽上虞人，漢桓帝時作徐州縣令。靈帝時，大將軍辟掾。少好道，明術數，服食胡麻、黃精餌。後入吳烏目山中隱居，遇仙人慧車子，授以《虹景丹經》，修行得道。今在洞中爲典柄執法郎。」陶註曰：「《易參同契》云：『漢桓帝時，上虞淳于叔通受術於青州徐從事，仰觀乾象以處災異，數有效驗。以知術故，郡舉方士，遷洛陽市長。』如此亦爲小異。吳無烏目山，婁及吳興並有天目山，或即是也。慧車子無別顯出。」〔註160〕陶弘景考證出這裡的典柄執法郎應是淳于叔通，而非淳于斟，我們暫且不論這種說法是否正確，但有一點是明確的——《位業圖》取自《眞誥》原文，從「誥」不從「註」。

有的學者未能注意到以上細微之處，指出《位業圖》與《眞誥》卷 15 和卷 16 相較，同一神靈名號一致，且神靈下的注文沒有衝突之處，以此來推測出《位業圖》乃陶弘景所編撰。〔註161〕可以說此說結論切近而推理過程卻有失允當。陶弘景本人擅於銓正謬誤，僅《眞誥》而言，我們就足以體會到他爲學極爲嚴謹的科學態度，那麼我們該如何看待以上較多文獻之間相出入的問題呢？筆者以爲，若《位業圖》確屬陶氏所作，則爲他前後認識變化所致，而錯訛爲傳抄所致。

（五）陶弘景的「三教合一」思想

《位業圖》所體現出的「三教」相容與陶弘景的「三教合一」思想相符。

許多高級道士往往精於儒家典籍，對儒學很有造詣，陶弘景亦是如此。據他的侄兒陶翊所著《華陽隱居先生本起錄》，他曾編著過《孝經論語集註並自立意》（十二卷）、《三禮序並自註》（一卷）、《註尙書毛詩序》（一卷）等書，〔註162〕這些今已失傳。在《位業圖》中，儒家的元素是非常明顯的，首先，僅就嚴格的七階位的設置就反映了儒家強烈的等級觀念，自不必多言。其次，在第三左位，「五帝」的設置屬於儒家系統，儒家推崇的夏禹、孔子、顏回亦在其中，而第七位出現了周文王、周武王、召公奭、季札等儒家代表人物，可以說酆都大帝引領之下的整個鬼官系統就是一個陰間的儒家官僚系統。再次，我們發現《位業圖》中有修眞成仙的道士是由儒入道的，如劉根，《神仙傳》曰：「劉根，字君安，京兆長安人也。少明五經，以漢孝成皇帝綏和二年

〔註160〕〔日〕吉川忠夫、麥谷邦夫編，朱越利譯：《眞誥校註》，中國社會科學出版社 2006 年版，第 388 頁。
〔註161〕魏世民：《陶弘景著作考述》，《淮陰師範學院學報》1999 年第 1 期。
〔註162〕〔宋〕張君房編，李永晟點校：《雲笈七籤》，中華書局 2003 年版，第 5 分冊，第 2327～2328 頁。

舉孝廉，除郎中。後棄世學道，遁入嵩高山石室中……遂以得仙……根後入雞頭山中仙去矣。」〔註163〕復次，神譜中的一些神仙名目反映了儒家的價值觀，如比干和李善的忠義，東晉「中興良守」鄧攸的仁義等等。但是我們也會發現，儒家人物在神譜中並不佔據顯要的地位，可知在重視儒家的同時，它的主導思想仍然是以道教爲主的。這種對儒道地位的基本看法，在一些道經中已有說明，如《抱朴子·塞難》曰：「仲尼，儒者之聖也；老子，得道之聖也。儒教近而易見，故宗之者眾焉。道意遠而難識，故達之者寡焉。道者，萬殊之源也。儒者，大淳之流也。三皇以往，道治也。帝王以來，儒教也。」又曰：「儒者，易中在難也。道者，難中之易也。」又《明本》曰：「道者，儒之本也；儒者，道之末也。」〔註164〕劉宋前古靈寶經《太上洞玄靈寶眞一勸誡法輪妙經》〔註165〕曰：「眞人從無數劫來，莫不有師，皆從師奉受上清三洞寶經而得爲高仙上聖十方導師也。師者，寶也，爲學無師，道則不成。非師不行，非師不生，非師不度，非師不仙。故師，我父也，子不受師，道則不降，魔壞爾身。八景龍輿焉，可得馭太極金闕焉，可得登儒教則有三墳五典八索九丘，皆以師訓文學之士，尙復承師以致明達，況子今學上清之道，希求升騰，永享無量之福乎？」〔註166〕亦可以說明道教將自己視於儒家之上。

此外，陶氏還兼修佛學，曾經去鄮縣阿育王塔禮佛受戒。他在《授陸敬遊十賚文》中云：「崇教惟善，法無偏執。」在《茅山長沙館碑記》中曰：「夫萬象森羅，不離兩儀所育；百法紛湊，無越三教之境。」《答大鸞法師書》中曰：「弟子華陽陶弘景和南。」其中「和南」即爲佛教用語，是稽首和敬禮之意。〔註167〕前文我們在論述七階結構時還談到過《眞誥》的七篇設置受佛經《妙法蓮華》七卷的影響。從歷史上來看，陶弘景宣導三教合一的思想，有利於融攝三教，起到文化整合的效果，他的見識確實在當時儕輩群倫之上。

表面上看，《位業圖》作者並未將佛教諸神引入神譜，沒有什麼佛教色彩，但經過對每一位神仙進行仔細梳理之後，就該拋棄起初的這一錯誤認識，作者在取用《眞誥》神仙時確實滲入了佛教因素。《位業圖》有不少神仙有著佛

〔註163〕〔宋〕李昉等編：《太平廣記》，中華書局1961年版，第1分冊，第67頁。

〔註164〕王明：《抱朴子內篇校釋》，中華書局1986年版，第138、184頁。

〔註165〕任繼愈主編：《道藏提要》（第三次修訂），中國社會科學出版社1991年版，第158頁。

〔註166〕《道藏》，文物出版社、上海書店、天津古籍出版社聯合影印明《道藏》1988年版，第6分冊，第171頁。

〔註167〕王京州：《陶弘景集校註》，上海古籍出版社2009年版，第64、191、105頁。

教背景，如青童君、紫陽左眞人周君（即周義山）、清靈眞人裴君（即裴玄仁）、桐栢眞人（即王子喬）等。《眞誥‧甄命授第二》曰：「方諸青童見告曰：『人爲道亦苦，不爲道亦苦。惟人自生至老，自老至病，護身至死，其苦無量。心惱積罪，生死不絕，其苦難說……』」〔註168〕佛教經典《四十二章經‧第三十五章》曰：「佛言：『人爲道亦苦，不爲道亦苦。惟人自生至老，自老至病，自病至死，其苦無量。心惱積罪，生死不息，其苦難說。』」《協昌期第一》曰：「大方諸之西，小方諸上，多有奉佛道者。有浮圖，以金玉鏤之……大方諸宮，青君常治處。」〔註169〕《稽神樞第四》曰：「周眞人有十五人弟子，四人解佛法。」〔註170〕又曰：「桐柏有二十五人弟子，八人學佛。入室弟子於弘智、竺法靈、鄭文成、陳元子。」註曰：「此當略舉標勝者耳。辛、泉、於、竺，皆似胡姓也，當是學佛弟子也。」〔註171〕又曰：「裴眞人有弟子三十四人。其十八人學佛道……」〔註172〕《雲笈七籤》卷105曰：「清靈眞人裴君，字玄仁，右扶風夏陽人也。以漢孝文帝二年，君始生焉……家奉佛道……」〔註173〕《稽神樞第三》曰：「含眞臺，洞天中皆有，非獨此也。此一臺偏屬太元府隸司命耳。其中有女眞二人總之……其一女眞是傳禮和。禮和是漢桓帝外甥侍中傳建女也，北地人。其家奉佛精進，女常旦夕灑掃佛前，勤勤祝誓，心願仙化。神靈監其此心，亦得來此。久處易遷，今始得爲含眞臺主也。常服五星氣以得道。禮和善歌，歌則鳥獸飛聚而聽聲焉……」〔註174〕《甄命授第一》曰：「昔有黃觀子者，亦少好道。家奉佛道，朝拜叩頭，求乞長生。如此積四十九年，後遂服食入焦山。太極眞人百四十事試之，皆過，遂服金丹，而詠

〔註168〕〔日〕吉川忠夫、麥谷邦夫編，朱越利譯：《眞誥校註》，中國社會科學出版社2006年版，第205頁。

〔註169〕〔日〕吉川忠夫、麥谷邦夫編，朱越利譯：《眞誥校註》，中國社會科學出版社2006年版，第299頁。

〔註170〕〔日〕吉川忠夫、麥谷邦夫編，朱越利譯：《眞誥校註》，中國社會科學出版社2006年版，第446頁。

〔註171〕〔日〕吉川忠夫、麥谷邦夫編，朱越利譯：《眞誥校註》，中國社會科學出版社2006年版，第446頁。

〔註172〕〔日〕吉川忠夫、麥谷邦夫編，朱越利譯：《眞誥校註》，中國社會科學出版社2006年版，第446頁。

〔註173〕〔宋〕張君房編，李永晟點校：《雲笈七籤》，中華書局2003年版，第5分冊，第2263頁。

〔註174〕〔日〕吉川忠夫、麥谷邦夫編，朱越利譯：《眞誥校註》，中國社會科學出版社2006年版，第409～410頁。

《大洞眞經》。今補仙官，爲太極左仙卿，有至志者也。非佛所能致，是其中寸定矣。」註曰：「此說與傅含眞奉佛事亦同。」〔註175〕「黃觀子」一條透露出了道高於佛的信息。對於陶弘景崇信佛教一事，雖然與附和梁武帝的佞佛有關，但從他的祖父、母親及朋友沈約信佛，交接慧約、曇鸞等佛門弟子，以至於臨終不忘叮囑徒弟「通以大袈裟覆衾蒙首足」來看，陶弘景對佛教亦有誠心的信仰。

其實在早期道教的發展過程中，爲了在儒家思想佔據主流的情勢下獲得生存，已經採納了一些諸如仁義忠孝的儒家因素，如南北朝道經《正一法文天師教戒科經》〔註176〕曰：「奉道但當積修功德，謙讓行仁義。」〔註177〕說明在塵世積功累德就可死後進入神仙的行列。在與佛教的論爭中，道教也吸收了不少佛教的思想，特別是靈寶派的經典中更是充滿了濃厚的佛教色彩。陶弘景作爲道教史上標誌性人物，兼通儒、佛、道，宣導「三教合一」，《位業圖》所涵括的儒、佛、道因素與陶氏的這一理念是一致的。當然，我們也應該看到，陶弘景雖然有融合三教的行爲，但總的來說，道教仍然是處於中心地位。

通過上面的分析，我們知道《位業圖》將儒家的重要人物和具有佛教色彩的一些道教神仙都收羅到了神譜之中，體現出一個傾向，即以上清派所崇拜神仙爲先，兼從其他派別援引神仙，不僅要實現道教內部的一律，而且宣導以道教爲主的三教一統。它所體現的的宗教觀不僅是道教，而是擴展到了整個社會。《位業圖》則是以陶弘景爲首的上清派在道教理論建設中的重要步驟。

餘　論

除以上論述之外，我們還可尋得三條《位業圖》與陶弘景相關的信息。第一，《位業圖》原題「梁貞白先生陶弘景纂，唐天台妙有大師玄同先生賜紫閭丘方遠校定」，這是大家默認陶氏造作此經的根據。至於校定者閭丘方遠，

〔註175〕〔日〕吉川忠夫、麥谷邦夫編，朱越利譯：《眞誥校註》，中國社會科學出版社 2006 年版，第 175 頁。
〔註176〕朱越利：《道藏分類解題》，華夏出版社 1996 年版，第 35 頁。
〔註177〕《道藏》，文物出版社、上海書店、天津古籍出版社聯合影印明《道藏》1988 年版，第 18 分冊，第 235 頁。

乃唐末一位著名道士。南唐沈汾《續仙傳》曰：「閭丘方遠，字大方，舒州宿松人也……三十四，受法籙於天台山玉霄宮葉藏質，眞文秘訣，盡以付授。而方遠守一行氣之暇，篤好子史羣書，每批卷必一覽之，不遺於心。常自言：『葛稚川、陶貞白，吾之師友也。』銓《太平經》爲三十篇，備盡樞要，其聲名愈播於江淮間。唐昭宗景福二年（893），錢塘彭城王錢鏐深慕方遠道德，禮謁於餘杭大滌洞，築室宇以安之，列行業以表之。昭宗累徵之，方遠以天文推尋，秦地將欲荆榛，唐祚必當革易，侔之園綺，不出山林，竟不赴召。乃降詔褒異，就頒命服，俾耀玄風，賜號『妙有大師玄同先生』。」〔註 178〕這段話提供了以下信息：第一，閭丘方遠尊崇陶弘景；第二，唐昭宗曾賜號『妙有大師玄同先生』；第三，他做過道經的整理工作。「賜紫」對於道士是一件很榮耀的事情，《歷世眞仙體道通鑒》卷 40 就說到唐僖宗曾召見杜光庭，「賜以紫服象簡，充麟得殿文章應制，爲道門領袖。」〔註 179〕在「閭丘方遠」一節中雖未提及「賜紫」，但唐昭宗「降詔褒異，就頒命服」，想必即爲此事。這樣，我們就不難理解《位業圖》所言「唐天台妙有大師玄同先生賜紫閭丘方遠校定」一語的由來了。既然閭丘氏遠追陶弘景爲師友，並對《太平經》這樣的道教經典文獻進行整理進而成名，則校定《位業圖》盡在情理之中。此外，陶弘景所編著的《眞誥》、《登眞隱訣》以及他撰寫的《周氏冥通記》皆有雙行夾註，《位業圖》體式亦與之相同，此爲一旁證；江南名士在神譜中佔有重要地位，而江南即爲上清派的重要根據地，這與陶弘景這一江南道教領袖應該頗有聯繫，此爲一內證。

　　以上我們分析了《位業圖》成書的各種要素及其與陶弘景之間的關係，《位業圖》將天師道、靈寶派等崇奉的神仙納入新的神學體系，給予傳統神仙以一定的地位，又使上清派所隆崇的神仙居於顯要地位，這種對道教繁雜神仙的重新整合是一次大膽的嘗試。筆者認爲，陶弘景作爲齊梁道教界的領袖人物，既然開創了上清派茅山宗，總結了上清派的修煉方術，整合了上清派的經典文獻，應該有資格也有可能對道教神仙做出系統的整理，進而建構出系統的神仙譜系。

〔註 178〕〔宋〕張君房編，李永晟點校：《雲笈七籤》，中華書局 2003 年版，第 5 分冊，第 2508 頁。

〔註 179〕《道藏》，文物出版社、上海書店、天津古籍出版社聯合影印明《道藏》1988年版，第 5 分冊，第 330 頁。

二、《眞靈位業圖》「九宮」位的兩個問題

在《位業圖》七個神仙階位中，最高一級是玉清境，以下依次是上清境、太極宮、太清境、九宮、地仙，最後一級是酆都鬼官之境。其中九宮位主神是「九宮尙書」，註曰：「姓張名奉，字公先，河內人。先爲河北司命禁保侯，今爲太極仙侯公，領北職，位在太極矣。」〔註180〕主神之下分列左右位仙官，左右位又分別設有散位，共計有 36 位神仙。與其他階位不同的是，學界對「九宮」位在道教中的成形以及主神張奉都缺乏討論，這對於我們如何瞭解《位業圖》的設置和主神的研究具有重要意義。

（一）「九宮」位釋義

「九宮」作爲道教的一處仙境，在陶弘景的《登眞隱訣》與《眞誥》中皆有論述。《太平御覽》卷 662 引《登眞隱訣》曰：「三清九宮，並有僚屬，例左勝於右……」〔註181〕由此可知，九宮之境乃玉清、上清、太清之下的一個階位，列於九宮，即爲九宮眞人。《眞誥‧甄命授第一》曰：「仙道之妙皆有方也，能盡此道便爲九宮眞人，不但登仙而已。」陶註曰：「此蓋能爲盡一條之道便得九宮眞人，若各各備具則爲太極眞人矣。」又曰：「崑崙上有九府，是爲九宮，太極爲太宮也。諸仙人俱是九宮之官僚耳。至於眞人，乃九宮之公、卿、大夫。仙官有上下，各有次秩。仙有左右府，而有左右公、左右卿、左右大夫、左右御史也。明《大洞》爲仙卿，服金丹爲大夫，服衆芝爲御史，若得太極隱芝服之，便爲左右仙公及眞人矣。」〔註182〕這幾句爲我們提供了兩條信息：第一，九宮位於崑崙之上；第二，太極高九宮一等。王宗昱先生針對崑崙上之九宮說曾指出：「至於九宮的觀念及相應品級與後述上清經典（按：包括《位業圖》）不完全協調，只能以它的早期粗糙作解釋了。」〔註183〕這是正確的。鍾國發也注意到了《位業圖》九宮位與《眞誥》中位於崑崙山的九宮的差異。〔註184〕

爲什麼神仙聚集於崑崙之上呢？這就要追溯到戰國時代的「大九州」說

〔註180〕《道藏》，文物出版社、上海書店、天津古籍出版社聯合影印明《正統道藏》1988 年版，第 3 分冊，第 278 頁。

〔註181〕〔宋〕李昉等編：《太平御覽》，中華書局 1960 年版，第 3 分冊，第 2955 頁。

〔註182〕〔日〕吉川忠夫、麥谷邦夫編，朱越利譯：《眞誥校註》，中國社會科學出版社 2006 年版，第 171、187 頁。

〔註183〕王宗昱：《〈道教義樞〉研究》，上海文化出版社 2001 年版，第 260 頁。

〔註184〕鍾國發：《陶弘景評傳》，南京大學出版社 2005 年版，第 290 頁。

了。戰國陰陽家代表鄒衍爲了苟合諸侯，受道家高妙宏大理論的影響，由《尚書‧禹貢》推出了「大九州」說。〔註185〕「大九州」說認爲中國之外有九大州，中國名曰赤縣神州，位於東南，崑崙自然在中國西北，就成了天下之中心。鄒衍的這一思想對後世方士產生了深遠的影響，他們的著作將崑崙視爲天下的中心，有通天之神奇功能，並爲眾仙彙集之所。如《淮南子》曰：「崑崙縣圃，維絕，乃通天。」〔註186〕又《墜形》曰：「崑崙之丘，或上倍之，是謂涼風之山，登之而不死。或上倍之，是謂懸圃，登之乃靈，能使風雨。或上倍之，乃維上天，登之乃神，是謂太帝之居。」《河圖括地象》曰：「地南北三億三萬五千五百里，地部之位，起形高大者，有昆侖山，廣萬里，高萬一千里，神物之所生，聖人仙人之所集也。出五色雲氣，五色流水，其泉南流入中國，名曰河也。其山中應於天，最居中，八十城市繞之。中國東南隅，居其一分，是奸（好）城也。」〔註187〕又曰「地中央曰昆侖」，「昆侖之山爲地首」。〔註188〕還言及「九府」，曰：「昆侖有銅柱焉，其高入天，所謂天柱也。圍三千里，周員如削。下有仙人九府治之，與天地同休息。」〔註189〕這裡僊人所治的「九府」即上文《眞誥‧甄命授第一》所言的「九府」和「九宮」。在道教早期經典《太平經》中，崑崙繼續被視爲天下之中心，而且有錄仙籍的功能，《大功益年書出歲月戒》曰：「惟上古得道之人，亦自法度未生有錄籍，錄籍在長壽之文，須年月日當昇之時，傳在中極。中極一名崑崙，輒部主者往錄其人姓名，不得有脫。」《不忘誡長得福訣》曰：「神仙之錄在北極，相連崑崙，崑崙之墟有眞人，上下有常。眞人主有錄籍之人，姓名相次。」〔註190〕早期道教繼承了先前方士的衣缽並進一步增飾，摻以漢易的「九宮」說，構建了一級道教的修眞階位。

　　自前面所提《眞誥》彙集的早期上清派經文關於九宮的記載以來，九宮作爲一個重要的仙階概念被廣泛地運用於道教經文。《靈寶無量度人上品妙

〔註185〕常金倉：《鄒衍「大九州」說考論》，《管子學刊》1997年第1期。
〔註186〕〔宋〕洪興祖：《楚辭補註》，中華書局1983年版，第26頁。
〔註187〕〔日〕安居香山、中村璋八輯：《緯書集成》，河北人民出版社1994年版，下冊，第1095頁。
〔註188〕〔日〕安居香山、中村璋八輯：《緯書集成》，河北人民出版社1994年版，下冊，第1089～1091頁。
〔註189〕〔日〕安居香山、中村璋八輯：《緯書集成》，河北人民出版社1994年版，下冊，第1092頁。
〔註190〕王明：《太平經合校》，中華書局1960年版，第532、583頁。

經》卷 1 曰：「八節之日詠頌是經，得爲九宮眞人。」〔註 191〕《洞玄靈寶長夜之府九幽玉匱明眞科》也有一類神仙爲「九宮眞人」。〔註 192〕《太上飛行九晨玉經》中有「五嶽靈仙」，〔註 193〕王宗昱認爲「所指也應該是九宮飛仙。」〔註 194〕我們還發現上清古道經《太眞玉帝四極明科經》（《眞誥・運象篇》引）有「五嶽飛仙」之號，〔註 195〕這一點其實在被視爲與《位業圖》同時期的《七域修眞證品圖》〔註 196〕中也可以找到根據，它將修道的果位按從下到上的次序分成七個等級，若依從上至下的順序來看，則九宮位與《位業圖》的位置完全相符，處於玉清、上清、太極、太清之下，經曰：「九宮仙人初修前兩種九轉之行或修仙行或修眞行九轉不缺，行三百大戒，有三千善功，兼修靈寶之經者，位爲九宮眞人。在五嶽虛宮之上，太空之中，分有九位，位統一方。得九宮仙人者，執三色之節，諸仙侍從，給玉童玉女三千人。」〔註 197〕在這裡，九宮成了五嶽虛宮之上、太空之中的一處仙境，其中的神仙擁有相應的待遇。據這篇經文記載，九宮分別爲青元宮、碧落宮、始丹宮、太玄宮、大福堂宮、少陰宮、太丹宮、中黃宮、始素宮、太素宮，此處共列出十宮，蓋作者或傳抄者疏忽所致。這些宮名的設置可能是對九宮位的一種發展，從玉清、上清、太極、太清四個果位來看，我們發現爲這些果位配置的宮殿名目與《位業圖》有很大的不同，也沒有點明孰爲九宮之主神。可知《七域修眞證品圖》和《位業圖》的作者對九宮位的認識還是有差距的。九宮階位是經過努力可以達到的，早期道經《太清太上八素眞經》曰：「有《大洞眞經》者，修行其法，七祖父母皆離脫鬼名，原貸三官考謫，度錄仙府，解釋艱羅，使詣朱火丹陵宮，受仙學道。仙道成，使翼佐五帝爲九宮之仙也。」

〔註 191〕《道藏》，文物出版社、上海書店、天津古籍出版社聯合影印明《道藏》1988年版，第 1 分冊，第 3 頁。

〔註 192〕《道藏》，文物出版社、上海書店、天津古籍出版社聯合影印明《道藏》1988年版，第 34 分冊，第 380 頁。

〔註 193〕《道藏》，文物出版社、上海書店、天津古籍出版社聯合影印明《道藏》1988年版，第 6 分冊，第 671 頁。

〔註 194〕王宗昱：《〈道教義樞〉研究》，上海文化出版社 2001 年版，第 266 頁。

〔註 195〕《道藏》，文物出版社、上海書店、天津古籍出版社聯合影印明《道藏》1988年版，第 3 分冊，第 418 頁。

〔註 196〕任繼愈主編：《道藏提要》(第三次修訂)，中國社會科學出版社 1991 年版，第 193 頁。

〔註 197〕《道藏》，文物出版社、上海書店、天津古籍出版社聯合影印明《道藏》1988年版，第 6 分冊，第 695 頁。

這九宮之仙可以「遠詣太極，下游五嶽。」但是「自不得爲上清三眞也。」又曰：「太上昔謂太清不可登，而況於太極乎？乃謂上清不可聞，而況於玉清乎？明眞中有高卑，玄中有階次也，過此以前，非所復議。玉清宮之下眞人，上清宮之上眞，太極宮之眞人，乃上清宮之下眞人，太清宮之上眞人，乃太極宮之下眞人，從此以下次得九宮之飛仙也。」又說：「玉清、上清、太極、太清、九宮，並各有官僚，公卿、大夫、侯伯，置署如一，更相管統，奉屬於上宮闕，次第類相似。但道有尊貴，德業有昇降。」〔註198〕與前面所引《眞誥》之崑崙山上的九宮相比較，這裡的九宮是一個神仙級別，而淡化了實體的色彩。

　　前面我們已經談到道教的「九宮」位與漢易的聯繫。九宮是中國傳統文化中的一個範疇，分別爲乾宮、坎宮、艮宮、震宮、中宮、巽宮、離宮、坤宮、兌宮。前四個屬四陽宮，後四個屬四陰宮，加上中宮，共九宮。胡渭在《易圖明辨·九宮》中認爲「九宮蓋即明堂之九室。」〔註199〕《大戴禮記·明堂》曰：「明堂者，古有之也。凡九室，一室而有四戶八牖……二九四七五三六一八。」〔註200〕這九個數分成三排，縱橫或交叉相加，和均爲十五，而兩端數字之和乘以中間之五皆得五十。「五十」是後人附會《易繫辭上》之「大衍之數五十（有五），其用四十有九。」惠棟《易漢學》曰：「九宮之法，一二三四五六七八九，一北、九南、三東、七西、四東南、六西北、二西南、八東北、五居中。」〔註201〕漢代讖緯之學興起，出現九宮八卦說，劉保貞認爲「八卦與九宮的配合也應在八卦方位說產生以後。」〔註202〕《易乾鑿度》曰：

　　　易一陰一陽，合而爲十五，之謂道。陽變七之九，陰變八之六，亦

　　　合於十五……故太一取其數，以行九宮，四正四維，皆合於十五。

鄭玄將「四正四維」與八卦聯繫起來道：

　　　太一者，北辰之神名也，居其所曰太一。常行於八卦日辰之間，曰

〔註198〕《道藏》，文物出版社、上海書店、天津古籍出版社聯合影印明《道藏》1988年版，第 6 分冊，第 651～654 頁。

〔註199〕劉保貞：《〈易圖明辨〉導讀》，齊魯書社 2004 年版，第 119 頁。

〔註200〕〔清〕王聘珍撰，王文錦點校：《大戴禮記解詁》，中華書局 1983 年版，第 149～150 頁。

〔註201〕〔清〕惠棟：《易漢學》，商務印書館 1937 年版，第 111 頁。

〔註202〕劉保貞：《五行、九宮與八卦——胡渭〈易圖明辨〉「五行、九宮」說述評》，《周易研究》2005 年第 2 期。

天一，或曰太一。出入所遊，息於紫宮之內外，其星因以為名焉。故《星經》曰「天一」、「太一」，主氣之神，行，猶待也。四正四維，以八卦神所居，故亦名之曰宮。天一下行，猶天子出巡狩，省方岳之事。每卒則復。太一下行八卦之宮，每四乃還於中央，中央者北神之所居，故因謂之九宮。天數大分，以陽出，以陰入。陽起於子，陰起於午，是以太一下九宮，從坎宮始。坎，中男，始亦言無適也。自此而從於坤宮，坤，母也。又自此而從震宮，震，長男也。又自此而從巽宮，巽，長女也。所行者半矣，還息於中央之宮，既又自此而從乾宮，乾，父也。自此而從兌宮，兌，少女也。又自此從於艮宮，艮，少男也。又自此從於離宮，離，中女也，行則周矣。〔註203〕

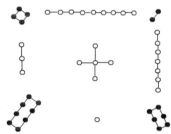

「九宮」之法用途頗廣，漢代有「九宮占」、「九宮術」、「九宮算」、「九宮八風」、「太一下行九宮」等，既然道教與易學的關係十分密切，將神奇的九宮觀念引入也是很自然的事情。《抱朴子‧遐覽》著錄有《九宮》五卷，又曰：「（鄭思遠）兼綜九宮三棊。」今人王明註曰：「九宮，八卦之宮及北辰所居之中央謂之九宮。〔註204〕如果說我們從「九宮」之名直接推出它與漢易「九宮」說有聯繫顯得有些牽強的話，《七域修真證品圖》所言九宮真人「在五嶽虛宮之上，太空之中，分有九位，位統一方」就可較為清晰地看出九宮與方位之間的關係。六朝靈寶經《洞玄靈寶丹水飛術運度小劫妙經》〔註205〕有「九宮生八卦，十極遊太微」之說。〔註206〕此外，我們還可以借助南宋陳椿榮集

〔註203〕〔日〕安居香山、中村璋八輯：《緯書集成》，河北人民出版社 1994 年版，上冊，第 31～32 頁。

〔註204〕王明：《抱朴子內篇校釋》（增訂本），中華書局 1986 年版，第 338、344 頁。

〔註205〕任繼愈主編：《道藏提要》(第三次修訂)，中國社會科學出版社 1991 年版，第 144 頁。

〔註206〕《道藏》，文物出版社、上海書店、天津古籍出版社聯合影印明《道藏》1988 年版，第 5 分冊，第 859 頁。

註的《太上洞玄靈寶無量度人上品經法》來加以說明，該經卷1曰：「冬至坎用事，立春艮用事，春分震用事，立夏巽用事，夏至離用事，立秋坤用事，秋分兌用事，立冬乾用事，周回八宮，以名八節，惟中宮者己也，身在中宮，得守於五也，故爲九宮眞人也。正是戴九履一，左三右七，二四爲肩，六八爲足，五爲吾腹，乃上清九元豁落之道也。」〔註207〕

　　從《位業圖》九宮位來看，左右位及散仙位的諸位神仙修道的地方並不拘泥於九宮或五嶽，如右位散位的趙廣信在小白山，虞公生在海中狼山，朱孺子在赤水山。所以，筆者更傾向於《位業圖》中的「九宮」位已經不是一個神話中的地理概念，而是一種抽象化的神仙階位，由達到相應修眞層次的神仙組成。這些神仙並不是固定不變的，而是如整個《位業圖》一樣，是個動態的系統，有些神仙可以經過修煉進入九宮階位，有些神仙則可以繼續高升，如右位的召公奭本在酆都任南明公，今爲右保；〔註208〕許肇和許副二人先前分屬酆都的左右位，今都在九宮的右散位，〔註209〕而左相和右相越出九宮位，「已度上清」。〔註210〕需要注意的是，《眞誥·甄命授第一》中的九宮處於崑崙山上；而在《七域修眞證品圖》和《太上飛行九晨玉經》中它與五嶽相聯繫；《登眞隱訣·九宮》又言人頭有「九宮」，每宮兼有神守之；（這裡的「九宮」是體內神的境地，爲存思名詞，與前面所說的仙階有質的區別）《太上老君開天經》中，九宮又成爲了太上老君創世中的一個時代。經曰：「混沌既沒而九宮，九宮之時，老君下爲師。」〔註211〕這些說明道教界對九宮的闡釋亦有差別，顯示出道教在引入九宮這一概念後從不同角度廣泛地進行了發揮。

　　至於爲何九宮位主神名「九宮尚書」，這很可能與東漢以來政事悉歸尚書臺，各曹尚書地位愈發顯要有關。神仙世界的設置本來就是對現實世界的一種反映。

〔註207〕《道藏》，文物出版社、上海書店、天津古籍出版社聯合影印明《道藏》1988年版，第2分冊，第476頁。

〔註208〕《道藏》，文物出版社、上海書店、天津古籍出版社聯合影印明《道藏》1988年版，第3分冊，第278～280頁。

〔註209〕《道藏》，文物出版社、上海書店、天津古籍出版社聯合影印明《道藏》1988年版，第3分冊，第278～280頁。

〔註210〕《道藏》，文物出版社、上海書店、天津古籍出版社聯合影印明《道藏》1988年版，第3分冊，第178頁。

〔註211〕《道藏》，文物出版社、上海書店、天津古籍出版社聯合影印明《道藏》1988年版，第34分冊，第618頁。

（二）主神「張奉」

張奉，位於《位業圖》第三右位，號爲太極仙侯，〔註212〕又是第五中位主神，仙職爲九宮尙書。註曰：「姓張，名奉，字公先，河內人。先爲河北司命禁保侯，今爲太極仙侯公，領北職，位在太極矣。」參《位業圖》第六左位有「北河司命保禁侯桃俊」，〔註213〕此外，《眞誥・稽神樞第二》曰：「（張奉）今在東華宮，行爲太極所署也。或領九宮尙書，與北河侯對職治水考。北河司命或爲禁保侯，亦並共業故也。」〔註214〕又曰：「定錄官寮……又有北河司命，主水官考，此職常領九宮禁保侯，禁保侯職主領應爲種民者。」〔註215〕《闡幽微第一》曰：「玄德今爲北河侯，與韓遂對統，今屬仙官。」〔註216〕由以上引文可知，《位業圖》注釋的「河北司命禁保侯」一句應是「北河司命禁保侯。」

關於張奉的身世，干春松認爲《位業圖》「第五層次中位神是九宮尙書。本名張奉，是傳說中的道教創始人。」〔註217〕顯然是誤將張奉當作五斗米道的創始者張道陵了。《稽神樞第二》陶註已經指出是《三國志・魏書》中的「張範」，註引《魏書》曰：「張範字公儀，河內修武人。祖歆，漢司徒，父延，太尉袁隗欲以女妻範，範辭不受，性恬靜樂道，徵命不就……好賑救窮乏，家無餘財。」《稽神樞第二》正文曰：「張激子當爲太極仙侯。激子者，河內張奉者也，字公先，少時名激子耳。此人亦少發名字，太傅袁隗嘆其高操，妻以女。」關於張奉的字，陶註有考辨之辭，他根據「太傅袁隗嘆其高操，妻以女」的記載，援引《張範傳》中的「張範，字公儀，河內修武人……弟承，字公先」，指出「此說名字翻覆大異，承與奉乃相類而非袁婿，若是範，又其字不同，詳按事蹟，恐多是兄也。」〔註218〕元朝趙道一的《歷世眞仙體

〔註212〕《道藏》，文物出版社、上海書店、天津古籍出版社聯合影印明《道藏》1988年版，第3分冊，第275頁。

〔註213〕《道藏》，文物出版社、上海書店、天津古籍出版社聯合影印明《道藏》1988年版，第3分冊，第278頁。

〔註214〕〔日〕吉川忠夫、麥谷邦夫編，朱越利譯：《眞誥校註》，中國社會科學出版社2006年版，第389頁。

〔註215〕〔日〕吉川忠夫、麥谷邦夫編，朱越利譯：《眞誥校註》，中國社會科學出版社2006年版，第386頁。

〔註216〕〔日〕吉川忠夫、麥谷邦夫編，朱越利譯：《眞誥校註》，中國社會科學出版社2006年版，第487頁。

〔註217〕干春松：《神仙傳》，東方出版社2005年版，第76頁。

〔註218〕〔日〕吉川忠夫、麥谷邦夫編，朱越利譯：《眞誥校註》，中國社會科學出版社2006年版，第389頁。

道通鑒》完全因襲了《眞誥》中陶氏的這一看法。〔註219〕那麼，關於張奉之字，《眞誥》與《三國志》的記載相異該如何解釋呢？謝沈《後漢書》說：「張奉，字公先，弟表字公儀，河內人。兄弟少有高節⋯⋯」〔註220〕關於張奉的字，他的記錄與《眞誥》正文及《位業圖》一致。

至此，我們可以形成兩種推理，其一，《眞誥》正文和《位業圖》正文中張奉字爲「公先」，或源於謝沈《後漢書》之記載；其二，《眞誥》正文未採納《魏書》的記載，是因疏忽而致誤。我認爲前者的可能性更大一些，因爲《眞誥》作者楊許等人與謝沈同時，且皆爲吳人，看他的《後漢書》比較容易，作爲高級道士，知曉張奉的事蹟也是理所當然。至於《位業圖》的「張奉」採自《眞誥》正文，這一點基本是明確的。

那麼張奉這一歷史人物緣何引起了道教的興趣而將他神化呢？前文已經提到《稽神樞第二》正文言及張奉「性恬靜樂道，徵命不就⋯⋯好賑救窮乏，家無餘財。」因凡人清靜樂道和救貧濟困而將之神化是道教的一大套路，從中可以看出道教是對張奉爲人的境界產生了興趣。《位業圖》第六右位地仙散位有「山圖公子」，註曰：「周哀王時大夫，張禁保之師。」〔註221〕「張禁保」即「張奉」，《稽神樞第二》正文有更詳細的闡述：「（張奉）後棄世入剡山，遇山圖公子，山圖公子，周哀王時大夫仙人者也，授激子九雲水強梁鍊桂法，激子修此得道。今在東華宮，行爲太極所署也；或領九宮尚書，與北河侯對職治水考，北河司命或爲禁保侯，亦並共業故也，北河司命亦治在洞天之中，與張激子對局。」〔註222〕出家的道士自稱接遇神仙以自重是推行經術的一種慣用方式，此文將張奉與《列仙傳》中的僊人「山圖公子」聯繫到一起，鮮明得體現了道書撮合神與人以神其教的神秘特點。

張奉眞正的受業之師可能是葛玄。《太平御覽》卷664引《神仙傳》曰：「葛玄，字孝先，從左慈受《九丹金液經》，常餌朮，語弟子張奉曰當尸解去，八月十二日時當發。至期，衣冠而臥，無氣而色不變，尸解而去。」〔註223〕

〔註219〕《道藏》，文物出版社、上海書店、天津古籍出版社聯合影印明《道藏》1988年版，第5分冊，第198頁。
〔註220〕周天遊：《八家後漢書輯註》，上海古籍出版社，1986年版，第610頁。
〔註221〕《道藏》，文物出版社、上海書店、天津古籍出版社聯合影印明《道藏》1988年版，第3分冊，第279頁。
〔註222〕〔日〕吉川忠夫、麥谷邦夫編，朱越利譯：《眞誥校註》，中國社會科學出版社2006年版，第389頁。
〔註223〕〔宋〕李昉等編：《太平御覽》，中華書局1960年版，第3分冊，第2963頁。

葛玄在《位業圖》中有兩個仙位，一在第三左位，號「太極左仙公」，一在第六左位地仙散位，這是由於《位業圖》是一個動態的神譜，各位修煉的神仙可以隨著「業」的累積而陞遷到新的「位」中。既然葛玄號「太極左仙公」，那麼他的弟子張奉爲「太極仙侯」，列於第三右位也是很好理解的了。四庫本《神仙傳・葛玄》與此小異，曰：「一日（葛玄）語弟子張恭言：『吾爲世主所逼留……』」「張奉」作「張恭」；《太極葛仙公傳》三次提及葛玄入室弟子有「張泰言」，〔註224〕可能誤以《神仙傳》中「張恭」之後的「言」字屬於名字的一部分；元趙道一《歷世眞仙體道通鑒》卷23亦言「（葛玄）弟子張泰」〔註225〕；六朝古靈寶經《太上洞玄靈寶本行因緣經》〔註226〕中葛玄曰：「是時三侍臣同發願後生作道士，我爲隱士，釋道微、竺法蘭願爲沙門，鄭思遠、張泰爲道士，普志昇仙度世……」〔註227〕奉、泰字形相近，蓋《御覽》徵引另有所本或徵引有誤。因《位業圖》其他階位主神在道經中頻繁出現，所以我懷疑前者的可能性更大一些，而「張泰」可能就是「張奉」。就今日所見隋唐之前的道教經文，可以說在《位業圖》七個階位的主神中，張奉的神化過程是較爲簡單的。

通過以上分析，我們可以得出如下結論：第一，《位業圖》第五階位「九宮」的設置是道教對中國傳統文化中「九宮」觀念的一種繼承和改造；第二，九宮位主神張奉曾是三國時一位有道家涵養的名士，其記載源於《眞誥・稽神樞第二》正文，《眞誥》正文則取自晉謝沈的《後漢書》，而陶註僅出於《三國志・魏書》，未能追溯到謝氏的記載。從張奉的神化方式來看，造作道教經典之人喜於搜集文獻中，特別是與名士相關的可資利用的只言片語予以神化加工，然後將其納入神仙體系以隆其教。這正如呂思勉先生之語：「無徵不信，立教者往往設爲昔曾有是，以誘導人。」〔註228〕

〔註224〕《道藏》，文物出版社、上海書店、天津古籍出版社聯合影印明《道藏》1988年版，第6分冊，第680～681頁。

〔註225〕《道藏》，文物出版社、上海書店、天津古籍出版社聯合影印明《道藏》1988年版，第5分冊，第232頁。

〔註226〕任繼愈主編：《道藏提要》（第三次修訂），中國社會科學出版社1991年版，第527頁。

〔註227〕《道藏》，文物出版社、上海書店、天津古籍出版社聯合影印明《道藏》1988年版，第24分冊，第672頁。

〔註228〕呂思勉：《先秦史》，上海古籍出版社2005年版，第443頁。

三、《眞靈位業圖序‧校註》商補九則

2009 年，上海古籍出版社出版了王京州先生的《陶弘景集校註》（以下簡稱《校註》），該書對陶弘景所作的賦、詩、文等進行了重新輯錄、校勘和註釋，爲學界研究陶弘景提供了寶貴的材料。筆者拜讀了王先生對《眞靈位業圖》序文的校註，獲益匪淺，然尚有可商之處，茲補苴九則。

《校註》序文錄自《道藏》本。〔註229〕爲便於敍述，將該本《位業圖》序文標點如下（原文爲豎排版，小字在原文爲雙行夾註）：

洞玄靈寶眞靈位業圖序

夫仰鏡玄精，覾景耀之巨細；俯眄平區，見巖海之崇深；搜訪人綱，究朝班之品序；研綜天經，測眞靈之階業。但名爵隱顯，學號進退，四宮之內，疑似相雜。今正當比類經正，讎校儀服，埒其高卑，區其宮域。又有指目單位，上皇道君、五帝七老，如此比之類是矣。略說姓名，墨羽、孟卓之例是矣。或任同秩異，金闕四帝、太極四眞及下教之例是矣。業均迹別者，諸步綱之例也。如希林眞人爲太微右公，而領九官上相，未委爲北宴上清，當下親相識耶。諸如此例，難可必證。謂其並繼其所領，而從高域，粗事事條辯，略宣後章。輒以淺識下生，輕品上聖，昇降失序，梯級乖本，懼貽謫玄府，絡咎冥司。謹依誠陳啓，仰希照亮，若必不宜然，願垂戒告。今所詮貫者，實稟注之奧旨，存向之要趣。祈祝跪請，宜委位序之尊卑；對眞接異，必究所遇之輕重。是以三君共辭先致，學未體之尤；下班居上，智有不達之蔽。雖同號眞人，眞品乃有數，俱目仙人，仙亦有等級千億。若不精委條領，略識宗源者，猶如野夫出朝廷，見朱衣必令史，句驪入中國，呼一切爲傒軍，豈解士庶之貴賤，辯爵號異同乎？

陶弘景序

今依行文順序逐條辨析：

（一）《校註》有「睹景耀之巨細」，〔註230〕《道藏》本「睹」作「覾」；又「四宮之內，疑似相參。」「呼一切爲參軍」，〔註231〕《道藏》本「參」皆

〔註229〕《道藏》，文物出版社、上海書店、天津古籍出版社聯合影印明《正統道藏》1988 年版，第 3 分冊，第 270 頁。

〔註230〕王京州：《陶弘景集校註》，上海古籍出版社 2009 年版，第 130 頁。

〔註231〕王京州：《陶弘景集校註》，上海古籍出版社 2009 年版，第 130 頁。

作「雜」；又「升降失序」，〔註232〕《道藏》本「升」作「昇」。基於尊重原文，三者改回原字爲好。

（二）序文雙行夾註有「上皇道君」，《校註》指出它位於《位業圖》第一左位，〔註233〕其實應居第一右位。〔註234〕這是王先生疏忽所致。

（三）雙行夾註「五帝七老」，《校註》認爲「五帝」當指第七左位的「五帝上相」。〔註235〕查《位業圖》第四右位有「東方靈威仰」、「南方赤熛弩」、「西方曜魄寶」、「北方隱侯局」、「中央含樞紐」，註曰：「此太清五帝，自然之神。」〔註236〕「五帝上相」指五帝之上相，故「五帝」非「五帝上相」之簡稱，應是此「太清五帝」。

（四）雙行夾註「墨羽、孟卓」，《校註》以「墨羽」當爲「墨翟」之訛，「墨翟」位於《位業圖》第四左位；〔註237〕「孟卓」疑爲第六左位地仙散位的「孟君」。〔註238〕《位業圖》與陶弘景所撰《眞誥》有重要的淵源關係，查閱《眞誥》，《甄命授第一》「墨羽之徒」條下陶註曰：「墨羽應是墨翟，或是木羽也。」〔註239〕看來，《位業圖》從「誥」不從「註」，故筆者認爲《位業圖》原本即爲「墨羽」。至於「孟卓」，《位業圖》第四右位有「中嶽眞人孟子卓」，〔註240〕疑是此人。

（五）雙行夾註「金闕四帝」，《校註》曰：「查檢《洞玄靈寶眞靈位業圖》全卷，僅見二帝，分列第二右位、第三中位。」〔註241〕《校註》所言之「二帝」，一是第二右位的「右聖金闕帝晨後聖玄元道君」，註曰：「壬辰運當下生。」〔註242〕一是第三中位之「太極金闕帝君姓李」，

〔註232〕王京州：《陶弘景集校註》，上海古籍出版社 2009 年版，第 132 頁。

〔註233〕王京州：《陶弘景集校註》，上海古籍出版社 2009 年版，第 132 頁。

〔註234〕《道藏》，文物出版社、上海書店、天津古籍出版社聯合影印明《正統道藏》1988 年版，第 3 分冊，第 273 頁。

〔註235〕王京州：《陶弘景集校註》，上海古籍出版社 2009 年版，第 132 頁。

〔註236〕《道藏》，文物出版社、上海書店、天津古籍出版社聯合影印明《正統道藏》1988 年版，第 3 分冊，第 277 頁。

〔註237〕王京州：《陶弘景集校註》，上海古籍出版社 2009 年版，第 132 頁。

〔註238〕王京州：《陶弘景集校註》，上海古籍出版社 2009 年版，第 133 頁。

〔註239〕〔日〕吉川忠夫、麥谷邦夫編，朱越利譯：《眞誥校註》，中國社會科學出版社 2006 年版，第 184 頁。

〔註240〕《道藏》，文物出版社、上海書店、天津古籍出版社聯合影印明《正統道藏》1988 年版，第 3 分冊，第 277 頁。

〔註241〕王京州：《陶弘景集校註》，上海古籍出版社 2009 年版，第 133 頁。

〔註242〕《道藏》，文物出版社、上海書店、天津古籍出版社聯合影印明《正統道藏》

註曰：「壬辰下教，太平主。」〔註 243〕其實所謂「二帝」，本係一神，在道經中一般簡稱「金闕帝君」、「後聖帝君」或「太平君」。《皇天上清金闕帝君靈書紫文上經》曰：「金闕中有四帝君，其後聖君處其左，居太空瓊臺丹玕之殿。」〔註 244〕《太平經・太平金闕帝晨後聖帝君師輔歷紀歲次平氣去來兆候賢聖功行種民定法本起》曰：「金闕有四天帝，太平道君處其左右，居太空瓊臺洞眞之殿。」〔註 245〕以上兩條引文雖略有出入，但金闕有四位帝君，太平君衹是四帝之一，這兩點則是明確的。

（六）序文「業均迹別者」，《校註》釋「業」爲「職務」，〔註 246〕我認爲這裡的「業」應是「位業」之「業」。《眞誥・運象篇第四》有「縈渟之仙才，又當懃進德修業，淡然虛眄。」〔註 247〕《眞誥・翼眞檢第一》在解釋《稽神樞》時註曰：「測眞仙位業」，〔註 248〕這幾個「業」字意思相同。唐朝道士孟安排《道教義樞・位業義》有「義曰：位業者，登仙學道，階業不同；證果成眞，高卑有別」，「釋曰：位是階序之名，業是德行之目。」〔註 249〕可見「位」是職位、職務的意思，「業」應是指修道的程度而言。

（七）「如希林眞人爲太微右公，而領九官上相」，《校註》指出「希林眞人」居於《位業圖》第二左位，即「太微右眞公領九宮上相希林眞人燕君」，〔註 250〕但未對「九官」進行校勘，應將「官」改爲「宮」。

1988 年版，第 3 分冊，第 274 頁。

〔註 243〕《道藏》，文物出版社、上海書店、天津古籍出版社聯合影印明《正統道藏》1988 年版，第 3 分冊，第 275 頁。

〔註 244〕《道藏》，文物出版社、上海書店、天津古籍出版社聯合影印明《正統道藏》1988 年版，第 11 分冊，第 380 頁。

〔註 245〕王明：《太平經合校》，中華書局 1960 年版，第 7 頁。

〔註 246〕王京州：《陶弘景集校註》，上海古籍出版社 2009 年版，第 133 頁。

〔註 247〕〔日〕吉川忠夫、麥谷邦夫編，朱越利譯：《眞誥校註》，中國社會科學出版社 2006 年版，第 151 頁。

〔註 248〕〔日〕吉川忠夫、麥谷邦夫編，朱越利譯：《眞誥校註》，中國社會科學出版社 2006 年版，第 563 頁。

〔註 249〕《道藏》，文物出版社、上海書店、天津古籍出版社聯合影印明《正統道藏》1988 年版，第 24 分冊，第 808 頁。

〔註 250〕王京州：《陶弘景集校註》，上海古籍出版社 2009 年版，第 133 頁。

（八）《校註》於「而從高域粗事事條辯」一句在「粗」後斷開，〔註251〕而本句意為：從高處大概將各位神仙辨明。故斷句以「而從高域，粗事事條辯」為宜。

（九）「輒以淺識下生，輕品上聖，昇降失序，梯級乖本，懼貽謫玄府，絡咎冥司。謹依誠陳啓，仰希照亮，若必不宜，然願垂戒告。」〔註252〕其中「若必不宜，然願垂戒告」一句意為：如果真的不應該是這樣，（我）願意接受神靈的訓告。該句應斷成「若必不宜然，願垂戒告」顯得更妥帖一些。另外，《校註》說「下生」即凡人，〔註253〕這是正確的。進一步斟酌，「願垂戒告」者當是《位業圖》作者，則「淺識下生」顯係作者自謙之辭。

四、《真靈位業圖》校勘舉要

　　《位業圖》還未有校勘本問世，由此導致了一些文獻上運用的錯誤，通過對它的版本做初步研究，現就存在的主要問題略述如下：

（一）版本源流

　　《位業圖》主要的古代版本有明《正統道藏》本、《祕冊彙函》重校本、《津逮祕書》重校本、清修《四庫全書》所收《說郛》本、《古今圖書集成》本、《重刊道藏輯要》本，共計6個版本，因歷久流傳，現存版本都存在明顯舛誤。

　　《位業圖》自成書後逐漸在道教內部和社會上流傳。到唐朝末年，上清派道士閭丘方遠整理道經，對《位業圖》進行了校對，今存於明《正統道藏》之中，此本仍有疏漏之處。法國學者安娜・塞德爾認為目前大家所能見到的《道藏》本「祇是在西元10世紀重新整理過的被歪曲了的殘本。」〔註254〕但她並未舉出相關證據。清修《四庫全書》收錄的陶宗儀《說郛》本除序言以外全錄該神譜內容。明人沈士龍和胡震亨共同校訂古書，刻成《祕冊彙函》，其中包括《位業圖》重校本，後因《祕冊彙函》遇火版毀，殘版歸毛晉之汲古閣，胡氏與毛晉又合作刻成《津逮祕書》，存《位業圖》的重校本，是為明

〔註251〕王京州：《陶弘景集校註》，上海古籍出版社2009年版，第132頁。

〔註252〕王京州：《陶弘景集校註》，上海古籍出版社2009年版，第132頁。

〔註253〕王京州：《陶弘景集校註》，上海古籍出版社2009年版，第133頁。

〔註254〕〔法〕安娜・塞德爾著，蔣見元，劉淩譯：《西方道教研究史》，上海古籍出版社2000年版，第49頁。

汲古閣刻本，此二本一致。清陳夢雷等所編《古今圖書集成》中保存一個版本，《四庫全書總目提要》還提到有內府藏本，清《道藏輯要》和《重刊道藏輯要》也收有一種本子。到了近現代，由臺灣藝文印書館出版的《百部叢書集成》、商務印書館和中華書局影印的《叢書集成初編》及臺灣新文豐出版公司出版的《叢書集成新編》均使用《秘冊彙函》本。除《說郛》本外，其他本都保留《位業圖·序》，今人王京州的《陶弘景集校註》對它作了校勘和較為詳細的注釋，是序文的最新研究成果。〔註255〕

（二）校勘舉要

1. 避諱問題

《古今圖書集成》本與四庫之《說郛》本皆編於清朝，二本《位業圖》因避清康熙名諱，前者改「玄」為「元」，後者則闕「玄」字末筆「、」。

2.「宋德玄」與「宋玄德」

《位業圖》第四右位有「中央眞人宋德玄」；第六左位地仙散位有「宋玄德」， 註曰：「嵩高山」。〔註256〕《說郛》本「宋玄德」作「宋德玄」。《眞誥·稽神樞第四》曰：「九疑眞人韓偉遠，昔受於中嶽宋德玄。德玄者，周宣王時人。服此『靈飛六甲』得道，能一日行三千里，數變形為鳥獸，得玄靈之道。今在嵩高。」〔註257〕六朝古上清經《上清瓊宮靈飛六甲左右上符》〔註258〕和《上清瓊宮靈飛六甲籙》〔註259〕記載與此相似；參考《雲笈七籤》卷 104《太清眞人傳》中亦有「太清眞人宋倫，字德玄」〔註260〕的記載。因此，第六左位地仙散位的「宋玄德」應校正為「宋德玄」，至於一人列於不同階位，應是跟仙位陞遷有關。

〔註255〕王京州：《陶弘景集校註》，上海古籍出版社 2009 年版，第 130～135 頁。

〔註256〕《道藏》，文物出版社、上海書店、天津古籍出版社聯合影印明《道藏》1988 年版，第 3 分冊，第 277～279 頁。

〔註257〕〔日〕吉川忠夫、麥谷邦夫編，朱越利譯：《眞誥校註》，中國社會科學出版社 2006 年版，第 458 頁。

〔註258〕任繼愈主編：《道藏提要》（第三次修訂），中國社會科學出版社 1991 年版，第 37 頁；《道藏》，文物出版社、上海書店、天津古籍出版社聯合影印明《道藏》1988 年版，第 2 分冊，第 176 頁。

〔註259〕朱越利：《道藏分類解題》，華夏出版社 1996 年版，第 204 頁；《道藏》，文物出版社、上海書店、天津古籍出版社聯合影印明《道藏》1988 年版，第 34 分冊，第 168 頁。

〔註260〕〔宋〕張君房編，李永晟點校：《雲笈七籤》，中華書局 2003 年版，第 2251 頁。

3. 除福

第四右位有「除福」，〔註261〕《史記·秦始皇本紀》曰：「方士徐市等入海求神藥。」《淮南衡山列傳》曰：「（秦始皇）使徐福入海求神異物。」市、福音同。後來的方士刺取了這一極好的素材，《列仙傳·安期先生》說：「始皇即遣使者徐市、盧生等數百人入海。」《神仙傳·茅君》因襲其說，曰：「（秦始皇）望祀蓬萊，使徐福將童男童女，入海求神仙之藥。」六朝古道經《上清金書玉字上經》〔註262〕曰：「《太上神錄》曰：『……秦時徐福本凡人也，亦悟見二星，乃不敢道，遂得增年，於是始信天下有仙，乃知學道耳。』」〔註263〕又《雲笈七籤》引《洞仙傳》有「徐福」條。由上可知，徐福已被引入了道教神仙行列，而名爲「除福」的神仙，未見有關記載，所以「除」應爲「徐」之訛。

4. 張奉

「張奉」位於《位業圖》第三右位，號爲太極仙侯；又是第五中位主神，仙職爲九宮尙書。小註曰：「姓張，名奉，字公先，河內人。先爲河北司命禁保侯，今爲太極仙侯公，領北職，位在太極矣。」參《位業圖》第六左位有「北河司命保禁侯桃俊」。〔註264〕此外，《稽神樞第二》曰：「（張奉）今在東華宮，行爲太極所署也。或領九宮尙書，與北河侯對職治水考。北河司命或爲禁保侯，亦並共業故也。」又曰：「定錄官寮……又有北河司命，主水官考，此職常領九宮禁保侯，禁保侯職主領應爲種民者。」《闡幽微第一》曰：「玄德今爲北河侯，與韓遂對統，今屬仙官。」〔註265〕以上引文皆曰「北河」，《位業圖》中所註的「河北司命禁保侯」一句的正確表述應是「北河司命禁保侯。」又，湯一介先生曾指出第二個「北」字應作「此」，〔註266〕但是依照前面所作出的小註校勘「北河司命禁保侯」，以及《稽神樞第二》陶註「恐受業高後，

〔註261〕《道藏》，文物出版社、上海書店、天津古籍出版社聯合影印明《道藏》1988年版，第3分冊，第277頁。
〔註262〕任繼愈主編：《道藏提要》(第三次修訂)，中國社會科學出版社1991年版，第389頁。
〔註263〕《道藏》，文物出版社、上海書店、天津古籍出版社聯合影印明《道藏》1988年版，第18分冊，第746頁。
〔註264〕《道藏》，文物出版社、上海書店、天津古籍出版社聯合影印明《道藏》1988年版，第3分冊，第275～278頁。
〔註265〕〔日〕吉川忠夫、麥谷邦夫編，朱越利譯：《眞誥校註》，中國社會科學出版社2006年版，第389、386、487頁。
〔註266〕湯一介：《早期道教史》，崑崙出版社2006年版，第283頁。

定不復爲此職。然主領種民，事亦相符」，（「主領種民」，前引《稽神樞第二》有解釋曰：「定錄官寮……又有北河司命，主水官考，此職常領九宮禁保侯，禁保侯職主領應爲種民者。」）這裡陶弘景採取了一種模棱兩可的態度，而《位業圖》基本貫徹從「誥」不從「註」的原則，「北職」應指「北河司命」之職，所以「北」不宜改字。在《秘冊彙函》本、《古今圖書集成》本和《說郛》本中，「司」作「河」，「公」作「兼」，「軄」作「職」，其中前兩條皆誤，「軄」與「職」爲同一字。因此，第五中位小註的正確表述應爲「姓張，名奉，字公先，河內人。先爲北河司命禁保侯，今爲太極仙侯公，領北職，位在太極矣。」

5.「施存」與「費長房」

第六左位地仙散位有「施存」，註曰：「一號婉盆子，孔了弟子三千人數，得道。」〔註267〕《稽神樞第四》曰：「施存者，齊人也，自號婉盆子，得遁變化景之道。今在中嶽或少室。往有壺公，正此人也。然未受太上書，猶未成眞焉。其行《玉斧》、《軍火符》，是其所受之枝條也。施存是孔子弟子三千之數。」註曰：「三千之限有此人。而不預七十二者，明夫子不以仙爲教矣。壺公即費長房之師。」〔註268〕《神仙傳·壺公》曰：「壺公者，不知其姓名，今世所有召軍符、召鬼神治病王府符凡二十餘卷，皆出於壺公，故摠名爲壺公符。汝南費長房爲市掾時，忽見公從遠方來，入市賣藥，人莫識之……常懸一空壺於坐上，日入之後，公輒轉足跳入壺中，人莫知所在，唯長房於樓上見之，知其非常人也……公語長房曰：『我僊人也，乑天曹職，所統供事不勤，以此見譴，暫還人間耳。卿可教，故得見我。』」葛洪《抱朴子·論仙》也說：「近世壺公將費長房去。」從以上材料可知施存與費長房有師徒關係。但在《位業圖》中，「施存」條下有「劉奉林」，緊接「劉奉林」之下有「張兆期」，其下註曰：「費長房之師。」〔註269〕這裡把張兆期與費長房視爲師徒，若然，則費長房有二師？《眞誥·甄命授第一》曰：「昔毛伯道、劉道恭、謝稚堅、張兆期皆後漢時人也，學道在王屋山中，積四十餘年，共合神丹。毛伯道先

〔註267〕《道藏》，文物出版社、上海書店、天津古籍出版社聯合影印明《道藏》1988年版，第 3 分冊，第 279 頁。

〔註268〕〔日〕吉川忠夫、麥谷邦夫編，朱越利譯：《眞誥校註》，中國社會科學出版社 2006 年版，第 457 頁。

〔註269〕《道藏》，文物出版社、上海書店、天津古籍出版社聯合影印明《道藏》1988年版，第 3 分冊，第 279 頁。

服之而死，道恭服之又死。謝稚堅、張兆期見之如此，不敢服之，並捐山而歸去。後見伯道、道恭在山上。二人悲愕，遂就請道。與之茯苓持行方。服之，皆數百歲，今猶在山中，遊行五嶽。」〔註270〕這則材料並未透露出張兆期與費長房有任何關係。《位業圖》中有相當一部分神仙源於《神仙傳》與《真誥》，以此推理，施存、費長房、張兆期應該依據這兩部經典才是。由此可以得出結論，「張兆期」條下所註「費長房之師」五個字應在「施存」條下。

　　6. 第六位女真位竄入男仙

　　《位業圖》第六中位主神是「右禁郎定錄真君中茅君」，左右位各有地仙散位，另外還有女真位，問題出在這女真位。女真位從「寶瓊英」到「務光」共計 39 人，其中自「杜契（應作「契」）」至「務光」23 個仙位中，除「孫寒華」被注明「女真」和「尹蓋婦」顯係女仙外，其他皆為男仙，〔註271〕若「趙熙」，《稽神樞第三》曰「趙素臺是趙熙女」；〔註272〕若「王伯遼」，《神仙傳・王遙》曰：「王遙者，字伯遼，鄱陽人也，有妻無子。」若「繁陽子何苗」，《稽神樞第四》曰：「鹿跡山中洞主有謝稚堅、王伯遼、繁陽子。號名耳，是漢越騎校尉何苗叔達也，進之同母弟。少好道，曾居河東繁山之南服食，故自號為繁陽子。」〔註273〕至於比干和務光這些人的性別自不待言。其實在《位業圖》其他階位將個別女仙置於非女真位也是存在的，如第三右位就有「太玄仙女西靈子都」和「南陵玉女」等；〔註274〕第四右位有「登天上籙玉女四人」等十五玉女號及「洛水神女」、「夜光夫人」、「和適夫人」等；〔註275〕第五右位有「協晨夫人黃景華」， 註曰 「黃瓊之女」；〔註276〕第六左位有「九宮協

〔註270〕〔日〕吉川忠夫、麥谷邦夫編，朱越利譯：《真誥校註》，中國社會科學出版社 2006 年版，第 175 頁。
〔註271〕《道藏》，文物出版社、上海書店、天津古籍出版社聯合影印明《道藏》1988 年版，第 3 分冊，第 280 頁。
〔註272〕〔日〕吉川忠夫、麥谷邦夫編，朱越利譯：《真誥校註》，中國社會科學出版社 2006 年版，第 404 頁。
〔註273〕〔日〕吉川忠夫、麥谷邦夫編，朱越利譯：《真誥校註》，中國社會科學出版社 2006 年版，第 441 頁。
〔註274〕《道藏》，文物出版社、上海書店、天津古籍出版社聯合影印明《道藏》1988 年版，第 3 分冊，第 275～276 頁。
〔註275〕《道藏》，文物出版社、上海書店、天津古籍出版社聯合影印明《道藏》1988 年版，第 3 分冊，第 277～278 頁。
〔註276〕《道藏》，文物出版社、上海書店、天津古籍出版社聯合影印明《道藏》1988 年版，第 3 分冊，第 278 頁。

晨夫人」，左散位有「羅郁」等。這些女仙與男仙同列是由於她們「業」已至此，而且所在仙位也並非男仙的專位。至於第二右位眾多女真中的「太保侯范法安」和「經命仙伯牙叔平」兩位神仙，〔註277〕就名稱而言，似是男仙，可能也是誤入。所以我認為第六階位女真位的 21 個男仙很有傳抄中舛誤的可能，將之歸於右位的地仙散位更加合理。

　　7. 道君

　　位於第六右位地仙散位，《真誥·運象篇第四》曰：「竹葉山中仙人陳仲林、許道居、尹林子、趙叔道，此四人並以漢末來入此山。」〔註278〕「居」被誤作「君」，「道君」應為「許道居」。

　　8. 張美子

　　位於第六女真位，《稽神樞第二》曰：「張姜子，西州人，張濟妹也。」註曰：「濟，後漢末西涼州人，為董卓將……其妹不顯外書，不知出適未。」《稽神樞第三》曰：「地下主者復有三等……其二等地下主者，便徑得行仙階級人仙，百四十年進補管禁位。管禁之位，如世間散吏者也。此格即地下主者之中條也……張姜子等先在第二等中，亦始得入易遷耳。」〔註279〕《無上秘要》卷 83《得地仙道人名品》亦云：「張姜子，西州人，張濟妹。」〔註280〕可知因「姜」、「美」字近致誤。

　　9. 杜契

　　第六女真位有「山外其東者杜契」，〔註281〕《稽神樞第三》陶氏註曰：「契（應作「契」）音薛，即與舜同。契字四畫，契三畫，分毫有異也。」〔註282〕據此，「杜契」應改為「杜契」，且不得列在女真之位。

〔註277〕　《道藏》，文物出版社、上海書店、天津古籍出版社聯合影印明《道藏》1988年版，第 3 分冊，第 274 頁。

〔註278〕　〔日〕吉川忠夫、麥谷邦夫編，朱越利譯：《真誥校註》，中國社會科學出版社 2006 年版，第 147 頁。

〔註279〕　〔日〕吉川忠夫、麥谷邦夫編，朱越利譯：《真誥校註》，中國社會科學出版社 2006 年版，第 393、403、404 頁。

〔註280〕　《道藏》，文物出版社、上海書店、天津古籍出版社聯合影印明《道藏》1988年版，第 25 分冊，第 235 頁。

〔註281〕　《道藏》，文物出版社、上海書店、天津古籍出版社聯合影印明《道藏》1988年版，第 3 分冊，第 280 頁。

〔註282〕　〔日〕吉川忠夫、麥谷邦夫編，朱越利譯：《真誥校註》，中國社會科學出版社 2006 年版，第 424 頁。

10. 李喜

位於《位業圖》第六女眞位〔註283〕《眞誥・闡幽微第二》曰：「至孝者能感激鬼神，使百鳥山獸巡其墳塋也……李善今在少室。」註曰：「……至於孝子感靈者，亦復不少，而今止舉李善，如似不類。當李善之地，乃可涉忠而非孝跡也……李善，字次遜，本南陽育陽李元家奴……」〔註284〕《後漢書・李善傳》曰：「李善，字次孫，南陽淯陽人。」由以上兩則材料足可證明「喜」應爲「善」。

11. 長史虞翻

第七左位有「長史虞翻」，註曰：「字長翔，武昌人，庾亮江州引爲上佐，不就。」〔註285〕查《闡幽微第二》曰：「庾元規爲北太帝中衛大將軍，取郭長翔爲長史，以華歆爲司馬。此所謂軍公者也，領鬼兵數千人。」註曰：「郭翻，字長翔，武昌人。少有高志，庾欲引爲上佐，不肯就。」〔註286〕《晉書・郭翻傳》曰：「郭翻，字長翔，武昌人也。」而《三國志・虞翻傳》曰：「虞翻，字仲翔。」對此，王士禎《居易錄》卷 6 已指出「虞翻非吳之仲翔矣。」顯然，是由於兩個人的名字有相同之處而導致誤寫。所以，《位業圖》中的「長史虞翻」應爲「長史郭翻」。

12.「周文王」與「周公」孰爲「北帝師」？

《道藏》本和《輯要》本《位業圖》第七左位均有「西明公領北帝師周文王」，註曰：「比少傅」；〔註287〕《說郛》本《位業圖》有「西明公領北帝師周公（北少傅）」；《四庫全書總目提要》卷 147《位業圖》（內府藏本）條曰「周公爲西明公」；《秘冊彙函》本、《古今圖書集成》本及《說郛》本「周文王」皆作「周公」，「比」作「北」。究竟孰是？《眞誥》有明確根據，《協昌期第二》註曰：「周文王爲酆都西明公也。」《闡幽微第一》正文曰：「文王爲西明

〔註283〕《道藏》，文物出版社、上海書店、天津古籍出版社聯合影印明《道藏》1988年版，第 3 分冊，第 280 頁。

〔註284〕〔日〕吉川忠夫、麥谷邦夫編，朱越利譯：《眞誥校註》，中國社會科學出版社 2006 年版，第 507 頁。

〔註285〕《道藏》，文物出版社、上海書店、天津古籍出版社聯合影印明《道藏》1988年版，第 3 分冊，第 281 頁。

〔註286〕〔日〕吉川忠夫、麥谷邦夫編，朱越利譯：《眞誥校註》，中國社會科學出版社 2006 年版，第 492～493 頁。

〔註287〕《道藏》，文物出版社、上海書店、天津古籍出版社聯合影印明《道藏》1988年版，第 3 分冊，第 280 頁。

公，領北帝師。」《闡幽微第一》陶氏自註曰：「而周公有聖德，仙鬼之中並無顯出。」《闡幽微第二》又曰：「自三代已來賢聖及英雄者爲仙鬼中，不見殷湯、周公、孔子……」〔註288〕關於這一點，明胡震亨在《秘冊匯函》之《靈寶眞靈位業圖・題》中也曾指出。此外，約出於六朝的道經《道跡靈仙記》〔註289〕之《鬼神主第二》也說「文王爲西明公，領北帝師。」〔註290〕該條與《眞誥》同。但也有一個反證值得注意，《元始上眞眾仙記》曰：「《眞記》曰……周公旦爲北帝師，治勁革山。」〔註291〕《元始上眞眾仙記》舊題晉葛洪撰，《道藏提要》認爲它與《眞誥》、《位業圖》有某些雷同之處，是六朝上清派之書。〔註292〕而今人劉仲宇認爲實由《枕中書》與《眞記》二書組成，前者爲葛洪所著，後者爲後人輔《枕中書》而作。就《位業圖》而言，因爲它與《眞誥》存在極爲密切的關係，「北帝師」爲「周文王」無疑。《位業圖》因後世傳抄出現訛誤很有可能，但《元始上眞眾仙記》難道也是錯訛所致？我們可以尋求一個旁證，《元始上眞眾仙記》曰：「夏啓、周發受書爲四極明公，或住羅酆，或在洞天。」〔註293〕夏啓在《位業圖》中被冠以「東明公領斗君師」之號，而周發（即周武王）是「鬼官北斗君」，不屬於四明公之列。〔註294〕所以，我認爲《元始上眞眾仙記》的記載沒有問題，它與《位業圖》在北帝師問題上相異屬於兩書作者認識不同的範疇。此外，「比少傅」是這一職位相當於世間少傅之職的意思，亦不應作「北」，所以該條應依《道藏》本爲是。

13. 東越大將軍劉陶

《位業圖》第七右位有「東越大將軍劉陶」，條下註曰：「字子寄，後魏

〔註288〕〔日〕吉川忠夫、麥谷邦夫編，朱越利譯：《眞誥校註》，中國社會科學出版社2006年版，第326、473、512頁。
〔註289〕任繼愈主編：《道藏提要》（第三次修訂），中國社會科學出版社1991年版，第260頁。
〔註290〕《道藏》，文物出版社、上海書店、天津古籍出版社聯合影印明《道藏》1988年版，第11分冊，第45頁。
〔註291〕《道藏》，文物出版社、上海書店、天津古籍出版社聯合影印明《道藏》1988年版，第3分冊，第271頁。
〔註292〕任繼愈主編：《道藏提要》（第三次修訂），中國社會科學出版社1991年版，第72~73頁。
〔註293〕《道藏》，文物出版社、上海書店、天津古籍出版社聯合影印明《道藏》1988年版，第3分冊，第270頁。
〔註294〕《道藏》，文物出版社、上海書店、天津古籍出版社聯合影印明《道藏》1988年版，第3分冊，第280頁。

人。」〔註 295〕《闡幽微第二》曰：「劉陶爲東越大將軍。」註曰：「漢魏晉凡有三劉陶。後漢者，字子奇，潁川人也，靈帝侍中尚書令。後繫獄，閉悶而死。魏世者，字季冶，淮南人，劉曄之子也。才辨而無行，曹爽用爲選部郎。後出平原太守，景王誅之。晉初者，字正輿，沛國人，永嘉中爲揚州刺史。此三人不知何者是東越大將軍，以意言之，多是正輿耳。」〔註 296〕《後漢書‧劉陶傳》曰「劉陶，字子奇」，可知《位業圖》將「奇」寫作「寄」，「漢」作「魏」。另一個相聯繫的問題是《位業圖》註與《眞誥》陶氏註對「東越大將軍劉陶」爲何人的解釋相悖，現在我們還沒有證據解釋《位業圖》爲何不採用《眞誥》註所選之「正輿」而另擇一人的原因，可能是另有所據。

　　（三）關於「殘本」說

　　前文已經提及，法國學者安娜‧塞德爾指出目前大家所能見到的《位業圖》版本是西元 10 世紀經過重新整理過的被歪曲了的殘本，她之所以如此立論，可能因爲許多著名的仙道方士被摒於圖外，而我們以爲，道教神仙數目十分龐大，因「四宮之內，疑似相糅」，該神譜旨在對神仙進行重新整合，僅僅是列舉了其中重要的一部分。故《闡幽微第二》曰：「此有職位者，粗相識耳。其無位者，不可一二盡知之。如此散者無限數也。」陶註曰：「……所說人多是近世，當由代謝參差，兼臆識者矣。三代乃遠，而兩漢魏晉實有一段才名人，如劉向、董仲舒、揚雄、張衡、蔡邕、鄭玄、王弼、阮岱之儔，並不盡空散。數術有如管、郭，亦無標記，故當多不隸三官，頗得預於仙家驅任矣。前論帝王中亦不均。魏文、晉武受命之主而不顯，反言魏武、晉宣。孫權應與劉備同，亦不載道策。此併當啓國之基，功高樂推故也。其繼體守文之君都無所出矣。」又曰：「自三代已來賢聖及英雄者爲仙鬼中，不見殷湯、周公、孔子、闔閭、勾踐、春秋諸卿相大夫，及伍子胥、孫武、白起、王翦，下至韓信、項羽輩。成入仙品，而仙家不顯之。如桀紂、王莽、董卓等，凶虐過甚，恐不得補職僚也。」〔註 297〕明顯，《位業圖》採擷神仙是有根據的。

〔註295〕《道藏》，文物出版社、上海書店、天津古籍出版社聯合影印明《道藏》1988年版，第 3 分冊，第 281 頁。

〔註296〕〔日〕吉川忠夫、麥谷邦夫編，朱越利譯：《眞誥校註》，中國社會科學出版社 2006 年版，第 494～495 頁。

〔註297〕〔日〕吉川忠夫、麥谷邦夫編，朱越利譯：《眞誥校註》，中國社會科學出版社 2006 年版，第 496、512 頁。

此外，南朝劉宋時道士徐氏所撰《三天內解經》〔註298〕卷上曰：「漢世前後帝王凡四百二十五年之中，百姓民人得道者甚多……自王長、趙昇散仙之徒乃有數百，非可悉名。」〔註299〕這些都說明道教成仙者甚多，不可一一列舉劃分。需要注意的是，張角等人未被收入是有緣由的，晉葛洪《抱朴子・道意》曰：「曩者有張角、柳根、王歆、李申之徒，或稱千歲，假託小術，坐在立亡，變形易貌，誑眩黎庶，糾合羣愚，進不以延年益壽爲務，退不以消災治病爲業，遂以招集姦黨，稱合逆亂……」〔註300〕將這些被統治者視爲犯上作亂的農民起義首領收入神譜自然是神譜作者所排斥的。又如《三國志・孫策傳》註引《江表傳》，策謂其母曰：「此子（指于吉）妖妄能幻惑眾心，遠使諸將不復相顧君臣之禮，盡委策，下樓拜之，不可不除也。」因爲于吉對孫策的威信構成了嚴重的威脅，所以後來「策遂殺之」，而于吉不入《位業圖》。由此看來，《位業圖》的校勘不應考慮「殘本說」。

〔註298〕任繼愈主編：《道藏提要》（第三次修訂），中國社會科學出版社 1991 年版，第 581 頁。
〔註299〕《道藏》，文物出版社、上海書店、天津古籍出版社聯合影印明《道藏》1988 年版，第 28 分冊，第 415 頁。
〔註300〕〔晉〕葛洪著，王明校釋：《抱朴子內篇校釋》（增訂本），中華書局 1985 年版，第 173 頁。

上篇　《眞靈位業圖》神仙源流研究

　　《眞靈位業圖》所設置的約 700 個仙位，有些是以集體名詞出現的，如第二左位之逸域宮、八景城、七靈臺、鳳臺瓊闕、金晨華闕等，右位之太和殿、寥陽殿、蕊珠闕、七映房、長綿樓等，第六左位之童初府、蕭閑宮、易遷宮、含眞臺等，都是保存重要經典或無職散仙暫住之所，後者猶如人間待詔金馬門者，這裡的僊人是流動的。第一左位有玉清上元宮四道君、中元宮紫清六道君、下元宮高清四元君、中散位一十君，第六右位有三男眞、四女眞，第四右位玉女數達百人，左位的官君將吏竟至千二百人，他們名位雖同，人不止一，所以這個圖譜裏的神仙是難以確切計數的。與此相反的情形是一人之名重複出現的現象，如第二左位有左聖南極南嶽眞人左仙公太虛眞人赤松子，同位又有太虛上霄飛晨中央道君，註曰：「赤松」，第四左位又有赤松子，像是一人而居三位，實際上後者爲《神仙傳》中之皇初平，他成仙後「易姓爲赤」，「改字爲松子」，與其兄皇初起（即赤魯班）均列神譜之中；第三右位的老聃以及第四中位的太清太上老君都是老子，或因多次逢運下教所致；第三左位「蒲衣」、「被衣」一人兩列，蓋因《莊子》字用假借；第三左位有太極左仙公葛玄，第六左位地仙中又列其人，第七左位的右師（帥）晨許肇復列於第五右位，靈關侯郗鑒先見於第七左位又列在右位，召公奭先見於第五右位，又列在第七左位，皆是位有陞遷；第四右位與第六左位地仙共有三位「周君」，《眞誥·甄命授第一》說周氏兄弟二人並好學道，兩弟未通過僊人考驗，不能飛升，留住人間，〔註1〕是似重而非重者。然而，《位業圖》中

〔註1〕　〔日〕吉川忠夫、麥谷邦夫編，朱越利譯：《眞誥校註》，中國社會科學出版社 2006 年版，第 174 頁。

-63-

有些神仙的來歷是不可考亦無須考證者。其一，如玉清中散位十君、五帝上相、四明公北斗君屬下侍帝晨各五人、脩門郎八人、西門郎十六人等，陶氏自註或不顯名諱，或不顯職責；其二，如第四右位的十一「丈人」、十五「玉女」、十五「使者」之類都是仙經作者信手拈來的仙眞扈從、天丁力士，陶氏把他們收集起來以示天庭莊嚴，這些都是沒有必要深究的。我們已經搜集文獻編成《眞靈位業圖校註》一稿（見下篇），比較詳盡地說明了每位神靈的出處，排列了他們在歷史上的神化過程，今撮其典型，分爲九類，略述他們的神化歷程。

第一節　傳說人物

在《位業圖》裏被神化最早的當屬傳說中的五帝及其輔弼之臣。先秦時代有兩個五帝系統，記在《大戴禮記·五帝德》的黃帝、顓頊、帝嚳、堯、舜是儒家的五帝說，因爲他們祖述堯舜，認爲堯舜是中國文明的開創者，因而這時也是歷史上的黃金時代；記在《呂氏春秋·十二紀》的太皞、炎帝、黃帝、少皞、顓頊是道家和陰陽家的五帝說，他們認爲堯舜是中國文明澆淳散樸的罪魁，因而將他們摒棄於五帝之外。〔註2〕道教是道家思想的直接繼承者，然而在他們的神譜裏卻採用了儒家的五帝說，這與秦漢以來堯舜禹的不斷神話化密切相關。

在五帝中首先被塑造爲得道成仙的是黃帝和顓頊，黃帝傳說在世俗文獻中最早見於《國語》，《晉語四》說「昔少典娶於有蟜氏，生黃帝、炎帝」。《莊子》有好幾篇描寫他致治功成後遍訪眞人，《在宥》說他到空同（崆峒）之山，廣成子授以煉形守精之法；《天地》說他「遊乎赤水之北，登乎崑崙之丘而南望」；《徐無鬼》說他到具茨之山問道於大隗。他的某些豐功偉績是在神靈祐助下取得的，如與蚩尤戰於涿鹿，《逸周書·嘗麥》曰：「昔天之初，誕作二後，乃設建典，命赤帝分正二卿……蚩尤乃逐帝，爭於涿鹿之阿，九隅無遺。赤帝大懾，乃說於黃帝，執蚩尤，殺之於中冀。」這裡尚無一點神話色彩，可到戰國時方士著作《山海經》，〔註3〕《大荒北經》就說「蚩尤作兵伐黃帝，

〔註2〕　常金倉：《二十世紀古史研究反思錄》，中國社會科學出版社2005年版，第59頁。

〔註3〕　常金倉：《〈山海經〉與戰國時期的造神運動》，《中國社會科學》2000年第6期。

黃帝乃令應龍攻之冀州之野。應龍畜（蓄）水，蚩尤請風伯雨師，縱大風雨，黃帝乃下天女曰魃，雨止，遂殺蚩尤」。完全成了術士鬥法的場面。兩漢緯書更甚，《龍魚河圖》曰：「黃帝攝政前，有蚩尤兄弟八十一人，並獸身人語，銅頭鐵額，食沙石子，造立兵杖刀戟大弩，威振天下，誅殺無道，不仁不慈。萬民欲令黃帝行天子事。黃帝仁義，不能禁止蚩尤，遂不敵，乃仰天而歎。天遣玄女下，授黃帝兵信神符，制伏蚩尤，以制八方。」〔註4〕另一條則曰：「帝伐蚩尤，乃睡夢西王母遣道人，被玄狐之裘，以符授之曰：『太乙在前，天乙備後，河出符信，戰則剋矣。』黃帝寤，思其符，不能悉憶，以告風后、力牧。曰：『此兵應也，戰必自勝。』力牧與黃帝俱到盛水之側，立壇，祭以太牢。有玄龜銜符出水中，置壇中而去。黃帝再拜稽首，受符視之，乃夢所得符也，廣三寸，表一尺。於是黃帝佩之以征，即日禽蚩尤。」〔註5〕由於至誠感天，在緯書裏天賜黃帝的法寶多爲圖書，如：

《尚書中候》：「帝軒提像，配永循機，天地休通，五行期化。河龍圖出，洛龜書威，赤文像字，以授軒轅。」〔註6〕

《春秋合誠圖》：「黃帝坐玄扈洛水上，與大司馬容光等臨觀，鳳皇銜圖置帝前，帝再拜受圖。」〔註7〕

《春秋保乾圖》：「黃帝坐於扈閣，鳳皇銜書置帝前，其中得五始之文。」〔註8〕

《河圖挺佐輔》：「黃帝修德立義，天下大治，乃召天老而問焉：『余夢見兩龍挺日圖，即帝以授余於河之都，覺味素喜，不知其理，敢問於子。』天老曰：『河出龍圖，洛出龜書，紀帝錄州聖人所紀姓號，典謀治平，然後鳳皇處之。今鳳皇以下三百六十日矣，合之圖紀，天其授帝圖乎？』黃帝乃祓齋七日，衣黃衣、黃冠、黃冕，駕黃龍

〔註4〕〔日〕安居香山、中村璋八輯：《緯書集成》，河北人民出版社1994年版，下冊，第1149頁。

〔註5〕〔日〕安居香山、中村璋八輯：《緯書集成》，河北人民出版社1994年版，下冊，第1150～1151頁。

〔註6〕〔日〕安居香山、中村璋八輯：《緯書集成》，河北人民出版社1994年版，上冊，第399頁。

〔註7〕〔日〕安居香山、中村璋八輯：《緯書集成》，河北人民出版社1994年版，中冊，第763頁。

〔註8〕〔日〕安居香山、中村璋八輯：《緯書集成》，河北人民出版社1994年版，中冊，第805頁。

之乘，戴蛟龍之旗。天老五聖，皆從以遊河洛之間，求所夢見者之處，弗得。至於翠媯之淵，大盧魚沂流而至。乃問天老曰：『子見天中河流者乎？』曰：『見之。』顧問五聖，皆曰莫見。乃辭左右，獨與天老跪而迎之，五色畢具，天老以授黃帝，帝舒視之，名曰錄圖。」〔註9〕

黃帝和顓頊羽化昇天之說戰國時已經產生了，《莊子·大宗師》歷述古代得道昇天之人時說：「黃帝得之，以登雲天⋯⋯顓頊得之，以處玄宮。」影響最大的是《史記·封禪書》一人得道雞犬昇天的鼎湖故事：

黃帝採首山銅，鑄鼎於荊山下。鼎既成，有龍垂鬍髯下迎黃帝。黃帝上騎，群臣後宮從上者七十餘人，龍乃上去。餘小臣不得上，乃悉持龍髯，龍髯拔，墮，墮黃帝之弓。百姓仰望黃帝既上天，乃抱其弓與鬍髯號，故後世因名其處曰鼎湖，其弓曰烏號。

葛洪《抱朴子·極言》強調修煉重要性時舉此例說：

昔黃帝生而能言，役使百靈，可謂天授自然之體者也，猶復不能端坐而得道。故陟王屋而受丹經，到鼎湖而飛流珠，登崆峒而問廣成，之具茨而事大隗，適東嶽而奉中黃，入金谷而諮涓子，論道養則資玄素二女，精推步則訪山稽力牧，講占候則詢風后，著體診則受雷岐，審攻戰則納五音之策，窮神奸則記白澤之辭，相地理則書青鳥之說，救傷殘則綴金冶之術。故能畢該秘要，窮道盡真，遂昇龍以高躋，與天地乎罔極也。然按神仙經，皆云黃帝及老子奉事太乙元君以受要訣，況乎不逮彼二君者，安有自得仙度世者乎？⋯⋯按《荊山經》及《龍首記》，皆云黃帝服神丹之後，龍來迎之，群臣追慕，靡所措思，或取其几杖，立廟而祭之；或取其衣冠，葬而守之。〔註10〕

從戰國到秦漢，託名黃帝撰書者甚眾，載在《漢書·藝文志》自道家《黃帝四經》以下，陰陽家、五行家、小說家、神仙家、醫家、雜占家、房中術、曆譜家各有篇卷，計十六七種。

〔註9〕 〔日〕安居香山、中村璋八輯：《緯書集成》，河北人民出版社1994年版，下冊，第1107～1108頁。

〔註10〕 〔晉〕葛洪著，王明校釋：《抱朴子內篇校釋》（增訂本），中華書局1985年版，第241頁。

　　僅次於黃帝而被神化的是堯舜。堯舜在莊周筆下還是備受奚落的人物，大約在兩漢隨著緯書的流行他們才具有了神異的色彩，關於堯、舜、禹的故事首先是在《洪範》五行說影響下，祥瑞屢現：

　　《尚書中候》：「堯即政七十載，德政清平，比隆伏羲。鳳凰巢於阿閣驩林。景星出翼軫，朱草生郊，嘉禾孳連，甘露潤枝，醴泉出山。修壇河洛，榮光出河，休氣四塞。」〔註11〕

　　《尚書中候握河紀》：「堯即政十七年，仲月甲日，至於稷，沈璧於河。青雲起，回風搖落，龍馬銜甲，赤文綠色，自河而出，臨壇而止，吐甲回遏。甲似龜，廣九尺，有文言虞、夏、商、周、秦、漢之事。帝乃寫其文，藏之東序。」〔註12〕

　　《春秋元命包》：「唐帝遊河渚，赤龍負圖以出。圖赤色如錦狀，赤玉為匣，白玉為檢，黃珠為泥，元玉為鑑，章曰：天皇上帝，合神制署，天上帝孫，伊堯龍潤涓，圖在唐典。右尉舜等百二十臣發視之，藏之大麓。」〔註13〕

　　《春秋合誠圖》：「堯坐舟中，與太尉舜臨觀，鳳皇負圖授堯。圖以赤玉為柙，長三尺，廣八寸，厚五寸，黃玉檢，白玉繩，封兩端，其章曰天赤帝符璽五字。」〔註14〕

　　《禮含文嘉》：「舜損己以安百姓，致鳥獸鶬鶬鳳凰來儀。」〔註15〕

　　《春秋演孔圖》：「舜之將興，黃雲升於堂。」〔註16〕

　　《洛書靈準聽》：「舜受終，鳳凰儀，黃龍感，朱草生，蓂莢孳，西王母授益地圖。」〔註17〕

〔註11〕　〔日〕安居香山、中村璋八輯：《緯書集成》，河北人民出版社1994年版，上冊，第404頁。

〔註12〕　〔日〕安居香山、中村璋八輯：《緯書集成》，河北人民出版社1994年版，上冊，第424頁。

〔註13〕　〔日〕安居香山、中村璋八輯：《緯書集成》，河北人民出版社1994年版，中冊，第592頁。

〔註14〕　〔日〕安居香山、中村璋八輯：《緯書集成》，河北人民出版社1994年版，中冊，第764頁。

〔註15〕　〔日〕安居香山、中村璋八輯：《緯書集成》，河北人民出版社1994年版，中冊，第495頁。

〔註16〕　〔日〕安居香山、中村璋八輯：《緯書集成》，河北人民出版社1994年版，中冊，第574頁。

〔註17〕　〔日〕安居香山、中村璋八輯：《緯書集成》，河北人民出版社1994年版，下

《尚書中候考河命》:「(禹) 治水既畢,天悉玄珪,以告成功,夏道將興。草木暢茂,郊止青龍,祝融之神,降於崇山。」〔註18〕

《禮含文嘉》:「禹卑宮室,盡力乎溝洫,百穀用成。神龍至,靈龜服,玉女敬養,天賜妾。」〔註19〕

神化五帝的另一手法是炮製感生神話,如:

《詩含神霧》:「瑤光如蜺,貫月正白,感女樞,生顓頊。」〔註20〕

《拾遺記》卷1:「帝顓頊高陽氏,黃帝孫,昌意之子。昌意出河濱,遇黑龍負玄玉圖。時有一老叟謂昌意云:『生子必葉水德而王。』至十年,顓頊生,手有文如龍,亦有玉圖之像。」〔註21〕

《春秋合誠圖》:「堯母慶都,有名於世,蓋大帝之女,生於斗維之野,常在三河之南,天大雷電,有血流潤大石之中,生慶都。長大形象大帝,當有黃雲覆蓋之,夢食不饑。及年二十,寄伊長孺家,出觀三河之首,常若有神隨之者。有赤龍負圖出,慶都讀之:赤受天運。下有圖,人衣赤光,面八彩,鬢鬣,長七尺二寸,兌上豐下,足履翼翼,署曰赤帝起誠天下寶。奄然陰風雨,赤龍與慶都合婚,有娠,龍消不見。既乳,視堯如圖表。及堯有知,慶都以圖予堯。」〔註22〕

《尚書帝命驗》:「禹,白帝精,以星感脩紀,山行見流星,意感栗然,生姒戎文禹。」〔註23〕

《論衡·奇怪》:「禹母吞薏苡而生禹,故夏姓曰姒。」〔註24〕

冊,第1256頁。

〔註18〕〔日〕安居香山、中村璋八輯:《緯書集成》,河北人民出版社1994年版,上冊,第431頁。

〔註19〕〔日〕安居香山、中村璋八輯:《緯書集成》,河北人民出版社1994年版,中冊,第495頁。

〔註20〕〔日〕安居香山、中村璋八輯:《緯書集成》,河北人民出版社1994年版,上冊,第462頁。

〔註21〕〔晉〕王嘉撰,齊治平校註:《拾遺記》,中華書局1981年版,第16頁。

〔註22〕〔日〕安居香山、中村璋八輯:《緯書集成》,河北人民出版社1994年版,中冊,第764頁。

〔註23〕〔日〕安居香山、中村璋八輯:《緯書集成》,河北人民出版社1994年版,上冊,第369頁。

〔註24〕〔漢〕王充著,張宗祥校註,鄭紹昌點校:《論衡校註》,上海古籍出版社2010年版,第74頁。

《帝王世紀》：「伯禹，夏后氏，姒姓也。其先出顓頊。顓頊生鯀，
堯封爲崇伯，納有莘氏女，曰志，是爲修己。山行，見流星貫昴，
夢接意感，又吞神珠薏苡，胸坼而生禹於石紐。」〔註25〕

王符《潛夫論・五德志》在緯書影響下於傳說的五帝都有一個感生的故事，
〔註26〕這些都是簡狄吞卵、姜嫄踐跡粗糙的仿製品，所不同者，商周人編造
感生故事目的是寵神先祖以取威定霸，漢魏人仿而造之意圖在鼓吹神仙可
致，因而，傳說人物的豐功偉績幾乎都是接遇神仙的結果：

《尚書中候》：「堯使禹治水，禹辭，天地重功，帝欽擇人。帝曰：『出
爾命圖乃天。』禹臨河觀，有白面長人魚身，出曰：『吾河精也。』
表曰：『文命治滛水，臣河圖去入淵。』」〔註27〕

《吳越春秋・越王無餘外傳》：「禹乃東巡，登衡嶽……因夢見赤繡
衣男子，自稱玄夷蒼水使者，『聞帝使文命於斯，故來候之……』……
東顧謂禹曰：『欲得我山神書者，齋於黃帝岩嶽之下，三月庚子，登
山發石，金簡之書存矣。』禹退，又齋。三月庚子，登宛委山，發
金簡之書，案金簡玉字，得通水之理。」〔註28〕

《拾遺記》卷2：「禹鑿龍關之山……至一空巖，深數十里，幽暗不
可復行，禹乃負火而進。有獸狀如豕，銜夜明之珠，其光如燭。又
有青犬，行吠於前。禹計可十里，迷於晝夜，既覺漸明，見向來豕
犬變爲人形，皆著玄衣。又見一神，蛇身人面。禹因與語，神即示
禹八卦之圖，列於金版之上。又有八神侍側。禹曰：『華胥生聖子，
是汝耶？』答曰：『華胥是九河神女，以生余也。』乃探玉簡授禹，
長一尺二寸，以合十二時之數，使量度天地。禹即執持此簡，以平
定水土。蛇身之神，即羲皇也。」〔註29〕

禹治水櫛風沐雨身患風濕之病，行走兩足不能相過，後世方術之家竟模擬他
的病態創造了步罡踏斗的巫術，叫作「禹步」。《尸子》曰：「禹於是疏河決

〔註25〕〔晉〕皇甫謐：《帝王世紀》，遼寧教育出版社1997年版，第21頁。

〔註26〕〔漢〕王符著，〔清〕汪繼培箋，彭鐸校正・《潛夫論箋校正》，中華書局1985
年版，第382～397頁。

〔註27〕〔日〕安居香山、中村璋八輯：《緯書集成》，河北人民出版社1994年版，上
冊，第406頁。

〔註28〕〔漢〕趙曄：《吳越春秋》，江蘇古籍出版社1999年版，第95～96頁。

〔註29〕〔晉〕王嘉撰，齊治平校註：《拾遺記》，中華書局1981年版，第38頁。

江，十年不窺其家，手不爪，脛不生毛，生偏枯之病，步不相過，名曰禹步。」〔註30〕《法言·重黎》曰：「昔者姒氏治水土，而巫步多禹。」〔註31〕

除禹之外，其他傳說人物也有接遇神仙者：

《新書·脩政》：「（堯）身涉流沙，地封獨山，西見王母……」〔註32〕

《尚書帝驗期》：「西王母獻舜白玉琯及益地圖。」又曰：「西王母於大荒之國，得益地圖，慕舜德，遠來獻之。」〔註33〕

《論語比考》：「仲尼曰：『吾聞帝堯率舜等遊首山，觀河渚。有五老遊河渚。一曰：河圖將來告帝期。二曰：河圖將來告帝謀。三曰：河圖將來告帝書。四曰：河圖將來告地圖。五曰：河圖將來告帝符。有頃赤龍銜玉苞，舒圖刻版，題命可卷，金泥玉檢，封盛書。威曰：知我者重童也。五老乃爲流星，上入昴。黃姚視之，龍沒圖在。堯等共發曰：帝當樞百，則禪於虞。堯喟然曰：咨汝舜，天之曆數在汝躬，允執其中，四海困窮，天祿永終。』」〔註34〕

班固《藝文志》道家有《黃帝君臣》10 篇，五行家《風后孤虛》20 卷，陰陽家《風后》13 篇，自註皆曰：「黃帝臣，依託也。」班志乃刪劉歆《七略》而成，說明在西漢時風后傳說已經風行，《史記·五帝本紀》曰：「（黃帝）舉風后、力牧、常先、大鴻以治民。」再向前追溯，戰國時就有了這樣的跡象，《尸子》曰：「子貢問孔子曰：『古者黃帝四面，信乎？』孔子曰：『黃帝取合己者四人，使治四方，不謀而親，不約而成，大有成功，此之謂四面也。』」〔註35〕風后、力牧等或者就是合己之四人。在緯書中黃帝輔臣增成七人，《論語摘輔象》曰：「黃帝七輔：風后受金法，天老受天籙，五聖受道級，知命受糾俗，窺紀受變復，地典受州絡，力墨（力牧）受準斥。」〔註36〕皇甫謐《帝王世紀》又有新的發展：「黃帝以風后配上臺，天老配中臺，五聖配下臺，謂

〔註30〕 李守奎，李軼：《尸子譯註》，黑龍江人民出版社 2003 年版，第 76～77 頁。

〔註31〕 汪榮寶撰，陳仲夫點校：《法言義疏》，中華書局 1987 年版，第 317 頁。

〔註32〕 〔漢〕賈誼撰，閻振益，鍾夏：《新書校註》，中華書局 2000 年版，第 360 頁。

〔註33〕 〔日〕安居香山、中村璋八輯：《緯書集成》，河北人民出版社 1994 年版，上冊，第 387～388 頁。

〔註34〕 〔日〕安居香山、中村璋八輯：《緯書集成》，河北人民出版社 1994 年版，中冊，第 1065～1066 頁。

〔註35〕 李守奎，李軼：《尸子譯註》，黑龍江人民出版社 2003 年版，第 67 頁。

〔註36〕 〔日〕安居香山、中村璋八輯：《緯書集成》，河北人民出版社 1994 年版，中冊，第 1071 頁。

之三公。其餘知命、規紀、地典、力牧、常先、封胡、孔甲等或以爲師，或以爲將。」〔註37〕

　　彭祖是收在《位業圖》裏的另一個傳說人物。《國語·鄭語》曰：「昆吾爲夏伯矣，大彭、豕韋爲商伯矣，當周未有。己姓昆吾、蘇、顧、溫、董，董姓鬷夷、豢龍，則夏滅之矣。彭姓彭祖、豕韋、諸、稽，則商滅之矣。」在所有關於彭祖的記載中，這條是最早因而也最具權威的，據此，大彭氏乃上古小國，曾爲商代諸侯之長，到彭祖時被商人滅掉了。《大戴禮記·帝繫》追溯彭祖的世系說：「顓頊娶于滕氏，滕氏奔之子，謂之女祿氏，產老童。老童娶于竭水氏，竭水氏之子，謂之高緺氏，產重黎及吳回。吳回氏產陸終。陸終氏娶于鬼方氏，鬼方氏之妹，謂之女嬇氏，產六子……其三曰籛，是爲彭祖……」〔註38〕則彭祖乃顓頊玄孫。《論語·述而》孔子自謂「述而不作，信而好古，竊比於我老彭」。或以「老彭」爲一人，如《大戴禮記·虞戴德》曰：「昔商老彭及仲傀，政之教大夫，官之教士，技之教庶人……」〔註39〕或以「老彭」爲二人，鄭玄《論語註》：「老，老聃。彭，彭祖。」《世本》一書可能將老彭理解爲一人生在商周二代，遂使彭祖成爲縣歷商周的長壽者，其文云：「彭祖姓籛名鏗，在商爲守藏史，在周爲柱下史，年八百歲。」〔註40〕神仙家往往抓住高壽之人大肆渲染，屈原《天問》說「彭鏗斟雉，帝何饗，受壽永多，夫何久長？」〔註41〕透過此言，我們看到戰國時似乎有彭祖以雉饗帝而帝賜其久壽的傳說，在此傳說基礎上，《列仙傳》裏的彭祖居然成了「歷夏至殷末，八百餘歲。常食桂芝，善導引行氣」修煉成仙的典範。〔註42〕

第二節　寓言人物

　　戰國時期的道家爲了生動形象地宣講他們的思想，塑造了不少寓言人

〔註37〕〔晉〕皇甫謐：《帝王世紀》，遼寧教育出版社1997年版，第7頁。

〔註38〕〔清〕王聘珍撰，王文錦點校：《大戴禮記解詁》，中華書局1983年版，第127～128頁。

〔註39〕〔清〕王聘珍撰，王文錦點校：《大戴禮記解詁》，中華書局1983年版，第178頁。

〔註40〕〔漢〕宋衷註，〔清〕秦嘉謨等輯：《世本八種》，商務印書館1957年版，第86頁。

〔註41〕蔣天樞：《楚辭校釋》，上海古籍出版社1989年版，第250頁。

〔註42〕王叔岷：《列仙傳校箋》，中華書局2007年版，第38頁。

物，莊子說「寓言十九，重言十七」，為了取信於人，故其書多寓言。班固信之太過，遂將太山稽、力牧、風后、鬼臾區（即大鴻）、封胡、孔甲、被衣、方回、齧缺、許由、巢父、子州支父、石戶之農、北人無擇14人當作歷史人物寫在《古今人表》中，陶弘景又把他們視為古之僊人收入《位業圖》。所收寓言人物計有被衣、支離疏、王倪、齧缺、巢父、許由、卞隨、華封人、北人無擇、子州支父、善卷、庚桑子、柏成子高、務光、伯昏無人等15人，這些人的事蹟分屬不同主題。老子有不事王侯、高尚其事的思想，莊周則有《讓王》之作，其中許由、柏成子高、卞隨、務光、北人、子州、善卷就是這一流人物。《逍遙遊》曰：「堯讓天下於許由……許由曰：『子治天下，天下既已治也，而我猶代子，吾將為名乎？名者，實之賓也，吾將為賓乎？鷦鷯巢於深林，不過一枝，偃鼠飲河，不過滿腹，歸休乎君，予無所用天下為。』」這個故事從戰國到秦漢被傳得家喻戶曉，《韓非子》、揚雄《法言》、譙周《古史考》都有轉述。

　　莊子未言巢父，說明他是晚出的人物，但不得晚於東漢，因為班表裏已有他的名字。他比許由更偏激，皇甫謐《高士傳》說堯讓天下於許由而不受，洗耳於潁水，「時其友巢父牽犢欲飲之，見由洗耳，問其故，對曰：『堯欲召我為九州長，惡聞其聲，是故洗耳。』巢父曰：『子若處高岸深谷，人道不通，誰能見子？子故浮游欲聞，求其名譽，汙吾犢口。牽犢上流飲之。』」《讓王》曰：「堯以天下讓許由，許由不受。又讓於子州支父，子州支父曰：『以我為天子，猶之可也。雖然，我適有幽憂之病，方且治之，未暇治天下也。』……舜讓天下於子州支伯，子州支伯曰：『予適有幽憂之病，方且治之，未暇治天下也。』」以上是堯時事，舜時則有北人、善卷，《讓王》曰：「舜以天下讓其友北人無擇，北人無擇曰：『異哉後之為人也，居於畎畝之中而遊堯之門！不若是而已，又欲以其辱行漫我。吾羞見之。』因自投清冷之淵。」又曰：「舜以天下讓善卷，善卷……遂不受，於是去而入深山，莫知其處。」禹時有柏成子高，《天地》曰：「堯治天下，柏成子高為諸侯。堯授舜，舜授禹，柏成子高辭為諸侯而耕。禹往見之，則耕在野。」陶弘景《位業圖》註「湯時退耕」，是所聞異辭。湯時有卞隨、務光，《讓王》曰：「湯將伐桀，因卞隨而謀，卞隨曰：『非吾事也。』……湯又因務光而謀，務光曰：『非吾事也。』」

　　《莊子》寓言的另一主題是歌頌那些心無旁鶩、與物沉浮的體道者。如《莊子·天地》曰：「堯之師曰許由，許由之師曰齧缺，齧缺之師曰王倪，王

倪之師曰被衣。」《應帝王》曰：「齧缺問於王倪，四問而四不知。齧缺因躍而大喜，以告蒲衣子。」《知北遊》曰：「齧缺問道乎被衣，被衣曰：『若正汝形，一汝視，天和將至；攝汝知，一汝度，神將來舍，德將爲汝美，道將爲汝居，汝瞳焉如新生之犢而無求其故！』」他們認爲只要能心無雜念，雖登高履危亦可處之泰然。《田子方》曰：「列禦寇爲伯昏無人射……於是無人遂登高山，履危石，臨百仞之淵，背逡巡，足二分垂在外，揖禦寇而進之，禦寇伏地，汗流至踵……仲尼聞之曰：『古之眞人。』」後世道士常用類似的方法考驗學仙之人。道家自老子始便竭力強調無用之用，支離疏故事是這方面的例子。《人間世》曰：「支離疏者，頤隱於臍，肩高於頂，會撮指天，五管（官）在上……上徵武士，則支離攘臂而遊於其間；上有大役，則支離以有常疾不受功；上與病者粟，則受三鍾與十束薪。夫支離其形者，猶足以養其身，終其天年，又況支離其德者乎！」道家的無爲而治思想則體現在庚桑楚寓言中，《庚桑楚》曰：「老耼之役有庚桑楚者，偏得老耼之道，以北居畏壘之山……畏壘之民相與言曰：『庚桑子之始來，吾洒然異之。今吾日計之而不足，歲計之而有餘。庶幾其聖人乎！子胡不相與尸而祝之，社而稷之乎？』」《位業圖》裏應被劃歸寓言的人物還有兩人，就是方明、昌宇，《莊子·徐無鬼》曰：「黃帝將見大隗乎具茨之山，方明爲御，昌寓驂乘……」

　　被衣、支離疏、王倪、齧缺、巢父、許由、卞隨、華封人、北人無擇、子州支父、善卷、庚桑子、柏成子高、務光、伯昏無人等 15 人皆在六朝上清道書《洞眞上清太微帝君步天綱飛地紀經簡玉字上經》中出現，其中有「蒲衣步綱，遂入北斗」與「被衣步綱，七精下游」，將被衣與蒲衣被視爲兩人。其他有「支離步綱，棲集閬風」；「王倪步綱，乘雲十天」；「齧缺步綱，上登天堂」；「巢父步綱，上朝天皇」；「許由步綱，鳳皇群翔」；「卞隨步綱，駕龍泰清」；「華封步綱，體生玄雲」；「北人步綱，玉女來遊」；「子州步綱，翠龍虎服」；「善卷步綱，乘蹻龍燭」；「庚桑步綱，遊行八冥」；「桓（柏）成步綱，遂見文始，得友西歸、半車童子」；「務光步綱，身超紫庭」；「伯昏步綱，列爲水靈」。〔註43〕這些人物皆以步綱之術修成眞仙，完成了從寓言人物向神仙的轉變。所以我認爲《位業圖》很可能是從《洞眞上清太微帝君步天綱飛地紀經簡玉字上經》中將這些寓言人物直接抽出，列於譜系之中。

〔註43〕　《道藏》，文物出版社、上海書店、天津古籍出版社聯合影印明《道藏》，1988
　　　　　年版，第 33 分冊，第 444 頁。

第三節　戰國秦漢方士與隱士

　　道家以傳統文化批判者的姿態出現在中國思想界以後，在戰國約分為三派：繼承老子哲學，對現實政治採取積極干預態度者形成黃老學派，這一派可以文子為代表；偏得老子貴生主義而努力鑽研導引服食、追求度世升仙者成為方士；與當世政府採取不合作態度，力圖保持獨立人格與尊嚴者，便成為隱士。收在《位業圖》中的老聃、莊周、關尹是隱士的先驅，所以關於他們隱淪之後的行跡在史書上便恍惚其辭。范曄《後漢書・祭祀志》載桓帝好神仙，延熹八年使中常侍至苦縣祭祀老子，且於北宮設老子祀，用郊天之樂。張道陵創五斗米道，老子遂成為與天、地、水三官共奉的最高神靈，《老子想爾註》稱「太上老君」，〔註44〕五千文成為道教徒人人必讀的聖典。如緒論所言，老子的神化研究在學界已有大量成果，故不再贅述。

　　《莊子》是戰國子書中神仙氣息最為濃厚的著作，此書不但創造了「道人」、「真人」、「神人」這些為後世道教直接採用的概念，而且表述了「千歲厭世，去而上仙，乘彼白雲，至於帝鄉」的神仙信仰，但莊子本人的神化大概比較晚。《抱朴子・勤求》惋惜地說：「莊周貴於搖尾塗中，不為被網之龜，被繡之牛，餓而求粟於河侯，以此知其不能齊死生也。」〔註45〕到《元始上真眾仙記》才說「莊周為太玄博士，治在荊山」，〔註46〕而《真誥・稽神樞第四》進一步言「莊子師長桑公子，授其微言，謂之《莊子》也。隱於抱犢山，服北育火丹，白日升天，上補太極闈編郎。」〔註47〕

　　文始先生尹喜的神化與老子相隨。《史記・老子韓非列傳》曰：「老子修道德，其學以自隱無名為務。居周久之，見周之衰，乃遂去。至關，關令尹喜曰：『子將隱矣，強為我著書。』於是老子乃著書上下篇，言道德之意五千餘言而去，莫知所然。」這裡還沒有什麼神話色彩。《列仙傳》則有發展，言尹喜「善內學，常服精華，隱德修行，時人莫知」，他見到老子，受其書，後來「與老子俱遊流沙，化胡。服苣勝實，莫知其所終」。〔註48〕老子「莫知所

〔註44〕饒宗頤：《老子想爾註校箋》，香港蘇記書莊1956年版，第13頁。
〔註45〕〔晉〕葛洪著，王明校釋：《抱朴子內篇校釋》，中華書局1985年版，第253～254頁。
〔註46〕《道藏》，文物出版社、上海書店、天津古籍出版社聯合影印明《道藏》1988年版，第3分冊，1988年版，第271頁。
〔註47〕〔日〕吉川忠夫、麥谷邦夫編，朱越利譯：《真誥校註》，中國社會科學出版社2006年版，第456頁。
〔註48〕王叔岷：《列仙傳校箋》，中華書局2007年版，第21頁。

然」，尹喜也「莫知其所終」，向神話化又邁進了一步。早期上清經《上清高上金元羽章玉清隱書經》將老子授書的過程神話化，言：「後聖九玄金闕帝君下爲周師，改號爲老子，以八天隱文授於幽王，幽王自謂居自然之運，代五帝之氣，錯陰陽之化，不崇天文。老子知周文衰，收文而去周，西度制作教化。遇關令尹喜……即爲述《道德經》上下二章於綠那之國，老子張口，於是隱文從口而出，以授於喜。喜依盟奉受，即致八景雲輿，洞遊八方，竦身於虛無之內，項生寶明之光，七十二相，暎照一形，隨運變化，昇入八天。」〔註49〕顯然尹喜在這裡已經成仙了。在其他道經中，老子與尹喜也往往並提，如《三天內解經》卷上曰：「老子又西入天竺國，去罽賓國又四萬里，國王妃名清妙，晝寢，老子遂令尹喜乘白象化爲黃雀飛入清妙口中，狀如流星，後年四月八日，剖右肋而生，墮地而行，七步舉右手，指天而吟『天上天下唯我爲尊，三界皆苦，何可樂焉？生便精苦。』即爲佛身，佛道於此而更興也……」〔註50〕尹喜與楊羲之於上清經一樣，是《道德經》的第一傳人，所以被編入道教的神仙隊伍之中，且佔有顯要的地位。

生活在老、莊之間的另一個隱士是接輿。《論語・微子》曰：「楚狂接輿歌而過孔子……孔子下，欲與之言，趨而辟（避）之，不得與之言。」《莊子》也提到此人，《逍遙遊》曰：「肩吾問於連叔，吾聞言於接輿，大而無當，往而不返……」他在《列仙傳》中演化成了養生長壽之人，曰：「陸通者，云楚狂接輿也。好養生，食橐廬木實及蕪菁子。遊諸名山，在蜀娥媚山上，世世見之，歷數百年去。」〔註51〕六朝上清經《洞眞上清太微帝君步天綱飛地紀經簡玉字上經》曰：「接輿步綱，夫妻俱仙，得治峨嵋，封掌山川。」〔註52〕

鬼谷先生也是生活在戰國時代的人物，《史記・蘇秦列傳》曰：「蘇秦者，東周雒陽人也。東事師於齊，而習之於鬼谷先生。」裴駰《集解》引《風俗通義》曰：「鬼谷先生，六國時縱橫家。」他因居鬼谷而得名，後世以爲隱者，鬼谷遂成爲隱士之通號，如郭璞《遊仙詩》：「借問此何誰，云是鬼谷子。」商山四皓是漢高祖時人，《史記・留侯世家》曰：「上……欲易太子……及燕，

〔註49〕《道藏》，文物出版社、上海書店、天津古籍出版社聯合影印明《道藏》，1988年版，第33分冊，第781頁。

〔註50〕《道藏》，文物出版社、上海書店、天津古籍出版社聯合影印明《道藏》，1988年版，第28分冊，第414頁。

〔註51〕王叔岷：《列仙傳校箋》，中華書局2007年版，第48頁。

〔註52〕《道藏》，文物出版社、上海書店、天津古籍出版社聯合影印明《道藏》，1988年版，第33分冊，第444頁。

置酒，太子侍。四人從太子，年皆八十有餘，鬚眉皓白，衣冠甚偉。上怪之，問曰：『彼何爲者？』四人前對，各言名姓，曰：『東園公、甪里先生、綺里季、夏黃公。』上乃大驚曰：『吾求公數歲，公闢（避）逃我，今公何自從吾兒遊乎？』四人皆曰：『陛下輕士善罵，臣等義不受辱，故恐而亡匿。竊聞太子爲人仁孝，恭敬愛士，天下莫不欲延頸欲爲太子死，故臣等來耳。』」《元始上眞眾仙記》曰：「崑崙玄圃金爲墉城……西王母九光所治，群仙無量也……漢時四皓僊人、安期、彭祖今並在此輔焉。」〔註53〕

　　司馬季主是漢文帝時長安卜肆的隱者，《史記・日者列傳》說宋忠、賈誼於假日遊長安卜肆見司馬季主，他自言：「官非其任不處也，祿非其功不受也；見人不正，雖貴不敬也；見人有汙，雖尊不下也；得不爲喜，去不爲恨；非其罪也，雖累辱不愧也。」又說當世爲官者是「爲盜不操矛弧者也，攻而不用弦刃者也，欺父母未有罪而弒君未伐者也。」可謂大隱隱於市朝者。在《上清後聖道君列記》中，「司馬季主」列爲二十四眞之一。〔註54〕《眞誥》對司馬季主接遇神仙而修煉成眞的記載較爲詳細，如《運象篇第四》曰：「季主服雲散以潛升，猶頭足異處。」〔註55〕《協昌期第二》曰：「九華眞妃言：『守五斗內一，是眞一之上也，皆地眞人法也。』上黨王眞、京兆孟君、司馬季主，皆先按於此道而始矣。」〔註56〕《稽神樞第四》曰：「司馬季主後入委羽山石室大有宮中，受石精金光藏景化形法於西靈子都。西靈子都者，太玄仙女也……季主臨去之際，託形枕蓆，爲代己之象，墓在蜀郡成都升盤山之南。」〔註57〕

　　《位業圖》裏的秦漢方士分別是爲秦始皇、淮南王謀求長生不死的人，至於漢武身邊之人如欒大、李少君等，因多涉欺詐，故不能進入仙譜。秦始皇以前，齊威宣、燕昭王皆好仙之主，因而吸引了大批方士爲之效力，司馬

〔註53〕 《道藏》，文物出版社、上海書店、天津古籍出版社聯合影印明《道藏》，1988年版，第 3 分冊，第 270 頁。

〔註54〕 《道藏》，文物出版社、上海書店、天津古籍出版社聯合影印明《道藏》，1988年版，第 6 分冊，第 746 頁。

〔註55〕 〔日〕吉川忠夫、麥谷邦夫編，朱越利譯：《眞誥校註》，中國社會科學出版社 2006 年版，第 155 頁。

〔註56〕 〔日〕吉川忠夫、麥谷邦夫編，朱越利譯：《眞誥校註》，中國社會科學出版社 2006 年版，第 317 頁。

〔註57〕 〔日〕吉川忠夫、麥谷邦夫編，朱越利譯：《眞誥校註》，中國社會科學出版社 2006 年版，第 452 頁。

遷稱爲「燕齊方士」，故史書多日齊人、燕人。秦並六國，這些人紛紛西向入秦。在這批人**裏**成名較早的有羨門子、（《位業圖》作「衍門子」）、高誓、安期生等，宋玉《高唐賦》日：「有方之士，羨門高谿。」〔註58〕（按：谿誓音近字通），《史記・秦始皇本紀》也說始皇「使燕人盧生求羨門、高誓」。他們或許是鄒衍後學，《史記・封禪書》日：「自齊威宣之時，鄒子之徒論著終始五德之運，及秦帝而齊人奏之，故始皇採用之。而宋無忌、正伯僑、充尚、羨門高，最後皆燕人，爲方仙道，形解銷化，依於鬼神之事。」所以，仙傳**裏**通常說他們是「古儋人」。馬積高《賦史》說羨門約爲「燕昭王末至燕王喜九年之間的人」。〔註59〕秦漢間就有託名羨門著書者，《漢書・藝文志》有《羨門式法》20卷。

赤松子是戰國時就享名的得道成仙者。屈原《遠遊》日：「聞赤松之清塵兮，願承風乎遺則。」〔註60〕《史記・留侯世家》言張良封侯之後說「願棄人間事，欲從赤松子游耳」。《列仙傳》中的赤松子有了明確身份，日：「赤松子者，神農時雨師也。服水玉，以教神農，能入火自燒。往往至崑崙山上，常止西王母石室中，隨風雨上下。炎帝少女追之，亦得仙俱去。高辛時，復爲雨師。今之雨師本是焉。」〔註61〕在《元始上眞眾仙記》中，「赤松爲崑林仙伯，治南嶽山」，擁有了自己的治所。〔註62〕《位業圖》中，赤松子的全稱爲「左聖南極南嶽眞人左仙公太虛眞人赤松子」，小註言其爲「黄老君弟子，裴君師」，〔註63〕此取源於《眞誥》，《甄命授第一》日：「黄老爲太極眞人南嶽赤君之師。」〔註64〕又日：「（裴）君日：『我之所師南嶽松子。』松子爲太虛眞人左仙公……」〔註65〕赤松子演化爲上清派地位很高的神仙，與其特殊

〔註58〕〔梁〕蕭統編，〔唐〕李善註：《文選》，上海古籍出版社1986年版，第2分冊，第880頁。

〔註59〕馬積高：《賦史》，上海古籍出版社1987年版，第41頁。

〔註60〕〔宋〕洪興祖：《楚辭補註》，中華書局1983年版，第164頁。

〔註61〕王叔岷：《列仙傳校箋》，中華書局2007年版，第1頁。

〔註62〕《道藏》，文物出版社、上海書店、天津古籍出版社聯合影印明《道藏》，1988年版，第3分冊，第271頁。

〔註63〕《道藏》，文物出版社、上海書店、天津古籍出版社聯合影印明《道藏》，1988年版，第3分冊，第273頁。

〔註64〕〔日〕吉川忠夫、麥谷邦夫編，朱越利譯：《眞誥校註》，中國社會科學出版社2006年版，第163頁。

〔註65〕〔日〕吉川忠夫、麥谷邦夫編，朱越利譯：《眞誥校註》，中國社會科學出版社2006年版，第173頁。

的修煉途徑密不可分。六朝古上清經《上清黃氣陽精三道順行經》言赤松「始學便修三道之要黃氣陽精丹書紫字之法，便得超凌三清，登青華之宮，更受上品妙經，詣金闕，受號位登玉清上眞四極之任」。〔註66〕早期上清經《高上太霄琅書瓊文帝章經》曰：「雲務子不修他道，受虛皇帝君《太霄琅書瓊文帝章》於九霄之上，歌詠妙篇，遊娛適肆，感暢神眞。致三元下教，位登太眞王，以傳太華眞人……南嶽赤松、中山王喬、紫陽眞人、西城王君、中皇先生、趙伯玄、山仲宗等一十八人，並修此道，面發金容，項負圓光……皆由瓊文以致上眞。」〔註67〕

秦始皇時的方士有徐福（市）、韓眾、侯生、盧生、石生等。《秦始皇本紀》曰：「（二十八年）齊人徐市等上書，言海中有三神山，名曰蓬萊、方丈、瀛洲，僊人居之。請得齋戒，與童男女求之。於是遣徐市發童男女數千人，入海求僊人。」三十二年又曰：「始皇之碣石，使燕人盧生求羨門、高誓……因使韓終、侯公、石生求僊人不死之藥。」六朝道經《上清金書玉字上經》載有徐福和韓眾等人存思北斗之事，曰：「《太上神錄》曰：『諸見北斗高上、太微一星，皆增筭三百年，見二星，增筭六百年……秦時徐福本凡人也，亦悟見二星，乃不敢道，遂得增年，於是始信天下有仙，乃知學道耳。』韓眾、司馬季主及中嶽眞人孟子卓、張巨君逮尹軌之徒，皆亦得見之者也。」〔註68〕《元始上眞眾仙記》言「韓眾今爲霍林眞人」。〔註69〕

淮南八公是今傳《淮南子》的撰書人。《淮南子》高誘序：「天下方術之士多往歸焉，於是遂與蘇飛、李尚、左吳、田由、雷被、毛被、伍被、晉昌等八人及諸儒大山、小山之徒，共講論道德，總統仁義，而著此書。」八公在仙傳中變爲能化形隱淪的神仙，《神仙傳·淮南王》曰：「淮南王安，好神仙之道，海內方士從其遊者多矣。一旦，有八公詣之，容狀衰老……於是振衣整容，立成童幼之狀……問其姓氏，答曰：『我等之名，所謂文五常、武七德、枝百英、壽千齡、葉萬椿、鳴九皋、修三田、岑以峰也，各能吹噓風雨，

〔註66〕 《道藏》，文物出版社、上海書店、天津古籍出版社聯合影印明《道藏》，1988年版，第 1 分冊，第 831 頁。

〔註67〕 《道藏》，文物出版社、上海書店、天津古籍出版社聯合影印明《道藏》，1988年版，第 1 分冊，第 887 頁。

〔註68〕 《道藏》，文物出版社、上海書店、天津古籍出版社聯合影印明《道藏》，1988年版，第 18 分冊，第 746 頁。

〔註69〕 《道藏》，文物出版社、上海書店、天津古籍出版社聯合影印明《道藏》，1988年版，第 3 分冊，第 271 頁。

震動雷電，傾天駭地，回日駐流，役使鬼神，鞭撻魔魅，出入水火，移易山川，變化之事，無所不能也。」在《淮南王》中，伍被成了八公之外告密的小臣，曰：「時土之小臣伍被曾有過，恐土誅之，心不自安，詣闕告變，證安必反。武帝疑之，詔大宗正持節淮南，以案其事。宗正未至，八公謂王曰：『伍被人臣，而誣其主，天必誅之……』」關於八公的成仙方式，《抱朴子·仙藥》曰：「昔仙人八公，各服一物，以得陸仙，各數百年，乃合神丹金液，而昇太清耳。」〔註70〕《真誥·稽神樞第四》曰：「至於青精先生、彭鏗、鳳綱、南山四皓、淮南八公，並以服上藥，不至一劑，自欲出處嘿語，肥遯山林，以遊仙為藥，以升虛為戚，非不能登天也，弗為之耳。此諸君自輾轉五嶽，改名易貌，不復作尸解之絕也。」〔註71〕

第四節　仙傳志怪人物

　　神仙傳記是《道藏》的重要組成部分，它通過宣傳學仙成功的事蹟以激發人們修道的熱情，用楊羲的話說是「乃益味玄之徒，有以獎勸」。〔註72〕在陶弘景之前，世間已出現了多種神仙傳記，如舊題劉向所撰《列仙傳》，葛洪《神仙傳》、《枕中書》及後人所補《元始上真眾仙記》，〔註73〕干寶《搜神記》，據《真誥·稽神樞第四》，許謐亦撰《真仙傳》，不行於世。〔註74〕《位業圖》裏不少神仙來自這些傳記。《列仙傳》因班固《藝文志》不載，《四庫全書總目提要》始疑「魏、晉間方士為之」。〔註75〕然而這一點不能成為劉向不撰此書的理由，因為班固自己說《藝文志》乃據劉歆《七略》「刪其要」而成，向、歆時已經成書而不載於班志者不只《列仙傳》一種。《列仙傳》所載神仙故事有些在劉向之前已經膾炙人口，如赤松子見於屈原《遠遊》、《史記·留侯世

〔註70〕〔晉〕葛洪著，王明校釋：《抱朴子內篇校釋》（增訂本），中華書局 1985 年版，第 208 頁。

〔註71〕〔日〕吉川忠夫、麥谷邦夫編，朱越利譯：《真誥校註》，中國社會科學出版社 2006 年版，第 460 頁。

〔註72〕〔日〕吉川忠夫、麥谷邦夫編，朱越利譯：《真誥校註》，中國社會科學出版社 2006 年版，第 536 頁。

〔註73〕劉仲宇：《葛洪〈枕中書〉初探》，《中國道教》1990 年第 4 期。

〔註74〕〔日〕吉川忠夫、麥谷邦夫編，朱越利譯：《真誥校註》，中國社會科學出版社 2006 年版，第 454 頁。

〔註75〕〔清〕永瑢，紀昀主編：《四庫全書總目提要》，海南出版社 1999 年版，第 753 頁。

家》；黃帝鼎湖昇天之事見於司馬相如《子虛賦》、《史記・封禪書》、揚雄《羽
獵賦》；容成公見於《莊子・大宗師》，他完全有條件寫成此書。《列仙傳》在
東漢已頗流行，許慎《說文》言「偓佺，古僊人名也」；《文選》之張衡《思
玄賦》言「載太華之玉女兮」，〔註76〕玉女即毛女，偓佺、毛女皆出該傳。此
書述黃帝鼎湖故事較《史記・封禪書》文字質簡，似刪《史記》而成。是書
多見西漢人事，如《子主》篇有江都王，《玄俗》提到河間王，朱仲是高后時
人，修羊公在景帝時，稷丘子在武帝時，谷春在成帝時，然無東漢事實，甚
至相傳於元帝時得道的三茅君尚未入傳。惟《朱璜》篇說道士阮丘令讀《黃
庭經》，或出後人增益。葛洪《抱朴子・論仙》曰：「世人以劉向作金不成，
便謂索隱行怪，好傳虛無，所撰《列仙》，皆復妄作……至於撰《列仙傳》，
自刪秦大夫阮倉書中出之，或所親見，然後記之，非妄言也。」又曰：「夫作
金皆在神仙集中，淮南王抄出，以作《鴻寶枕中書》……劉向父德治淮南王
獄中所得此書，非為師授也。」〔註77〕《枕中書》確經向手，《漢書・郊祀志》
曰：「大夫劉更生（向初名）獻淮南枕中洪寶苑秘之方，令尚方鑄作，事不驗，
更生坐論。」他既對神仙之事充滿熱情，編輯仙傳不無可能。

《位業圖》取自《列仙傳》者有：赤松子、寧封、馬師皇、黃帝、老子、
關尹喜、涓子、務光、彭祖、王子喬、安期生、蕭史、弄玉（見蕭史傳）、修
羊公、稷丘子、崔文子、赤鬚子、鹿皮公、山圖、商丘子（仙傳作「商邱子
胥」）、安公（陶註：姓陶朱。仙傳作「陶安公」）、陵陽子明、東方朔、二女
（傳作「江妃二女」）、接輿（仙傳作「陸通」）25 人。《列仙傳》對後世文學
創作產生過深刻影響，左思《三都賦》提到山圖、江斐（妃）、桂父、赤須、
昌容、犢子、玄俗、木羽、琴高、師門、嘯父，皆出此傳。《真誥・稽神樞第
四》述黃帝尸解而去，陶氏自註曰：「《列仙傳》云御龍攀髯及子晉馭鶴，並
為不同……」說明他的確採用了《列仙傳》的材料而有所取捨。

葛洪《神仙傳》收入《位業圖》者有：黃帝、盧敖、彭祖、顓頊、元君
太一、青精先生、白石生、黃山君、鳳綱、皇初平（赤松子）、皇初起（赤魯
班）、華子期、樂子長、中黃太一、洪崖先生、許由、巢父、王子晉、徐福、
太上老君、唐公房、王遠、墨子、赤松、黃盧子、馬鳴生、陰長生、葛洪、

〔註76〕〔梁〕蕭統編，〔唐〕李善註：《文選》，上海古籍出版社 1986 年版，第 2 分
　　　　冊，第 669 頁。
〔註77〕〔晉〕葛洪著，王明校釋：《抱朴子內篇校釋》（增訂本），中華書局 1985 年
　　　　版，第 21～22 頁。

茅盈、茅固、茅衷、茅初成、張道陵、欒巴、淮南八公、安期生、齊桓公、太一、王眞、魏武帝、劉綱、樊夫人（劉綱妻）、孫登（孫田廣）、劉京、邯鄲張君、嚴青、帛和、葛玄、左慈、王遙（王伯遼）、劉根、壺公（施存）、費長房、尹軌、介象、劉玄德、魯女生 57 位。今傳《神仙傳》若非完書，則《位業圖》收列的神仙出於本書者尚不止此數。

潘雨廷先生於《道藏書目提要》之《元始上眞眾仙記》說：「觀此書之結構，可視爲《眞靈位業圖》的雛形，故雖或全書非洪所著，然必在陶弘景前，屬茅山派道者的作品。」〔註 78〕其書所載神仙見於《位業圖》者有：元始天王、太極金闕帝君、九天眞王使者、扶桑大道君、西王母、玄洲丈人、九氣丈人、鍾山眞人（廣成子）、商山四皓、安期生、彭鏗、顓頊、黃帝、堯、舜、禹、青鳥公、許由、巢父、夏啓、周武王、漢高祖、漢光武、樂子長，左慈、葛玄、許邁、許謐、許玉斧、鮑靚、鄭思遠、王眞人、鬼谷先生、王子晉、赤松子、王褒、孔丘、顏回、施存、莊周、張道陵、王遠、墨翟、徐來勒、郭聲子、魏華存、裴玄仁、馬鳴生、陰長生、孫田廣、九華眞妃、王長、趙升、茅盈、茅固、茅衷 56 人，此外還有童初府、易遷宮二仙宮。

《位業圖》也必定參考了干寶的《搜神記》，陶弘景在《眞誥·闡幽微第一》自註裏說：「如胡母班往泰山府君處，亦不覺入洞中」，〔註 79〕胡母班事即出於《搜神記》。〔註 80〕《搜神記》見於《位業圖》者有：赤松子、寧封子、彭祖、崔文子、陶安公、淮南八公、劉根、左慈、介琰、白羊公、葛玄等，其中介琰與白羊公故事既不見《列仙傳》也不見《神仙傳》。

第五節　《眞誥》所見神仙

陶弘景收集上清派道教文獻作《眞誥》20 卷，言天眞降集，秘授仙方，其實多出於楊羲、二許之手。出現在《眞誥》的神仙約有 350 多位，幾占《位業圖》之半，其中既有太上大道君、赤松子、王遠、扶桑大帝、青童君等一些高仙，又有秦漢以來盛傳的得道者，不少在現存道經中初見於《眞誥》，有些既不見正史，也不見仙傳。由於自戰國以來神仙方士喜於自稱高壽，所以

〔註 78〕潘雨廷：《道藏書目提要》，上海古籍出版社 2008 年版，第 63 頁。

〔註 79〕〔日〕吉川忠夫、麥谷邦夫編，朱越利譯：《眞誥校註》，中國社會科學出版社 2006 年版，第 470 頁。

〔註 80〕〔晉〕干寶撰，汪紹楹校註：《搜神記》，中華書局 1981 年版，第 44 頁。

貞白先生自註「某某殷時人」之類，自不必多信，如說中候僊人「姓范，諱邈，字度世，曾名永，漢桓帝侍郎，撰《魏夫人傳》」，〔註81〕《位業圖》註引自《神仙傳》，《太平御覽》卷669引葛洪《神仙傳》云：「中候上仙范邈，字度世，舊名冰，服虹景丹得道，撰《魏夫人傳》。」〔註82〕魏華存晉人，桓帝時人豈能穿越時空爲她作傳？但這類名諱卻不得晚於楊羲時代。

《位業圖》中首見於《眞誥》的成仙者有：郭世幹、李靈飛、北海六微玄清夫人、上眞東宮衛夫人、北漢七靈右夫人、太極中華右夫人、朱陵北絕臺上嬪管妃、北嶽上眞山夫人、長陵杜夫人、太微玄清左夫人、東華玉妃淳文期、太和上眞左夫人、太極左卿黃觀子、西歸子、淳于太玄、范伯華、西郭幼度、魏顯仁、秦叔隱、山世遠、王道寧、宋晨生、賈保安、趙祖陽、張上貴、姜叔茂、周太賓、毛伯道、劉道恭、莊伯微、馮延壽、傅先生、陰友宗、王仲甫、劉偉道、郭崇子、周君（兄弟三人）、仇季子、郭四朝、丁淑英、管成子、周壽陵、孟德然、宋君、李法成、鄧伯元、王玄甫、尹虔子、張石生、李方回、張禮正、冶明期、鄭景世、展上公、黃景華、張重華、趙廣信、虞翁生、朱孺子、麋長生、許肇、許副、李豐、王附子、荀中侯、桃俊、九宮協成夫人、鮑元節、許虎牙、孟君、羅郁、翁道遠、姜伯眞、戴孟、劉奉林、張兆期、雷氏、范安遠、賈玄道、李叔升、言成生、傅道流、樊子明、劉少翁、吳睦、朱狄、郭靜、范伯慈、鮑叔陽、王養伯、段季正、劉偉惠、李東、淳于斟、張玄賓、趙威伯、樂長治、鄭稚正、周爰支、張桃枝、范幼沖、李整、王延、范彊、傅晃、梁衛、宋來子、中嶽李先生、王瑋玄、青谷先生、慧車子、石長生、東郭幼平、鄭子眞、鄧雲山、唐覽、西河薊公、周正時、刁道林、郭子華、趙叔達、張季連、趙公成、范丘林、陳仲林、許道居、趙叔道、王世龍、趙道玄、傅太初、龔幼節、李開林、王少道、范叔勝、李伯山、竇瓊英、韓太華、劉春龍、李奚子、王進賢、郭叔香、趙素臺、鄭天生、許科斗、李惠姑、張姜子、施淑女、宋金漂女、鮑靚妹、張微子、傅禮和、徐宗度、晏賢生、孫寒華、陳世京、趙熙、張祖常、劉平阿、呂子華、蔡天生、謝稚堅、王叔明、鮑元治、尹蓋婦、辛玄子、五帝上相等168位。

《眞誥》著錄了諸多文獻，特別是道經，《位業圖》中的很多神仙與這些文獻有密切的關係，以下我們將主要的予以列出：

〔註81〕 《道藏》，文物出版社、上海書店、天津古籍出版社聯合影印明《道藏》，1988年版，第3分冊，第274頁。
〔註82〕 〔宋〕李昉等編：《太平御覽》，中華書局1960年版，第3分冊，第2986頁。

《真誥》引書	著錄之處	《校註》	文　獻	神　仙	《位業圖》位置
1.《黃庭》、《黃庭經》（《黃庭內景經》）	《運象篇第一》小註；《協昌期第一》正文；《闡幽微第一》正文；《握眞輔第二》正文、小註；《翼眞檢第一》正文；《翼眞檢第二》正文	8、304、484、545、553、573、582	《道藏》第5冊，第908頁有《太上黃庭內景玉經》	1.北嶽蔣夫人 2.太上大道玉晨君 3.蕊珠闕 4.六丁	1.第二位女眞位 2.第二中位 3.第二位女眞位 4.第四右位
2.《寶神經》（《七玄隱書》）、《起居寶神》	《運象篇第一》正文；《協昌期第一》正文、小註；《翼眞檢第一》正文	18、19、162、276、277、278、281、570		1.南嶽赤松子	1.第二左位
3.《四極明科》	《運象篇第一》正文；《甄命授第三》正文	23、231	《道藏》第3冊，第415頁有《太眞玉帝四極明科經》	1.太上大道君 2.高聖太眞玉帝 3.七映房 4.金闕帝君 5.龜母（西王母） 6.高晨大師 7.上相青童君 8.太極眞人南嶽赤君 9.西城王君 10.玄洲仙伯 11.玉皇 12.上元夫人 13.三天玉童 14.元始天王 15.天帝君 16.太微天帝君 17.三元夫人 18.東海下童 19.九天眞王 20.北帝 21.司命 22.清虛眞人 23.劉了先 24.幼陽君 25.紫微夫人 26.文始先生 27.谷希子	1.第二中位 2.第一右位有「高上玉帝」 3.第二女眞位 4.第二右位，第二中位 5.第二位女眞位 6.第二左位 7.第二左位 8.第二左位 9.第二左位 10.第三左位 11.第一右位有「玉皇道君」 12.第二位女眞位 13.第四右位 14.第四左位 15.第四左位 16.第二左位 17.第二位女眞位有「三元馮夫人」 18.第二左位 19.第四右位有「九天眞王使者」 20.第七中位 21.第四右位

				28.南極上元君	22.第二右位
				29.中央黃老君	23.第四左位
				30.太一帝君	24.第三左位
				31.玄成清天上皇君	25.第二位女眞位
				32.扶桑大帝	26.第三左位
				33.上皇玉帝	27.第二左位
				34.四極眞人	28.第二位女眞位
				35.五嶽仙官	29.第三左位
				36.青帝	30.第一右位有「玉天太一君」
				37.白帝	31.第一右位有「清玄道君」
				38.黑帝	32.第二左位
				39.赤帝	33.第一右位有「上皇天帝」
				40.三天正一先生	34.第三左位和右位
					35.第四右位有「五嶽君」
					36—39 第四右位
					40.第四左位
4.《裴眞人本末》（《清靈傳》或《清靈眞人裴君傳》）	《運象篇第二》正文、小註	73	《雲笈七籤》卷105	1.清靈眞人裴玄仁	1.第二左位
				2.支子元	2.第六右位地仙散位
				3.蔣先生（赤將子輿）	3.第六右位地仙散位
				4.中央黃老君	4.第三左位
				5.司命	5.第四右位
				6.河侯	6.第四右位
				7.上皇大帝，上皇太帝君	7.第一右位有「上皇天帝」
				8.五嶽尊靈	8.第四右位有「五嶽君」
				9.東海青童君	9.第二左位
				10.南嶽眞人赤松子	10.第二左位
				11.別駕劉安之	11.第六左位地仙散位
				12.谷希子	12.第二左位
				13.太極四眞人	13.第三左位、右位
				14.朱火丹靈仲陽先生	14.第三左位
				15.長綿玉樓	15.第二位女眞位有「長綿樓」
				16.九天眞皇	16.第四右位有「九天眞王使者」
				17.趙伯玄	
				18.青帝君	
				19.赤帝君	
				20.白帝君	

				21.黑帝君 22.黃帝君 23.八景城 24.七靈臺 25.太和殿	17.第四左位 18—22 第四右位 有五方天帝 23.第二左位 24.第二左位 25.第二位女眞位
5.《神虎隱文》、《神虎隱文揮神詩》	《運象篇第三》小註;《握眞輔第一》小註	122、514、521	①《道藏》第33冊,第566頁有《洞眞太上神虎隱文》	① 1.北帝 2.四明 3.太上大道君 4.左玄玉郎郁利玄 5.太微天帝君 6.蕊珠之闕 7.七暎內房 8.李山淵(金闕帝君) 9.九華安妃 10.侍女趙定珠	① 1.第七中位 2.第七左位 3.第二中位 4.第二左位有「正一左玄執蓋郎郄偉玄」 5.第二左位 6.第二位女眞位有「蕊珠闕」 7.第二位女眞位有「七暎房」 8.第二右位,第三中位 9.第二位女眞位 10.第二位女眞位
			②《雲笈七籤》卷9有《釋太上玉清神虎內眞隱文》	② 1.太上道君 2.李山淵	② 1.第二中位 2.第二右位,第三中位
6.《九眞中經》、《九眞經》	《運象篇第四》小註;《甄命授第一》小註、正文;《握眞輔第二》小註	159、163、547	《道藏》第3冊,第33頁有《上清太上帝君九眞中經》	1.太虛眞人南嶽上仙赤松子 2.中央黃老君 3.太微天帝君 4.太極四眞人 5.太一帝君,紫晨太一君 6.高上玉皇、高上九天玉帝、太上玉帝君 7.扶桑大帝 8.玄皇高眞 9.太上大道君	1.第二左位 2.第三左位 3.第二左位 4.第三左位、右位 5.第一右位有「玉天太一君」、「太一玉君」 6.第一右位有「高上玉帝」 7.第二左位 8.第一右位 9.第二中位
7.《劍經》	《運象篇第四》小註;《甄命授第一》小註;《協昌期第二》小註;《稽	160、171、176、341、403、452、512	《道藏》第6冊,第638頁《上清明堂元眞經訣》引《劍經序》	1.夏禹 2.鍾山眞人 3.欒巴 4.帝嚳 5.王子喬	1.第三左位 2.第三左位授夏禹「靈寶九跡法」者 3.第四右位

	神樞第三》小註；《稽神樞第四》小註；《闡幽微第二》小註			6.燕昭 7.東卿司命	4.第三左位 5.第二右位 6.第四左位 7.第二左位
8.《八素真經》	《甄命授第一》正文	163	《道藏》第6冊，第648頁有《上清太上八素真經》	1.玄清玉皇 2.上皇天帝 3.太微天帝君 4.太上道君 5.金闕後聖李君（金闕帝君） 6.太虛真人南嶽赤君 7.南陵玉女 8.高上玉皇，高上 9.玉玄太皇君、玉玄 10.太極四真人 11.太上虛皇道君 12.太上玉真保皇道君 13.上皇 14.玉皇 15.中央黃老君	1.第一右位有「清玄道君」 2.第一右位 3.第二左位 4.第二中位 5.第二右位，第三中位 6.第二左位 7.第三右位 8.第一右位有「高上玉帝」 9.第一右位 10.第三左位、右位 11.第一右位 12.第一右位 13.第一右位有「上皇道君」 14.第一右位有「玉皇道君」 15.第三左位
9.《除六天之文三天正法》	《甄命授第一》正文	163	《道藏》第28冊，第406頁有《太上三天正法經》	1.九天真王 2.元始天王 3.太上大道君 4.西王母 5.太上丈人 6.後聖金闕帝君 7.中央黃老君 8.上相青童君 9.四極真人 10.玄洲仙伯 11.天帝君	1.第四右位 2.第四左位 3.第二中位 4.第二位女真位 5.第四左位 6.第二右位、第三中位 7.第三左位 8.第二左位 9.第三左位、右位 10.第三左位 11.第四左位
10.《黃氣陽精藏天隱月》	《甄命授第一》正文	163	《道藏》第1冊，第822頁有《上清黃氣陽精三道順行經》	1.南極上元君 2.西龜王母 3.高晨、上相青童君 4.高上玉帝 5.六丁	1.第二位女真位有「後聖上保南極元君紫元夫人」 2.第二位女真位 3.第二左位

				6.太微天帝君	4.第一右位
				7.金闕帝君	5.第四右位有「六丁使者」
				8.墨翟	6.第二右位
				9.趙延甫	7.第二右位、第三中位
				10.彭鑑	8.第四左位
				11.安期	9.第四左位有「臧延甫」
				12.蘇子林	10.第四左位有「彭鏗」
				13.谷希子	11.第三左位
				14.幼陽君、王喬	12.第三右位
				15.赤松	13.第二左位
				16.王君（王褒）	14.第三左位
				17.南嶽夫人	15.第二左位
					16.第二右位
					17.第二位女眞位
11.《三元布經道眞之圖》	《甄命授第一》正文	163	《道藏》第6冊，第211頁有《上清三元玉檢三元布經》	1.南極上元君	1.第二位女眞位有「後聖上保南極元君紫元夫人」
				2.元始天王	2.第四左位
				3.三天玉童	3.第四右位
				4.太上大道君	4.第二中位
				5.西王母	5.第二位女眞位
				6.九天眞王	6.第四右位有「九天眞王使者」
				7.扶桑大帝君	7.第二左位
				8.後聖金闕帝君	8.第二右位、第三中位
				9.上相青童君	9.第二左位
				10.五老仙都	10.第三左位有「五老上眞仙都老公」
				11.清虛眞人王君（王褒）	11.第二右位
				12.中央黃老君	12.第三左位
				13.玉皇大帝	13.第一右位有「玉皇道君」、「高上玉帝」
				14.玄皇玉君	14.第一右位有「玄皇高眞」
				15.四明	15.第七左位

12.《黃素神方四十四訣》、《黃素書》	《甄命授第一》正文;《翼真檢第二》正文	163、582	《道藏》第34冊,第73頁有《上清太上黃素四十四方經》	1.太上大道君 2.七瑛之房 3.北帝大魔王 4.四明 5.太微	1.第二中位 2.第二位女真位有「七映房」 3.第七中位 4.第七左位 5.第二左位
13.《青要紫書金根眾文》	《甄命授第一》正文	163	《道藏》第33冊,第423頁有《洞真上清青要紫書金根眾經》	1.上相青童君 2.九老仙都 3.西臺龜母、西王母 4.太上大道君 5.太素高靈洞曜道君 6.南極上元君 7.天帝君 8.太微天帝君 9.後聖九玄帝君（後聖金闕帝君） 10.元始天王、玉清紫虛高上元皇 11.六丁 12.高上玉皇 13.四極真人 14.中央黃老君	1.第二左位 2.第四左位 3.第二位女真位 4.第二中位 5.第二左位有「紫清太素高虛洞曜道君」 6.第二位女真位有「後聖上保南極元君紫元夫人」 7.第四左位 8.第二左位 9.第二右位、第三種位 10.第四左位、第一右位 11.第四右位有「六丁使者」 12.第一右位有「高上玉帝」 13.第三左位、右位 14.第三左位
14.《玉清真訣三九素語》	《甄命授第一》正文	163	《道藏》第33冊,第497頁《洞真太上三九素語玉精真訣》	1.三天玉童 2.上相青童君 3.天帝君 4.太微天帝君 5.南極上元君 6.西王母 7.金闕聖君 8.西城王君 9.北帝 10.高上紫虛玉皇 11.元始帝皇	1.第四右位 2.第二左位 3.第四左位 4.第二左位 5.第二位女真位有「後聖上保南極元君紫元夫人」 6.第二位女真位 7.第二右位、第三中位 8.第二左位 9.第七中位 10.第一右位有「高上玉帝」

					11.第一中位有「元始天尊」、第四左位有「元始天王」
15.《丹景道精隱地八術》	《甄命授第一》正文	164	《道藏》第33冊，第782頁有《上清丹景道精隱地八術經》	1.太上高聖玉晨君 2.方諸青童（東海小童） 3.扶桑暘谷神王 4.清虛真人 5.九真 6.子州 7.黃帝 8.北谷 9.寧生 10.彭祖 11.八公 12.墨子（疑為墨子） 13.鬼谷	1.第二中位 2.第二左位 3.第二左位 4.第二右位 5.第四右位有「九天真王使者」 6.第三左位 7.第三左位 8.第三左位 9.第四左位 10.第四左位 11.第四左位 12.第四左位 13.第四左位
16.《紫度炎光夜照神燭》	《甄命授第一》正文	164	《道藏》第33冊，第553頁有《洞真太上紫度炎光神元變經》	1.太微天帝君 2.高上玉皇 3.南極元君 4.中央黃老君 5.西王母 6.太上大道君 7.金闕後聖道君 8.上相青童君 9.太極四真人 10.太一務猷 11.東方青帝元洞元明元曜延靈元君 12.南方赤帝大洞元生大靈機皇君 13.西方白帝金城曜元元導太仙君 14.北方黑帝玄洞兀陰五耀延靈元華鬱單君 15.中央黃帝中耀五陽五陰	1.第二左位 2.第一右位有「高上玉帝」 3.第二位女真位有「後聖上保南極元君紫元夫人」 4.第三左位 5.第二位女真位 6.第二中位 7.第二右位、第三中位 8.第二左位 9.第三左位、右位 10.第一右位有「玉天太一君」、「太一玉君」 11—15 第四右位有五方天帝 16.第四右位 17.第四右位 18.第四右位有「九天真王使者」 19.第四右位有「五嶽君」

				中皇洞極高皇君 16.青腰玉女 17.太素玉女 18.九天真王 19.五嶽仙官 20.紫微夫人	20.第二位女真位
17.《七變神法七轉之經》	《甄命授第一》正文	167	《道藏》第33冊，第544頁有《洞真上清神州七轉七變舞天經》	1.上皇先生紫晨君 2.王母 3.南極上元君 4.太上大道君 5.天丁 6.司命 7.玄感清天上皇 8.三天玉童 9.天帝君 10.太微天帝君 11.後聖金闕君 12.上相青童君 13.小有天王 14.元始高上玉皇、高上元始玉皇、元始高上玉帝 15.中央黃老君 16.太一 17.扶桑大帝	1.第一右位有「上皇道君」 2.第二位女真位 3.第二位女真位有「後聖上保南極元君紫元夫人」 4.第二中位 5.第四右位有「天丁力士」 6.第四右位 7.第四左位有「玄成清天上皇」 8.第四右位 9.第四左位 10.第二左位 11.第二右位、第三中位 12.第二左位 13.第二右位 14.第一右位有「高上玉帝」 15.第三左位 16.第一右位有「玉天太一君」、「太一玉君」 17.第二左位
18.《大洞真經三十九篇》、《洞玄》、《大洞玄經》、《三十九章》、《大洞真經》	《甄命授第一》正文；《甄命授第二》正文；《協昌期第一》正文；《協昌期第二》正文；《稽神樞第三》正文、小註；《稽神樞第四》正	167、175、184、187、195、207、270、306、321、322、403、573	《道藏》第1冊，第512頁有《上清大洞真經》	1.高聖萬真太上大道君、玉晨太上大道君 2.扶桑大帝 3.紫微王夫人 4.紫虛元君 5.中候王夫人 6.中央黃老元素道君、中央黃老君	1.第二中位 2.第二左位 3.第二位女真位 4.第二位女真位 5.第二位女真位 6.第三左位 7.第二左位 8.第二左位 9.第二左位 10.第二左位

	文；《翼真檢第一》正文			7.上相青童君 8.玉保王上相大司馬高晨師 9.東海青華小童 10.上清太微東震（應為霞）扶桑丹林大帝上道君 11.太一帝尊 12.北帝大魔王 13.天帝君 14.南極上元君 15.後聖帝君、金闕後聖太平李真天帝上景君 16.太微天帝君 17.上皇玉虛君、上皇先生紫晨君 18.玉清元始王 19.司命 20.太清大道君 21.太一上元禁君 22.太極主四真人元君 23.司錄 24.晨中皇景元君 25.太虛後聖元景彭室真君 26.太玄都九炁丈人主仙君 27.扶桑大帝九老仙皇君 28.九靈真仙母青金丹皇君	11.第一右位有「玉天太一君」、「太一玉君」 12.第七中位 13.第四左位 14.第二位女真位有「後聖上保南極元君紫元夫人」 15.第二右位、第三中位 16.第二左位 17.第一右位有「上皇道君」 18.第一中位有「元始天尊」 19.第四右位 20.第四中位有「上皇太上無上大道君」 21.第四右位有「太一元君」 22.第三左位、右位 23.第四右位 24.第一右位有「三元晨中黃景虛皇元臺君」 25.第二左位有「後聖太師太微左真保皇道君」 26.第四左位 27.第二左位 28.第二位女真位
19.《大丹隱書八稟十訣》	《甄命授第一》正文	167	《道藏》第33冊，第528頁有《洞真太一帝君太丹隱書洞真玄經》	1.紫微夫人 2.西王母 3.太一帝君 4.司命	1.第二位女真位 2.第二位女真位 3.第一右位有「玉天太一君」、「太一玉君」 4.第四右位

20.《天關三圖七星移度經》、《豁落符》、《豁落》	《甄命授第一》正文;《翼眞檢第一》正文、小註	167、578、579	《道藏》第33冊,第448頁有《洞眞上清開天三圖七星移度經》	1.天帝君 2.南極元君 3.太微天帝君 4.金闕帝君 5.上相青童君 6.高上玉皇 7.北帝	1.第四左位 2.第二位女眞位有「後聖上保南極元君紫元夫人」 3.第二左位 4.第二右位、第三種位 5.第二左位 6.第一右位有「高上玉帝」 7.第七中位
21.《九丹變化胎精中記》	《甄命授第一》正文	167、176	《道藏》第34冊,第82頁有《上清九丹上化胎精中記經》	1.太微天帝君 2.三天玉童 3.七暎丹房 4.司命 5.南極夫人 6.後聖金闕帝君 7.上相青童君 8.西城眞人 9.西王母	1.第二左位 2.第四右位 3.第二位女眞位有「七映房」 4.第四右位 5.第二位女眞位有「後聖上保南極元君紫元夫人」 6.第二右位、第三中位 7.第二左位 8.第二左位 9.第二位女眞位
22.《九赤班符封山墜海》	《甄命授第一》正文	167	《道藏》第33冊,第518頁有《太上九赤班符五帝內眞經》	1.元始天王 2.南極上元君 3.洪崖先生 4.太極四眞人 5.東方青帝君 6.南方赤帝君 7.西方白帝君 8.北方黑帝君 9.中央黃帝君 10.青要玉女 11.東嶽泰山君 12.南嶽衡山君 13.華山君 14.**恒**山君 15.中嶽君 16.太素玉女 17.東海水帝神王 18.南海水帝神王 19.西海水帝神王 20.北海水帝神王	1.第四左位 2.第二位女眞位有「後聖上保南極元君紫元夫人」 3.第四右位 4.第三左位、右位 5—9 第四右位有五方天帝 10.第四右位 11—15 第四右位有「五嶽君」 16.第四右位 17—20 第四右位有「四海陰王」

23.《金液神丹》	《甄命授第一》正文	167	《道藏》第 18 冊，第 746 頁有《太清金液神丹經》	1.正一天師張道陵 2.趙升 3.王長 4.九天真王 5.九氣丈人 6.九老仙都君 7.天真太一君、地真太一君、都官太一君、中官太一君、天仙太一君、地仙太一君 8.太上老君 9.長生陰真人（陰長生） 10.六丁 11.安期 12.葛洪 13.鮑靚 14.趙簡子 15.禹	1.第四左位 2.第三左位 3.第三左位 4.第四右位有「九天真王使者」 5.第四左位 6.第四左位 7.第一右位有「玉天太一君」、「太一玉君」 8.第四中位 9.第四右位 10.第四右位有「六丁使者」 11.第三左位 12.第四右位 13.第六左位 14.第七右位 15.第三左位
24.《五行秘符》	《甄命授第一》正文	167	《雲笈七籤》卷 51 有《太上曲素五行秘符》	1.太極左仙公 2.後聖金闕帝君	1.第三左位、第六左位地仙散位 2.第二右位、第三中位
25.《曲素決辭》	《甄命授第一》正文；《翼真檢第二》小註	168、582	《道藏》第 34 冊，第 169 頁有《上清曲素訣辭籙》	1.太極左真人 2.東海方諸宮青童大君 3.太上丈人 4.太清高仙景雲真人 5.五嶽君 6.白素玉女 7.八威 8.東方三十五海龍王 9.南方三十五海龍王 10.西方三十五海龍王 11.北方三十五海龍王 12.太微帝君 13.高上玉皇	1.第三左位有「中央黃老君」、「中華公子」兩位太極左真人 2.第二左位 3.第四左位 4.第四左位 5.第四右位 6.第四右位 7.第四右位 8－11 第四右位有「四海陰王」 12.第二左位 13.第一右位有「高上玉帝」

26.《靈書紫文》、《紫文》	《甄命授第一》正文；《協昌期第一》小註；《握真輔第二》小註	168、300、305、546、547	①《道藏》第11冊，第380頁有《皇天上清金闕帝君靈書紫文上經》	① 1.五老上眞仙都君 2.青童君 3.後聖李君 4.太微天帝 5.龜母	① 1.第三左位 2.第二左位 3.第二右位、第三中位 4.第二左位 5.第二位女眞位
			②《道藏》第3冊，第402頁有《太微靈書紫文仙忌眞記上經》	② 1.青童君 2.朱火丹陵龔仲楊 3.幼陽	② 1.第二左位 2—3 第三左位有「朱火丹靈宮龔仲陽、幼陽」
			③《道藏》第4冊，第555頁有《太微靈書紫文琅玕華丹神眞上經》	③ 1.太極左仙公（葛玄） 2.金闕帝君 3.青童君 4.五老上眞	③ 1.第三左位、第六左位地仙散位 2.第二右位、第三中位 3.第二左位 4.第三左位
27.《茅司命傳》、《茅三君傳》、《三茅傳》、《茅傳》	《甄命授第一》正文；《甄命授第四》小註；《協昌期第一》小註；《稽神樞第一》正文、小註；《稽神樞第三》小註；《稽神樞第四》小註	170、248、296、345、348、355、359、360、363、374、404、420、430、459	①《神仙傳》中有《茅君傳》	① 1.茅盈 2.茅初成 3.秦始皇 4.徐福 5.茅固 6.茅衷 7.太上老君	① 1.第二左位 2.第四左位 3.第七左位 4.第四右位 5.第四左位、第六中位 6.第六左位 7.第四中位
			②《雲笈七籤》卷104有《太元眞人東嶽上卿司命眞君傳》	② 1.茅盈 2.茅初成 3.鬼谷先生 4.始皇 5.茅固 6.茅衷 7.西城王君 8.王母 9.元始天王 10.扶桑太帝君 11.松（赤松子） 12.喬（王子喬） 13.八威	② 1.第二左位 2.第四左位 3.第四左位 4.第七左位 5.第四左位、第六中位 6.第六左位 7.第二左位 8.第二位女眞位 9.第四左位 10.第二左位 11.第二左位 12.第二右位 13.第四右位

| 28.《珮玉金鐺》 | 《甄命授第一》正文；《稽神樞第三》正文；《稽神樞第四》正文、小註 | 170、421、445、446 | 《道藏》第1冊，第896頁有《太上玉珮金鐺太極金書上經》 | 1.元始天王
2.五老仙都
3.高聖玉晨太上大道君
4.三天玉童
5.西龜王母
6.中央黃老君
7.天帝君
8.太微帝君
9.南極上元禁君
10.皇天上清金闕帝君
11.九老仙都
12.鍾山眞公
13.夏禹
14.西城王君 | 1.第四左位
2.第三左位
3.第二中位
4.第四右位
5.第二位女眞位
6.第三左位
7.第四左位
8.第二左位
9.第二位女眞位有「後聖上保南極元君紫元夫人」
10.第二右位、第三中位
11.第四左位
12.第三左位授夏禹「靈寶九跡法」者
13.第三左位
14.第二左位 |
| 29.《金眞玉光》、《金眞》 | 《甄命授第一》正文；《翼眞檢第二》小註 | 170、582 | 《道藏》第34冊，第54頁有《上清金眞玉光八景飛經》 | 1.元始天王
2.太上大道君
3.五老上眞
4.上皇先生
5.扶桑大帝
6.南極上元
7.西龜王母
8.七暎朱房
9.後聖九玄金闕帝君
10.上相青童君、東海小童
11.三天玉童
12.紫微夫人
13.太極四眞人
14.西城王君
15.太微天帝君
16.高上玉皇、高上九天玉帝、高上玉帝
17.玄皇高眞
18.北帝
19.元皇道君
20.趙伯玄
21.王君（王褒） | 1.第四左位
2.第一中位
3.第三左位
4.第一右位有「上皇道君」
5.第二左位
6.第二位女眞位有「後聖上保南極元君紫元夫人」
7.第二位女眞位
8.第二位女眞位有「七暎房」
9.第二右位、第三中位
10.第二左位
11.第四右位
12.第二位女眞位
13.第三左位、右位
14.第一左位
15.第二左位
16.第一右位有「高上玉帝」
17.第一右位 |

				22.南嶽夫人 23.南嶽松子 24.谷希子 25.桐栢眞人 26.許遠遊（許邁）	18.第七中位 19.第一右位有「紫虛高上元皇道君」 20.第四左位 21.第二右位 22.第二位女眞位 23.第二左位 24.第二左位 25.第二右位 26.第六左位地仙散位
30.《飛行之羽》	《甄命授第一》正文	170	《道藏》第33冊，第641頁有《洞眞太上飛行羽經九眞升玄上記》	1.太上大道君 2.太微天帝君 3.晨中黃景君 4.中央黃老君 5.九微太太眞玉保王金闕上相大司命高晨師青童太君梵湄 6.栢成子 7.谷希子 8.太虛眞人（赤松子）	1.第二中位 2.第二左位 3.第一右位有「三元晨中黃景虛皇元臺君」 4.第三左位 5.第二左位 6.第三左位有「栢成子高」 7.第二左位 8.第二左位
31.《白羽黑翮》、《靈飛六甲》	《甄命授第一》正文；《稽神樞第四》小註	171、458	①《道藏》第2冊第167頁有《白羽黑翮靈飛玉符》 ②《道藏》第34冊，第161頁有《上清瓊宮靈飛六甲籙》（《白羽黑翮隱遊上經》）	① 1.天帝君 2.太微天帝君 3.高上玉皇 4.太上大道君 ② 1.太極四眞人 2.太上玉晨高聖道君 3.太素玉女 4.青要玉女 5.許偉遠 6.中嶽宋德玄 7.郭勺藥 8.趙愛兒 9.王魯連	① 1.第四左位 2.第二左位 3.第一右位有「高上玉帝」 4.第二中位 ② 1.第三左位、右位 2.第二中位 3.第四右位 4.第四右位有「青腰玉女」 5.第四右位有「九疑眞人韓偉遠」 6.第四右位有「中央眞人宋德玄」、第六左位地仙散位有「宋玄德」 7.第四右位

					8.第四右位
					9.第四右位
32.《二十四神》、《二十四神經》	《甄命授第一》小註；《甄命授第四》小註；《握真輔第二》小註；《翼真檢第二》正文	184、185、268、546、581	《道藏》第34冊，第774頁有《太微帝君二十四神回元經》	1.太微帝君 2.玉晨	1.第二左位 2.第二中位有「上清高聖太上玉晨玄皇大道君」
33.《蘇傳》、《蘇君傳》	《甄命授第一》小註；《協昌期第二》小註；《握真輔第二》小註	184、313、317、547	《雲笈七籤》卷104有《玄洲上卿蘇君傳》	1.蘇林 2.涓子 3.後聖金闕帝君 4.周季通	1.第三右位 2.第三右位 3.第二右位、第三中位 4.第二左位、第四左位
34.《南真傳》、《魏傳》、《南嶽夫人傳》	《甄命授第三》小註；《稽神樞第二》小註；《翼真檢第一》正文；《翼真檢第二》正文	236、385、565、582	《太平御覽》卷678引有《南嶽魏夫人內傳》	1.太極真人安度明 2.東華青童君、東華小童 3.清虛真人王子登（王褒） 4.紫虛元君上真司命南嶽魏夫人 5.侍女華散條 6.林雲玉女賈屈庭 7.鮮子靈今 8.太微天帝 9.正一羽晨侯公陽子明 10.左華九成夫人范定英 11.玉晨大道君 12.繡衣使者孟六奇 13.禁仙都衷文堅 14.右嬪元姬趙約羅 15.五方天帝君 16.金闕後聖君 17.仙伯牙叔平 18.王母	1.第三右位 2.第二左位 3.第二右位 4.第二位女真位 5.第二位女真位有「華敬滌」 6.第二位女真位有「靈林玉女賈屈庭」 7.第二位女真位有「鮮于靈金」 8.第二左位 9.第二左位有「正一羽晨侯公楊子明」 10.第二位女真位有「右華九成范夫人」 11.第二中位 12.第二左位 13.第二左位有「太素宮官保禁仙郎衷文堅」 14.第一左位有「右嬪之姬趙約羅」 15.第四右位 16.第二右位、第

				19.西城真人王方平	三中位
				20.太虛真人赤松子	17.第二位女真位
				21.桐栢真人王子喬	18.第二位女真位
					19.第二左位
					20.第二左位
					21.第二右位
35.《消摩經》、《消魔上靈經》、《太上消魔經》、《大智慧經》、《消魔智慧》、《消魔》、《智慧》、《消魔經》	《甄命授第四》小註；《協昌期第一》正文、小註；《協昌期第二》正文、小註；《闡幽微第一》正文；《握真輔第二》小註	250、270、273、274、297、300、327、471、547、558	《道藏》第33冊，第597頁有《洞真太上說智慧消魔真經》	1.太上道君 2.金闕帝君 3.青童君 4.赤松子 5.太上老君 6.玉清神女房素 7.天丁 8.西母 9.玉皇 10.上皇 11.太一帝君、太一君 12.趙定珠 13.左玄玉郎郁梨玄 14.太微天帝君 15.北帝 16.明公 17.上宰四輔 18.太一元君	1.第二中位 2.第二右位、第三中位 3.第二左位 4.第二左位 5.第四中位 6.第二位女真位 7.第四右位有「天丁力士」 8.第二位女真位 9.第一右位有「玉皇道君」、「高上玉皇」 10.第一右位有「上皇道君」、「上皇天帝」 11.第一右位有「玉天太一君」、「太一玉君」 12.第二位女真位有「趙峻珠」 13.第二左位有「正一左玄執蓋郎郄偉玄」 14.第二左位 15.第七中位 16.第七左位 17.第二左位、第二位女真位 18.第四右位
36.《飛步經》	《協昌期第一》小註；《協昌期第二》小註；《握真輔第二》小註；《翼真檢第二》正文	267、341、547、581	《道藏》第33冊，第438頁有《洞真上清太微帝君步天綱飛地紀經簡玉字上經》	1.太微帝君 2.後聖君 3.金晨華闕 4.上清八老君 5.青童君 6.王君 7.黃帝 8.被衣 9.齧缺	1.第二左位 2.第二右位、第三中位 3.第二左位 4.第三右位有「八老元仙」 5.第二左位 6.第二左位 7.第三左位

				10.王倪	8—19 第三左位
				11.許由	20.第三右位
				12.巢父	21.第二位女眞位
				13.支離	22.第三左位
				14.華封	23.第六位女眞位
				15.子州	24.第三左位
				16.善卷	25.第四左位
				17.北人	26.第三右位
				18.安公	27.第三左位
				19.文始	28.第七左位
				20.二女	29—34 第三右位
				21.金母	35—39 第四右位
				22.卞隨	40.第三右位
				23.務光	41.第三右位
				24.馬皇	42.第二右位
				25.彭祖	
				26.老聃	
				27.大項	
				28.秦始	
				29.涓子	
				30.蕭史	
				31.弄玉	
				32.接輿	
				33.伯昏	
				34.庚桑	
				35.東嶽君	
				36.南嶽君	
				37.西嶽君	
				38.北嶽君	
				39.中嶽君	
				40.劉京	
				41.邯鄲張君	
				42.小王君	
37.《五星圖》	《協昌期第一》正文、小註	267	《道藏》第 11 冊，第 374 頁有《太上飛步五星經》	1.西城王君 2.桐栢上眞 3.太虛眞人	1.第二左位 2.第二右位 3.第二左位
38.《苞玄玉籙白簡青經》	《協昌期第一》正文	268	《太上飛步五星經》引	1.後聖	1.第二右位、第三中位
39.《太上天關三經》（《天關三圖》）	《協昌期第一》正文、小註	275	《道藏》第 33 冊，第 808 頁有《上清天關三圖經》	1.高上、玉帝、玉皇、高上玉皇 2.北帝 3.太微帝君	1.第一右位有「玉皇道君」、「高上玉帝」 2. 第七中位 3.第二左位

				4.玉晨太上君	4.第二中位
				5.南極上元君	5.第二位女眞位有「後聖上保南極元君紫元夫人」
				6.上相青童君	
				7.金闕聖君	
				8.西城王君	6.第二左位
				9.南嶽夫人	7.第二右位、第三中位
					8.第二左位
					9.第二位女眞位
40.《登眞隱訣》	《協昌期第一》小註;《翼眞檢第一》正文	278、563、569	《道藏》第6冊,第420頁	1.玄洲上卿蘇君	1.第三右位
				2.金闕聖君	2.第二右位、第三中位
				3.涓子	3.第三右位
				4.東海青童君	4.第二左位
				5.黃老君	5.第三左位
				6.雲林夫人	6—10 第二位女眞位
				7.方丈臺照靈李夫人	
				8.南嶽夫人	11.第二左位
				9.紫微王夫人	12.第二左位、第三右位
				10.九華	
				11.東卿	13.第七中位
				12.裴君	14.第四右位
				13.北帝	15.第七左位有「鬼官北斗君周武王」
				14.天丁力士	
				15.北斗	16.第七左位
				16.四明	17.第左位
				17.太虛眞人南嶽赤君	18.第二左位
				18.西城王君	19.第二右位
				19.清虛王眞人	20.第六右位
				20.童初監范某	21.第六位女眞位
				21.張微子	22.第六位女眞位
				22.杜廣平	23.第六位右位地仙散位
				23.介琰	24.第六位左位地仙散位
				24.含眞臺	
				25.童初府	25.第六位左位地仙散位
				26.六丁	
				27.榑桑大帝	26.第四右位有「六丁使者」
				28.正一眞人三天法師張諱（張道陵）	27.第二左位有「扶桑大帝」
				29.太上老君	28.第四左位
				30.太上丈人	29.第四中位
				31.天帝君	30—34 第四左位
				32.九老仙都君	

				33.九炁丈人 34.千二百官君 35.玉皇 36.太上玉晨道君、太上高聖玉晨道君 37.南上大道君 38.司命 39.三天萬福君 40.太微天帝道君 41.《太平御覽》卷678引《登真隱訣》有「太上玉真保皇道君」 42.《太平御覽》卷678引《登真隱訣》有「太一」 43.《太平御覽》卷671引《登真隱訣》有「青精先生」 44.《太平御覽》卷678引《登真隱訣》有「李翼字仲甫」	35.第一右位有「玉皇道君」 36.第二中位 37.第四左位 38.第四右位 39.第四右位有「三元萬福君」 40.第二左位 41.第一右位 42.第一右位有「玉天太一君」、「太一玉君」 43.第三左位 44.第三右位
41.《太上明堂玄真上經》、《明堂》	《協昌期第一》正文、小註；《翼真檢第一》正文	296、570	《道藏》第6冊，第638頁有《上清明堂元真經訣》	1.白玉龜臺九靈太真元君西王母 2.司命 3.太元真人、東卿司命 4.夏禹 5.鍾山真人 6.王君（王遠） 7.季偉 8.魏華存 9.清虛真人 10.中央元君 11.太極真人西梁子 12.楊君（楊羲） 13.東極老人	1.第二位女真位 2.第四右位 3.第二左位 4.第三左位 5.第三左位授夏禹「靈寶九跡法」者 6.第二左位 7.第四左位、第六中位 8.第二位女真位 9.第二右位 10.第三左位有「中元老人中央上玄子」 11.第三右位 12.第二左位

				14.南極老人 15.西極老人 16.北極老人	13—16 第三左位
42.《神虎經》、《神虎文》	《協昌期第二》正文	316	《道藏》第 33 冊，第 564 頁有《洞真太上神虎玉經》	1.西城王君 2.東海小童、上相青童君 3.九天真王 4.太上道君 5.太微天帝君	1.第二左位 2.第二左位 3.第四右位有「九天真王使者」 4.第二中位 5.第二左位
43.《千二百官儀》	《協昌期第二》小註	331	陳國符《道藏源流考·南北朝天師道考長編》認為《正一法文經章官品》即千二百官，見《道藏》第 28 冊，第 534 頁		1.第四左位有「千二百官君將吏」
44.《神仙傳》	《協昌期第二》小註；《稽神樞第三》	340、341、342、421		1.黃帝 2.盧敖 3.彭祖 4.顓頊 5.元君太一 6.青精先生 7.白石生 8.黃山君 9.鳳綱 10.皇初平（赤松子） 11.皇初起（赤魯班） 12.華子期 13.樂子長 14.中黃太一 15.洪崖先生 16.許由 17.巢父 18.王子晉 19.徐福 20.太上老君 21.唐公房 22.王遠 23.墨子 24.赤松	1.第三左位 2.第六位右位地仙散位有「盧生」3.第四左位 4.第三左位 5.第四右位有「太一元君」 6.第三左位 7.第四左位 8.第四左位 9.第四左位 10.第四左位 11.第六左位地仙散位 12.第四右位 13.第四左位 14.第四右位有「太一中黃」 15.第四右位 16.第三左位 17.第三左位 18.第二右位 19.第四右位有「除福」 20.第四中位 21.第六右位

				25.黃盧子	22.第二左位
				26.馬鳴生	23.第四左位
				27.陰長生	24.第二左位
				28.葛洪	25.第五位右位地仙散位
				29.茅盈	26.第四左位有「馬明生」
				30.茅固	27.第四右位
				31.茅衷	28.第四右位
				32.茅初成	29.第二左位
				33.張道陵	30.第四左位、第六中位
				34.欒巴	31.第六左位
				35.淮南八公	32.第四左位
				36.安期生	33.第四左位
				37.齊桓公	34.第四右位
				38.太一	35.第四左位
				39.王眞	36.第三左位
				40.魏武帝	37.第七左位
				41.劉綱、樊夫人（劉綱妻）	38.第一右位有「玉天太一君」、「太一玉君」
				42.孫登（孫田廣）	39.第六左位地仙散位
				43.劉京	40.第七左位
				44.邯鄲張君	41.第六右位地仙散位有「劉綱妻」
				45.嚴青	42.第五右位地仙散位
				46.帛和	43.第三右位
				47.葛玄	44.第三右位
				48.左慈	45.第六右位地仙散位
				49.王遙（王伯遼）	46.第四右位
				50.劉根	47.第三左位、第六左位地仙散位
				51.壺公（施存）	48.第六左位地仙散位
				52.費長房	49.第六位女眞位
				53.尹軌	51.第六右位地仙散位
				54.介象	52.第六左位地仙散位「張兆期」條註
				55.劉玄德	
				56.魯女生	

					53.第四右位有「君軌」
					54.第六右位地仙散位
					55.第七左位
					56.第六左位地仙散位
45.《抱朴子內篇》	《協昌期第二》小註	341	《道藏》第28冊,第171頁	1.《抱朴子·登涉》有「上皇竹使符」	1.第一右位有「上皇道君」、「上皇天帝」
				2.赤松子	2.第二左位
				3.《抱朴子·遐覽》著錄《小僮經》、《小童符》	3.第二左位
					4.第二右位
					5.第三左位
				4.王喬	6.第四左位
				5.馬皇	7.第二右位、第三左位
				6.彭祖	8.第二右位
				7.《抱朴子》(內篇佚文)有「後聖君」	9.第二位女眞位
				8.《抱朴子》(內篇佚文)有「清虛小有眞人」	10.第三左位有「中央黃老君」
					11.第三左位
				9.西王母	12.第三左位
				10.中黃、黃老	13.第四左位
				11.尹喜、文始先生	14.第六位右位地仙散位
				12.安期先生	15.第四右位
				13.寧公	16.第六左位地仙散位
				14.修羊公	17.第三左位、第六左位地仙散位
				15.陰長生	18.第六左位地仙散位
				16.左元放	19.第三左位
				17.葛玄	20.第三左位
				18.鄭思遠	21.第三左位有「顏回」
				19.孔子	22.第三左位
				20.夏禹	23.第三右位
				21.顏淵	24.第四左位
				22.黃帝	25.第三左位
				23.涓子	26.第三右位、第四中位
				24.力牧	27.第四右位有「太一元君」
				25.風后	
				26.老子、老君	
				27.太乙元君	
				28.支離	
				29.莊周	

				30.巢父	28.第三左位
				31.許由	29.第三右位
				32.堯	30.第三左位
				33.北人	31.第三左位
				34.善卷	32－36 第三左位
				35.子州	37.第三右位
				36.項託	38.第三右位
				37.《抱朴子》（內篇佚文）有「司馬季主」	39.第三右位
					40.第三右位
					41－51 第四左位
				38.仲甫	52.第六位右位地仙散位
				39.蕭史	
				40.伯昏	53.第四左位有「淮南八公」
				41.天師	54.第四左位有「黃山君」
				42.石先生	
				43.青衣烏公	55.第四左位
				44.高丘子	56.第四右位有「中嶽仙卿衍門子」
				45.鬼谷	
				46.張良	
				47.鳳綱	57.第四右位有「天丁力士」、「上天力士」
				48.韓終	
				49.墨子	
				50.樂子長	58.第四右位有「六乙使者」
				51.四老（商山四皓）	
				52.稷丘子	59.第四右位有「六丙使者」
				53.僊人八公	60.第四右位有「六丁使者」
				54.黃山公	
				55.昌宇	61.第四右位有「六壬使者」
				56.羨門子、移門子	
				57.力士	62.第四右位有「六癸使者」
				58.六乙	
				59.六丙	63－66 第四右位
				60.六丁	67.第四右位有「西嶽丈人」
				61.六壬	
				62.六癸	68.第四右位有「猛獸先生」
				63.司命	
				64.司危	69.第四右位
				65.五嶽之君	70－71 第四右位
				66.河伯	72.第六左位地仙散位
				67.西嶽公	
				68.神獸	73.第六左位地仙散位「張兆期」條註
				69.八威	
				70.欒巴	
				71.葛洪	74－77 第六右位

				72.壺公、孔子弟子	地仙散位
				73.費長房	78—79 第六位女真位
				74. 扁（扁鵲）	80.第七中位
				75.赤鬚子	81—82 第七左位
				76.崔文子	83. 第七右位有「項梁成」
				77.介象	
				78.《抱朴子》（內篇佚文）有「馮良」	
				79.務光	
				80.北帝	
				81.周文（周文王）	
				82.吳札、延州	
				83.梁成	
46.《虎豹符》	《協昌期第二》小註	341、342		1.欒巴 2.劉綱妻	1.第四右位 2.第六位右位地仙散位
47.《靈寶五符》、《五符》	《稽神樞第一》小註；《稽神樞第二》小註；《稽神樞第四》小註；《翼真檢第二》正文	345、380、459、581、592	《道藏》第 6 冊，第 315 頁有《太上靈寶五符序》	1.軒轅黃帝 2.炎帝 3.風后 4.力牧 5.顓頊 6.帝嚳 7.天帝君 8.帝堯 9.帝舜 10.夏禹 11.龍威丈人 12.孔丘 13.華子期 14.樂子長 15.青腰玉女 16.六丁 17.東方靈威仰 18.南方赤飆弩 19.中央含樞紐 20.西方曜魄寶 21.北方隱侯局 22.中黃道君 23.東王父、扶桑君 24.老君 25.黃初平（赤松	1.第三左位 2.第七中位 3.第三左位 4.第四左位 5.第三左位 6.第三左位 7.第四左位 8—10 第三左位 11.第六位地仙散位 12.第三左位 13.第四右位 14.第四左位 15.第四右位 16.第四右位 17—21 第四右位 22. 第三左位有「中央黃老君」 23.第二左位 24.第四中位 25.第四左位 26.第六左位地仙散位 27.第二左位 28.第一右位有「上

				子)	皇道君」、「上
				26.黃初起（赤魯班）	皇天帝」
				27.東海小童	29.第四左位
				28.上皇天尊	30-32 第四左位
				29.太上丈人	33.第四右位有「九
				30.昌宇	天眞王使者」
				31.方明	34.第四左位
				32.寧先生	
				33.九天眞王	
				34.韓眾	
48.《列仙傳》、《仙傳》、《列仙》	《稽神樞第二》小註；《稽神樞第四》小註；《闡幽微第一》小註；《握眞輔第一》正文	388、389、460、468、473、537	《道藏》第5冊，第64頁	1.赤松子 2.西王母 3.炎帝 4.赤將子輿 5.黃帝 6.堯 7.周穆王 8.老子 9.夏啓 10.關令尹（尹喜） 11.涓子 12.周武王 13.務光 14.彭祖 15.顓頊 16.陸通（接輿） 17.江妃二女 18.王子喬 19.浮丘伯 20.安期先生 21.秦始皇 22.徐市（徐福） 23.盧生 24.蕭史 25.弄玉 26.修羊公 27.稷丘君 28.崔文子 29.赤須子 30.東方朔 31.鹿皮公 32.山圖 33.商丘子胥 34.寧先生	1.第二左位 2.第二位女眞位 3.第七中位 4.第六位右位地仙散位有「將先生」 5.第三左位 6.第三左位 7.第三左位 8.第三右位 9.第七左位 10.第三左位 11.第三右位 12.第七左位 13.第六位女眞位 14.第四左位 15.第三左位 16.第三右位 17.第三右位 18.第二右位 19.第三右位有「鮑丘」 20.第三左位 21.第七左位 22.第四右位 23.第六位右位地仙散位 24.第三右位 25.第三右位 26.第六位右位地仙散位 27.第六位右位地仙散位有「稷丘子」 28-29 第六位右

				35.陶安公 36.老君 37.陵陽子明 38.司命君	位地仙散位 30.第四左位 31.第四右位 32—33 第六位右 位地仙散位 34.第四左位有 「寧封」 35.第三左位 36.第四中位 37.第三左位 38.第四右位
49.《易參同契》	《稽神樞第二》小註	388	註本以《道藏》第20冊，第131頁五代後蜀彭曉《周易參同契分章通真義》為最早	1.仲尼 2.黃帝 3.太一 4.八公（淮南八公）	1—2 第三左位 3.第一右位有「玉天太一君」、「太一玉君」 4.第四左位
50.《禁山符》、《西嶽公禁山符》	《稽神樞第二》小註；《稽神樞第三》小註；《翼真檢第二》正文	392、424、581	《抱朴子·登涉》有《西嶽公禁山符》	1.西嶽公	1.第四右位有「西嶽丈人」
51.《太霄隱書》	《稽神樞第四》正文	438	《道藏》第28冊，第379頁有《上清太霄隱書元真洞飛二景經》	1.北帝 2.玉皇帝君、高上玉皇帝君、高上大帝玉皇君 3.玉晨太上君 4.南極上元君	1.第七中位 2.第一右位有「玉皇道君」、「高上玉帝」 3.第二中位有「上清高聖太上玉晨玄皇大道君」 4.第二位女真位有「後聖上保南極元君紫元夫人」
52.《太微黃書》	《稽神樞第四》正文、小註	445	《道藏》第4冊，第561頁有《洞真太微黃書九天八籙真文》	1.太微天帝、太微帝君 2.西城王君 3.龜山王母 4.太平金闕皇君 5.司命 6.六丁神女 7.八威 8.許遠遊 9.（許）道翔	1.第二左位 2.第二左位 3.第二位女真位 4.第二右位、第三中位 5.第四右位 6.第四右位 7.第四右位 8.第六左位地仙散位

				10.黃帝	9.第二右位
					10.第三左位
53.《紫陽傳》、《周君傳》、《周紫陽傳》	《稽神樞第四》正文、小註；《翼眞檢第二》小註	453、595	《道藏》第 5 冊，第 542 頁有《紫陽眞人內傳》	1.紫陽眞人周義山	1.第二左位、第四左位
				2.蘇林	2—3 第三右位
				3.涓子	4.第四右位
				4.東海小童君	5.第四右位
				5.九氣丈人	6.第二右位、第三中位
				6.金闕帝君	7.第四右位
				7.衍門子	8.第四位有「欒巴」
				8.欒先生	
				9.中央黃老君	9.第三左位
				10.青腰玉女	10.第四右位
				11.帛先生	11.第四右位
				12.寧先生	12.第四左位
				13.陰先生	13.第四右位
				14.臧延甫	14—15 第四左位
				15.張子房	
				16.李伯陽	16.第四右位有「老聃」
				17.高丘子	
				18.青精先生	17.第四左位
				19.趙伯玄	18.第三左位
				20.幼陽君	19.第四左位
				21.司命君	20.第三左位
				22.墨翟子	21.第四右位
				23.司馬季主	22.第四右位
				24.劉子先	23.第三右位
				25.谷希子	24.第四右位
				26.王喬	25.第二左位
				27.南嶽赤松子	26.第二右位
				28.九老仙都君	27.第二左位
				29.九氣丈人	28.第四右位
				30.龔仲陽	29.第四右位
				31.太極四眞王	30.第三左位
				32.八威	31.第三左位、右位
				33.太微天帝	32.第四右位
				34.裴君（裴玄仁）	33.第二左位
					34.第二左位、第三右位
54.《後聖李君紀》、《列紀》	《稽神樞第四》正文；《甄命授第四》正文	264、453、582	《道藏》第 6 冊，第 744 頁有《上清後聖道君列紀》	1.後聖李君上相青童君	1.第二中位
				2.上清金闕後聖帝君李諱（應爲諱）弘元	2.第二右位、第三中位
					3.第二左位
					4.第一右位有「上

				3.後聖李君上宰西城宮總眞王君 4.上皇 5.張陵 6.王褒 7.墨翟 8.司馬季主 9.洞臺清虛天七眞人 10.八老先生 11.後聖彭君（太微左眞保皇道君） 12.後聖李君上保太丹宮南極元君 13.後聖李君上傅白山宮太素元君	皇道君」、「上皇天帝」 5.第四左位 6.第二右位 7.第四左位 8—9 第三右位 10.第三右位有「八老元仙」 11.第二左位有「後聖太師太微左眞保皇道君」 12—13 第二位女眞位
55.《穆天子傳》	《稽神樞第四》小註	459	《道藏》第 5 冊，第 36 頁	1.穆天子 2.河伯無夷 3.西王母	1.第三左位 2.第四右位 3.第二位女眞位
56.《五嶽序》	《稽神樞第四》小註	466	《道藏》第 6 冊，第 735 頁有《洞玄靈寶五嶽古本眞形圖（並序）》	1.黃帝 2.三天太上大道君 3.東嶽泰山君 4.中嶽嵩高君 5.西嶽華山君 6.北嶽恒山君 7.南嶽衡山君 8.東方朔 9.葛洪	1.第三左位 2.第二中位 3—7 第四右位有「五嶽君」 8.第四左位 9.第四右位
57. 《蘇韶傳》	《闡幽微第一》小註；《闡幽微第二》小註	472、474、495、508	《太平廣記》卷 319 引王隱《晉書·蘇韶傳》	1.顏淵 2.項梁成 3.吳季子（季札） 4.北帝	1.第三左位 2.第七右位 3.第七左位 4.第七中位
58.《八素陰陽歌》	《翼眞檢第二》正文	582	《無上秘要》卷 20《仙歌品》載	1.太上玉晨大道君 2.扶桑公 3.中華公子	1.第二中位 2.第二左位 3.第三左位

註：表中《校註》指吉川忠夫、麥谷邦夫編，朱越利譯《眞誥校註》；《道藏》指「三家本」《道藏》。

第六節　史傳人物

　　除《眞誥》所載確曾眞實地生活在世間的道士外，《位業圖》收入的歷史人物還有 128 人，其中只有比干、召公、周穆王、王子晉、孔丘、顏回、燕昭王、墨翟、東方朔、張奉、李善等少數人列在仙眞之位（召公由鬼官升來），其餘都是鬼官。比干、召公得列於仙眞，《眞誥·闡幽微第二》有明確解說：「夫至忠至孝之人，既終，皆受書爲地下主者。一百四十年乃得受下仙之教，授以大道。從此漸進，得補仙官……比干今在戎山，李善今在少室。」他不解召公爲何先做鬼官，因而於《闡幽微第一》註說：「邵公恩流甘棠，翻爲鬼職，亦復難了。」〔註 83〕周穆王之成仙始於《穆天子傳》的宣傳，常金倉先生曾有專文論證此書非西周史官之實錄，乃戰國方士之附會。〔註 84〕由於帝王日理萬機，無暇修道，方士遷就他們，簡化修仙程式，只要能接遇僊人，便可增壽度世。這事不始於秦始皇，《韓非子·內儲說上》說：「齊人有謂齊王曰：『河伯，大神也，王何不試與之遇乎？臣請使王遇之。』乃爲壇場大水之上，而與王立焉。有間，大魚動，因曰：『此河伯也。』」於是在此背景下編造了穆王西游去見王母的故事。與西王母相對應，周穆王在後來的神化過程中一度變成了東王公，《神異經》曰：「東荒山中有大石室，東王公居焉。長一丈，頭髮皓白，人形鳥面而虎尾。」〔註 85〕又曰：「崑崙之山……上有大鳥，名曰希有。南向。張左翼覆東王公，右翼覆西王母……西王母歲登翼上會東王公也。」〔註 86〕這是牛郎織女鵲橋相會故事的雛形。

　　王子晉乃周靈王之子，漢人稱他王喬。《國語·周語下》有太子晉諫靈王壅穀水事，《逸周書·太子晉》說王子晉謂師曠曰：「『吾後三年將上賓于帝所，汝愼無言，殃將及汝。』師曠歸，未及三年，告死者至。」正因爲他不僅預知死期，而且死後上賓帝所，兩漢人將他目爲神仙，松喬連稱。《淮南子·齊俗訓》曰：「今夫王喬、赤誦子（松誦字通），吹嘔呼吸，吐故納新，遺形去智，抱素反眞，以遊玄渺，上通雲天。」《列仙傳》曰：「王子喬者，

〔註 83〕〔日〕吉川忠夫、麥谷邦夫編，朱越利譯：《眞誥校註》，中國社會科學出版社 2006 年版，第 507、473 頁。

〔註 84〕常金倉：《穆天子傳的時代和文獻性質》，《社會科學戰線》2006 年第 6 期。

〔註 85〕上海古籍出版社編：《漢魏六朝筆記小說大觀》，上海古籍出版社 1999 年版，第 49 頁。

〔註 86〕上海古籍出版社編：《漢魏六朝筆記小說大觀》，上海古籍出版社 1999 年版，第 57 頁。

周靈王太子晉也。好吹笙作鳳凰鳴。遊伊洛之間，道士浮邱公接以上嵩高山。」〔註87〕班固《西都賦》曰：「庶松喬之輩類，時遊從乎斯庭。」〔註88〕張衡《西京賦》曰：「美往昔之松喬，要羨門乎天路。」〔註89〕葛洪《抱朴子》在《釋滯》、《明本》、《勤求》等篇都提及王子晉，如《論仙》曰：「馬皇乘龍而行，子晉躬御白鶴。」〔註90〕與他時代相近的王嘉在《拾遺記》中說「至周，王子晉臨井而窺，有青雀銜玉杓以授子晉，子晉取而食之，乃有雲起雪飛。子晉以衣袖揮雲，則雲雪自止。」〔註91〕《元始上眞眾仙記》確定了他在道教中的仙職，曰：「王子喬為金闕侍中，治桐栢山。」〔註92〕

　　孔子及其弟子在早期道家筆下是頗受鞭撻的對象，他們的神化，第一，得力於緯書，如《春秋演孔圖》曰：「孔子母徵在，遊大澤之陂，睡夢黑帝使，請己已往夢交，語曰：『汝乳必于空桑之中。』覺則若感，生丘于空桑。」對孔子的形象也多有渲染，曰：「孔子長十尺，海口尼首，方面，月角日準，河目龍顙，斗唇昌顏，均宜輔喉……立如鳳峙，坐如龍蹲，手握天文，足履度字。望之如朴，就之如升，視若營四海，躬履謙讓……」〔註93〕王嘉《拾遺記》承其緒曰：「周靈王立二十一年，孔子生於魯襄公之世。夜有二蒼龍自天而下，來附徵在之房，因夢而生夫子。有二神女，擎香露於空中而來，以沐浴徵在。天帝下奏鈞天之樂，列以顏氏之房。空中有聲，言天感生聖子，故降以和樂笙鏞之音，異於俗世也。又有五老列於徵在之庭，則五星之精也。夫子未生時，有麟吐玉書於闕里人家，文云：『水精之子，係衰周而素王。』故二龍繞室，五星降庭。徵在賢明，知為神異，乃以繡紱繫麟角，信宿而麟去。」〔註94〕如此，孔子則像歷代開國帝王一樣，有了不平凡的來歷。第二，

〔註87〕王叔岷：《列仙傳校箋》，中華書局 2007 年版，第 65 頁。
〔註88〕〔梁〕蕭統編，〔唐〕李善註：《文選》，上海古籍出版社 1986 年版，第 1 分冊，第 18 頁。
〔註89〕〔梁〕蕭統編，〔唐〕李善註：《文選》，上海古籍出版社 1986 年版，第 1 分冊，第 60 頁。
〔註90〕〔晉〕葛洪著，王明校釋：《抱朴子內篇校釋》（增訂本），中華書局 1985 年版，第 15 頁。
〔註91〕〔晉〕王嘉撰，齊治平校註：《拾遺記》，中華書局 1981 年版，第 209 頁。
〔註92〕《道藏》，文物出版社、上海書店、天津古籍出版社聯合影印明《道藏》1988 年版，第 3 分冊，第 271 頁。
〔註93〕〔日〕安居香山、中村璋八輯：《緯書集成》，河北人民出版社 1994 年版，中冊，第 576～577 頁。
〔註94〕〔晉〕王嘉撰，齊治平校註：《拾遺記》，中華書局 1981 年版，第 70 頁。

晉代佛道相爭，皆收編儒家聖人爲自家弟子，進一步把他們推向神壇。佛教如道安《二教論・服法非老第九》（《廣弘明集》卷 8）引《清淨法行經》曰：「佛遣三弟子震旦教化，儒童菩薩，彼稱孔丘。」道教如《元始上眞眾仙記》曰：「孔丘爲大（應爲太）極上眞公，治九嶷山。」〔註 95〕

墨子之所以得到道教的青睞，與一本流行於魏晉間名叫《墨子五行記》的書有關，此書可能是講丹術的，《眞誥・稽神樞第四》言墨狄子「服金丹而告終」。〔註 96〕葛洪《抱朴子・遐覽》曰：「變化之術，大者唯有《墨子五行記》，本有五卷。昔劉君安未仙去時，鈔取其要，以爲一卷。」〔註 97〕梁阮孝緒《七錄》尚載其書，《隋志》已說「梁有今亡」。道教學者把金丹術僞託於墨子，可從他的學術思想得到解釋，在周末宗教觀念日益淡薄的形勢下，墨子是篤信鬼神的人，其書有《天志》、《明鬼》，符合道教教義的精神。《元始上眞眾仙記》言「墨翟爲太極仙卿，治馬跡山」，〔註 98〕《上清後聖道君列記》將其列爲二十四眞之一。〔註 99〕

東方朔乃漢武帝隨侍近臣，善於諷諫。褚少孫補《史記・滑稽列傳》說他雖「好古傳書，愛經術」，但不是純儒，「多所博觀外家之語」。朝中同官視爲「狂人」，自稱「避世於朝廷間者」。故《漢書》本傳說其爲人令「後世好事者因取奇言怪語附著之朔」。眞正出於東方朔之手的著作編入蕭統《文選》者有《答客難》〔註 100〕和《非有先生論》〔註 101〕 2 篇，班固《東方朔傳》有《封泰山》等 7 篇，並說「凡劉向所錄朔書具是矣，世所傳他書皆非也」。今所見託名東方朔的著作有《神異經》、《海內十洲記》各 1 卷，前者有張華註，

〔註 95〕《道藏》，文物出版社、上海書店、天津古籍出版社聯合影印明《道藏》1988 年版，第 3 分冊，第 271 頁。

〔註 96〕〔日〕吉川忠夫、麥谷邦夫編，朱越利譯：《眞誥校註》，中國社會科學出版社 2006 年版，第 459 頁。

〔註 97〕〔晉〕葛洪著，王明校釋：《抱朴子內篇校釋》（增訂本），中華書局 1985 年版，第 337 頁。

〔註 98〕《道藏》，文物出版社、上海書店、天津古籍出版社聯合影印明《道藏》1988 年版，第 3 分冊，第 271 頁。

〔註 99〕《道藏》，文物山版社、上海書店、天津古籍出版社聯合影印明《道藏》1988 年版，第 6 分冊，第 746 頁。

〔註 100〕〔梁〕蕭統編，〔唐〕李善註：《文選》，上海古籍出版社 1986 年版，第 5 分冊，第 2000 頁。

〔註 101〕〔梁〕蕭統編，〔唐〕李善註：《文選》，上海古籍出版社 1986 年版，第 6 分冊，第 2240 頁。

說明出於晉前，他是被因緣附會列入仙籍的。《列仙傳・東方朔》說東方朔「至宣帝初，棄郎以避亂世，置幘官舍，風飄之而去。後見於會稽，賣藥五湖。智者疑其歲星精也」。〔註102〕在《漢武帝內傳》中，西王母言東方朔本爲其「鄰家小兒」，由於「性多滑稽」，不僅偷逃，而且在履行仙職時怡情山水之間，「太上遂謫斥使在人間」。〔註103〕

九宮位主神張奉是漢魏間人。《眞誥・稽神樞第二》正文說：「張激子當爲太極仙侯。激子者，河內張奉者也，字公先，少時名激子耳……太傅袁隗嘆其高操，妻以女。」陶註引《三國志・魏書》曰：「張範字公儀，河內修武人。祖歆，漢司徒。父延，太尉。袁隗欲以女妻范，范辭不受……以建安十七年卒。弟公先，亦知名。」〔註104〕奉、范音近，又將兄之字易爲弟字，可能誤在《魏書》，《太平御覽》卷502引謝沈《後漢書》就說：「張奉，字公先。弟承，字公儀，河內人。」〔註105〕他之所以得繫仙籍，《眞誥》說：「後棄世入剡山，遇山圖公子……授激子九雲水強梁鍊桂法，激子修此得道。」山圖公子見於《列仙傳》，事傳於前漢，這恐怕也是修道者託僞人以自重的慣用手法。

還有119位歷史人物列在酆都鬼官之境，他們皆爲歷代帝王將相，不能直接成仙而爲鬼神之宗。他們之所以不能成仙，王嘉《拾遺記》卷4有梁蕭綺的《錄語》做了透徹的說明，他說：「夫含靈挺質，罕不羨乎久視，祈以長生。苟乖才性，企之彌遠。何者？夫層宮峻宇肆其奢，綽約柔曼縱其惑，《九韶》、《六英》悅其耳，喜怒刑賞示其威，精靈溺於常滯，志意疲於馳策，銷竭神慮，翦刻天和……至如秦皇燕昭之智，雖微鑒仙體，而未入玄眞。蓋猶褊惑尙多，滯情未盡。」〔註106〕這些人在歷代史書多有傳記，無待深考。

關於道教冥界的研究已有不少佳作，惟「羅酆」一名的來歷尙有剩義可求。《位業圖》第七位可能是據楊羲所傳《酆都宮記》編成的，《眞誥・闡幽微第一》曰：「羅酆山在北方癸地，山高二千六百里，周迴三萬里。其山下

〔註102〕王叔岷：《列仙傳校箋》，中華書局2007年版，第103頁。

〔註103〕《道藏》，文物出版社、上海書店、天津古籍出版社聯合影印明《道藏》1988年版，第5分冊，第55頁。

〔註104〕〔日〕吉川忠夫、麥谷邦夫編，朱越利譯：《眞誥校註》，中國社會科學出版社2006年版，第389頁。

〔註105〕〔宋〕李昉等編：《太平御覽》，中華書局1960年版，第3分冊，第2295頁。

〔註106〕〔晉〕王嘉撰，齊治平校注：《拾遺記》，中華書局1981年版，第107～108頁。

有洞天，在山之周迴一萬五千里。其上其下並有鬼神宮室，山上有六宮，洞中有六宮。輒周迴千里，是爲六天鬼神之宮也。山上爲外宮，洞中爲內宮，制度等耳。」〔註107〕鬼官地府爲什麼叫「羅酆」？或曰：「周朝曾建都於酆，以象徵周朝的名字『酆』爲鬼官命名，可能與天師道有關。」〔註108〕或曰陳壽《魏志》載遼東有北豐縣，其俗「喜好修建宮室祀廟……似乎可以理解古代文獻將鬼都附會在遼東的原因。」〔註109〕羅酆不是一個可以指實的地名，陶弘景自註曰：「此癸地未必以六合爲言，當是於中國指向也，則當正對幽州、遼東之北，北海之中，不知去岸幾萬里耳。」「癸地」是十天干配五方而形成的方位詞，《禮記·月令》孟冬曰「其日壬癸」，冬季於五行配北方，所以北方便是壬癸之地。至於在北海中去岸幾萬里云云，猶如《海內十洲記》所言「玄洲在北海之中，戌亥之地，方七千二百里，去南岸三十六萬里」〔註110〕一樣，完全是《山海經》之流亞。上清派最高的天叫「大羅天」，《雲笈七籤》卷 4 引《上清源流經目註序》曰：「上清者，宮名也。明乎混沌之表，煥乎大羅之天。」〔註111〕《道教義樞·混元義》引《太眞科》曰：「三天最上，號曰大羅，是道境極地，妙氣本一。唯此大羅生玄元始三炁，化爲三清天也。」〔註112〕《元始上眞眾仙記》曰：「玄都玉京七寶山，周迴九萬里，在大羅之上。」〔註113〕「羅」就是羅網，《禮記·郊特牲》曰：「大羅氏，天子之掌鳥獸者也，諸侯貢屬焉。」因爲捕鳥獸需要張網，所以名爲大羅氏。道教把天視爲羅網，《眞誥·運象篇第三》曰：「種罪天網上，受毒地獄下。」《握眞輔第一》又曰：「大羅之與籠樊俱一物耳，是以古之高人皆

〔註107〕〔日〕吉川忠夫、麥谷邦夫編，朱越利譯：《眞誥校註》，中國社會科學出版社 2006 年版，第 469 頁。

〔註108〕鍾國發：《洞眞部道經說略》，朱越利主編《道藏說略》，燕山出版社 2009 年版，上冊，第 85 頁。

〔註109〕周曉薇：《豐都與酆都的演變及其地理文化》，《中國歷史地理論叢》2007 年第 3 期。

〔註110〕《道藏》，文物出版社、上海書店、天津古籍出版社聯合影印明《道藏》1988 年版，第 11 分冊，第 51 頁。

〔註111〕〔宋〕張君房編，李永晟點校：《雲笈七籤》，中華書局 2003 年版，第 1 分冊，第 48 頁。

〔註112〕王宗昱：《〈道教義樞〉研究》，上海文化出版社 2001 年版，第 339 頁。（此書附有《道教義樞校勘》）

〔註113〕《道藏》，文物出版社、上海書店、天津古籍出版社聯合影印明《道藏》1988 年版，第 3 分冊，第 270 頁。

去彼而取此矣。」〔註114〕此說蓋本於《老子》「天網恢恢，疏而不失」之語。
《周易》是道教學說的重要理論來源，「酆」很可能取義於《周易》。《豐卦》
離下震上，大象曰：「雷電皆至，豐。君子以折獄致刑。」震為雷，離為電，
雷示威猛，電取明察，正是折獄之象。羅酆鬼官主管審判鬼魂在世時之善惡，
將鬼府稱為羅酆，猶言自大羅天派出的審判機關。至於位居地府的最高神，
《真誥·闡幽微第一》曰：「炎慶甲者，古之炎帝也。今為北太帝君，天下
鬼神之主也。」但陶弘景以為這裡所說的炎帝不是與黃帝同時的姜姓之帝，
而是古代傳說中的大庭氏。他於上文自註曰：「炎帝神農氏造耕稼、嘗百藥，
其聖功不減軒轅、顓頊，無應為鬼帝。又黃帝所伐大庭氏稱炎帝，恐當是此，
非神農也。」〔註115〕大庭氏最早見於《左傳》昭公十八年，本居曲阜之遠
古小國。因老子推崇小國寡民的淳樸之治，《莊子·去篋》把他與容成氏等
十二氏並稱至德之世。仔細斟酌，取名慶甲之炎帝還應是炎黃之炎，所謂「慶
甲」，猶戰國人稱黃帝為「軒轅」，此名很可能出於緯書，因為緯書裏炎帝之
名不止一個，王符《潛夫論·五德志》曰：「有神龍首出常羊，感任姒，生
赤帝魁隗。身號炎帝，世號神農，代伏羲氏。」〔註116〕這條記載即引自《孝
經鉤命決》。〔註117〕

　　「羅酆」一詞，始見於《抱朴子·對俗》，曰：「勢可以總攝羅酆，威可
以叱吒梁成。」〔註118〕相其行文，提及「羅酆」的方式不似發明創作，而更
像是順手拈來一用，故《對俗》中「羅酆」一詞另有所本。方維甸《校刊抱
朴子內篇·序》言《內篇》「所舉仙經神符，多至二百八十二種」，〔註119〕那
麼「羅酆」一詞就可能出於這些仙經神符。《真誥·闡幽微第一》曰「項梁城
作《酆宮誦》」，對此，《真誥·闡幽微第一》陶註曰：「《蘇韶傳》云：『鬼之

〔註114〕〔日〕吉川忠夫、麥谷邦夫編，朱越利譯：《真誥校註》，中國社會科學出版
　　　　社2006年版，第104、514頁。
〔註115〕〔日〕吉川忠夫、麥谷邦夫編，朱越利譯：《真誥校註》，中國社會科學出版
　　　　社2006年版，第472頁。
〔註116〕〔漢〕王符著，〔清〕汪繼培箋，彭鐸校正：《潛夫論箋校正》，中華書局1985
　　　　年版，第389頁。
〔註117〕〔日〕安居香山、中村璋八輯：《緯書集成》，河北人民出版社1994年版，中
　　　　冊，第1005頁。
〔註118〕〔晉〕葛洪著，王明校釋：《抱朴子內篇校釋》（增訂本），中華書局1985年
　　　　版，第52頁。
〔註119〕〔晉〕葛洪著，王明校釋：《抱朴子內篇校釋》（增訂本），中華書局1985年
　　　　版，第388頁。

聖者有項梁城，賢者有吳季子。』但不知項是何世人也。或恐是項羽之叔項梁，而不應聖於季子也。」〔註120〕《蘇韶傳》講述了西晉中牟令蘇韶死後現形之事，(《太平廣記》卷 319 引東晉王隱《晉書》)，唐《道宣律師感通錄》引晉干寶《搜神記》，亦有蘇韶現形之事，曰：「歸北帝兮造酆京……親大聖兮頌梁成，希吳季兮英嬰明……」這裡提到了「梁成」和「酆京」，「酆京」應是指「羅酆」。《太平御覽》卷 883 引王隱《晉書》曰蘇韶「咸寧初亡」，即卒於西晉咸寧（275～280 年）初年。由此，我們可以推測，羅酆之說最晚在西晉初年已有流傳。

第七節　神話人物

　　《位業圖》中來自神話的神靈在道教史上影響最大者莫過於西王母，西王母在戰國文獻中見於《莊子》、《山海經》和《穆天子傳》。《莊子‧大宗師》曰：「西王母得之（指得道），坐乎少廣，莫知其始，莫知其終。」終始就是死生，《荀子‧禮論》說：「禮者，謹於治生死者也。生，人之始也；死，人之終也；終始俱善，人道畢矣。」無始無終豈非超越生死的神仙？緒論已經述及，常金倉先生認爲西王母本無其人，據《山海經》的描寫，她應該是根據五行觀念虛構山來的，《大荒西經》說在崑崙之丘「有人戴勝，虎齒，有豹尾，穴處，名曰西王母」。《西山經》曰：「西王母其狀如人，豹尾虎齒而善嘯，蓬髮戴勝，是司天之厲及五殘。」五行西方屬金，於四象爲白虎，故「虎齒豹尾」；春生秋殺，故像蓐收一樣爲天之刑神。經過《穆天子傳》的渲染，除上文所說堯、舜、禹見西王母的記述外，到漢代王母故事已成爲文人寫作常用的典故了，如司馬相如《大人賦》(《史記‧司馬相如列傳》引)曰「吾乃今日睹西王母皬然白首。戴勝而穴處兮，亦幸有三足烏爲之使」；揚雄《甘泉賦》曰「想西王母欣然而上壽兮，屏玉女而卻虙妃」；張衡《思玄賦》曰「聘王母於銀臺兮，羞玉芝以療饑」。東漢時似乎曾專爲東王公、西王母立過祀典，《吳越春秋‧句踐陰謀外傳》曰：「立東郊以祭陽，名曰東皇公；立西郊以祭陰，名曰西王母。」〔註121〕由於王母居於西，穆王居於東，人們又稱他們爲「金母」、「木公」。《眞誥‧甄命授第一》曰：「昔漢初有四五小兒路上畫地戲，

〔註120〕〔日〕吉川忠夫、麥谷邦夫編，朱越利譯：《眞誥校註》，中國社會科學出版社 2006 年版，第 472 頁。
〔註121〕〔漢〕趙曄：《吳越春秋》，江蘇古籍出版社 1999 年版，第 139 頁。

一兒歌曰：『著青裙，入天門，揖金母，拜木公。』……此乃東王公之玉童也，所謂金母者，西王母也；木公者，東王公也」。〔註122〕兩晉時志怪小說關於西王母事蹟的虛構有增無減，張華《博物志》卷8曰：「漢武帝好仙道，祭祀名山大澤以求神仙之道，時西王母遣使乘白鹿告帝當來，乃供帳九華殿以待之。」〔註123〕《十洲記》曰：「其北戶山、承淵山又有墉城，金臺玉樓，相鮮如流精之闕，光碧之堂，瓊華之室，紫翠丹房，錦雲燭日，朱霞九光，西王母之所治也。」〔註124〕也許因爲《穆天子傳》裏王母自言「嘉命不遷，我惟帝女」，〔註125〕六朝人吸收了吳徐整《三五歷紀》天地開闢之說，又將西王母、東王公說成宇宙元氣的結晶，《元始上眞衆仙記》曰：「元始君經一劫乃一施太元母，生天皇十三頭，治三萬六千歲。書爲扶桑大帝東王公，號曰元陽父。又生九光玄女，號曰太眞西王母，是西漢夫人……或有曰三朝扶桑公，或三朝西王母……西漢九光夫人，始陰之氣，治西方，故曰木公、金母，天地之尊神。」〔註126〕在《位業圖》中，西王母的全稱爲「紫微元靈白玉龜臺九靈太眞元君」，南北朝時已流傳的道經《上清元始變化寶眞上經九靈太妙龜山玄籙》記載了她被封仙職的經過，曰：「西王母以開皇元年正月上寅之日乘虛汎靈逸遨九霄，靜齋龜山，上登自然流金紫闕金華瓊堂，遊觀北牕，朝禮玄文，瞻崖思靈，心想上眞，於是妙感玄覺，丹心表明。時忽有天眞大神挾日帶月……奉元始天王命使齊九天金書紫字青金丹皇之文降授於王母焉，錫號西元九靈上眞仙母，封西龜之嶽，又授素書一卷《上眞始生變化元錄》，總領仙籍，承統玉清。」〔註127〕

揚雄《甘泉賦》已提及西王母身邊有衆多玉女，〔註128〕《位業圖》裏爲西王母列入若干有名有姓的侍女，其中董雙成、石公子、地成君（范成君）、

〔註122〕〔日〕吉川忠夫、麥谷邦夫編，朱越利譯：《眞誥校註》，中國社會科學出版社2006年版，第44頁。

〔註123〕〔晉〕張華撰，范寧校證：《博物志校證》，中華書局1980年版，第97頁。

〔註124〕《道藏》，文物出版社、上海書店、天津古籍出版社聯合影印明《道藏》1988年版，第11分冊，第54頁。

〔註125〕顧實編：《穆天子傳西征講疏》，商務印書館1934年版，第9頁。

〔註126〕《道藏》，文物出版社、上海書店、天津古籍出版社聯合影印明《道藏》1988年版，第3分冊，第269～270頁。

〔註127〕《道藏》，文物出版社、上海書店、天津古籍出版社聯合影印明《道藏》1988年版，第34分冊，第177頁。

〔註128〕〔梁〕蕭統編，〔唐〕李善註：《文選》，上海古籍出版社1986年版，第1分冊，第330頁。

郭密香、李方明，並見於《漢武帝內傳》，他書還有張靈子、宛絕青、干若賓，西王母既是虛構，這些人更是子虛烏有了。圍繞西王母杜撰的神靈尚不止此，他還有 20 多個女兒，進入《位業圖》的有滄浪雲林右英王夫人、紫微左宮王夫人、後聖上保南極元君紫元夫人和太眞王夫人。右英名王眉蘭，字申林，是王母第十三女；紫微名王清娥，字愈音，是王母第二十女。此二人並見《眞誥·運象篇》。〔註129〕她們頻繁下教楊羲，說明是上清派特別崇奉的神仙。後聖上保南極元君紫元夫人，《墉城集仙錄》卷 2 曰：「南極王夫人者，王母第四女也，名林，字容眞。一號紫元夫人，或號南極元君。理太丹宮，受書爲金闕聖君上保司命……」〔註130〕太眞王夫人，《墉城集仙錄》卷 4 言其爲「王母之小女也，年可十六七，名婉羅，字勃遂，事玄都太眞王。」〔註131〕

　　明顯被虛構而與楊羲往來的女仙還有二位，一是中候王夫人，二是東華玉妃淳文期。《眞誥·運象篇第三》：「王子晉父周靈王有子三十八人。子晉，太子也，是爲王子喬。靈王第三女名觀香，字衆愛，是宋姬子，於子喬爲別生妹。受子喬飛解脫網之道得去，入緱氏山中，後俱與子喬入陸渾。積三十九年，觀香道成，受書爲宮內傳妃，領東宮中候眞夫人。」〔註132〕王子晉本人是歷史上實有的人物，但世俗文獻從未有他妹妹的記載，這與由西王母滋生出幾位女兒的情況相同。《眞誥·稽神樞第三》說東華玉妃淳文期是東海青童君之妹，〔註133〕她的來歷須先知青童君爲何等神靈。青童君是上清派一名地位顯赫的大神，《上清後聖道君列紀》說青童君是李君四輔之一，居東海方諸宮，主僊人的考績黜陟。〔註134〕他應由河海之神演化而來。《神異經》曰：「西海水上有人，乘白馬朱鬣，白衣玄冠。從十二童子，馳馬西海水上，如飛如風，名曰河伯使者。或時上岸，馬跡所及，水至其處。所之

〔註129〕〔日〕吉川忠夫、麥谷邦夫編，朱越利譯：《眞誥校註》，中國社會科學出版社 2006 年版，第 20、58 頁。

〔註130〕《道藏》，文物出版社、上海書店、天津古籍出版社聯合影印明《道藏》1988 年版，第 18 分冊，第 177 頁。

〔註131〕《道藏》，文物出版社、上海書店、天津古籍出版社聯合影印明《道藏》1988 年版，第 18 分冊，第 183 頁。

〔註132〕〔日〕吉川忠夫、麥谷邦夫編，朱越利譯：《眞誥校註》，中國社會科學出版社 2006 年版，第 82 頁。

〔註133〕〔日〕吉川忠夫、麥谷邦夫編，朱越利譯：《眞誥校註》，中國社會科學出版社 2006 年版，第 409 頁。

〔註134〕《道藏》，文物出版社、上海書店、天津古籍出版社聯合影印明《道藏》1988 年版，第 6 分冊，第 746 頁。

之國，雨水滂沱，暮則還河。」〔註135〕我國自商代就有作土龍祈雨的信仰見於卜辭。《山海經·大荒東經》曰：「大荒東北隅中有山名曰凶犁土丘，應龍處南極，殺蚩尤與誇父，不得復上，故下數旱。旱而為應龍之狀，乃得大雨。」據上引《神異經》，漢魏時已有後世龍王興雲播雨的信仰。晉左思《吳都賦》曰：「江斐（《列仙傳》作「江妃」）於是往來，海童於是宴語。」吳國面向東海，這裡的海童自然是東海神童，在五行說中，東方色青，故曰東海青童君。李善註引吳歌曲曰「傴人齎持何，等前謁海童」，〔註136〕似乎說明東海青童君來自民間信仰。青童君既是神話人物，他的妹妹為虛構亦不待言。

上引揚雄《甘泉賦》中出現的「宓妃」就是收入《位業圖》第四右位的「洛水女神」，他在《羽獵賦》又曰：「鞭洛水之宓妃，餉屈原與彭胥。」〔註137〕這則神話的形成可上溯到戰國，屈原《離騷》說：「吾令豐隆乘雲兮，求宓妃之所在。」〔註138〕宓、伏字同，宓妃猶言伏犧氏之女。《天問》曰：「胡羿射夫河伯，而妻彼雒嬪？」〔註139〕這裡河伯、雒嬪對舉，皆是水神，雒嬪即宓妃。這個故事自漢迄晉，文人騷客傳誦不絕，司馬相如《上林賦》曰：「若夫青琴、宓妃之徒，絕殊離俗，妖冶嫻都。」李善註引如淳曰：「宓妃，伏犧氏女，溺死洛，遂為洛水之神。」〔註140〕張衡《東京賦》盛讚洛陽為「宓妃攸館，神用挺紀」，〔註141〕曹植由京返藩過洛水，特作《洛神賦》以弔之。〔註142〕晉郭璞《遊仙詩》曰：「靈妃顧我笑，粲然啓玉齒」，李善註：「靈妃宓妃也。」〔註143〕《拾

〔註135〕上海古籍出版社編：《漢魏六朝筆記小說大觀》，上海古籍出版社 1999 年版，第 55 頁。

〔註136〕〔梁〕蕭統編，〔唐〕李善註：《文選》，上海古籍出版社 1986 年版，第 1 分冊，第 208 頁。

〔註137〕〔梁〕蕭統編，〔唐〕李善註：《文選》，上海古籍出版社 1986 年版，第 1 分冊，第 397 頁。

〔註138〕蔣天樞：《楚辭校釋》，上海古籍出版社 1989 年版，第 45 頁。

〔註139〕蔣天樞：《楚辭校釋》，上海古籍出版社 1989 年版，第 206 頁。

〔註140〕〔梁〕蕭統編，〔唐〕李善註：《文選》，上海古籍出版社 1986 年版，第 1 分冊，第 375 頁。

〔註141〕〔梁〕蕭統編，〔唐〕李善註：《文選》，上海古籍出版社 1986 年版，第 1 分冊，第 100 頁。

〔註142〕〔梁〕蕭統編，〔唐〕李善註：《文選》，上海古籍出版社 1986 年版，第 2 分冊，第 895 頁。

〔註143〕〔梁〕蕭統編，〔唐〕李善註：《文選》，上海古籍出版社 1986 年版，第 3 分冊，第 1020 頁。

遺記》說伏羲之母華胥是「九河神女」，〔註144〕他的女兒又是洛水女神，這些神話的主題也許都與《淮南子》天傾西北，地陷東南，伏羲女媧以蘆灰止水的故事相關聯。

第八節　道氣的人格化

　　古代思想家通常用思辨方法解說宇宙的起源，如《周易‧繫辭》曰：「易有太極，是生兩儀，兩儀生四象，四象生八卦」；《老子》曰：「道生一，一生二，二生三，三生萬物。」「太極」就是「一」，「一」是宇宙未經分化的整體。「兩儀」就是「二」，「二」是天地。因爲那個代表宇宙的「一」其大無比，極大曰太，故稱「太一」，戰國諸子多在這個意義上使用「太一」一詞。與此同時，「太一」這個概念毫無疑問也完成了由哲學向神學的轉化，《鶡冠子‧泰鴻》曰：「泰皇問泰一曰：『天、地、人事，三者孰急？』」〔註145〕又曰：「中央者，太一之位，百神仰制焉。」〔註146〕看來當時太一不僅寓言化，而且也被神化了。宋玉《高唐賦》曰：「進純犧，禱琁室，醮諸神。禮太一。」〔註147〕則人們已祭祀禮拜它。李零先生《「太一」崇拜的考古研究》以爲 1960 年湖北荊門漳河橋戰國墓出土的「兵避太歲」戈上一人持三龍圖象就是《封禪書》所說「太一三星，爲太一鋒」的形象化。〔註148〕在漢武帝時太一曾被確立爲國家最高神靈，《史記‧封禪書》說元光二年亳人謬忌議立太一之祀曰：「天神貴者太一，太一佐曰五帝」，於是在長安南郊建太一壇，它儼然取代了先秦的昊天上帝。《淮南子‧天文訓》曰：「太微者，太一之庭也。紫宮者，太一之居也。」這是採納了先秦星辰崇拜的傳統，以爲太一之神就住在北極星上，《論語‧爲政》曰：「爲政以德，譬如北辰，居其所而衆星共（拱）之。」道教於天地開關並用儒道之說，在《位業圖》裏既有「玉天太一君」、「太一中黃」、「太一元君」，又有「太極中央黃老君」以下十餘位以太極命名的僊人，他們都被認爲是錄名太極的公卿。

〔註144〕〔晉〕王嘉撰，齊治平校註‧《拾遺記》，中華書局 1981 年版，第 38 頁。
〔註145〕黃懷信：《鶡冠子彙校集註》，中華書局 2004 年版，第 226 頁。
〔註146〕黃懷信：《鶡冠子彙校集註》，中華書局 2004 年版，第 240～241 頁。
〔註147〕〔梁〕蕭統編，〔唐〕李善註：《文選》，上海古籍出版社 1986 年版，第 2 分冊，第 881 頁。
〔註148〕李零：《中國方術續考》，東方出版社 2000 年版，第 231 頁。

　　關於宇宙的化生，《淮南子・天文訓》曰：「天地未形，馮馮翼翼，洞洞灟灟，故曰太昭。道始於虛，虛生宇宙，宇宙生氣。氣有涯垠，清陽者薄靡而爲天，重濁者凝滯而爲地。」緯書把這一化生過程稱爲「五運」，如《孝經鉤命決》曰：「天地未分之前，有太易，有太初，有泰始，有太素，有太極，是謂五運。形象未分，謂之太易。元氣始萌，謂之太初。氣形之端，謂之泰始。形變有質，謂之太素。質形已具，謂之太極。五氣漸變，謂之五運。」〔註149〕《位業圖》裏出現了一些疊床架屋以太素、太微、太清、太虛等命名的神仙，如「太素高虛上極紫皇道君」、「太素宮官保禁仙郎」、「太微玄清左夫人」、「太微東霞扶桑丹林大帝上道君」、「太微左眞保皇道君」、「太微九道高元玉晨道君」、「太微八素三元玄晨道君」、「太微玄清左夫人」、「九微太眞玉寶王金闕上相大司命高晨師」、「太清右公李抱祖」等。他們其實都是道的神聖化產物。這些大神多集中在《位業圖》的一、二階位，由於他們是哲學概念的化身，學道者高不可攀，地位超然。

　　《位業圖》裏有幾個以「三官」命名的仙職，如「三官保命君」、「三官大理都」、「三官大理守」、「三官都禁郎」。三官是漢末五斗米道主要神靈天、地、水官的合稱，《三國志・張魯傳》裴註引《典略》云：「脩（衡）法略與角同……主爲病者請禱。請禱之法，書病人姓名，說服罪之意。作三通，其一上之天，著山上；其一埋之地；其一沉之水，謂之『三官手書』。」天、地、水三官的形成也與宇宙生成論相關，其源可追溯到戰國中期。1993年發現的郭店楚竹簡《老子》丙組有《太一生水》一篇曰：「太一生水，水反輔太一，是以成天。天反輔太一，是以成地。天地（復相輔）也，是以成神明……」〔註150〕

　　處於第一中位的元始天尊是東晉靈寶派創立的最高神，據劉宋前古靈寶經《元始五老赤書玉篇眞文天書經》〔註151〕稱，靈寶派神聖經典《靈寶赤書五篇眞文》「皆自然空洞之書，秘於九天靈都紫微宮七寶玄臺」，乃大道之自然顯現，經太上大道君等上請元始天尊，始傳於世。〔註152〕在更早的道書中，

〔註149〕〔日〕安居香山、中村璋八輯：《緯書集成》，河北人民出版社1994年版，中冊，第1016頁。
〔註150〕湖北省荆州市博物館：《郭店楚墓竹簡》，文物出版社1998年版，第125頁。
〔註151〕任繼愈主編：《道藏提要》（第三次修訂），中國社會科學出版社1991年版，第13頁。
〔註152〕《道藏》，文物出版社、上海書店、天津古籍出版社聯合影印明《道藏》1988年版，第1分冊，第788頁。

他又稱元始天王，而元始天王就是盤古。如《元始上真眾仙記》曰：「昔二儀未分，溟涬鴻蒙，未有成形，天地日月未具，狀如雞子。混沌玄黃，已有盤古真人，天地之精，自號元始天王，遊乎其中……復經二劫，忽生太元玉女……號曰太元聖母，元始君下游見之，乃與通氣結精……元始君經一劫，乃一施太元母，生天皇十三頭，治三萬六千歲，書為扶桑大帝東王公，號元陽父……天皇受號十三頭，後生地皇十一頭，地皇生人皇九頭，各治三萬六千歲。」〔註153〕葛洪這段關於天地開闢的敘述源自吳徐整的《三五歷記》，《藝文類聚》卷1引《三五歷紀》曰：「天地混沌如雞子，盤古生其中。萬八千歲，天地開闢，陽清為天，陰濁為地。盤古在其中，一日九變，神於天，聖於地。天日高一丈，地日厚一丈，盤古日長一丈。如此萬八千歲，天數極高，地數極深，盤古極長，後乃有三皇。」〔註154〕盤古神話是東漢佔據主導地位的天體學說渾天說的宗教化產物，潘雨廷先生認為「元始天尊」的名稱取源於《周易》（《乾象》曰：「大哉乾元，萬物資始，乃統天。」《繫辭》曰：「天尊地卑，乾坤定矣。」），是《周易》宗教化的產物，「元始天尊」之名，蓋起於葛巢甫的《靈寶度人經》。〔註155〕古靈寶經《太上諸天靈書度命妙經》中，元始天尊向太上道君言說其出世度人之歷程，龍漢之時，為無形常存之君；赤明之時，號無名之君；開皇之時，號元始天尊。〔註156〕南北朝道經《上清太上開天龍蹻經》卷1則言至道玉帝於龍漢之時，為天寶大洞聖君，上生玉清十二聖天；赤明之時，為洞玄靈寶真君，次生上清十二真天；上皇之時，為神寶洞神仙君，次生太清十二仙天。〔註157〕

元始天尊從元始天王演化而來，故在一些道經中混稱，如隋唐前道經《太上洞淵三昧帝心光明正印太極紫微伏魔制鬼拯救惡道集福吉祥神咒》中「元始天尊」與「元始天王」為一神；〔註158〕六朝道經《太玄八景籙》中「元始

〔註153〕　《道藏》，文物出版社、上海書店、天津古籍出版社聯合影印明《道藏》1988年版，第3分冊，第269頁。

〔註154〕　歐陽詢編：《藝文類聚》（天部上），上海古籍出版社1982年版，第2頁。

〔註155〕　潘雨廷：《道藏書目提要》，上海古籍出版社2003年版，第64頁。

〔註156〕　《道藏》，文物出版社、上海書店、天津古籍出版社聯合影印明《道藏》1988年版，第1分冊，第803頁。

〔註157〕　《道藏》，文物出版社、上海書店、天津古籍出版社聯合影印明《道藏》1988年版，第33分冊，第731頁。

〔註158〕　《道藏》，文物出版社、上海書店、天津古籍出版社聯合影印明《道藏》1988年版，第6分冊，第311～312頁。

天王」又稱作「元始天尊」。〔註159〕在另外一些道經中，元始天尊從元始天王逐漸開始分離，成爲兩位尊神。如《太上諸天靈書度命妙經》曰：「天尊言曰：『我昔龍漢之年與元始天王、高上玉帝同於此土，遇靈寶眞文出於浮羅空山之上……』」〔註160〕在早期上清經《洞眞上清青要紫書金根眾經》中，元始天王又成爲了「玉清紫虛高上元皇」。卷下曰：「元始天王稟天自然之胤，結形未沌之霞，託體虛生之胎，生乎空洞之際……東遊碧水豪林之境，上憩青霞九曲之房，進登金闕，受號玉清紫虛高上元皇。太上大道君金簡玉札，使奏名東華方諸青宮。受命總統億津，玄降玉華之女、金晨之童各三千人……元皇位登玉清，掌括上皇高帝之眞……」〔註161〕《位業圖》第一右位的第一位神仙爲紫虛高上元皇道君，第四左位有元始天王，大概是《位業圖》爲了體現神仙位業的陞降，故分列兩處。

第九節　術數與自然神

　　《位業圖》第五階爲「九宮」位，處於太極之下。《眞誥·甄命授第一》曰：「崑崙上有九府，是爲九宮。」〔註162〕「九宮」的形成有很長的歷史，春秋時有天文學上「分野」之說，《國語·周語下》曰：「歲之所在，則我有周之分野也。」分野是用二十八宿對應天子諸侯之國占斷休祥的。到戰國時由於九州的方位化，遂使整個星空稱爲「九天」、「九野」，如《呂氏春秋·有始》有「天有九野，地有九州」。上文已經說過，戰國時太一成爲最大的天神，像歲星巡行十二次一樣，太一巡行九天便爲漢代九宮說的出現提供了根據。九宮說的最終形成還與易數有關，《易·繫辭上》曰：「天一，地二，天三，地四，天五，地六，天七，地八，天九，地十。天數五，地數五，五位相得而各有合，天數二十有五，地數三十。凡天地之數五十有五，此所以成變化而行鬼神也。」這是用奇偶之數表示天地陰陽的一種方法。天地之數五十有五

〔註159〕《道藏》，文物出版社、上海書店、天津古籍出版社聯合影印明《道藏》1988年版，第 4 分冊，第 563 頁。

〔註160〕《道藏》，文物出版社、上海書店、天津古籍出版社聯合影印明《道藏》1988年版，第 1 分冊，第 801 頁。

〔註161〕《道藏》，文物出版社、上海書店、天津古籍出版社聯合影印明《道藏》1988年版，第 33 分冊，第 430 頁。

〔註162〕〔日〕吉川忠夫、麥谷邦夫編，朱越利譯：《眞誥校註》，中國社會科學出版社 2006 年版，第 187 頁。

在分蓍定卦時也叫「大衍之數」，《繫辭傳》接著說「大衍之數五十，其用四十有九」，由於「五十」之後久奪「有五」二字，術數家便附會易數生出太一行九宮之說。《易緯乾鑿度》曰：「易一陰一陽，合而爲十五，之謂道。陽變七之九，陰變八之六，亦合於十五……故太一取其數，以行九宮，四正四維，皆合於十五。」〔註163〕其圖於一至九，東西南北四正皆用奇數，四隅皆用偶數，五居中央，清惠棟《易漢學》說：「九宮之法，一、二、三、四、五、六、七、八、九。一北，九南，三東，七西，四東南，六西北，二西南，八東北，五居中。」此圖任一直線三數相加皆得十五，二數之和與五相乘皆得五十。九宮之法在漢代又演變成明堂的建制，《大戴禮記·明堂》曰：「明堂者，古有之也。凡九室，一室而有四戶八牖……二九四七五三六一八。」〔註164〕因爲九宮是天神太一輪番巡行的地方，明堂是人間帝王逐月頒朔告閏之所，所以就模倣了它的形制。太一行九宮被道教吸收，就成了眾仙眞治事的地方，這在前文已經作了專門論述。

　　《位業圖》第四右位有六乙、六丙、六丁、六壬、六癸五使者及六戊玉女，她們是道教信奉者經常存想的天神，《登眞隱訣》卷中說「常存六丁」，註曰：「六丁即六丁神女……其玉女別有名字服色。」〔註165〕這是十天干神秘化的產物。十天干具備神聖色彩至少可追溯到戰國，《周禮·硩蔟氏》曰：「掌覆夭鳥之巢，以方書十日之號，十有二辰之號，十有二月之號，十有二歲之號，二十有八星之號，懸其上則去之。」把自甲至癸十日、自子至亥十二辰懸掛在樹上，便可嚇退不祥之鳥，它們無疑是神。《墨子·貴義》也說：「日者曰……帝以甲乙殺青龍於東方，以丙丁殺赤龍於南方，以庚辛殺白龍於西方，以壬癸殺黑龍於北方。」這裡的甲乙之等也儼然是上帝的天丁力士。《禮記·月令》曰：「（春）其日甲乙，其帝太皞，其神句芒……（夏）其日丙丁，其帝炎帝，其神祝融……（中央）其日戊己，其帝黃帝，其神后土……（秋）其日庚辛，其帝少皞，其神蓐收……（冬）其日壬癸，其帝顓頊，其神玄冥。」把十天干與五帝、五神聯接在一起，恐怕也不僅是五行圖式的簡單搭配。在

〔註163〕〔日〕安居香山、中村璋八輯：《緯書集成》，河北人民出版社 1994 年版，上冊，第 31～32 頁。
〔註164〕〔清〕王聘珍撰，王文錦點校：《大戴禮記解詁》，中華書局 1983 年版，第 149～150 頁。
〔註165〕《道藏》，文物出版社、上海書店、天津古籍出版社聯合影印明《道藏》1988 年版，第 6 分冊，第 611 頁。

戰國秦漢考古發掘中曾出土了不少日者使用的《日書》，王充《論衡》有《譏日》之篇，〔註166〕說明這個時代舉事擇日的風氣很盛，這些術士的基本原理就是某日有特定的神靈直宿。

戰國以前我國最大的自然神是昊天上帝，《周禮·大宗伯》曰「以禋祀祀昊天上帝」，它在四時的化育功能人格化後稱爲五帝。《小宗伯》曰：「兆五帝於四郊。」五帝之名，《禮記·月令》說春，其帝太皞，其神句芒；夏，其帝炎帝，其神祝融；季夏，其帝黃帝，其神后土；秋，其帝少皞，其神蓐收；冬，其帝顓頊，其神玄冥。五帝、五神都是歷史傳說人物。屈原《遠遊》描述神遊太虛，所見有太皞、句芒、西皇、蓐收、炎帝、祝融、顓頊、玄冥，〔註167〕他心目中的五帝與《禮記》相同。《位業圖》第四右位有東方靈威仰、南方赤熛弩、西方曜魄寶，北方隱侯局、中央含樞紐。陶弘景註：「此太清五帝，自然之神」。〔註168〕道教太清五帝出自緯書而略有參差,《春秋文曜鉤》曰：「太微宮有五帝座星，蒼帝其名曰靈威仰，赤帝其名曰赤熛怒，黃帝其名曰含樞紐，白帝其名曰白招矩，黑帝其名曰汁光紀。」〔註169〕然則靈威仰等蓋爲星精之名。緯書的傳播甚至影響到兩漢經學，如鄭玄《禮記·月令》於「立春」下註云：「迎春祭蒼帝靈威仰於東郊之兆也。」到劉宋前古靈寶經《元始五老赤書玉篇眞文天書經》，被稱爲「五老」，即東方安寶華林青靈始老，南方梵寶昌陽丹靈眞老君，中央玉寶元靈元老君，西方七寶金門浩靈皇老，北方洞陰朔單鬱絕五靈玄老。〔註170〕由「五人帝」變爲「五方帝」，又造作新名使之神秘化，這與當時的占星術相關。

《位業圖》裏也吸收了少量上古宗教中的自然神，「五嶽」、「河侯」、「河伯」便是先秦宗教系統中的神靈。《禮記·王制》曰：「天子祭天下名山大川，五嶽視三公，四瀆視諸侯。」因歷代帝王於東嶽舉行封禪大典，泰山成爲五嶽中最大的山神。然而到西漢後期，泰山便從山神中分化出來，成爲主管死

〔註166〕〔漢〕王充著，張宗祥校註，鄭紹昌點校：《論衡校註》，上海古籍出版社 2010年版，第 475 頁。

〔註167〕〔宋〕洪興祖：《楚辭補註》，中華書局 1983 年版，第 170～174 頁。

〔註168〕《道藏》，文物出版社、上海書店、天津古籍出版社聯合影印明《道藏》1988年版，第 3 分冊，第 277 頁。

〔註169〕〔日〕安居香山、中村璋八輯：《緯書集成》，河北人民出版社 1994 年版，中冊，第 662 頁。

〔註170〕《道藏》，文物出版社、上海書店、天津古籍出版社聯合影印明《道藏》1988年版，第 1 分冊，第 782～785 頁。

者靈魂的冥界大神，《遁甲開山圖》說：「泰山在左，亢父在右。亢父知生，梁父主死。」〔註171〕《孝經援神契》曰：「太山天帝孫，主招人魂。」又曰：「東方萬物始，故主人生命之長短。」〔註172〕東漢鎮墓文中常見「生屬長安，死屬泰山」之類文字。魏晉間又有凡人死後做了泰山君的傳說，《搜神記》卷16 說魏太尉蔣濟亡兒託夢於其母，言住在太廟旁的孫阿將爲新任泰山君，請通款於阿拔擢他的亡靈。〔註173〕《位業圖》將荀顗列爲泰山君，取源於《眞誥‧闡幽微第二》所言「荀顗爲太山君」，陶註引《蘇韶傳》，言及北帝曾誅滅了欲反的太山公劉孔才，梅賾夢被召爲太山府君。〔註174〕上清派奉酆都北陰大帝爲冥界主神，所以《位業圖》另列泰山君於冥官系列。

四瀆謂江、河、淮、濟，它們的祀典既然比於諸侯，故後世河神稱侯稱伯。古代祭河神的目的是防止水患，褚少孫補《史記‧滑稽列傳》言西門豹治鄴禁民爲河伯娶婦的故事，說當地人相信「即不爲河伯娶婦，水來漂沒，溺其人民。」爲河伯娶婦雖然是地方官吏斂取錢財的手段，卻也豐富了人們對神靈的想像。戰國時社會上雜說甚多，於是很多自然神有了服色姓字，雷神叫「豐隆」，海神叫「若」，波神叫「陽侯」，雨神叫「屛翳」（《天問》作「萍號」），河神則叫「馮夷」（《山海經》作「冰夷」），如《遠遊》之「令海若舞馮夷」，《莊子‧大宗師》之「馮夷得之，（謂得道）以遊大川」。《穆天子傳》西征所經之河伯無夷其實也是神靈，〔註175〕因爲穆王見西王母本身就是一個神話。屈賦《河伯》用浪漫主義的手法描寫了詩人與河伯乘水車、建荷蓋、駕龍螭、登崑崙、入朱宮、觀貝闕的神奇景象，〔註176〕啓發了後世人與河神直接交通的信仰，如《搜神記》卷 4 有泰山君嫁女於河伯，委託胡母班代爲傳信的故事。〔註177〕河伯本是自然之神，至少在陶弘景之前已發展爲由溺死

〔註171〕《遁甲集成》，劉永明主編：《增補四庫未收術數類古籍大全》，第 8 集，江蘇廣陵古籍刻印社 1997 年版，第 1013 頁。

〔註172〕〔日〕安居香山、中村璋八輯：《緯書集成》，河北人民出版社 1994 年版，中冊，第 961 頁。

〔註173〕〔晉〕干寶撰，汪紹楹校註：《搜神記》，中華書局 1981 年版，第 190～191頁。

〔註174〕〔日〕吉川忠夫、麥谷邦夫編，朱越利譯：《眞誥校註》，中國社會科學出版社 2006 年版，第 495 頁。

〔註175〕《道藏》，文物出版社、上海書店、天津古籍出版社聯合影印明《道藏》1988年版，第 5 分冊，第 37 頁。

〔註176〕蔣天樞：《楚辭校釋》，上海古籍出版社 1989 年版，第 161～164 頁。

〔註177〕〔晉〕干寶撰，汪紹楹校註：《搜神記》，中華書局 1981 年版，第 44～45 頁。

之人充任的說法，前書於胡母班事後又說：「弘農馮夷，華陰潼鄉隄首人也。以八月上庚日渡河，溺死，天帝署爲河伯。又《五行書》曰：『河伯以庚辰日死，不可治船遠行，溺沒不返。』」〔註178〕正因如此，在五嶽君、河侯、河伯條下有註曰：「此三條是得道之人所補。」〔註179〕

結　論

通過上述研究，我們可以得出以下幾點結論：

第一，按照神仙的來源，可以將《位業圖》中的神仙分爲傳說人物、寓言人物、戰國秦漢方士與隱士、仙傳志怪人物、《眞誥》所見神仙、史傳人物、神話人物、道氣的人格化、術數與自然神等九大類別。圖譜中有近一半神仙取自《眞誥》，而《眞誥》中神仙可以分爲兩大類，一爲繼承以往的神仙，一爲陶弘景收集楊許等手跡中新創的神仙。神仙譜錄是道教形成的要件，可以說沒有這一群修仙者的實踐活動便沒有道教。《位業圖》雖成於南朝，但是它的醞釀從戰國時就已萌發。中國人本是一個重實際而黜玄想的民族，他們把一生的理想都投放在有生之年，他們努力奉獻給社會的是立德、立功、立言；他們向社會獲取的是富貴、長壽、多子孫。春秋以前人們爭取長壽只想享盡天年，即莊子所言「上壽百歲」。老子看到當時的有國者奢侈淫佚到了以物役生的地步，因而用攝生主義來警告當權者。莊子把他的攝生學說發展成片面的養生哲學，於是社會上便出現了一批導引呼吸、辟穀服藥的方術之士，這些人爲謀求富貴遊說於諸侯之門，爲了取信於諸侯，便編造了五帝三王得道成仙的故事，這就是被陶弘景收入《位業圖》中的傳說人物和神話人物。莊子本人爲了宣傳他的體道成仙思想，也杜撰了一些視富貴如糞土的眞人、至人故事，這就是《位業圖》裏的寓言人物。自戰國秦漢方士隱士以下，除去一些由形而上學觀念和方術思想經過複雜人格化形成的神靈，他們大多不再是虛幻的，而是堅信神仙可學，不死可致的實踐者。

第二，綜觀《位業圖》，它將天師道，靈寶派崇奉的神仙納入了新的神學體系之中，並且給予了傳統神仙以一定的地位，但顯然是以陶弘景所屬的上清派所隆崇的神仙爲主，使之居於顯要地位。此外，該圖還引入儒家系統五

〔註178〕〔晉〕干寶撰，汪紹楹校註：《搜神記》，中華書局1981年版，第46頁。
〔註179〕《道藏》，文物出版社、上海書店、天津古籍出版社聯合影印明《道藏》1988年版，第3分冊，第277頁。

帝及孔子、顏回等人物，循檢其中神仙，亦有佛教背景之人。總之，《位業圖》是以道教爲中心，以上清派爲主幹，引儒釋入道，兼及其他道教派別的神靈譜系。陶弘景的這種整合是一次大膽的嘗試，爲此後道教神仙譜系的發展起到了垂範的歷史作用。

　　由於時間和學力所限，本文緒論所提到的《位業圖》研究空間，如關於神譜與北周《無上秘要》之間的關係、神譜的特徵、神仙個案等等尚未形成系統的研究成果，這些都有待今後繼續努力探求。神仙譜系衹是道教全部學說的一個組成部分，如果把東漢以前道教的神學基礎、修煉方法、組織形式、典籍演變、禮拜儀式、修道戒律等等問題一一梳理清楚，我們就可得到一部道教在傳統文化基礎上孕育而成的歷史，這將有助於我們全面地瞭解早期道教的形成過程。

下篇　《眞靈位業圖》校註

凡　例

（一）本校註以「三家本」《道藏》爲底本，以《秘冊彙函》重校本、《四庫全書》之《說郛》本、《重刊道藏輯要》本及《古今圖書集成》本爲輔本，兼及《眞誥》、《無上秘要》、《雲笈七籤》和其他道經與相關資料進行比勘。因《秘冊彙函》本與《津逮秘書》本相同，故用較早的《秘冊彙函》本。

（二）彙校諸書簡稱如下：《古今圖書集成》本簡稱「古本」；《秘冊彙函》重校本簡稱「秘本」；《重刊道藏輯要》本簡稱「輯本」；四庫全書《說郛》本簡稱「說本」。

（三）本校註依《位業圖》結構，按序言和神仙階位共分成八個部分。

（四）爲便於閱讀，正文設置爲粗體字。

（五）「西王母」等一些神仙的相關材料比較豐富，爲避免材料的堆積，本校註僅選取典型內容列出；如材料較少，則全部列出；不詳者闕。

（六）對於差異較小的異體字，不予校出。

（七）註文僅列出神仙人物的神化過程，對於其他內容則處以簡約。

（八）木註旨在展現《位業圖》中諸位神仙的神化過程，故主要排比隋唐之前的文獻。

洞玄靈寶眞靈位業圖序

夫仰鏡玄精，覩景耀之巨細；俯眄平區，見巖海之崇深；搜訪人綱，究朝班之品序；研綜天經，測眞靈之階業。但名爵隱顯，學號進退，四宮之內，疑似相糅。今正當比類經正，讎校儀服，埒其高卑，區其宮域。又有指目單位_{上皇道君、五帝七老，如此比之類是矣}，略說姓名_{墨翟、孟卓之例是}，或任同秩異_{金闕四帝、太極四眞及下教之例是矣}，業均迹別者_{諸步綱之例也}，如希林真人為太微右公，而領九官上相，未委為北宴上清，當下親相識耶。諸如此例，難可必證。謂其並繼其所領，而從高域，粗事事條辯，略宣後章。輒以淺識下生，輕品上聖，昇降失序，梯級乖本，懼貽譴玄府，絡咎冥司。謹依誠陳啟，仰希照亮，若必不宜然，願垂戒告。今所詮貫者，實稟注之奧旨，存向之要趣。祈祝跪請，宜委位序之尊卑；對真接異，必究所遇之輕重。是以三君共辭先致，學未體之尤；下班居上，智有不達之蔽。雖同號真人，真品乃有數，俱目仙人，仙亦有等級千億。若不精委條領，略識宗源者，猶如野夫出朝廷，見朱衣必令史，句驪入中國，呼一切為糅軍，豈解士庶之貴賤，辯爵號異同乎？

陶弘景序

【註】

王京州先生所著《陶弘景集校註》（上海古籍出版社 2009 年版）對這一序文有校註，在此不敢掠美，可參考。另，請參考本書緒論《〈眞靈位業圖序‧校註〉商補九則》一文。

洞玄靈寶眞靈位業圖

【校】

古本、說本作「眞靈位業圖」；秘本作「靈寶眞靈位業圖一卷」。

【註】

位，指職位。業，指修道的程度。「位業」一詞蓋始於陶弘景，《眞誥‧翼眞檢第一》有「測眞仙位業」。唐孟安排《道教義樞‧位業義》曰：「義曰：位業者，登仙學道，階業不同；證果成眞，高卑有別。」又註曰：「位是階序之名，業是德行之目。」

梁貞白先生陶弘景纂

【校】

古本無此條；說本作「陶弘景」。

【註】

　　陶弘景（456～536 年），字通明，號華陽隱居，諡貞白先生，丹陽秣陵人，南朝齊梁高道，爲道教上清派茅山宗之創始人。《梁書》與《南史》皆有《陶弘景傳》；《雲笈七籤》卷 107 有齊謝瀹《陶先生小傳》，梁陶翊《華陽隱居先生本起錄》，唐李渤《梁茅山貞白先生傳》；唐賈嵩有《華陽陶隱居內傳》。

唐天台妙有大師玄同先生賜紫閭丘方遠校定
【校】

　　秘本、輯本「丘」作「邱」；古本、說本無此條；秘本另有「明沈士龍、胡震亨重校」。
【註】

　　閭丘方遠（？～902 年），唐末道士。據南唐沈汾《續仙傳》（《雲笈七籤》卷 113），閭丘方遠字大方，舒州宿松人。年三十四，曾受法籙於天台山玉霄宮葉藏質，常自言：「葛稚川、陶貞白，吾之師友也。」曾節錄《太平經》爲三十篇，聲名遠播江淮。未赴唐昭宗所召，昭宗頒命服，賜號『妙有大師玄同先生』。

第一節　玉清三元宮
【註】

　　道教有三清境，唐孟安排《道教義樞・三洞義》引《太上蒼元上錄經》曰：「三清者，玉清、上清、太清也。今明玉者無雜，就體爲名。上者上登，逐用爲稱。泰者通泰，體事皆明……」《混元義》引《太真科》曰：「三天最上，號曰大羅，是道境極地，妙氣本一。唯此大羅，生玄元始三炁，化爲三清天也，一曰清微天玉清境，始氣所成；二曰禹餘天上清境，元氣所成；三曰大赤天太清境，玄氣所成。從此三氣，各生三氣，合爲九氣，以成九天……」《七域修真證品圖》曰：「玉清聖人初修前九轉之行及三百眾戒，有一萬善功，兼修太上之道及三品真經者，位爲玉清聖人，賜九色之節，乘三素之雲，萬靈導從，龍虎驂軒，駕紫雲飛軿十二瓊輪。給玉童玉女九萬人，證種高尊與眾聖齊位，非言象所及，與道混體，洞入自然，消則爲氣，息則爲人者也。」

上第一中位
【註】

《位業圖》凡七個神仙階位，中位之神在各階位中居最高地位。

上合虛皇道君應號元始天尊
【註】

元始天尊是道教靈寶派、上清派第一尊神，在《靈寶無量度人上品妙經》、《太上赤文洞神三籙》、《元始五老赤書玉篇真文天書經》等道經中常見，《上清大洞真經》稱「玉清元始王」，《太上太玄女青三元品誡拔罪妙經》稱「至道玉帝」，《洞玄靈寶長夜之府九幽玉匱明真科》和《上清金真玉皇上元真靈三百六十五部元籙》中有「虛無自然元始天尊」。學界一般認為元始天尊由葛洪《元始上真眾仙記》中自號「元始天王」的「盤古真人」演化而來，「盤古」最早見於三國時吳國徐整《三五歷記》。潘雨廷先生認為「元始天尊」的名稱取源於《周易》（《乾象》：「大哉乾元，萬物資始，乃統天。」《繫辭》：「天尊地卑，乾坤定矣。」）是《周易》宗教化的產物，「元始天尊」之名，蓋起於葛巢甫的《靈寶度人經》。

關於元始天尊出世的記載，見於《太上諸天靈書度命妙經》和《上清太上開天龍蹻經》。《太上諸天靈書度命妙經》曰：「天尊告太上道君曰：『龍漢之時，我為無形常存之君，出世教化。爾時有天有地，日月光明，三象備足，有男有女，有生有死，雖有陰陽，無有禮典，亦無五味衣被之具，混沌自生，我以道化喻，漸漸開悟，知行仁義，歸心信向。是時年命皆得長遠，不信法者，命皆短促。我過去後天地破壞，其中眇眇，億劫無光……號為延康。逮至赤明開光，天地復位，始有陰陽，人民備足，而有死生。我又出世，號無名之君，以靈寶教化度諸天人……逮至開皇，靈寶真文開通三象，天地復位，五文煥明，日月星宿於是朗曜，四時五行陰陽而生我於始清天中，號元始天尊，開張法教，成就諸天。始有人民男女，純樸結繩而行……以道開化，漸漸生心，知有仁義禮樂，轉興薮形，食味參以五行，於是宣化流演，法音廣施，經典勸誡愚蒙，歸心信向，漸入法門……至上皇元年，諸天男女形改純樸，心漸怠壞，恐至凋落，正教不全，是故我身國國之造，成就諸心……』」

《上清太上開天龍蹻經》卷1曰：「甯君告（黃帝）曰：『三境三界通礙見殊，高聖下凡，悟有深淺，洞通無礙，名為三洞，三洞通方感報不等。言上聖傳道者至道玉帝於龍漢劫時應為天寶大洞聖君，上生玉清十二聖天，當

傳聖道而與鬱單天帝九天丈人、禪善天帝九天真皇、須延天帝元始天王，各教三天九品聖道；赤明劫時應爲洞玄靈寶真君，次生上清十二真天，傳於真道而與寂然天帝元始先生、不驕樂天帝高上元皇、應聲天帝虛皇玉帝，各教三天九品真道；上皇劫時應爲神寶洞神仙君，次生太清十二仙天，傳於仙道而與梵輔天帝萬始先生、清明天帝紫虛帝君、无愛天帝太真五皇，各教三天九品仙道，此是上聖而傳其道也……』」卷2曰：「甯君告黃帝曰：『吾昔承道主，生化法王，天中之尊，皆悉稟受。初降妙一，聖化初始，始生於元，元通真道，元生於玄，玄主仙教。仙真聖位，三洞玄尊，三寶立位，三號亦別。故於龍漢初時，元始開圖，應爲玉清天寶聖君，號爲大洞无形天尊，而說大洞十二部經，而教玉清十二聖天；此於赤明劫時應爲上清靈寶真君，號爲洞玄无名天尊，而說洞玄十二部經，而教上清十二真天；次於上皇劫時應爲泰清神寶仙君，號曰洞神元始天尊，而說洞神十二部經，而教泰清十二仙天……』」卷4曰：「元始是稱天尊无上法王，號爲玉帝。」

　　「元始天尊」之名亦見於《太上洞玄靈寶智慧罪根上品大戒經》、《元始天尊說三官寶號經》、《太上靈寶諸天內音自然玉字》、《靈寶自然九天生神三寶大有金書》、《太上洞真智慧上品大誡》、《太玄八景籙》、《洞玄靈寶丹水飛術運度小劫妙經》、《太上洞玄靈寶赤書訣妙經》、《太上洞玄靈寶授度儀》、《洞玄靈寶鍾磬威儀經》、《洞玄靈寶二十四圖經》、《太上紫微中天七元真經》等道經。

左位
【註】
　　《登真隱訣》（《太平御覽》卷662引）曰：「三清九宮，並有僚屬，例左勝於右……」

五靈七明混生高上道君
【註】
1. 《元始高上玉檢大錄》曰：「紫清五靈七明混生高上道君諱珠。」
2. 《上清元始高上玉皇九天譜錄》有神名「瑛」，號「紫清五靈七明混生高上道君」。
3. 《上清元始變化寶真上經九靈太妙龜山玄籙》卷下曰：「五靈七明混生高上君，元紫皇之氣，形長八千萬丈。夏三月，頭建三華寶天冠，衣鳳文紫錦

之袍，佩流金火鈴，帶九天丹皇之策，坐絳雲之上，手執金符，光明流煥，洞照上清，思之還長八寸八分。秋三月，高上君則變形爲九頭鳳凰，口銜九星，九色斑爛，在絳雲之中，光明洞曜，映照上清，思之還反眞形。冬三月，高上君則變形一人九頭，身著鳳文羽衣，手執玉節，立七色蓮花之上，玄雲之中，光明流煥，洞照上清，思之還反眞形。春三月，高上君則變形爲青赤二色之光，光明欝欝，洞曜南方，此則反五靈之氣，更受鍊元紫皇之精，思之還反眞形。」

東明高上虛皇道君

【註】

1. 《元始高上玉檢大錄》曰：「紫清東明高上虛皇道君諱昌。」

2. 《太上洞玄靈寶眞文要解上經》有「東明虛皇帝君」。

3. 《上清元始高上玉皇九天譜錄》有神名「澄」，號「紫清東明高上虛皇道君」。

4. 《上清元始變化寶眞上經九靈太妙龜山玄籙》卷下曰：「東明高上虛皇君，元明皇之氣，形長九千萬丈。春三月，頭建通天飛精紫冠，衣九色斑文虎裙，佩金光寶神之章，帶交靈紫綬，坐青雲之中，立九色獅子之上，光明暐曄，洞映上清，思之還長九寸九分。夏三月，東明虛皇君則變形人頭龍身，九色斑爛，口銜流鈴，光色煥曜，照明上清，思之還反眞形。秋三月，東明虛皇君則變形爲老公，頭戴青龍，足躡七星，九色斑文之衣，光明煥煥，洞照上清，思之還反眞形。冬三月，東明虛皇君則變形爲黑青二色之光，光色欝欝，洞照上清，此則反東明之氣，更受鍊明皇之精，思之還反眞形。」

西華高上虛皇道君

【註】

1. 《元始高上玉檢大錄》曰：「紫清西華高上虛皇道君諱**挧**。」

2. 《太上洞玄靈寶眞文要解上經》有「西方七氣素天太清西華高上皇帝」。

3. 《上清元始高上玉皇九天譜錄》有神名「昌」，號「紫清西華高上虛皇道君」。

4. 《上清元始變化寶眞上經九靈太妙龜山玄籙》卷下曰：「西華高上虛皇君，元上皇之氣，形長六千萬丈。秋三月，頭建三光玉華珠冠，衣自然靈文之表，執九天制魔靈幡，帶交金日精之劍，坐素雲之上，手執金符，光明煥

煥，照映上清，在素雲之中八冥之**裏**，思之還長六寸六分。多三月，西華虛皇君則變形虎頭人身，衣七色虎衣，文彩斑斕，在上清之上白雲之中，思之還反眞形。春三月，西華虛皇君則變形爲僊人，色如黃金，項負圓光，衣三十二條九色之衣，光明洞徹，照映十方，在玉清之上紫雲之中，思之還反眞形。夏三月，西華虛皇君則變形爲赤白之光，光色沌沌如玉之精，照明上清，此則反西華之氣，更受鍊上皇之精，思之還反眞形。」

北玄高上虛皇道君

【校】

　　古本「玄」作「元」，清聖祖康熙，名愛新覺羅・玄燁，避其諱；說本「玄」字闕末筆「、」，亦爲避康熙諱。以下皆放之。

【註】

1. 《元始高上玉檢大錄》曰：「紫虛北玄高上虛皇道君諱桐。」

2. 《太上洞玄靈寶眞文要解上經》有「北方五氣玄天太清太上高皇玉帝虛皇道君」。

3. 《上清元始高上玉皇九天譜錄》有神名「景」，號「紫清北玄高上虛皇道君」。

4. 《上清元始變化寶眞上經九靈太妙龜山玄籙》卷下曰：「北玄高上虛皇君元玉皇之氣，形長五千萬丈。多三月，頭建紫晨飛華玉冠，衣七變雲光文裘，佩七元丹章，帶交靈紫綬，坐玄虛之上五色蓮華，光明煥曜，洞照上清，思之還長五寸五分。春三月，虛皇君則變形一身五頭，衣五色法衣，項悉負圓光，直五色師子紫雲之上，執五色華幡，光明暐曄，洞曜北方，思之還反眞形。夏三月，虛皇君則變形人頭鳥軀，九色鳳文，口銜火鈴，文彩煥爛，光明照天，在玄雲之中紫虛之上，思之還反眞形。秋三月，虛皇君則變形爲黃黑二色之光，光色奕奕，洞照上清，此則反北玄之氣、更受鍊元玉皇之精，思之還反眞形。」

南朱高上虛皇道君

【註】

1. 《元始高上玉檢大錄》曰：「紫虛南朱高上虛皇道君諱景。」

2. 《太上洞玄靈寶眞文要解上經》有「南明洞靈虛道君」。

3. 《上清元始高上玉皇九天譜錄》有神名「羽」，號「紫清南朱高上虛皇道君」。

4. 《上清元始變化寶眞上經九靈太妙龜山玄籙》卷下曰：「南朱高上虛皇君，

元高皇之氣，形長八千萬丈。夏三月，頭建平元遠遊玉冠，衣九色斑文虎裙，佩流金火鈴，帶靈飛之綬，坐七色蓮花，在紫虛之中，光明煥照，洞映上清，思之還長八寸八分。秋三月，南朱虛皇君則變形爲鳥頭人形，衣九色鳳文之衣，立絳雲之上，紫虛之中，光明煥赫，洞照玉清，思之還反眞形。冬三月，南朱虛皇君則變形爲鳳皇，九色斑斕，口銜火鈴，光明煥曜，在玉清之中細微之內，思之還反眞形。春三月，南朱虛皇君則變形爲青赤二色之光，光色赫赫，照明南方，暐曄玉清之上紫虛之中，此反南朱之氣，受鍊高皇之精，思之還反眞形。」

玉清上元宮四道君（各有諱字）

玉清中元宮紫清六道君（各有諱字）

【註】

1. 《元始高上玉檢大錄》有「紫清中元含靈虛皇道君諱澄」，《上清元始高上玉皇九天譜錄》有「紫清中元含道君」，或與此六道君有關。

2. 《上清元始變化寶眞上經九靈太妙龜山玄籙》卷下曰：「中元中舍虛皇君，元泰皇之氣，形長三千萬丈。四季之月，頭建天元七寶冠，衣五色流黃之褌，佩六山火玉，帶神精交蛇之綬，坐黃雲之上五色獅子，光明煥爛，照明五方，思之還長三寸三分。冬水王之時，中舍虛皇君則變形一身五頭，頭戴五星，身衣五色羽衣，手執五色華幡，在五色雲氣之上，洞照上清，思之還反眞形。春木王之時，中舍虛皇君則變形爲童子，衣五色之衣，手御黃龍，在黃雲之中，立七星之上，光明清曜，洞照五方，思之還反眞形。夏火王之時，中舍虛皇君則變形爲五色之光，更相混遝，照明五方，此則反中舍中元之氣，更受鍊元泰皇之精，思之還反眞形。」

玉清下元宮高清四元君（各有諱字）

玉清中散位一十君（諱字不顯）

右位

紫虛高上元皇道君

【註】

1. 《元始高上玉檢大錄》曰：「玉清紫虛高上元皇道君諱靈基。」

2.《高上太霄琅書瓊文帝章經・九天元始號》曰：「第五天名不驕樂天，一名波羅尼密天，天上又別置三天之號，皆隸於不驕樂天，高上元皇所治……」《洞眞太上太霄琅書》卷 1 亦然。《上清太上開天龍蹻經》卷 1 有「不驕樂天帝高上元皇」。

3.《太眞玉帝四極明科經》卷 2 曰：「太玄都四極明科曰：『玉清隱書四卷八訣，玉清元皇帝君所修，檢鬼制神……』」

4.《太上洞玄靈寶眞文要解上經》有「高上元皇道君」。

5.《洞眞上清青要紫書金根眾經》卷下曰：「元始天王稟天自然之胤，結形未沌之霞，託體虛生之胎，生乎空洞之際……東遊碧水豪林之境，上憩青霞九曲之房，進登金闕，受號玉清紫虛高上元皇。太上大道君金簡玉札，使奏名東華方諸青宮。受命總統億津，玄降玉華之女、金晨之童各三千人……元皇位登玉清，掌括上皇高帝之眞……」

6.《上清元始高上玉皇九天譜錄》有神名「簡」，號「玉清紫虛高元上皇道君」。

7.《上清元始變化寶眞上經九靈太妙龜山玄籙》卷上曰：「紫虛高上元皇道君，元明皇之氣，諱明上基，字飛冥範，形長五千萬丈。以春三月，頭建紫元通天寶冠，衣青綠黃三色錦袍，佩招眞玉策，帶流光鳳章，常乘紫碧二色之雲，坐十二色蓮華之上，光明障曄，在上清之中紫虛之內，思之還長五寸五分。夏三月，高上元皇道君則變形，色如黃金，項負圓輪十二光，衣七十二條九綵飛天之衣，坐九色獅子之上，思之還反眞形。秋三月，高上元皇道君則變形爲鳳頭人軀，衣九色斑文虎衣，坐五色雲上，思之還反眞形。冬三月，高上元皇道君則變形爲碧皂黃三色之光，更相纏繞在紫虛之中，此則反明皇之氣，更受鍊紫虛之精，思之還反眞形。」

洞虛三元太明上皇道君

【註】

1.《元始高上玉檢大錄》曰：「玉清洞虛三元太朗上皇道君諱欣平。」

2.《上清元始高上玉皇九天譜錄》有神名「寧」，號「玉清洞虛三元太明上皇道君」。

3.《上清元始變化寶眞上經九靈太妙龜山玄籙》卷上曰：「三元太明上皇君，元虛皇之氣，諱寂欣平，字靈劫化，形長七千萬丈。秋三月，頭建丹華紫曜飛天冠，衣五色雲羅之袍，珮流金火鈴，帶神虎玉章，常立五色紫雲之

上，光明暐曄七十二變，照明上清，思之還長七寸二分。太明上皇君以冬三月，則化形人頭龍身，五色玄黃，在紫虛之上，立九色雲光絕空之中，思之還反眞形。太明上皇君以春三月，則化形爲三月之暉，流光爛照上清之中，紫虛之內，思之還反眞形。太明上皇君以夏三月，則化爲赤白二色之光，如太素之雲，在紫虛之中，此則太明上皇君反三元之氣，更受鍊虛皇之精，思之還反眞形。」

太素高虛上極紫皇道君

【校】

　　古本、秘本、說本「皇」作「黃」。

【註】

1. 《元始高上玉檢大錄》曰：「玉清太素高虛上極紫皇道君諱憐。」

2. 《上清元始高上玉皇九天譜錄》有神名「智」，號「玉清太素高虛上極紫皇道君」。

3. 《上清元始變化寶眞上經九靈太妙龜山玄籙》卷上曰：「太素高虛上極紫皇君，元明晨之氣，諱宗梵憐，字玄上門，長五千萬丈。夏三月，建天元七寶冠，衣九色珠絳雲光錦衣屬，佩六火玉，帶靈飛紫綬，立五色獅子蓮華之上，煥明上清七十四方，思之還長五寸二分。秋三月，化形人頭虎軀，玄黃班文，文彩煥爛，光照十方，在紫氣之中，立五芝之上，思之還反眞形。冬三月，化形通身金光，項負華蓋，衣三十二色衣，如天仙之象，光明奕奕，照朗上清，思之還反眞形。春三月，化形爲紫黃綠三色之光，更相纏繞，三氣混沌，在上清之中，此則紫皇反太素之氣，更受鍊明晨之精，思之還反眞形。」

虛明紫蘭中元高上崢皇道君

【校】

　　古本、秘本「崢」作「停」，說本「崢」作「保」。

【註】

1. 《元始高上玉檢大錄》曰：「玉清虛明紫蘭元中高崢眞皇道君諱知。」

2. 《上清元始高上玉皇九天譜錄》有神名「齊」，號「玉清虛明紫蘭中元高順皇道君」。

3. 《上清元始變化寶眞上經九靈太妙龜山玄籙》卷上曰：「虛明紫蘭中元高崢

君，元太晨之氣，諱惠智，字通大業，長三千萬丈。秋三月，建三華寶冠，衣神精七色之袍，帶流金紫章，佩石精金光之劍，立碧霞之上，七色虎輦，光明煥煥，三十二色，思之還長三寸三分。冬三月，化形虎身龍頭，五色斑文，光明奕奕，在碧雲之中，五色蓮華之上，思之還反真形。春三月，變形三頭鳳凰，九色文彩，光明煥爛，照映上清，思之還反真形。夏三月，化形爲紫碧二色之光，更相纏繞，如日之昇，此則高崒君反紫蘭之氣，更受鍊元明太晨之精，思之還反真形。」

三元上玄老虛皇元晨君

【校】

　　古本「玄」作「元」，說本「玄」字闕末筆「、」，皆避康熙諱。

【註】

1.《元始高上玉檢大錄》曰：「紫虛三元無上玄老虛皇元晨道君諱暎。」

2.《上清元始高上玉皇九天譜錄》有神名「師」，號「紫清三元上玄無虛皇道君」。

3.《上清元始變化寶真上經九靈太妙龜山玄籙》卷下口：「三元无上玄老虛皇元辰君，元精皇之氣，形長六千萬丈。秋三月，頭建三氣玄晨飛冠，衣九色百變壽命章衣，佩玉皇招仙之策，帶金玄紫綬，立七色獅子之上，素雲之中，光明洞曜，映照上清，思之還長六寸六分。冬三月，元辰君則變形七頭童子，一身衣虎文之袍，足踐白雲，光明流曜，洞映上清，思之還反真形。春三月，元辰君則變形虎頭龍身，著青黃斑爛，文彩光明，在紫雲之上，照明十方，思之還反真形。夏三月，元辰君則變形爲赤白二色之光，光煥赫赫，照明上清，此則反三元之氣，更受鍊元精皇之精，思之還反真形。」

三元四極上元虛皇元靈君

【校】

　　秘本「上元」作「上玄」；說本亦作「上玄」，「玄」字闕末筆「、」，避康熙諱。

【註】

1.《元始高上玉檢大錄》曰：「高清三元四極玄元虛皇之云道君諱翁。」

2.《洞真上清青要紫書金根眾經》有「虛皇元靈道君」。

3. 《上清元始高上玉皇九天譜錄》有神名「翁」，號「高清三元四極玄上虛皇元靈道君」。

4. 《上清元始變化寶眞上經九靈太妙龜山玄籙》卷下曰：「三元四極玄上虛皇元靈君，元鳳虛之氣，形長八千萬丈。夏三月，頭建三氣寶晨玉冠，衣五色斑文虎裘，佩豁落七元，帶交靈之綬，立朱鳳之上，在絳雲之中，光明煥爛，洞耀玉清，思之還長八寸八分。秋三月，元靈君則變形爲三頭朱鳥，絳色羽服，文彩斑斕，光明煥曜，映照上清，立紫雲之上，思之還反眞形。冬三月，元靈君則變形爲三朱鳥，各銜一火鈴，立日精之上，在絳雲之中，光明煥煥，爛明南方，思之還反眞形。春三月，元靈君則變形爲青赤二色之光，光明赫赫，照明南方，此則反三元四極之氣，更練元鳳虛之精，思之還反眞形。」

三元晨中黃景虛皇元臺君

【註】

1. 《上清太上玉清隱書滅魔神慧高玄眞經》有「辰中黃景元君」。

2. 《上清大洞眞經》卷 6 有「晨中皇景元君」。

3. 《大洞玉經》卷下有「辰中黃景元君」。

4. 《元始高上玉檢大錄》曰：「高清三元晨中黃景虛皇元臺道君諱京。」

5. 《上清金書玉字上經》曰：「辰中黃景元虛黃眞使我飛仙，上登紫煙。」

6. 《上清元始高上玉皇九天譜錄》有神名「京」，號「高清三元中黃景虛無臺道君」。

7. 《上清元始變化寶眞上經九靈太妙龜山玄籙》卷下曰：「三元晨中黃景虛皇元臺君，元紫虛之氣，形長六千萬丈。秋三月，頭建七元寶晨嬰冠，衣飛錦文裘，佩六山火玉帶通眞之章，立素雲之上，坐七色獅子，光明煥曜，洞照上清，思之還長六寸六分。冬三月，元臺君則變形人頭鳥口，頂生寶光，身衣素羽飛裙，立蓮花之上，在紫雲之中，光明流煥，洞照上清，思之還反眞形。春三月，元臺君則變形爲眞人，青黃色如金剛，項負寶圓，衣九色法衣，立素雲之上，光明暐曄，映照十方，思之還反眞形。夏三月，元臺君則變形爲赤白二色之光，光明奕奕，照明上清，此則反三元晨中之氣，更受鍊元紫虛之精，思之還反眞形。」

三元紫映暉神虛生主眞元胎君

【註】

1. 《上清元始高上玉皇九天譜錄》有神名「靈」，號「高清三元紫映暉神虛生主眞元昭道君」。

2. 《上清元始變化寶眞上經九靈太妙龜山玄籙》卷下曰：「三元紫映暉神虛生注眞元胎君，元融虛之氣，形長五千萬丈。多三月，頭建三寶晨冠，衣龍文虎裘，佩上皇命仙之策，帶龍淵之劍，坐玄龜之上，三素之雲中，流光朗明，洞照上清，思之還長五寸五分。春三月，元胎君則變形爲童子，頭戴七星，身衣五色非衣，立五色靈龜之上，在玄虛之中，光明清曜，煥照十方，也（思）之還反眞形。夏三月，元胎君則變形爲一人，五頭戴五星，衣五色錦衣，足踐五色之雲，手把金符，在玄虛之上，思之還反眞形。秋三月，元胎君則變形爲白黑二色之光，光明奕奕，照明比方，此則反三元紫映之氣，更受鍊元融虛之精，思之還反眞形。」

玉玄太皇君

【校】

　　古本「玄」作「元」，說本「玄」字闕末筆「、」，皆避康熙諱。

【註】

1. 《上清太上八素眞經》曰：「玉清隱書有四卷，乃高上玉皇昔受之於玉玄太皇道君禁書也。」

2. 《登眞隱訣》（《太平御覽》卷 674 引）曰：「上清之境，九天之門，上皇太皇帝君玉尊集群仙於其中，以定天下萬民之罪福。」「上皇太皇帝君玉尊」或是「玉玄太皇君」。

上皇道君

【註】

1. 《上清大洞眞經》卷 1、《大洞玉經》卷上有「上皇玉虛君」。

2. 《元始高上玉檢大錄》曰：「玉清上皇玉虛道君諱欣。」

3. 《上清元始高上玉皇九天譜錄》有神名「平」，號「玉清上皇玉虛道君」。

4. 《上清太上八素眞經》曰：「玉清隱書當傳之時，太極四眞人各舉執一卷以上呈上皇、高上、玉皇、玉玄四道君。」

5. 《上清元始變化寶眞上經九靈太妙龜山玄籙》卷上曰：「上皇玉虛君，元紫

皇之氣，諱明世，字典常清，形長三千萬丈。以夏三月頭建通精七寶華冠，衣九象飛雲錦褕，佩丹文紫章，常立紫氣之雲七色蓮華，光明暐曄，洞照上清，思之還長三寸三分。秋三月，上皇玉盧君則變形一面四眼，身爲鳳軀，九色爛斑，在黃白紅三氣之中，立五色獅子之上，思之還反眞形。冬三月，上皇玉盧君則變形爲男子，手執五色之華，衣五色之衣，在紫雲芝之上，思之還反眞形。春三月，上皇玉盧君則變形爲黃赤青三色之光，混沌狀如浮雲，在紫盧之內，此則上皇反玉盧之氣，更受鍊紫皇之精，思之還反眞形。」

玉皇道君

【註】

1. 《洞眞高上玉帝大洞雌一玉檢五老寶經》有「玉皇大帝」、「玉皇眞君」，或爲此神。
2. 《洞玄靈寶長夜之府九幽玉匱明眞科》有「太上無極大道至尊玉皇上帝」，或爲此神。」
3. 《上清太上迴元隱道除罪籍經》曰：「微祝曰：『第七關星玄陽天關瑤光大明太上玉皇道君……』」
4. 《元始高上玉檢大籙》曰：「高上紫虛映九霄太空玉皇道君諱喘。」
5. 《太上赤文洞神三籙》有「玉皇上帝」，或爲此「玉皇道君」。
6. 《上清三元玉檢三元布經》有「玉皇大帝」。
7. 《上清太上八素眞經》曰：「玉清隱書當傳之時，太極四眞人各舉執一卷以上呈上皇、高上、玉皇、玉玄四道君。」
8. 《上清天關三圖經》有「玉皇君」。

清玄道君

【校】

古本「玄」作「元」，說本「玄」字闕末筆「、」，皆避康熙諱。

【註】

1. 《上清太上八素眞經》曰：「八素眞經者，乃玄清玉皇之道也。」此「玄清玉皇」或即「清玄道君」。
2. 《周氏冥通記》卷 4 曰：「七日，夢往司命處，告玉清清玄之事。」

上皇天帝

【註】

1.《太上靈寶五符序》卷下有「上皇天尊」，或爲「上皇天帝」。

2.《上清高上滅魔洞景金元玉清隱書經》曰：「於是上皇玉帝乃命玄羽玉郎太保眞人出迎太微天帝君。」此「上皇玉帝」或爲「上皇天帝」。

3.《元始五老赤書玉篇眞文天書經》卷下曰：「太玄上宮上皇大帝常以秋風之日上登上清靈闕太微之館，會靈寶尊神、太上五老君、北極眞公、八海大神集籌天下兆民罪錄功過輕重大小，列言靈寶玄都上宮。」

4.《太眞玉帝四極明科經》卷 5 和《洞眞高上玉帝大洞雌一玉檢五老寶經》有「上皇玉帝」，或爲此「上皇天帝」。

5.《上清太上八素眞經》曰：「《八素眞經》者，乃玄清玉皇之道也，上皇天帝以此書授太微天帝君。」

6.《上清太一金闕玉璽金眞紀》有「上皇大帝君玉尊陛下」，《登眞隱訣》（《太平御覽》卷 674 引）曰：「上清之境有丹城紫書臺，上皇大帝君王尊集處。」「上皇大帝君」 或爲「上皇天帝」。

7.《清靈眞人裴君傳》（《雲笈七籤》卷 105）有「上皇大帝」，「上皇大帝」或爲「上皇天帝」。

玉天太一君

【註】

　　以「太一」爲名的神仙是由哲學觀念「一」轉化而來的。《老子》曰：「道生一，一生二，二生三，三生萬物。」戰國時「太一」被神化，如《鶡冠子・泰鴻》曰：「中央者，太一之位，百神仰制焉。」宋玉《高唐賦》曰：「進純犧，禱琁室，醮諸神，禮太一。」《史記・封禪書》載漢武帝時「亳人薄誘忌奏祠泰一方曰：『天神貴者泰一，泰一佐曰五帝。古者天子以春秋祭泰一東南郊，用太牢，具七日，爲壇開八通之鬼道。』於是天子令太祝立其祠長安東南郊，常奉祠如忌方」。《太眞玉帝四極明科經》有「太一帝君」。此外，《位業圖》第一右位有「太一玉君」，第四右位有「太一中黃」和「太一元君」。

太上虛皇道君

【註】

1.《太上洞玄靈寶智慧本願大戒上品經》有「太上虛皇道君」。

2.《太上太玄女青三元品誡拔罪妙經》曰:「一切善信男子女人或得仙名,當以玉簡功過,或有除落品格罪福報應,亦如紫微宮中限簿錄籍,並封玄都明真玉匱上元天官洞白之府,並俟三官集聖之日,定諸神仙陟降之籍及諸善惡男女禍福緣對深淺之由、壽算考限長短之名,下至九幽之內,除放生死罪福之限,蠢動生化衰盛之期,並於上元之日,錄奏太上虛皇道君。」

3.《上清太上八素真經》曰:「太上神虎符,太上虛皇道君以授於太上也。」

4.《太上洞玄靈寶真一勸誡法輪妙經》和《太上洞玄靈寶本行宿緣經》有「太上虛皇」。

太上玉真保皇道君

【註】

《上清太上八素真經》曰:「太微天帝金虎符,太上玉真保皇道君以授於太微天帝君也。」《登真隱訣》(《太平御覽》卷 678 引)亦曰:「太微天帝金虎符,太上玉真保皇道君以授太上太微天帝君。」

玄皇高真

【校】

古本「玄」作「元」,說本「玄」字闕末筆「、」,皆避康熙諱。

【註】

1.《洞真高上玉帝大洞雌一玉檢五老寶經》有「玄皇玉君」,或為此神。

2.《上清太上帝君九真中經》卷上和《上清金真玉光八景飛經》有「玉天玄皇高真」。

太一玉君

【註】

此神亦由哲學觀念「太一」轉化而來。《洞玄靈寶昇玄步虛章序疏》有「太乙帝君」,《上清太上帝君九真中經》卷下有「太上玉帝君」,或為此神。

高上玉帝

【註】

1.《上清高上滅魔玉帝神慧玉清隱書》曰:「《上清高上刻石內文玉清上宮北壁隱書鬼神內銘》,高上玉帝以傳太微天帝君……」

2. 《太眞玉帝四極明科經》卷3曰：「太玄都四極明科曰：『雌一玉檢五老寶經靈書紫文乃高玄映之道，高上帝君所修……』」有《洞眞高上玉帝大洞雌一玉檢五老寶經》，爲上清「三寶奇文」之一。

3. 《上清外國放品青童內文》卷上曰：「上清太眞玉保王上相大司馬命高晨師東海玉門青華小童君受高上玉帝《外國放品隱元內文》。」

4. 《太上諸天靈書度命妙經》有「高上大聖玉帝」。曰：「天尊言曰：『我昔龍漢之年與元始天王、高上玉帝同於此上，遇靈寶眞文出於浮羅空山之上……』」

5. 《元始高上玉檢大錄》曰：「玉清高上虛皇道君諱造。」《大洞玉經》卷上有「高上玉皇」，依經文，蓋指「高上虛皇道君」。

6. 《上清元始變化寶眞上經九靈太妙龜山玄籙》卷上曰：「南極上元君曰：『始生變化元錄與九氣元洞俱生。高上玉皇，上聖帝眞，皆結元洞之氣以爲形名之號，衣冠服綵，皆出九天大有俯仰儀軌，鄉居里號，亦結自然而生。天有八會之氣，四改之運，以綱維玉虛，分理陰陽，玄化治始，成生萬品。高上眾聖變形化景，皆隨四時改易，順運應命，與化推遷，無衰老之期，極化長存……』」又曰：「高上虛皇君，元上皇之氣，諱幽造，字大法朗，形長七千萬丈。以冬三月，頭建無上七曜寶冠，衣明光飛錦珠袍，佩丹皇玉章，常乘九色之雲，坐九色獅子，光明煥曜，在玉清之上，思之還長七寸二分。春三月，高上虛皇君則化形爲人頭龍身，九色班斕，戴日捧月，坐十二月華光，光明煥曜，在玉清之上，思之還反眞形。夏三月，高上虛皇君則化形爲上皇仙形，項負圓光七十二色，衣百變光明錦衣，光明煥照千億萬重，思之還反眞形。秋三月，高上虛皇君則化形玄黃綠三色之光，更相纏繞如太素之行雲，此則高上反上皇之氣，更受鍊高上之精，思之還反眞形。」卷下曰：「高上玉皇、上聖君、九天玉眞皆稟焉自然，託形瓊胎，隱秀紫元，靈和感會，得有人焉，胤皇流之胄，生而成眞，結空洞以爲字，合三焉以爲名，受號帝位，應化上清，總仙高虛，拊任玄玄，四時改易，推節變通……」

7. 《道教義樞・三洞義》曰：「《玉緯》引《正一經》云：『元始高上玉帝，秉承自然玄古之道，撰出上清寶經三百卷，玉訣九千篇，符圖七千章，秘在九天之上，大有之宮……』」

8. 《元始五老赤書玉篇眞文書經》卷上、《上清黃氣陽精三道順行經》有「高上玉帝」。

9. 道經中多見「高上玉皇」，如《上清高上金元羽章玉清隱書經》、《洞玄靈寶長夜之府九幽玉匱明真科》、《白羽黑翩靈飛玉符》、《太上洞玄靈寶開演秘密藏經》、《上清金書玉字上經》、《洞真上清青要紫書金銀眾經》、《上清太上帝君九真中經》、《上清天關三圖經》、《上清金真玉光八景飛經》、《上清金真玉皇上元真靈三百六十五部元錄》有「高上玉皇」；《上清金真玉皇上元真靈三百六十五部元錄》有「高上天寶玉皇」；《上清太上迴元隱道除罪籍經》有「第八帝星高上玉皇神八景元君」；《上清太上八素真經》曰：「玉清隱書有四卷，乃高上玉皇昔受之於玉玄太皇道君禁書也。」《上清曲素訣辭籙》曰：「第八帝星精名高上玉皇，願弟子身得飛仙，登後聖之臺。」《靈寶自然九天生神三寶大有金書》曰：「天寶君者，則大洞之尊神，天寶丈人，則天寶君之祖炁也，丈人是混洞大無高上玉皇之炁，九萬九千九百九十億萬炁後，至龍漢元年化生天寶君，出書時號高上大有玉清宮。」《上清太霄隱書元真洞飛二景經》有「玉皇帝君」、「高上大帝玉皇君」。又曰：「叩齒三通存呪：『高上玉皇帝君，乞為原除某七祖以來下逮謀身所行陰惡……削滅罪名，斷落死根，度入天關，得在東華，書字玉篇，七祖父母反胎南仙。』」《太上九真明科》曰：「玄都上品第一篇目，大洞真經雌一寶經太上素靈大有妙經三奇之章，高上玉皇寶篇，秘在九天之上……」有《上清元始高上玉皇九天譜錄》、《高上玉皇本行經》、《高上玉皇心印妙經》、《高上玉皇本行集經》、《高上玉皇心印經》、《高上玉皇胎息經》等以「高上玉皇」命名的道經。

10. 《太上九赤班符五帝內真經》有「高上帝君」、「高皇玉帝」；《洞真太上太霄琅書》卷3有「高上太真玉帝」、「高上太真玉皇帝君」；《上清天關三圖經》有「高上玉皇」、「高上玉皇帝君」、「高上太帝君」；《上清金真玉光八景飛經》有「高上九天玉帝」；《上清玉帝七聖玄紀迴天九霄經》有「高聖玉帝道君」，著錄有《高聖玉帝君列玄紀》。

右玉清境元始天尊為主，巳下道君皆得策命學道，號令羣真。太微天帝來受事，並不與下界相關。自九宮巳上，上清巳下，高真仙官皆得朝宴焉。

【校】

　　古本、輯本、說本「巳」作「已」。

【註】

　　《上清太上八素眞經》曰：「若都總修三眞之道經，聞見玉清之隱書，佩神虎之大符，便爲玉皇之君太上之眞，給玉童玉女三萬人，遨遊高上之闕，出入玉清之宮，於是天帝太微君來受事於玉皇焉。」

第二節　第二中位

上清高聖太上玉晨玄皇大道君（爲萬道之主）

【校】

　　古本「玄」作「元」，說本「玄」字闕末筆「、」，皆避康熙諱。

【註】

1. 上清，《雲笈七籤》卷 4《上清源統經目註序》曰：「上清者，宮名也。明乎混沌之表，煥乎大羅之天，靈妙虛結，神奇空生，高浮澄淨，以上清爲名。乃眾眞之所處，大聖之所經也。」《七域修眞證品圖》曰：「上清眞人修前九轉兼三百大戒，有八千善功，兼修三品眞道者，位爲上清眞人，賜七色之節，乘飛雲丹輿，群仙導從，鸞鳳驂軒。給玉童玉女六萬人，其所理在太極之上，上清之境，太上玉晨大道君之所治也。」

2. 《漢五帝內傳》曰：「王母曰：『昔上皇清虛元年，三天太上道君下觀六合，瞻河海之短長，察丘嶽之高卑，名立天柱，安於地理，植五嶽而擬諸鎮輔，貴昆靈以舍靈仙，遵蓬丘以館眞人，安水神乎極陰之淵，棲太帝乎榑桑之墟。於是方丈之阜爲理命之室，滄浪海島養九老之堂，祖瀛玄炎長元流生鳳麟聚窟各爲洲名，並在滄流大海玄津之中……』」

3. 《洞玄靈寶五嶽古本眞形圖（並序）》曰：「（黃帝）察四嶽，並有佐命之山，而南嶽獨峙無輔，乃章祠三天太上道君，命霍山、潛山爲儲君，奏可。」

4. 《太上黃庭內景玉經》曰：「上清紫霞虛皇前太上大道玉晨君閑居藥珠作七言，散化五形變萬神，是爲黃庭作內篇。」《太上黃庭外景玉經》曰：「太上閑居作七言，解說身形及諸神。」

5. 《上清高聖太上玉晨大道君紀》（《雲笈七籤》卷 101）曰：「《洞眞大洞眞經》云：『上清高聖太上大道君者，蓋二晨之精氣，慶雲之紫煙。玉暉煥耀，金映流眞。結化含秀，苞凝玄神。寄胎母氏，育形爲人……母妊三千七百年，乃誕於西那天鬱察山浮羅嶽丹玄之阿。』『於是受籙紫皇，受書玉虛，眺景上清，位司高仙，位爲高聖太上玉晨大道君，治藥珠日闕館七映紫房，玉童玉女各三十萬人侍衛。』」《上清高聖太上大道君洞眞金元八景玉籙》與此略同。《上清大洞眞經》卷 1 有「高聖萬眞太上大道君」、「上清道主太微玉晨聖後」，卷 3 有「玉晨太上大道君」；《大洞玉經》卷上有

「高聖萬眞太上大道君」、「上清道主玉晨聖後」、「玉晨太上大道君」。

6. 《太上三天正法經》曰:「三道興隆,舉號爲太上大道君。」註曰:「太上大道君者,乃眾眞之帝,位高凭清,故號爲太上,皆凭胤承眞,積級受號,非始天有一太上者也,得受太上之號,便爲萬神之主也。」又曰:「置於瓊宮玉殿,處於太上大道之君也,總統九天……」

7. 《太極眞人敷靈寶齋戒威儀諸經要訣》有「太上大道君」。又曰:「大羅天上太上大道君所治七寶自然之臺。」

8. 《眞誥·甄命授第一》曰:「太上者,道之子孫,審道之本,洞道之根,是以爲上清眞人,爲老君之師。」註曰:「此即謂太上高聖玉晨大道君也,爲太極左眞人中央黃老君之師。」《眞誥·協昌期第一》曰:「太上大道玉晨君,常以正月四日、二月八日、三月十五日……登玉霄琳房,四眄天下有志節遠遊之心者。子至其日,平旦日出時,北向再拜,亦可於靜中也,自陳本懷所願。」《眞誥·協昌期第二》曰:「得籙上皇,謹奏玉晨。」

9. 《上清高上玉晨鳳臺曲素上經》曰:「七寶華光,流曜上清,即高上玉晨大道君所治。」

10. 《上清太上黃素四十四方經》曰:「太上大道君玄靈秀虛,維任上化,理會千眞,參謁十方,乃檄攝八帝,隱浪晨徵,鹹滅六天,正立三道,威鋒霄落,流煥萬仞。」

11. 《太眞玉帝四極明科經》卷1曰:「爾時太上大道君授高聖太眞玉帝五色神官《四極明科》百二十條律,上檢天眞,中檢飛仙,下治罪人。如是玉文,皆出高聖所註,藏於高上玉虛七映紫房。」

12. 《上清九天上帝祝百神內名經》曰:「太上四老君侍玉晨太上大道君之左,大道君閒居於協晨玉虛之房金華之室,下籍九玄,右濟六領……太上大道君漱碧水吐絳氣,虛心靜躬,安神注玄,乃左帶神虎,右佩金眞……」

13. 《諸天靈書度命妙經義疏》曰:「大福堂國,即道君(太上道君)治所。」

14. 《太上洞玄靈寶本行宿緣經》有「太上大道君」。曰:「三寶者,道寶太上、經寶、師寶,是爲三寶。三尊者,道尊太上、經尊、師尊,是爲三尊也。」又曰:「夫學道宜知先師,我(指徐來勒)師是太上玉晨大道虛皇,道之尊也。我是師第六弟子,大聖眾皆師之弟子,弟子無軼數也。我師名波悅宗,字維那訶……

15. 《上清元始變化寶眞上經九靈太妙龜山玄籙》卷上曰:「玉晨太上大道君，元虛靈之氣，諱囂獻，字波苦淵，長九千萬丈。秋三月，頭建百變神光玉冠，披飛森霜珠之袍，七色虎衣，佩九色離羅之章，帶晨光月明之鈴，坐七色之雲，光明流曜上清之中，思之還長九寸。冬三月，太上道君則變形，頭戴七光圓輪，身著三十二色法衣，立九色獅子之上，光明暐曜，在上清之上太微之中，思之還反眞形。春三月，太上大道君變形爲老子，頭戴角巾，身著虎文之衣，手執金符，在五芝華上，思之還反眞形。夏三月，太上大道君變形爲紫黃二色之光，光明奕奕更相纏繞，在紫虛之中，反玉晨之氣，更受鍊虛靈之精，思之還反眞形。」

16. 《赤松子章歷》卷 2 有「太上大道宮」，卷 3、卷 4 有「太上大道君」;《上清握中訣》卷中有「太上大道高虛玉晨」、「太上大道玉晨君」;《登眞隱訣》卷下有「上清上宮太上高聖玉晨道君」;《太眞玉帝四極明科經》卷 1、卷 2、卷 3 有「太上大道君」，卷 4 有「高上萬眞玉晨太上大道君」;《紫庭內秘訣修行法》有「高聖太上玉晨玄皇太上道君」。

17. 《上清七聖玄紀經》著錄有《上清太上大道君傳》;《上清玉帝七聖玄紀迴天九霄經》有「高聖太上大道君」，著錄有《高聖太上大道君列玄紀》。

左位

左聖紫晨太微天帝道君

【註】

1. 太微天帝源於星辰崇拜。《楚辭・遠遊》曰:「召豐隆使先導兮，問大微之所居。」王逸註:「博訪天庭在何處也。大，一作太。」《淮南子・天文訓》曰:「太微者，太一之庭也。」《史記・天官書》曰:「衡，太微，三光之廷。」《春秋元命包》曰:「太微爲天庭，五帝以合時，紫微宮爲大帝。」又曰:「太微爲天廷，理法平亂，監計援德，列宿受符，神考節書，情嵇疑者也。」《孝經援神契》曰:「太微，三光之廷，其內五星，五帝座。」張衡《靈憲》曰:「星也者，體生於地，精成於天，列居錯跱，各有道屬。紫宮爲皇極之居，太微爲五帝之廷。」

2. 《上清高上滅魔洞景金元玉清隱書經》曰:「太微天帝君閒居於明霞之上，瓊闕之內，金華之房。」

3. 《洞眞太微黃書九天八籙眞文》有「太微天帝」、「太微宮」。曰:「太微中

有三皇一帝，皇者，君之宰輔。」

4.《上清太上八素眞經》曰：「太微天帝金虎符，太上玉眞保皇道君以授於太微天帝君也。天帝有三十六，其太微天帝最尊貴，諸天帝皆詣受事矣。受此符皆威制萬神，使役千靈，龍虎衛從，得乘三素之雲，上昇太極上清，拜爲左公。」又曰：「若都總修三眞之道經，聞見玉清之隱書，佩神虎之大符，便上爲玉皇之君。太上之眞給玉童玉女三萬人，遨遊高上之闕，出入玉清之宮。御史天帝太微君來受事於玉皇焉。」

5.《洞眞太微金虎眞符》曰：「太微天帝君金虎眞符藏於太上元景瓊宮。」又曰：「太微天帝君受炁之始，玄象初分，登九玄虛生之臺，五帝神官衛於八方，五符空印，若存若亡……帝君方清齋太空瓊臺洞眞之殿玉室金華之房，侍女眾眞、五色神官十億萬人，飛獸毒龍俠闕備門，巨虯千尋衛於牆垠……」

6.《上清洞眞智慧觀身大戒文》曰：「太微天帝曰：『我昔始學之時，唯知請經，不知尋戒，乃歷劫生死。太上愍我道心，高聖哀我不懈，見告云：子學彌勤而不知奉觀身大戒，當何由得仙乎？我於是稽首金闕之下三千日，太上見授要戒，奉而修之，九年之中云輿來迎，十方眞人交會於玄虛矣。故道學當以戒律爲先，道家之宗尊焉……』」

7.《上清元始高上玉皇九天譜錄》有神名「鮮」，號「上清紫晨太微天帝君」。

8.《上清曲素訣辭籙》曰：「第九尊星精名太微帝君，願弟子身得飛仙，名入丹瑤玉房。」

9.《上清元始變化寶眞上經九靈太妙龜山玄籙》卷上曰：「太微天帝君，元洞元之炁，諱人崇屬，字元洞度，長三千萬丈。秋三月，建九元飛嬰冠、衣七色鳳雲之袍，帶夜光寶章交靈素綬，立五色獅子之上，身生三十二色寶光，在上清之上，思之還長三寸二分。冬三月，化形爲無量眞人，身負金光，照明十方，立九色之華，手執金鈴，思之還反眞形。春三月，化形爲日光紫芒，煥映玉虛之上，照明十方，思之還反眞形。夏三月，化形爲白蒼綠三色之光，更相纏繞如雲之遷，此則帝君反太微之氣，更受鍊洞元之精，思之還反眞形。」

10.《洞眞太上紫度炎光神元變經・太微帝君記》曰：「太微帝君者，生於始青之端，曜靈徹，玄炁未凝之始，結流芳之胃法形焉。連光映靈，紫雲曜電，玄煙流靄，丹暉纏絡，妙覺潛啓，乃採納上契，條暢純和，吐納冥津，遂

降生靈之胎，哺兼法泉曲芝。行年二七，金容內發，玉華外映，洞慧神聰，朗覩虛玄，編掌帝號，其任乎。澄流九霄之霞，飛眺洞清之源，明機覽於極玄，虛綜運於億津，積感加於冥會，妙啓發於自然。是以得御紫度炎光迴神飛霄登空之法，修行內應，上登玉清，高上之尊道備，以付中央黃老君焉。」

11. 《洞真上清太微帝君步天綱飛地紀經簡玉字上經》曰：「《太上隱書》，太微帝君昔授皇清洞真君。」

12. 《上清大洞真經》卷 2、《大洞玉經》卷上、《上清高上金元羽章玉清隱書經》、《太上洞玄靈寶智慧本願大戒上品經》、《上清黃氣陽精三道順行經》、《太上玉佩金檔太極金書上經》、《白羽黑翩靈飛玉符》、《上清握中訣》卷下、《太真玉帝四極明科經》卷 2 和卷 3、《太上洞玄靈寶開演秘密藏經》、《太上洞玄靈寶真一勸誡法輪妙經》、《太上玉晨鬱儀結璘奔日月圖》、《洞真太上素靈洞元大有妙經》、《洞真上清青要紫書金根眾經》卷上和卷下、《太上九赤班符五帝內真經》、《洞真太上神虎玉經》、《上清金真玉光八景飛經》、《上清太上元始耀光金虎鳳文章寶經》、《洞真上清開關三圖七星移度經》卷上有「太微天帝君」；《紫陽真人內傳》有「太微宮」、「太微帝君」；《紫庭內秘訣修行法》有「太微帝」；《上清金書玉字上經》、《上清太霄隱書元真洞飛二景經》有「太微帝君」；《上清太上開天龍蹻經》卷 1 有「太微帝君」、「太微天帝君」，似非一神；《上清天關三圖經》有「九尊太微帝君」；《上清太上帝君九真中經》卷上有「太上太微天帝君」、「太微天帝君」；《登真隱訣》卷下有「上清宮太微天帝道君」。

左聖南極南嶽真人左仙公太虛真人赤松子（黃老君弟子，裴君師）

【註】

1. 《楚辭·遠遊》曰：「聞赤松子之清塵兮，願承風乎遺則。貴真人之休德兮，美往世之登仙。」

2. 《淮南子·齊俗訓》曰：「今夫王喬赤誦子，吹嘔呼吸，吐故納新，遺形去智，抱素反真，以遊玄妙，上通雲天。」許慎註曰：「赤誦子，上谷人也。病癘入山，導引輕舉。」

3. 《韓詩外傳》卷 5 曰：「帝嚳學乎赤松子。」

4. 《史記·留侯世家》曰：「（張良）曰：『願棄人間事，從赤松子游耳。』乃學辟穀，導引輕身。」

5. 《列仙傳・赤松子》曰：「赤松子者，神農時雨師也。服水玉，以教神農，能入火自燒。往往至崑崙山上，常止西王母石室中，隨風雨上下。炎帝少女追之，亦得仙俱去。高辛時，復爲雨師。今之雨師本是焉。」《搜神記》卷 1 略同。

6. 《洞冥記》曰：「有鳳葵草，色丹，葉長四寸，味甘，久食令人身輕肌滑。赤松子餌之三歲，乘黃蛇入水，得黃珠一枚，色如眞金，或言是黃蛇之卵，故名蛇珠，亦曰銷疾珠。語曰：寧失千里駒，不失黃蛇珠。」

7. 《孝經右契》曰：「孔子夜夢三槐之間，豐沛之邦，有赤煙氣起。乃呼顏淵、子夏，侶往觀之。驅車到楚西北，范氏之街。見前芻兒捶麟，傷其前左足，束薪而覆之。孔子曰：『兒來，汝姓爲誰？』兒曰：『吾姓爲赤誦，字時喬，名受紀。』孔子曰：『汝豈有所見乎？』兒曰：『吾有所見，一獸如麕，羊頭，上有角，其末有肉方，以是西走。』孔子曰：『天下已有主也，爲赤劉，陳項爲輔，五星入井從歲星。』兒發薪下麟視孔子，孔子趨而往，茸其耳，吐書三卷，孔子精而讀之。圖廣三寸，長八寸，每卷二十四字，其言赤劉當起，曰：『周亡赤氣起，火曜興，元邱制命，帝卯金。』」

8. 郭璞《遊仙詩》曰：「赤松臨上游，駕鴻乘紫煙。」

9. 《神仙傳・序》曰：「雨師煉五色以屬天。」《神仙傳・陰長生》曰：「著書三篇，以示將來……其二曰：『余之聖師，體道如貞。陞降變化，松喬爲鄰。』」

10. 《抱朴子・對俗》、《微旨》、《明本》等有「松喬」之稱；《金丹》有「赤松子丹法」；《微旨》著錄有《赤松子經》。《塞難》曰：「或曰：『皇穹至神，賦明宜均，何爲使喬松凡人受不死之壽，而周孔人聖無久視之祚哉？』抱朴子曰：『命之脩短，實由所值，受氣結胎，各有星宿……命屬生星，則其人必好仙道。好仙道者，求之亦比得也。命屬死星，則其人亦不信仙道。不信仙道，則亦不自修其事也……』」《明本》曰：「昔赤松子、王喬、琴高、老氏、彭祖、務成子、鬱華皆眞人，悉仕於世，不便遐遁……」又曰：「夫得仙者，或昇太清，或翔紫霄，或造玄洲，或棲板桐，聽均天之樂，享九芝之饌，出攝松羨於倒景之表，入宴常陽於瑤房之中……」《仙藥》曰：「赤松子以玄蟲血漬玉爲水而服之，故能乘煙上下也。」《勤求》有「赤松、王喬」。《抱朴子》（內篇佚文）曰：「火芝常以夏採之，葉上赤，下莖青。赤松子服之，常在西王母前，隨風上下，往來東西。」

11. 孫興公《遊天台山賦》李善註引《列仙傳》曰：「赤松子好食松實，絕穀。」

12. 《元始上眞眾仙記》曰：「赤松為崑林仙伯，治南嶽山。」

13. 《上清黃氣陽精三道順行經》曰：「蘇子林、谷希子、幼陽君、王喬、赤松、皇人青眞之徒，始學便修三道之要黃氣陽精丹書紫字之法，便得超凌三清，登青華之宮，更受上品妙經，詣金闕，受號位登玉清上眞四極之任。」

14. 《高上太霄琅書瓊文帝章經》曰：「雲務子不修他道，受虛皇帝君太霄琅書瓊文帝章於九霄之上，歌詠妙篇，遊娛適肆，感暢神眞。致三元下教，位登太眞王，以傳太華眞人、三天長生君、太和眞人、東華老子、南極總司禁君、西臺中侯、北帝中眞、九靈玉子、太靈眞妃、赤精玉童、玄谷先生、南嶽赤松、中山王喬、紫陽眞人、西城王君、中皇先生、趙伯玄、山仲宗等一十八人，並修此道，面發金容，項負圓光……皆由瓊文以致上眞。」

15. 《紫陽眞人內傳》曰：「（周義山）登太華山遇南嶽赤松子，受上元眞書。」

16. 《太上金書玉牒寶章儀》曰：「中胎眞人赤松君將中胎眞官赤車兵吏十二人出臣身中。」

17. 《登眞隱訣》（《三洞群仙錄・救導品》引）曰：「南嶽眞人左仙公太虛上眞君，姓赤諱中英，初學道在金華山，忽得疾病，困篤經一十六年，青童授《智慧消魔經》，扶疾諷誦三千遍，都愈也。」

18. 《眞誥・運象篇第三》有「太虛南嶽眞人」。有註曰：「《七聖玄紀》中云：『赤君下教，變跡作沙門，與六弟子俱。』皆顯姓名也。」《眞誥・甄命授第一》曰：「黃老為太極眞人南嶽赤君之師。」又曰：「（裴）君曰：『我之所師南嶽松子。』松子為太虛眞人左仙公，谷希子為右仙公。」《眞誥・甄命授第二》、《眞誥・協昌期第一》有「太虛眞人南嶽赤君」；《眞誥・稽神樞第一》有「南嶽太虛赤眞人」。《眞誥・稽神樞第四》曰：「在元氣為元君，在玄宮為玄師，在南辰為南極老人，在太虛為太虛眞人，在南嶽為赤松子。此乃天帝四眞人之師，太一之友。《登眞隱訣》卷中有「太虛眞人南嶽赤君」。

19. 《太眞玉帝四極明科經》卷1有「太極眞人南嶽赤君」，卷2有「南嶽赤松」；《洞玄靈寶丹水飛術運度小劫妙經》、《上清大洞九微八道大經妙籙》有「赤松子」；《上清太上八素眞經》有「太虛眞人南嶽赤君」；《洞眞太上太霄琅書》卷1有「南嶽赤松」；《上清七聖玄紀經》有「南極眞人赤松子」；《上清金眞玉光八景飛經》有「南嶽松子」；《上清太上元始耀光金虎鳳文章寶

經》有「南嶽眞人」；《上清太上帝君九眞中經》，註曰「太虛眞人南嶽上仙赤松子傳」，卷上有「南極上眞亦帝君」；有《赤松子中誡經》。

按：卿希泰主編的《中國道教》將赤松子追溯到《淮南子・齊俗》，對相關文獻作了簡要的梳理。日本學者大形徹《松喬考——關於赤松子和王子喬的傳說》（《復旦大學學報（社會科學版）》1996 年第 4 期）從松樹代表長壽這一傳統觀念出發，得出赤松子一名來自於《詩經・鄭風》和《戰國策・秦策》所言的「山有喬松」和「松喬之壽」，其考證極爲詳盡，頗具啓發性。

左輔後聖上宰西域西極真人總真君（姓王，諱遠，字方平。紫陽君弟子，司命茅君師）

【校】

文獻中多爲「西城王君」，故「域」應爲「城」之訛。

【註】

1. 《尚書帝驗期》曰：「茅盈從西城王君，詣白玉龜臺，朝謁王母，求長生之道。王母授以玄眞之經，又授寶書，童散四方。」

2. 《太平經》有「後聖李君上宰西城宮總眞君」，爲後聖李君四輔之一。

3. 《神仙傳・王遠》曰：「王遠，字方平，東海人也。舉孝廉，除郎中，稍加至中散大夫。博學五經，尤明天文圖讖，識河洛之要，逆知天下盛衰之期，九州吉凶，觀諸掌握。後棄官入山修道，道成，漢孝桓帝聞之，連徵不出，使郡牧逼載，以詣京師……方平無復子孫，鄉里人累世相傳共事之……經父母私問經（指蔡經）曰：『王君是何神人？復居何處？』答曰：『常治崑崙山，往來羅浮山、括蒼山。此三山上皆有宮殿，宮殿一如王宮。王君常任天曹事，一日之中，與天上相反覆者數遍。地上五嶽生死之事，悉關王君……』」《神仙傳・帛和》曰：「帛和，字仲理。師董先生行氣斷穀術，又詣西城山師王君。

4. 《抱朴子・登涉》有「王方平雄黃丸」。

5. 《元始上眞眾仙記》曰：「王方平今爲上相，治月支國人鳥山。」

6. 《上清後聖道君列記》曰：「後聖君命王君總司二十四眞人，決下教之功，二十四眞人皆受事於方諸青童，受所教之徒於王君，王君亦先告可成者於二十四眞人，然後受事及教之也。聖君列紀唯以付王君一人，使擇可授者，不盡使諸眞人並傳之也。」又有「後聖李君上宰西城宮總眞王君」，爲後

聖李君四輔之一。

7. 《上清高上金元羽章玉清隱書經》曰：「上相青童君以此文（指《八天隱文》）傳西城王君，位登四極真人。」

8. 《三天內解經》卷上曰：「太上遣真人及王方平、東方朔欲輔助漢世，使遊觀漢國，看視人情……」

9. 《上清明堂元真經訣》曰：「東卿司命曰：『先師王君昔見授《太上明堂玄真上經》。』」

10. 《上清天關三圖經》曰：「上相青童君曰：『……西城王君後於王屋山石室之內見有此文（指《七星移度》），王君退齋三月齎信詣山，奉受披省是七星移度，修行其道，得成真人……』」

11. 《上清高上玉晨鳳臺曲素上經》曰：「陽朔元年，歲在庚寅，九月甲申朔一日甲申，西城真人王君年四十二歲生，今後高晨大師東海青童君奉受曲素鳳文玄丘太真書憂樂之曲五行上符。」

12. 《登真隱訣》卷中曰：「《明堂內經開心關妄符》，王君撰用。」註曰：「王君，上宰總真也。」《登真隱訣》（《太平御覽》 卷 671 引）曰：「太極真人昔以神方一首傳長里先生，先生姓薛，自號長里，周武王時人也。先生以傳西域總真王君，即金闕聖君之上宰也。按：迅飯方受西梁所傳，時在大宛北谷，今長里傳九轉，乃周初間是為受服迅飯，三四百年後，乃合此丹，蓋司命劍經序也。總真王君傳太元真人，即東卿司命茅大君也。」

13. 《真誥・稽神樞第四》曰：「漱龍胎而死訣，飲瓊精而叩棺者，先師王西城及趙伯玄、劉子先是也。」註曰：「王君昔用劍解，非龍胎諸丹，恐瓊精即是曲晨耳。」《真誥・協昌期第一》曰：「東卿司命曰：『先師王君，昔見授《太上明堂玄真上經》，清齋休糧，存日月在口中。』」《真誥・翼真檢第二》曰：「楊書《王君傳》一卷。」

14. 《天地宮府圖・十大洞天》（《雲笈七籤》卷 27）曰：「第一王屋山洞。周迴萬里，號曰小有清虛之天，在洛陽河陽兩界，去王屋縣六十里，屬西城王君治之。

15. 《洞神八帝妙精經》有「西城僊人王君」；《上清金書玉字上經》、《洞真太上神虎玉經》、《上清金真玉光八景飛經》、《上清太上元始耀光金虎鳳文章寶經》有「西城王君」。《洞真太微黃書九天八籙真文》、《太上玉佩金檔太極金書上經》、《太真玉帝四極明科經》卷 1 和卷 2 有「西城王君」；《太上

洞玄靈寶眞文要解上經》有「西城眞人王君」；《洞眞太上太霄琅書》卷 1、卷 5 有「西城王君」，卷 8 有「西城眞人王君」；《上清七聖玄紀經》有「西極眞人王方平」；《上清黃氣陽精三道順行經》有「西城山」、「王君」；《太微靈書紫文琅玕華丹神眞上經》有「王君」。

紫清太素高虛洞曜道君

【註】

　　《太眞玉帝四極明科經》卷 3 有「太素高靈洞觀道君」；《洞眞上清青要紫書金根眾經》卷上有「太素高靈洞曜道君」；《上清元始高上玉皇九天譜錄》有神名「霄暎」，號「上清紫太素高洞曜三元道君」，或爲此神。

太虛上霄飛晨中央道君（赤松）

【校】

　　輯本無「赤松」二字。

【註】

　　《登眞隱訣》（《三洞群仙錄・相好品》引）曰：「混三年太虛上霄飛晨中黃老道君七歲知長生之要。」《上清元始高上玉皇九天譜錄》有神名「僧京」，號「上清太虛上霄元晨中黃老道君」，或爲此神。

太微東霞扶桑丹林大帝上道君

【註】

1. 此神在文獻中一般稱爲「扶桑大帝」、「太帝」、「東王公」等，源於對日神的崇拜。《尚書・堯典》曰：「分命羲仲，宅嵎夷，曰暘谷。寅賓出日，平秩東作。」《山海經・海外東經》曰：「黑齒國……下有湯谷。湯谷上有扶桑，十日所浴，在黑齒北。居水中，有大木，九日居下枝，一日居上枝。」郭璞註曰：「谷中水熱也。」《楚辭・天問》曰：「日月安屬？列星安陳？出自湯谷，次於蒙汜。自明及晦，所行幾里？」王逸註曰：「言日出東方湯谷之中，暮入西極蒙水之涯也。」《淮南子・天文訓》曰：「日出於暘谷，浴於咸池，拂於扶桑，是謂晨明。登於扶桑，爰始將行……」《說文・木部》曰：「榑桑，神木，日所出也。」《尚書大傳》曰：「東方之極，自碣石東至日出榑木之野，帝太皞神句芒司之。」《十洲記》曰：「扶桑在東海之東岸，岸直，陸行登岸一萬里。東復有碧海，海廣狹浩瀚，與東海等，水既不鹹苦，正作碧色，甘香味美。扶桑在碧海之中，地方萬里，上有太

帝宮，太眞東王父所治處。地多林木，葉皆如桑。又有椹樹，長者數千丈，大兩千餘圍。樹兩兩同根，偶生，更相依倚，是以名爲扶桑。僊人食其椹而一體皆作金光色，飛翔空玄。其樹雖大，其葉椹故如中夏之桑也，但椹稀而色赤，九千歲一生實耳，味絕甘香美，地生紫金光玉，如中夏之瓦石狀。眞仙靈官變化萬端，蓋無常形，亦有能分形爲百身十丈者也。」

2. 《神異經》曰：「東荒山中有大石室，東王公居焉。長一丈，頭髮皓白，人形鳥面而虎尾。載一黑熊，左右顧望，**恒**與一玉女投壺。」又曰：「崑崙之山有銅柱焉，其高入天，所謂天柱也。圍三千里，周圓如削。下有回屋，方百丈，僊人九府治之。上有一鳥，名曰希有。張左翼覆東王公，右翼覆西王母。背上小處無羽，一萬九千里。西王母歲登登翼上，會東王公也。」

3. 《春秋元命包》曰：「孔子曰：『扶桑者，日所出，房所立，其耀盛。蒼帝用事，精感姜嫄，卦得震。震者動而光，故知周蒼，代殷者爲姬昌。人形龍顏，長大，精翼日，衣青光。』」宋衷曰：「爲日精所羽翼，故以爲名。木神以其方色衣之。」

4. 《洞冥記》曰：「東方朔遊吉雲之地，得神馬一匹，高九尺。帝問朔：『是何獸也？』朔曰：『昔西王母乘靈光輦以適東王公之舍，稅此馬遊於芝田，乃食芝田之草。東王公怒，棄馬於清津天岸。臣至王公之壇，因騎馬返，繞日三匝，然入漢關，關猶未掩。臣於馬上睡，不覺而至。』帝曰：『其名云何？』對曰：『因疾，爲名步景。』朔當乘之時，如駑蹇之驢耳。東方朔曰：『臣有吉雲草十頃，種於九景山東。二千歲一花，明年應生，臣走請刈之。得以秣馬，馬終不飢也。』朔曰：『臣至東極，過吉雲之澤，多生此草，移於九景之山，全不如吉雲之地。』帝曰：『何謂吉雲？』朔曰：『其國俗以雲氣占吉凶，若樂事，則滿室雲起，五色照人，著於草樹，皆成五色露珠，甚甘。』」

5. 《吳越春秋·越王陰謀外傳》曰：「立東郊以祭陽，名曰東皇公；立西郊以祭陰，名西王母。」

6. 《漢五帝內傳》曰：「王母曰：『昔上皇清虛元年，三天太上道君下觀六合，瞻河海之短長，察丘嶽之高卑，名立天柱，安於地理，植五嶽而擬諸鎭輔，貴昆靈以舍靈仙，遵蓬丘以館眞人，安水神乎極陰之淵，棲太帝乎榑桑之墟……』」

7. 《元始上眞眾仙記》曰：「《眞書》曰元始君經一劫乃一施太元母，生天皇十三頭，治三萬六千歲，書爲扶桑大帝東王公，號曰元陽父；又生九光玄女，號曰人眞西王母，是西漢夫人。」又曰：「《眞記》口……上仙受天任者，一日三朝玄都太上眞人也，雖有億萬里，往還如一步耳，世人安知此哉？或有日三朝扶桑公，或三朝西王母……扶桑大帝，元始陽之氣，治東方，故世間帝王之子應東宮也……故曰木公金母，天地之尊神。元氣鍊金，生育萬物，調和陰陽，光明日月，莫不由之。」又曰：「扶桑大帝住在碧海之中，宅地四面，並方三萬里，上有太眞宮碧玉城萬里，多生林木，葉似桑。又有椹樹長數千丈，二十園，兩兩同根偶生，更相依倚，名爲扶桑。宮第象玉京也。眾仙無量數。」

8. 《太上靈寶五符序》卷上曰「東王父，腦戶中神。」

9. 《太上玉佩金檔太極金書上經》曰：「太帝君建七寶珠冠，披九色自然雲文之巾皮，飛羅耀光羽袍，腰帶鳳章流金火鈴，手執命魔九色之節。」

10. 《洞眞太微黃書九天八籙眞文》曰：「太微中有三皇一帝，皇者，君之宰輔，一曰皇君，二曰皇天，三曰皇老。」《漢武帝內傳》曰：「王母曰：『昔先師元始天王時及閒居……侍者天皇榑桑大帝君及九眞諸王十方眾聖神官爰延弟子丹房之內，說玄微之言……』」此「天皇」或即「皇天」。

11. 《洞神八帝妙精經》曰：「齋百日召東王父，丹書碧於淨室，廣一尺八寸，謁而於之。」

12. 《上清外國放品青童內文》卷下曰：「東方去中國九十萬里外，名爲呵羅提之國，一名星國。國外有扶桑在碧海之中，地方萬里，上有太帝宮，太眞王之別治，有上生林如桑，皆長數千丈，大者三千圍，兩兩同根而生，有實赤如椹，僊人所啖，食，體作金光色，其實皆九千歲一生。」

13. 《上清元始高上玉皇九天譜錄》有神名「弘」，號「玄清太元東霞扶桑丹林太上道君」；有神名「天光」，號「上清太元丹林太帝上道君」。

14. 《上清元始變化寶眞上經九靈太妙龜山玄籙》卷下曰：「扶桑大帝九老仙皇君元源谷之炁，形長九千萬丈。夏三月頭建寶瑯晨冠，衣亂色百變之袍，腰帶飛靈素綬，佩豁落七元之劍，手執青靈命魔之幡，立九色之雲，光明煥煥，照映上清，思之還長九寸九分。秋三月九老仙皇君則變形爲仙色如金剛，項有圓光，衣七十二條法衣，立三炁蓮花之上，光明煥赫，洞映上清，思之還反眞形。多三月九老仙皇君則變形爲人頭龍身，五色斑爛，在

紫虛之上、碧雲之中，思之還反眞形。春三月九老仙皇君則變形爲碧蒼玄三色之光，更相累遷，在上淸之上，此則反扶桑靑浩之炁，更受鍊元源谷之精，思之還反眞形。」又有「暘谷神王」。

15. 《登眞隱訣》卷下曰：「太帝，紫晨君也。」註曰：「方諸在會稽東南，其東北則有湯谷。」又有「榑桑太帝」。《登眞隱訣》（《太平御覽》卷 674 引）曰：「希琳殿在上淸東海八停山上，太帝君所居。」又曰：「上淸境有希琳臺，太帝道君居之。」

16. 《眞誥・運象篇第四》曰：「褰裳濟綠河，遂見扶桑公。」《眞誥・甄命授第一》曰：「昔漢初有四五小兒，路上畫地戲。一兒歌曰：『著靑裙，入天門，揖金母，拜木公。』到復是隱言也，時人莫知之。唯張子房知之，乃往拜之。此乃東王公之玉童也。所謂金母者，西王母也。木公者，東王公也。偓人拜王公、揖王母。《眞誥・握眞輔第一》曰：「鳥飛司景於扶桑。」《眞誥・協昌期第一》曰：「大方諸對會稽之東南，小看去會稽岸七萬里，東北看則有湯谷建木鄉，又去方諸十萬里。」《眞誥・稽神樞第四》曰：「八淳山高五千里，周匝七千里，與滄浪、方山相連比。其下有碧水之海，山上有乘林眞人鬱池玄宮，東王公所鎭處也。此山是琳琅衆玉、靑華絳實、飛間之金所生出矣。在滄浪山之東北，蓬萊山之東南。」註曰：「此即扶桑太帝所居也。方山即方丈山也。海中山名多載在《五嶽序》中耳。」

17. 《洞眞高上玉帝大洞雌一玉檢五老寶經》、《上淸太上玉淸隱書滅魔神慧高玄眞經》有「扶桑大帝九老仙皇君」；《上淸高上金元羽章玉淸隱書經》有「扶桑大帝」；《太上赤文洞神三籙》有「東王公」；《元始五老赤書玉篇眞文書經》卷下、《太上大道三元品誡謝罪上法》有「太帝君」、「東王公」、「扶桑大帝暘谷神王」；《上淸大洞眞經》卷 1 有「扶桑大帝」、「上淸太無東震（霞）扶桑丹林大帝上道君」、「太帝君」，卷 6 有「扶桑大帝九老仙皇君」；《大洞玉經》卷上有「上淸太無東霞搏桑丹林大帝上道君」，卷下有「榑桑大帝九老仙皇君」；《白羽黑翮靈飛玉符》有「太帝君」；《太眞玉帝四極明科經》卷 2 有「扶桑暘谷神王」、「太帝」，卷 4 有「扶桑大帝暘谷神王」；《太上洞玄靈寶眞文要解上經》有「太帝帝君」；《太上黃庭內景玉經》有「太帝」；《太上玉晨鬱儀結璘奔日月圖》、《洞眞太上素靈洞元大有妙經》、《上淸太上開天龍蹻經》卷 1 有「太帝君」；《上淸三元玉檢三元布經》有「扶桑大帝君」；《太上九赤班符五帝內眞經》有「扶桑大帝」，

又名「太帝」；《上清黃氣陽精三道順行經》有「暘谷神王」；《太上洞玄靈寶三元品戒功德輕重經》有「水帝暘谷神王」；《上清河圖內玄經》有「扶桑大帝暘谷神王」；《上清太上帝君九真中經》卷上有「扶桑大帝君」、「扶桑公太帝君」；《上清金真玉光八景飛經》有「扶桑大帝暘谷神王」、「扶桑公太帝君」。

18.《漢書‧藝文志》著錄《東父》三十一篇；《上清七聖玄紀經》著錄有《扶桑大帝君傳》；《上清玉帝七聖玄紀迴天九霄經》有「扶桑大帝」，著錄有《上聖扶桑太帝君列玄紀》」。

後聖太師太微左真保皇道君

【註】

1. 《太上大道玉清經》卷 5 曰：「下界凡夫學道者名曰後聖。」

2. 《太平經‧太平金闕帝晨後聖帝君師輔歷紀歲次平氣去來北候賢聖功行種民定法本起》曰：「後聖李君太師姓彭，君學道在李君前，位為太微左真。人皇時保皇道君並常命封授兆民，為李君太師，治在太微北塘宮靈上光臺，二千五百年轉易名字，輾轉太虛，周旋八冥。上至無上，下至無下，真官稀有得見其光顏者矣。」

3. 《上清大洞真經》卷 5、《大洞玉經》卷下有「太虛後聖元景彭室真君」；《上清金書玉字上經》有「後聖李彭二君」。

4. 《上清後聖道君列記》曰：「後聖彭君，諱廣淵，一名玄虛，字大椿，一字正陽。彭亦為李，或名彭先，李君學道人皇時生，位為太微左真保皇道君，並當受命，封校兆民，為李君太師，治在太微北塘宮靈上光臺。彭君二千五百年輒易名字，輾轉太虛，周遊八冥，上至無上，下至無下，真官稀有得見其光顏者矣。」

5. 《上清元始高上玉皇九天譜錄》有神名「仙」，號「洞清太虛後聖無量彭室上真道君」。

6. 《上清元始變化寶真上經九靈太妙龜山玄籙》卷下曰：「太虛後聖無景彭室真君，元四演之炁，形長四千萬丈。夏三月，頭建通天紫冠，衣白錦文裘、素羽飛裙，腰帶飛靈之綬，左佩流鈴，手把七元之光，常立紫虛之上、蓮花之中，光明暐曄，洞照上清，思之還長四寸四分。秋三月，彭室真君則變形為僊人，色如金剛，項光圓明，映照四天，衣三十二色無量法衣，光

明奕奕，在上清之上、細微之內，思之還反眞形。多三月，彭室眞君則不變形爲人身鳳頭，五色斑斕，立紫虛之中，光明煥煥，照明上清，思之還反眞形。春三月，彭室眞君則化形爲蒼赤白玄四色之光，更相累遝，如日之暈雲，此則反太虛之凭，更受練元四演之精，思之還反眞形。」

紫明太微九道高元玉晨道君

【註】

　　《上清元始高上玉皇九天譜錄》有神名「傷」，號「上清紫明太微九道高元玉晨道君」。

紫元太微八素三元玄晨道君

【校】

　　古本「玄」作「元」，說本「玄」字闕末筆「、」，皆避康熙諱。

【註】

1. 《上清太霄隱書元眞洞飛二景經》有「上清三元君」，《上清天關三圖經》有「八素元君」、「上清三元君」，或爲此神。

2. 《上清元始高上玉皇九天譜錄》有神名「昇度」，號「玄清紫元太微八素三元玄晨元道君」。

九微太真玉保王金闕上相大司命高晨師　東海王青華小童君

【校】

　　在「三家本」《道藏》中，「九微太眞玉保王金闕上相大司命高晨師」與「東海王青華小童君」分別列出，蓋以爲兩神，輯本亦然；古本「青」作「淸」，秘本、說本「青」作「淸」，視「九微太眞玉保王金闕上相大司命高晨師東海王青華小童君」爲一神。

【註】

1. 《神異經》曰：「西海水上有人，乘白馬朱鬣，白衣玄冠。從十二童子，馳馬西海水上，如飛如風，名曰河伯使者。或時上岸，馬跡所及，水至其處。所之之國，雨水滂沱，暮則還河。」

2. 《漢武帝內傳》曰：「……青童小君，太上中黃道君之師眞，元始天王入室弟子也，姓延陵，名陽，字庇華形，有嬰孩之貌，故仙官以青眞小童之號……遊於扶廣，權此始運宮館，玄圃治仙職分……」

3. 《太平經・太平金闕帝晨後聖帝君師輔歷紀歲次平氣去來北候賢聖功行種民定法本起》有「後聖李君上相方諸宮青童君」，為後聖李君四輔之一。又曰：「東華玉保高晨師青童大君，大君清齋寒靈丹殿，黃房之內，三年，上詣上清金闕。」

4. 左思《吳都賦》：「江斐於是往來，海童於是宴語。」

5. 葛洪《神仙傳》(《太平廣記》卷8《張道陵傳》引)曰：「或自稱柱下史，或稱東海小童，乃授陵以新出《正一盟威》之道。」

6. 《抱朴子・遐覽》著錄《小僮經》、《小童符》，或與青童君有關。

7. 《上清大洞真經》卷1曰：「東向四拜，燒香叩齒三十六通，存東華六門，治東霍山，周迴三千里，門內有三宮，羅列分明：第一宮，方諸青宮，上相青童君所治；第二宮，玉保清宮，玉保王上相大司馬高晨師所治；第三宮，玉華青宮，東海青華小童所治。」有「上清九微太真玉保王金闕上相大司命高晨師東海玉明青華小童君」、「金闕上保東華道君」；卷5有「東華方諸宮高晨師玉保王青童君」。

8. 《大洞玉經》卷上有「上清九微太真玉保王金闕上相大司命高晨師東海王青華小童君」、「金闕上保東華道君」；卷下有「東華方諸宮高晨師玉保王青童君」，註曰：「高晨者，宮名」。

9. 《無上秘要》卷22《三界宮府品》曰：「方諸青宮，右上相青童君治於其內。宮中北殿上有玉架，架上有學仙簿錄及玄名、年月日、深淺、金簡、玉札有十萬篇。領仙玉郎典之……右出《洞真經》及《道跡真跡經》。」

10. 《上清後聖道君列記》曰：「後聖君命王君總司二十四真人，決下教之功，二十四真人皆受事於方諸青童，受所教之徒於王君，王君亦先告可成者於二十四真人，然後受事及教之也。聖君列紀唯以付王君一人，使擇可授者，不盡使諸真人並傳之也。」又曰：「方諸東宮青童君啓撰後聖道君列紀，以上聖聖君傳青童弟子王遠遊，使下示骨相當仙之子，百年再傳，七百年內聽三傳，以授學道當來成仙者也。」又有「後聖李君上相方諸宮青童君」，為後聖李君四輔之一。

11. 《上清高上滅魔玉帝神慧玉清隱書》曰：「北酆落死，青華記名。」

12. 《上清握中訣》卷中曰：「丁卯日日出向日再拜請乞，九月後正月前日出同其方，可因此以服日精。此日東海青童登方諸東華臺四望，按方諸在會稽東小近南，著則應對乙地，若夏月日出東北，便不得正向日存拜東華所在

乞請。」《太上洞玄靈寶真文要解上經》有類似記載。

13. 《太微靈書紫文仙忌真記上經》，註曰：「方諸青童君上清乃鈔傳於朱火丹陵龔仲楊、幼陽，使授南宮諸成真人者。」

14. 《太真玉帝四極明科經》卷1有「高晨大師」、「上相青童君」；卷2有「東海小童」、「上相青童君」，非一神。卷3曰：「太玄都四極明科曰：『外國放品青童內文，乃上清太真玉保王上相大司馬高晨師東海玉門青華小童君所受，秘在方諸青宮……』」

15. 《金闕帝君三元真一經》，涓子授東海青童君。

16. 《太微靈書紫文琅玕華丹神真上經》有「方諸東宮青童大君」。又曰：「青童君諱梵湄」。《皇天上清金闕帝君靈書紫文上經》有「方諸東宮東海青童大君」，自稱「梵湄」；《洞真太上飛行羽經九真升玄上記》有「九微太太真玉保王金闕上相大司命高晨師青童太君梵湄」。《上清高上玉真眾道綜監寶諱》曰：「青童君諱期」。《上清元始高上玉皇九天譜錄》有神名「響」，號「洞清九微太真玉保上相青童道君」；有神名「明師」，號「上相大司高晨君」；有神名「劫有」，號「玉明青華小童大道君」；有神名「紫」，號「太清中宮青真小童道君」。

17. 《紫陽真人內傳》有「東海小童君」。又曰：「（中央黃老君）左侍者清真小童，右侍者太和玉女。」又曰：「（周義山）乃到桑林扶廣山遇青真小童君，受金書秘字。」

18. 《太上洞玄靈寶三元品戒功德輕重經》曰：「下元三品水官洞元風澤之氣晨浩之精置下元三宮。其第一宮號暘谷洞源宮，一曰青華方諸宮，則洞元風澤之氣，總主水帝暘谷神王九江水府河伯神仙諸真人水中諸大神已得道過去未得道及百姓子男女人仙簿。其宮皆五億五萬五千五百五十五億五萬重風澤之氣，其中神仙水神官僚亦有九萬九千九百九十九萬眾，亦是死者有功之魂受度得補水官之任，亦各有年限，功滿便得進昇天仙官號或還生人中，如此輪轉，皆得上仙也，其隨缺隨補，以充其職。暘谷宮一號青華方諸宮，左右中三府，左府號清元靈淵府，主生，太陽火官考；右府號九水寒夜府，主死，太陰水官考；中府號朔單青靈府，主生死罪簡風刀之考，三府各領官僚五千萬人，總統生死罪福。」

19. 《洞真上清青要紫書金根眾經》，註曰：「上相青童君撰」。卷下有「太清玉寶金闕上相高晨師東海青童君」。又曰：「凡學道，道成應真人，皆先詣東

華方諸宮，投簡謁青童君也。東華有六門，門內周迴三千里。東門名青華門……主學仙簿錄所經；南門名神華玉門……主眞人神仙出入所經；西門名玉洞門……主高上眾眞玉皇、三十九章二十四玉眞、西龜王母所出入；北門名玉陰門……主眞仙及始學者犯糾退降所經；東南門名天關……主人宿命因緣簿錄得仙所由；東北門名寒水門……主鬼爽轉敘所經。右六門治天東壟山……門內有三宮，第一宮名方諸青宮，第二宮名玉寶青宮，第三宮名玉華青宮……上相青童君治在方諸青宮之內金殿瓊房之**裏**，眾眞侍女三千人侍衛左右……宮內北殿上有金格，格上有玉格，格上有學仙簿錄及玄名年深，深淺金簡玉札有十萬篇，領仙玉郎典之，有知者白日昇天。玉寶王上相大司馬高晨師治玉寶青紫宮……玉女三千人侍衛左右，宮內北殿上有金格，格上有金章鳳璽玉札丹青羽蓋昇仙法，服以給成眞之人，又有學仙品目進敘及退降簿錄，侍仙玉晨典之，有知者白日昇天。東海青華小童治在玉華青宮，紫雲蓋其上，日月夾其宇，眾仙玉女三千人侍衛左右。宮內東殿玉格上有寶經三百卷，玉訣九千篇，主學仙簿錄，應爲眞人者授之，玉晨監仙侍郎典者白日昇天。」

20. 有《洞眞八景玉籙晨圖隱符》，註曰：「上相青童君撰」。

21.《洞眞太上太霄琅書》卷 1 有「上相青童君」，卷 6 有「上清東海青華小童」。卷 10 曰：「太微天帝曰：……昔太眞王母、東華青童、元始天王皆太上弟子也……」

22.《上清七聖玄紀經》著錄有《九微太眞玉保金闕上相太司命高晨師東海青童君傳》。

23.《上清天關三圖經》曰：「上相青童君曰：『吾往學經歷七百年，涉峻登嶺，越東跨西，殊南經北，逍遙中原，經師三十二人，凡受三百餘事，未得上登金闕詣聖君受靈書紫文，服日月黃華、拘魂制魄之道，結璘鬱儀九眞八道，解形遯變紫度炎光流金火鈴，吐納飛霞，騰空步雲，躡行七元寶經。聖君以七星移度，太帝所寶，告盟見授，使斷落六宮死名，填塞東北鬼戶，上聞天關，移度我身，然後可得上登三元奉行，遂得上相之司，總領群仙……』」

24.《上清化形隱景登升保仙上經》有「中央黃老君、南方赤精君、東方青童君，北方太上君、西方太素君並迴九陰以散形，運九晨以匿軀……」

25.《上清外國放品青童內文》卷上曰：「上清太眞玉保王上相大司馬命高晨師

東海玉門青華小童君受高上玉帝《外國放品隱元內文》」，有「上相青童君」。

26.《上清元始變化寶眞上經九靈太妙龜山玄籙》卷上曰：「青瓊之板金書玉字青金丹皇錫文，皆出自九天大有宮中俯仰之格，皆結高玄空洞自然之章，以徵於上眞高聖之官，不施於始學。如金闕東華方諸宮亦有儀軌，以召始學飛仙之人也。」卷下曰：「東華方諸宮高晨師玉保王青童君元日精之炁，形長八千萬丈。春三月頭建青華寶晨冠，衣青羽飛裘、青錦飛裙。腰帶青精通明之劍，手執九色魔幡，帶神虎之符，坐青雲之上，紫煙之中，思之還長七寸七分。夏三月青童君則變形爲人身鳥頭，通身青羽之衣，立五色師子之上，手持招仙之策，在紫雲之中，思之還反眞形。秋三月青童君則變形爲青精童子，頭戴飛龍，口銜火鈴，坐玄虛之上，常有青雲繞絡身形，思之還反眞形。冬三月青童君則變形爲青赤綠三色之光，更相繞纏，在上清之上、青雲之中，此則反東華之炁，更受鍊元日精之精，思之反還眞形。」

27.《洞眞上清太微帝君步天綱飛地紀經簡玉字上經》曰：「《太上隱書步天綱飛六紀玉經》皆後聖君以付方諸宮青童君，使下教骨命宿有仙名者。自無仙籍玉書得道之子亦永自不相遭遇見此玉經也。」

28.《登眞隱訣》卷上有「東海青童君」；《登眞隱訣》（《太平御覽》卷674引）曰：「郁弗臺在上清境方諸東華山上，青童君所居。」

29.《眞誥・協昌期第一》曰：「東海青童君，常以丁卯日，登方諸東華臺四望。子以此日常可向日再拜，日出行之，可因此以服日精。」又曰：「方諸正四方，故謂方諸。一面長一千三百里，四面合五千二百里。上高九千長……青童君在東華山上，方二百里中，盡天仙上眞宮室也，金玉瓊瑤，雜爲棟宇……方諸東西面又各有小方諸，去大方諸三千里。小方諸亦方，面各三百里，周迴一千二百里，亦各別有青君宮室，又特多中仙人及靈鳥、靈獸輩。大方諸對會稽之東南，小看去會稽岸七萬里，東北看則有湯谷建木鄉，又去方諸十萬里……大方諸之西，小方諸上，多有奉佛道者。有浮圖，以金玉鏤之……大方諸宮，青君常治處也。其上人皆天眞高仙，太極公卿諸司命所在也……」註曰：「霍山赤城亦爲司命之府，唯太元夫人、南嶽夫人在焉。李仲甫在西方，韓眾在南方，餘三十司命皆在東華，青童爲太司命總統故也。楊君亦云東軒執事，不知當在第幾位耳。」《眞誥・協昌期第二》有「東海小童口訣」，註曰：「此上相青童君之別號也。」《眞誥・甄命授第二》曰：「方諸青童見告曰：『人爲道亦苦，不爲道亦苦。惟人自

生至老，自老至病，護身至死，其苦無量。心惱積罪，生死不絕，其苦難說。』《四十二章經‧第三十五章》曰：「佛言：『人爲道亦苦，不爲道亦苦。惟人自生至老，自老至病，自病至死，其苦無量。心惱積罪，生死不息，其苦難說。』」

30.《釋三十九章經》（《雲笈七籤》卷 8）曰：「第三十四章，東華方諸宮高晨師玉保仙王曰青童君。東華者，仙眞之州也。在始暉之間，高晨師玉保土所治也。東華眞人呼日爲紫曜明，或曰圓珠。青童君乘雕玉之軿，御圓珠之氣，登雲波之山，入東華之堂。」

31.《天地宮府圖‧十大洞天》（《雲笈七籤》卷 27）曰：「第二委羽山洞，周迴萬里，號曰大有空明之天。在台州黃巖縣，去縣三十里，青童君治之。」

32.《太上靈寶五符序》卷下有「東海小童」；《太上三天正法經》有「後聖九玄上相青童帝君」；《上清高上金元羽章玉清隱書經》、《上清黃氣陽精三道順行經》、《高上太霄琅書瓊文帝章‧九天元始號》、《上清三元玉檢三元布經》、《上清太霄隱書元眞洞飛二景經》、《太上九赤班符五帝內眞經》、《洞眞上清開關三圖七星移度經》卷上有「上相青童君」；《太上洞玄靈寶智慧本願大戒上品經》有「九微太眞」；《上清太上玉清隱書滅魔神慧高玄眞經》有「青華方諸宮高晨師玉保仙王青童君」；《太上大道三元品誡謝罪上法》有「青華大神上相司馬青童君」；《太上三天正法經》有「上相青童君」、「後聖九玄上相青童君」；《元始五老赤書玉篇眞文書經》卷下有「青華大神上相司馬青童」、「東海青童金闕上相至眞大神」；《太上諸天靈書度命妙經》有「東華青宮青童大君」；《太上求仙定錄尺素眞訣玉文》有「東海小童」、「東海童」；《上清金書玉字上經》有「方諸宮青童君」；《太上洞玄靈寶本行因緣經》有「東華青童君」；《洞眞太上素靈洞元大有妙經》有「上相青童君」、「東海青童」；《上清河圖內玄經》有「上相青童」；《洞眞太上神虎玉經》有「東海小童」、「上相青童君」；《上清高上玉晨鳳臺曲素上經》有「東海方諸青童大君」；《上清金眞玉光八景飛經》有「青眞小童」、「上相青君」、「東海小童」、「上相青童君」；《上清玉帝七聖玄紀迴天九霄經》有「東華青童」；《上清太上元始耀光金虎鳳文章寶經》有「東海小童」、「上聖青童君」；《上清曲素訣辭籙》有「東海方諸宮青童大君」；《太上洞玄靈寶眞文要解上經》有「始

生青真東華玉寶高晨大司馬上相青童君」、「青童大君」；《周氏冥通記》
卷 4 有「青童君」；《真誥·運象篇第一》有「東宮九微真人金闕上相青
童大君」。

領九宮上相長里先生薛君（周時得道，許長史前緣兄也）

【註】

1. 《登真隱訣》（唐賈嵩《華陽陶隱居內傳》引）曰：「《九轉神丹升虛上經》
　是太極真人傳長里先生，長里先生傳西域總真王君，王君傳太元真人也。」
　《登真隱訣》（《太平御覽》卷 671 引）曰：「太極真人昔以神方一首傳長
　里先生，先生姓薛，自號長里，周武王時人也。先生以傳西域總真王君，
　即金闕聖君之上宰也。按：迅飯方受西梁所傳，時在大宛北谷，今長里傳
　九轉，乃周初間是為受服迅飯，三四百年後，乃合此丹，蓋司命《劍經序》
　也。」

2. 《真誥·運象篇第三》有「長里薛公」。又曰：「長里先生，燕代人，周武
　王時人也。先生比乞之於太上……速升虛之超，長里之願也。」《真誥·
　運象篇第四》曰：「策龍上造，浮煙三清，實真仙之領帥，友長里之先生，
　必當對牧種邑，守伯仙京，傅佐上德，列書絳名。」《真誥·甄命授第一》
　曰：「人生有骨錄，必有篤志，道使之然。若如青光先生、谷希子、南嶽
　松子、長里先生、墨羽之徒，皆為太極真人所友，或為太上天帝所念者，
　興雲駕龍以迎之。」

3. 《上清真人許長史舊館壇碑》曰：「謹案《真誥》，君（指許長史）挺命所
　基，緣業已久，乃周武王世九官上相長里薛公之弟也。」

4. 《上清七聖玄紀經》有「九宮上相長里先生」。

太微右真公領九宮上相希林真人燕君（從小有天王，受王君替代）

【註】

1. 《真誥·運象篇第二》曰：「乘煙七元，嘉會希林……」又曰：「習適榮辱
　城，罕躡希林宮。」

2. 《清靈真人裴君傳》曰：「登明真之臺，坐希琳之殿。」

司命東嶽上真卿太元真人茅君（大茅君，諱盈，字叔申）

【註】

1. 《尚書帝驗期》曰：「茅盈從西城王君，詣白玉龜臺，朝謁王母，求長生之

道。王母授以玄眞之經，又授寶書，童散四方。」

2. 《神仙傳‧茅君》曰：「茅君者，名盈，字叔申，咸陽人也……茅君十八歲入**恒**山學道，積二十年，道成而歸……明日迎官來至，文官則朱衣素帶，數百人，武官則甲兵旌旗，器杖曜日，千餘人。茅君乃與父母宗親辭別，乃登羽蓋車而去，麾幢幡葢，旌節旄鉞，如帝王也……君徑之江南，治於句曲山，山有洞室，神仙所居，君治之焉。山下之人，爲立廟而奉事之。君嘗在帳中與人言語，其出入或導引人馬，或化爲白鵠……遠近居人，賴君之德，無水旱疾癘，螟蝗之災，山無無刺草毒木及虎狼之屬，時人因呼此山爲茅山焉……太上老君命五帝使者持節，以白玉版黃金刻書，加九錫之命，拜君爲太元眞人東嶽上卿司命眞君，主吳越生死之籍，方卻昇天。或治下於潛山。」

3. 《無上秘要》卷 21《三界宮府品》曰：「太元府，定錄府，保命府，右在句曲山，三茅君所居……右出《洞眞經》及《道跡眞跡經》。」

4. 《大洞玉經》卷下曰：「三茅句曲山，兄弟列仙班。」

5. 《道跡經》（《無上秘要》卷 20 引）曰：「西王母爲茅盈作樂，命侍女王上華彈八琅之璈，又命侍女董雙成吹雲和之聲……於是眾聲徹合，靈音駭空。王母命侍女於善賓、李龍孫歌玄雲之曲。」

6. 《三天內解經》卷上曰：「漢世前後帝王凡四百二十五年，之中百姓民人得道者甚多……茅君兄弟三人爲司命之任。」

7. 《上清明堂元眞經訣》有註曰：「太元眞人初在常山學道，夢見太玄玉女，把玉札而攜之，令往西城。」又曰：「昔鍾山眞人教夏禹之道是此玄眞法耳，但鈔略而已，無纏旋之事也。」註曰：「按《劍經序》云夏禹服靈寶行九眞，又五符所載鍾山眞人教焉。服日月五行之法並與今說不同。此云無纏旋之事者，即應是後東卿所授者，初授二弟小單法耳……司命受玄眞於王母及總眞訣，教行之三年，色如女子，日有流光，面生玉澤。」又曰：「東卿司命曰：『先師王君昔見授太上明堂玄眞上經。』」

8. 《上清金書玉字上經》曰：「遨遊太元，名上金閣，列爲眞人。」有「大茅君」。

9. 《洞眞上清太微帝君步天綱飛地紀經簡玉字上經》曰：「（王君）施行得道，上登太極，乃見先有刻太極北壁書字者云，咸陽茅盈受步綱經，師法隱試，火燒衣形，口雖不言，色猶不平，是謂下過。非眞之精可行太極，勿登上

清。盈見璧文字讀之，悵然自見試受書以來初自不悟，有色炁不平之累，於今九十八年矣，乃知鑒綱玄璧，無細不書也，乃更克，復往慊訴誓上眞，始得補帝皇之卿耳。」

10. 《登眞隱訣》卷中有「東卿」。《登眞隱訣》（《太平御覽》卷 674 引）曰：「赤誠，太元眞人所居。」《登眞隱訣》（《太平御覽》卷 677 引）曰：「太元眞人乘白虎輿，有八色雲軿。」

11. 《眞誥·運象篇第一》有「東嶽上眞卿司命君」。《眞誥·運象篇第二》曰：「上眞云：『昨與叔申詣清虛宮，校爲仙眞得失之事耳。近頓除落四十七人，都復上三人耳。並復視爾輩之名簡，如今佳耳。許某乃得在伯札中』」又曰：「司命君……著青錦繡裙、紫毛帔，巾芙蓉冠。」《眞誥·協昌期第一》曰：「東卿司命曰：『先師王君，昔見授《太上明堂玄眞上經》……』」《眞誥·稽神樞第一》曰：「句曲山，秦時名爲句金之壇。以洞天內有金壇百丈，因以致名也。外又有積金山，亦因積金爲壇號矣。周時名其源澤爲曲水之穴，按山形曲折，後人合爲句曲之山。漢有三茅君，來治其上，時父老又轉名茅君之山。三君各乘一白鵠，各集山之三處。時人互有見者，是以發於歌謠。乃復因鵠集之處，分句曲之山爲大茅君、中茅君、小茅君三山焉。」又曰：「司命君自在東宮，又書不應總合，德有輕重之故也。」註曰「司命常住大霍之赤城，此間唯有曹府耳。具位有高卑，故不宜共作辭啓。二君雖同居華陽，而官府各異……」《眞誥·稽神樞第二》曰：「東卿司命監太山之眾眞，總括吳越之萬神，可謂道淵德高，折衝群靈者也。」《眞誥·闡幽微第一》曰：「二天宮立一官，六天凡立爲三官。三官如今刑名之職，主諸考謫，常以眞仙、司命兼以總御之也，並統仙府，共司生死之任也。大斷制皆由仙官。」註曰：「道家常呼三官者是此也。而《消魔經》云：『岱宗又有左火官、右水官及女官，亦名三官，並主考罰。』今三茅君通掌之，大君爲都統，保命爲司察矣。所以隸仙官者，以爲天下人不盡皆死，其中應得眞仙，則非北帝所詮，或有雖死而神化反質者。如此皆在眞仙家簡錄，故司命之職應而統之也。」

12. 《太元眞人東嶽上卿司命君傳》（《雲笈七籤》卷 104）曰：「祚有三子：長子諱盈字叔申。」

左卿仙侯眞君許君（諱穆，南嶽夫人弟子，事晉爲護軍長史，退居句曲山）

【校】

　　古本、秘本「侯」作「候」。

【註】

1. 《元始上眞眾仙記》曰：「許穆在華陽洞天立宅爲眞人。」

2. 《眞誥·運象篇第二》曰：「上眞曰：『昨與叔申詣清虛宮，校爲仙眞得失之事耳。近頓除落四十七人，都復上三人耳。並復視爾輩之名簡，如今佳耳。許某乃得在伯札中。』」註曰：「許某即長史名也。楊君疏呈，故不載名耳。」又註曰：「長史大名諱，字思玄。」《眞誥·運象篇第二》曰：東卿司命甚知許長史之慈肅。小有天王昨問：『此人今何在？修何道？』東卿答曰：『是我鄉里士也（鄉里者，謂句容與茅山同境耳，非言本咸陽人也）。內明眞正，外混世業，乃良才也。今修上眞道也。』《眞誥·稽神樞第二》曰：「七月十五日夜，茅中君受書與許卿。」註曰：「即長史也。後當爲上清左卿。」又曰：「我聞易遷中人竇氏言云：『北河司命禁保侯，似有所擬，想當審耳。』」註曰：「竇氏即瓊英也。似有所擬者，當是長史。故中君受云北河司命方驗也。恐受業高后，定不復爲此職。然主領種民事亦相符。」《眞誥·翼眞檢第一》曰：「長史掾立宅在小茅後雷平山西北。掾於宅治寫、修用，以泰和五年隱化，長史以泰元元年又去。」又曰：「伏尋《上清眞經》出世之源，始於晉哀帝興寧二年太歲甲子，紫虛元君上眞司命南嶽魏夫人下降，授弟子琅琊王司徒公府舍人楊某，使作隸字寫出，以傳護軍長史句容許某並第三息上計掾某某。二君又更起寫，修行得道。」《眞誥·翼眞檢第二》曰：「副（指許副）有八男……第五某，即長史也。」又曰：「長史名諱，字思玄，一名穆，正生。少知名，儒雅清素，博學有才章。簡文皇帝久垂俗表之顧，與時賢多所儔結。少仕郡主簿、功曹史，王導、蔡謨、臨川辟從事，不赴。選補太學博士，出爲餘姚令，入爲尚書郎、郡中正、護軍長史、給事中、散騎常侍。雖外混俗務，而內修眞學，密授教記，遵行上道，挺分所得，乃爲上清眞人。爵登侯伯，位編卿司，治仙佐治，助聖牧民。」又曰：「登升者三人。」註曰：「先生、長史、掾也。」

3. 《上清眞人許長史舊館壇碑》曰：「眞人姓許諱穆，世名諱，字思玄，本汝南平輿人……升平末，除護軍長史、本郡中正，外督戎章，內銓茂序，退邦肅律，鄉采砥行。太和中，遷給事中散騎常侍，蟬冕輝華，事歸尚德。簡文踐極，方優國老，儵值晏駕，于焉告退，專靜山廬，以修上道……君

尚想幽奇，歲月彌軫，**恒**與楊君深神明之契。興寧中，眾真降，楊備令宣喻。龍書雲篆，儉然遍該；靈謨奧旨，於茲必究。年涉懸車，遵行愈篤。太元元年，解駕違世，春秋七十有二。子侄禮窆虛樞於縣西大墓，京陵之蹤未遠，飛劍之櫬在焉。謹案《真誥》，君挺命所基，緣業已久，乃周武王世九官上相長里薛公之弟也，兼許肇遺功，復應垂祉後胤，故乘運托生，因資成道，玉札所授為上清真人，爵登侯伯，位編卿司，理仙撫治，佐聖牧民矣。真傳未顯於世，莫能具述。」

4.《赤松子章歷》卷 5 有「許長史」；《登真隱訣》卷中有「長史」。

侍帝晨青蓋真人郭君（名世幹）

【校】

古本「青」作「清」，「幹」作「翰」；說本「青」作「清」，「幹」作「翰」。

【註】

《真誥‧運象篇第一》有「青蓋真人侍帝晨郭世幹（衛人）」。

紫陽左真人周君（義山）

【註】

1. 該條與第四左位「葛衍真人周季通」為同一人。

2.《太上洞房內經序》曰：「吾（指周義山）昔好道已來，見諸賜我神芝，教我仙道，以老君黃庭外經真訣內字見授吾，奉而行之，上作真人。」

3.《真誥‧運象篇第一》有「葛衍真人周季通」、「紫陽真人」；《真誥‧運象篇第二》有「周紫陽」。《真誥‧稽神樞第二》曰：「學道當如山世遠，去人事如清虛真人，步深幽當如周紫陽，何有不得道邪？」註曰：「世遠傳未出，其捨家尋學，事在讖書。即尹公度弟子，已得為太和山真人。清虛王君、紫陽周君各自有傳。」《真誥‧稽神樞第四》曰：「周真人有十五人弟子，四人解佛法。入室弟子王瑋玄、李建道、泉法堅。」《真誥‧握真輔第一》曰：「周君又言曰：『昔所不以道相受者，直以吳僋之交而有限隔耳。』」註曰：「周是汝陰人，漢太尉勃七世孫，故云僋人也。」

4.《紫陽真人內傳》曰：「紫陽真人，本姓周，諱義山，字季通，汝陰人也，漢丞相周勃七世之孫，以冠族播流，世居貴官……為人沉重，少於言笑，喜怒不形於色，好獨坐靜處，不結名號，然精思微密，所存必感……見貧乏饑餓之人輒解衣與之……時陳留大多名士聞君盛德，體性沈美，咸修詣

焉，君輒稱疾不見賓客。」又曰：「子名上金書於方諸之宮，命登青錄爲字，所謂金閣玉名已定於天曹矣，必能乘雲駕龍，上造以紫陽太清，佩金眞玉光龍衣虎帶，拜爲眞人……」又曰：「君（指周義山）乃還登常山石室中，齋戒念道，復積九十餘年，中無英君、黃老君遂便授之大洞眞經三十九篇，有玉童二十一人，玉女二十一人，皆侍直燒香，晝夜習之。積十一年，遂乘雲駕龍，白日昇天，上詣太微宮，受書爲紫陽眞人，佩黃旄之節，八威之策，帶流金之靈，服自然之衣，食玉醴之米臺，飲金液之漿，治葛衍山金庭銅城，所謂紫陽宮也。紫陽有八眞人，君處其右。一月三登崑崙，一朝太微帝君，以幡冢爲紫陽別宮，所謂洞庭潛宮也。」又曰：「又註云周君後漢元鳳元年太歲辛丑七月五日巳卯生，到元康元年太歲丙辰，蘇君受三一貞白條例……』」

5. 《周氏冥通記》卷 3 曰：「紫陽左眞人治葛衍山周君。」

6. 《天地宮府圖・十大洞天》（《雲笈七籤》卷 27）曰：「第八句曲山洞，周迴一百五十里，名曰金壇華陽之洞天。在潤州句容縣，屬紫陽眞人治之。」

清靈真人裴君（漢右扶風人，漢時得道）

【註】

1. 《位業圖》第三右位有「鬱絕眞人裴玄仁」。

2. 《元始上眞眾仙記》曰：「裴清靈治四明山。」

3. 《眞誥・運象篇第一》曰：「《寶神經》是裴清靈錦囊中書，侍者常所帶者也。裴昔從紫微夫人授此書也。」《眞誥・甄命授第一》曰：「（裴）君曰：『……然學者皆有師，我之所師南嶽松子。松子爲太虛眞人左仙公，谷希子爲右仙公。昔太上以德教老子，以得道。松子以道授於我，以得仙。』」《眞誥・稽神樞第四》曰：「裴眞人有弟子三十四人。其十八人學佛道，餘者學仙道臑，弟子劉顯林、辛仲甫、趙子常。」

4. 《上清太一金闕玉璽金眞紀》曰：「昔有裴君止於空山之上，修行精思，一年之中髣髴形象，二年之中五帝乘日形見在君左右，三年之中終日而言笑樂，五年之中五帝日君遂與裴君驂乘飛龍之車。東到日窟之天東蒙長丘扶桑之宮八極之城，登明眞之臺，坐希林之殿，授揮神之章九有之符，食青精日飴，飲雲碧玄腴。於是與五帝日君日日而遊。此所謂奔日之道也，所以吸取日精五帝從日而前，不可不修此一法。《要道隱書中篇》曰：『子欲爲眞，當存日君，駕龍驂鳳，乘天景雲，東遊希林，遂入帝門精思，乃得

要道，不煩，名上青靈，列位眞官。』」

5. 《清靈眞人裴君傳》（《雲笈七籤》卷 105）曰：「清靈眞人裴君，字玄仁，右扶風夏陽人也。以漢孝文帝二年，君始生焉。爲人清明，顏儀整素，善於言笑。目有精光，垂臂下膝，聲氣高徹，呼如鐘鳴。家奉佛道，年十餘歲，畫夜不寐，精思讀經……」又曰：「西玄山爲清靈宮。」

6. 《登眞隱訣》有「裴君」。《眞誥‧運象篇第一》有「鬱絕眞人裴玄人」、「清靈眞人」；《眞誥‧運象篇第三》有「清靈眞人」；《眞誥‧稽神樞第四》、《周氏冥通記》有「裴清靈」。《太上玉晨鬱儀結璘奔日月圖》有「清靈眞人裴君」。《紫陽眞人內傳》有「裴君」。

靈飛太真太上大夫

【校】

古本、說本「大夫」作「夫人」

【註】

《上清大洞九微八道大經妙籙》曰：「崑崙墉臺飛天太眞太上大夫以上仙得道，佩之（指五嶽上符）橫行五嶽，山神眾朝奉衛。」

侍帝晨東華上佐司命楊君

【註】

1. 《眞誥‧運象篇第一》曰：「眞妃（九華眞妃）又曰：『君（楊羲）師南眞夫人，司命秉權，道高妙備，實良德之宗也。』」《眞誥‧運象篇第二》曰：「明君（指楊羲）夷質虛閑，祕構玉朗，蘭淵高流，清響金宮……必三事大夫，侍晨帝躬……主察陰陽之和氣，而加爲吳越鬼神之君也。」又曰：「三官中常有諺謠云：『楊安大君，董眞命神。』」又曰：「復二十二年，明君將乘龍駕雲，白日昇天，先詣上清西宮，北朝玉皇三元，然後乃得東軫執事矣。」《眞誥‧協昌期第一》曰：「大方諸宮，青君常治處也。其上人皆天眞高仙，太極公卿諸司命所在也。」註曰：「霍山赤城亦爲司命之府，唯太元眞人、南嶽夫人在焉。李仲甫在西方，韓眾在南方，餘三十司命皆在東華，青童爲太司命總統故也。楊君亦云東軫執事，不知當在第幾位耳。」《眞誥‧闡幽微第二》有註曰：「楊君既爲吳越司命，董統鬼神。」《眞誥‧翼眞檢第一》曰：「伏尋《上清眞經》出世之源，始於晉哀帝興寧二年太歲甲子，紫虛元君上眞司命南嶽魏夫人下降，授弟子琅瑘王司徒

公府舍人楊某，使作隸字寫出，以傳護軍長史句容許某並第三息上計掾某某。二許又更起寫，修行得道。」《翼眞檢第二》曰：「楊君名羲，成帝咸和五年庚寅歲九月生。本似是吳人，來居句容。眞降時猶有母及弟。君爲人潔白，美姿容，善言笑，工書畫，少好學，讀書該涉經史。性淵懿沉厚，幼有通靈之鑒。與先生、長史年並懸殊，而早結神明之交。長史薦之相王，用爲公府舍人自隨。簡文登極後，不復見有跡出。按《眞誥》云：『應以太元十一年丙戌去。』又云：『若不耐風火，可修劍解之道，作告終之術。』如此恐以早逝，不必丙戌也。得眞職任，略如九華所言，當輔佐東華爲司命之任，董司吳越神靈人鬼，一皆關攝之。」

2. 《登眞隱訣》卷中有「楊君」。

3. 《通志‧藝文略》著錄《東華司命楊君傳》1卷；《宋史‧藝文志》著錄《司命楊君傳記》1卷。

恊晨大夫石叔門

【校】

　　古本、秘本、輯本、說本「恊」作「協」。

【註】

1. 《清靈眞人裴君傳》（《雲笈七籤》卷105）曰：「遂與君共乘飛龍之車，西到六嶺之門，八絡之丘，恊晨之宮，八景之城，登七靈之臺，坐太和之殿。」

2. 《墉城集仙錄》卷1曰：「太上大道君遣恊晨大夫石叔門賜盈（茅盈）《金虎眞符流金之鈴》。」

正一羽晨侯公楊子明

【校】

　　古本、秘本、說本「侯」作「候」。

【註】

　　《南嶽夫人內傳》（《太平御覽》卷678引）曰：「中央黃老君遣正一羽晨侯公陽子明授夫人（指魏夫人）龍衣虎帶，丹青飛裙，十絕華幡，使川登行上清，攝眞命仙。」

玄洲主仙道君太上公子（姓勤，主關奏仙名）

【校】

　　古本「玄」作「元」，說本「玄」字闕末筆「、」，皆避康熙諱；輯本「勤」

作「勒」。

【註】

1. 《十洲記》曰：「玄洲在北海中戌亥之地，地方七千二百里，去南岸三十六萬里。上有太玄都仙伯眞公所治，多丘山。又有風山，聲響如雷電，對天西北門，上多太玄仙官……」《上清外國放品青童內文》卷下曰：「國名旬他羅之國，一名天鏡之國……國外則有玄洲，方七千二百里。四面是海，去岸三十六萬里。上有太玄都，仙伯眞公所治。」《上清後聖道君列紀》曰：「玄洲亦有黃金刻名之籍，不學而得尸解主者，若學得白日放屍之仙也。」

2. 《抱朴子・明本》曰：「夫得仙者，或昇太清，或翔紫霄，或造玄洲，或棲板桐，聽均天之樂，享九芝之饌……」

3. 《眞誥・稽神樞第一》有「關奏蒙報」。《眞誥・協昌期第二》曰：「爾既小佳，亦可上冢訟章，我當爲關奏之也。」

經命仙伯太保真人

八玄仙伯右仙公谷君

【校】

古本「玄」作「元」，說本「玄」字闕末筆「、」，皆避康熙諱。

【註】

1. 《十洲記》曰：「臣（指東方朔）先師谷希子者，太上眞官也。昔授臣崑崙鍾山、蓬萊山及神洲眞形圖。昔來入漢，留以寄知故人。此書又尤重於嶽形圖矣。」

2. 《太眞玉帝四極明科經》卷 2 曰：「太玄都四極明科曰：『青牙始生經、丹景道精經、還童採華法，凡三卷，西王母所修，以傳大谷先生、黃童眞人、谷希子、太極眞人……』」

3. 《上清黃氣陽精三道順行經》曰：「蘇子林、谷希子、幼陽君、王喬、赤松、皇人青眞之徒，始學便修三道之要黃氣陽精丹書紫字之法，便得超凌三清，登青華之宮，更受上品妙經，詣金闕，受號位登玉清上眞四極之任。」

4. 《上清七聖玄紀經》有「谷希子」。

5. 《上清金眞玉光八景飛經》曰：「南嶽松子以陽朔之年於太華山傳經（指豁落七元二符）於谷希子，今封一通於鳥鼠山中。」

6.《紫陽眞人內傳》曰：「（周義山）乃登都廣，登建木，遇谷希子，受黃氣之法、太空之術、陽精三道之要。」

7.《眞誥‧甄命授第一》曰：「人生有骨錄，必有篤志，道使之然。若如青光先生、谷希子、南嶽松子、長里先生、墨羽之徒，皆爲太極眞人所友，或爲太上天帝所念者，興雲駕龍以迎之。」又曰：「（裴）君曰：『我之所師南嶽松子。』松子爲太虛眞人左仙公，谷希子爲右仙公。」

正一左玄執蓋郎郄偉玄
【校】

　　古本「玄」作「元」，說本「玄」字闕末筆「、」，皆避康熙諱。

【註】

1.《洞眞太上神虎隱文》曰：「太上大道君乃命左玄玉郎郁利玄執金羽節召太微天帝君。」

2.《洞眞太上說智慧消魔眞經》有「左玄玉郎郁梨玄」。

繡衣使者孟六竒
【校】

　　古本、輯本、說本「竒」作「奇」。

【註】

　　《南嶽夫人內傳》（《太平御覽》卷678引）曰：「太玉晨大道君遣繡衣使者孟六竒授（魏夫人）九色之節，雙珠月明神虎之符，錦旂虎旌，使位主羣神，以威六天。」

太素宮官保禁仙郎裘文堅
【註】

1.《洞眞太微黃書九天八籙眞文》有「上清太素太和之宮」。

2.《南嶽夫人內傳》（《太平御覽》卷678引）曰：「太素三元君遣使禁仙都裘文堅、右嬪元姬趙約羅授夫人（指魏夫人）西華玉女三百、八景飛輿。」

左楊王華仲戒
【校】

　　輯本「楊」作「揚」。

繡衣使者西林藻
【註】

《清虛真人王君內傳》（《雲笈七籤》卷 106）曰：「太素三元上道君（指王褒）乃使繡衣命者西林藻，授君《金真玉光》、《流金火鈴》、《豁落七元八景飛晨》。」

右嬪之姬趙約羅
【註】

《南嶽夫人內傳》（《太平御覽》卷 678 引）曰：「太素三元君遣使禁仙都袁文堅、右嬪元姬趙約羅授夫人（指魏夫人）西華玉女三百、八景飛輿。」

三天左官直御史管長條
【註】

《墉城集仙錄》卷 1 曰：「太微帝君遣三天左官御史管脩條賜盈（茅盈）八龍錦輿紫羽華衣。」

逸域宮
【註】

1. 《洞玄靈寶三洞奉道科戒營始》卷 1 曰：「科曰：『夫三清上境及十洲五嶽諸名山，或洞天並太空中，皆有聖人治處。或結氣為樓閣堂殿，或聚雲成臺榭宮房，或處星辰日月之門，或居煙雲霞霄之內。』」

2. 《真誥·稽神樞第三》曰：「茂（指姜叔茂）曾作書與太極官僚云：『昔學道於鬼谷，道成於少室。 養翮於華陽，待舉於逸域……』」

八景城
【註】

1. 《元始天尊說三官寶號經》曰：「爾時元始天尊在大羅天上八景宮內與諸天神王、日月星宿上聖高尊、無極聖眾說無上至妙真法。」

2. 《登真隱訣》（《太平御覽》卷 674 引）曰：「八景城在上清，玉晨道君所居。」

3. 《清靈真人裴君傳》（《雲笈七籤》卷 105）曰：「遂與君共乘飛龍之車，西到六嶺之門，八絡之丘，協晨之宮，八景之城，登七靈之臺，坐太和之殿。」

七靈臺

【註】

1. 《登真隱訣》（《太平御覽》卷 674 引）曰：「七靈臺在上清境，玉晨道君所
   居。」
2. 見「八景城」條。

鳳臺瓊闕

【註】

1. 《高上太霄琅書瓊文帝章・九天元始號》曰：「第八梵摩迦夷天王……治天
   九玄鳳城紫瓊玉臺，左右侍真玉女五萬人。」
2. 《上清高上玉晨鳳臺曲素上經》曰：「得奉迎聖君於上清宮，遊於鳳臺之堂
   也。」

金晨華闕

【註】

　　《洞真上清太微帝君步天綱飛地紀金簡玉字上經》曰：「後聖君詣金晨華
闕上清以付方諸宮青童君……」

右位

右聖金闕帝晨後聖玄元道君（壬辰運當下生）

【校】

　　古本「玄」作「元」，說本「玄」字闕末筆「、」，皆避康熙諱。

【註】

1. 《上清元始高上玉皇九天譜錄》有神名「普」，號「玄清太平金闕帝晨後聖
   玄元道君」。
2. 另見第三中位「太極金闕帝君姓李」條。

右輔侍帝晨領五嶽司命右弼桐**栢**真人金庭宮王君（諱晉，靈王太子，下教）

【校】

　　古本、說本、秘本「栢」作「柏」；秘本「太」作「大」；輯本「靈」作
「林」。

【註】

1. 《逸周書・大子晉解》曰：「王子（太子晉）曰：『吾後三年上賓于帝所……』」

2. 《楚辭・遠遊》曰：「軒轅不可攀援兮，吾將從王喬而娛戲！見王子而宿之兮，審一氣之和德……」

2. 《列仙傳・王子喬》曰：「王子喬者，周靈王太子晉也，好吹笙作鳳凰鳴。遊伊洛之間，道士浮丘公接以上嵩高山。三十餘年後，求之於山上，見桓良曰：『見我家，七月七日待我於緱氏山巔。』至時，果乘白鶴駐山頭，望之不得到。舉手謝時人，數日而去。亦立祠於緱氏山下，及嵩高首焉。」

3. 《神仙傳・序》曰：「周晉跨素鶴於緱氏。」《神仙傳・衛叔卿》曰：「度世因曰：『向與父博者爲誰？』叔卿曰：『洪崖先生、許由、巢父、王子晉、薛容也。』」

4. 《抱朴子・論仙》曰：「馬皇乘龍而行，子晉躬御白鶴，或鱗身蛇軀，或金車羽服。」《對俗》、《微旨》、《明本》等有「松喬」之稱。《塞難》曰：「或曰：『皇穹至神，賦明宜均，何爲使喬松凡人受不死之壽，而周孔大聖無久視之祚哉？』抱朴子曰：『命之脩短，實由所值，受氣結胎，各有星宿……命屬生星，則其人必好仙道。好仙道者，求之亦比得也。命屬死星，則其人亦不信仙道。不信仙道，則亦不自修其事也……』」《釋滯》曰：「昔子晉舍視膳之役，棄儲貳之重，而靈王不責之以不孝。」《明本》曰：「昔赤松子、王喬、琴高、老氏、彭祖、務成子、鬱華皆眞人，悉仕於世，不便遐遁……」《勤求》有「赤松、王喬」；《遐覽》著錄《王喬養性治身經》三卷。

5. 《拾遺記》卷 9 曰：「至周，王子晉臨井而窺，有青雀銜玉杓以授子晉，子晉取而食之，乃有雲起雪飛。子晉以衣袖揮雲，則云雪自止。」

6. 《元始上眞眾仙記》曰：「王子喬爲金闕侍中，治桐栢山。」

7. 《太上靈寶升玄內教經中和品議疏》曰：「泥丸滅度，得免地官，魂神澄正，得昇天堂，或補仙品，或生聖王，更相轉輪，儲積德行，行滿福立，雲輿乃迎，受度積功，非唯一生，志意不倦，克成仙王……王子晉之辭周帝泥丸者，滅度而證無爲，捐屍而升彼岸。」

8. 《上清黃氣陽精三道順行經》曰：「蘇子林、谷希子、幼陽君、王喬、赤松、皇人青眞之徒，始學便修三道之要黃氣陽精丹書紫字之法，便得超凌三清，登青華之宮，更受上品妙經，詣金闕，受號位登玉清上眞四極之任。」

9. 《紫陽眞人內傳》曰：「（周義山）登桐栢山遇王喬，受素奏丹符。」

10. 陶弘景《尋山志》曰：「至赤城兮一憩，遇王子而宿之。」

11. 《真誥・運象篇第一》曰：「又曰：『又有一人，年甚少，整頓非常，建芙蓉冠，著朱衣，以白珠綴衣縫，帶劍，都未曾見。此人來，多論金庭山中事，與眾真共言。又有不可得解者，揖敬紫微、紫清、南真三女真，餘人共言平耳。云是桐柏山真人王子喬也。』」《真誥・運象篇第三》曰：「王子晉，父周靈王，有子三十八人。子晉，太子也，是為王子喬。」《真誥・稽神樞第一》曰：「越桐柏之金庭，吳句曲之金陵，養真之福境，成神之靈墟也。」《真誥・稽神樞第四》曰：「桐柏有二十五人弟子，八人學佛。入室弟子於弘智、竺法靈、鄭文成、陳元子。」註曰「此當略舉標勝者耳。辛、泉、於、竺，皆似胡姓也，當是學佛弟子也。」又曰：「軒轅自採首山之銅以鑄鼎，虎豹百禽為之視火參爐。鼎成而軒轅疾崩，葬喬山。五百年後山崩，空室無屍，唯寶劍、赤舄在耳。一旦又失所在也。」註曰：「《列仙傳》云：『御龍攀髯及子晉馭鵠，並為不同，亦可是化後更出而為之也。』」又曰：「挹九轉而尸昆，吞刀圭而蟲流，司馬季主、寧仲君、燕昭王、王子晉是也。」註曰：「桐柏亦用劍解，當是此吞刀圭者，非九轉也。」又曰：「王之喬墓在京陵。戰國時復有發其墓者，唯見一劍在室。人適欲取視，忽飛入天中也。」又曰：「……出掾寫《劍經》中。」又曰：「桐柏山高萬八千丈，其山八重，周迴八百餘里。四面，視之如一。在會稽東海際，一頭亞在海中。金庭有不死之鄉，在桐柏之中，方圓四十里，上有黃雲覆之。樹則蘇玗、琳碧，泉則石髓、金精，其山盡五色金也。經丹水而南行，有洞交會，從中過行三十餘里則得。」註曰：「此山今在剡及臨海數縣之境。亞海中者，今呼括蒼，在寧海北鄞縣南。金庭則前右弼所稱者，此山在山外，猶如金靈而靈奇過之，今人無正知此處。聞採藤人時有遇入之者，隝隩甚多，自可尋求。然既得已居吳，安能復覓越？所以息心。桐柏真人之官，自是洞天內耳。」

12. 《洞真太上太霄琅書》有「中山王喬」；《上清金真玉光八景飛經》有「桐柏真人」；《上清人上元始耀光金虎鳳文章寶經》有「桐栢真人」；《上清元始變化寶真上經九靈太妙龜山玄籙》卷中有「王喬」；《周氏冥通記》卷 4 有「桐栢右弼王」。

右輔小有洞天太素清虛真人四司三元右保公王君（諱襃，魏夫人師，下教矣）
【校】

　　古本、秘本、說本「襃」作「褒」。

【註】

1. 《尙書帝驗期》曰：「王母之國在西荒，凡得道受書者，皆朝王母於崑崙之闕。王襃字子登，齋戒三月，王母授以瓊花寶曜七晨素經。」

2. 《神仙傳》（《太平御覽》卷 669 引）曰：「清虛眞人王襃，字子登，前漢安國侯王陵七世孫。主仙道君以雲碧陽水晨飛丹二斗腴賜襃，服之視見甚遠，坐在立亡，役使群神。」

3. 《抱朴子》（內篇佚文）曰：「天地五嶽社稷之神，後聖君命清虛小有眞人撰集上仙眞籙，總名爲上清《正法》，以慴萬邪。」《登眞隱訣》卷下有「清虛王眞人」。《登眞隱訣》（《太平御覽》卷 676 引）曰：「小有天王太素清虛眞人登白空山，詣紫虛太眞三元君，受流金火鈴，豁落符七元八景飛晨策玉璽。」

4. 《元始上眞眾仙記》曰：「王子登爲小有天王，治王屋山。」

5. 《洞眞高上玉帝大洞雌一玉檢五老寶經》曰：「大有者，九天之紫宮，故以大有爲名；小有者，清虛三十六洞天之首洞，玄隱精元晨之寶宮也。」

6. 《太上靈寶諸天內音自然玉字》曰：「天眞皇人告五老帝君曰：『我嘗於龍漢之中受文於無名常存之君俯仰之儀……西王母以上皇元年七月丙午於南浮洞室下教以授清虛眞人王君，傳於禹，封於南浮洞室石磧之中，大劫交運，當出世以度得道之人。』」

7. 《上清明堂元眞經訣》有「太極眞人服四極雲牙神仙上方」。註曰：「女弟子魏華存受清虛眞人方」。

8. 《洞眞太微金虎眞符》曰：「太微天帝君金虎眞符藏於太上元景瓊宮……小有王君抄出此符及威神內文之法，以制天地群靈。」

9. 《上清元始變化寶眞上經九靈太妙龜山玄籙》卷中曰：「清虛眞人服之九年，自然登空洞之臺，與眾聖上眞爲侶。」《上清高上龜山玄籙》有相似記載。

10. 《眞誥·運象篇第一》有「清虛小有天王王子登」。又曰：「南嶽夫人其夕語弟子言：『我明日當詣王屋山清虛宮，令汝所治至也。』」《眞誥·運象篇第二》曰：「上眞云：『昨與叔申詣清虛宮，校爲仙眞得失之事耳。近頓除落四十七人，都復上三人耳。並復視爾輩之名簡，如今佳耳。許某乃得

在伯札中』註曰：「許某即長史名也。楊君疏呈，故不載名耳。」又曰：
「有淫慾之心，勿以行上眞之道也。昨見清虛宮正落除此輩人名，而方又
被考罰，以度付三官，推之可不愼乎？」《眞誥・甄命授第一》曰：「王屋
山，仙之別天，所謂陽臺是也。……陽臺是清虛之宮也。」《眞誥・稽神
樞第一》曰：「此山（指句曲山）洞虛內觀，內有靈府，洞庭四開，穴岫
長連，古人謂爲金壇之虛臺、天后之便闕、清虛之東窗、林屋之隔遝。眾
洞相通，陰路所適，七塗九源，四方交達，眞洞仙館也。」註曰：「此論
洞天中諸所通達……清虛是王屋洞天名，言華陽與比併相貫通也。」《眞
誥・稽神樞第二》曰：「學道當如山世遠，去人事如清虛眞人，步深幽當
如周紫陽，何有不得道邪？」註曰：「世遠傳未出，其捨家尋學，事在讖
書。即尹公度弟子，已得爲太和山眞人。清虛王君、紫陽周君各自有傳。」

11. 《周氏冥通記》有註曰：「王屋山清虛王君爲下教二十四眞人之首也。」

12. 《雲笈七籤》卷 106 有《清虛眞人王君內傳》，題「弟子南嶽夫人魏華存
撰」。

13. 《太眞玉帝四極明科經》卷 2、《太玄八景籙》、《洞玄靈寶二十四生圖經》
有「清虛眞人」；《太上洞玄靈寶眞文要解上經》有「小有眞人王君」；《上
清三元玉檢三元布經》有「清虛眞人王君」；《上清大洞九微八道大經妙
籙》有「小有天王」；《上清後聖道君列記》有「王褒」，爲二十四眞之一。

侍帝晨右仙公許君（長史子，諱翽）

【註】

1. 《元始上眞眾仙記》曰：「許玉斧在童初之北，位爲眞人，未有掌領。」

2. 《眞誥・運象篇第一》曰：「蕭條斧子，和心凝靜。道禿雖妙，乘之亦整。
澄形丹空，擢標霄領。其神以暉，其光將穎，實辰（謂應作晨字）之高舉。」
《眞誥・翼眞檢第二》曰：「（長史）小男名翽，字道翔，小名玉斧，正生，
幼有珪璋標挺，長史器異之。郡舉上計掾、主簿，並不赴。清秀瑩潔，糠
秕塵務，居雷平山下，修業勤精。恒願早遊洞室，不欲久停人世。遂詣北
洞告終，即居方隅山洞方原館中，常去來四平方臺……亡後十六年當度往
東華，受書爲上清仙公、上相帝晨。」又曰：「登升者三人。」註曰：「先
生、長史、掾也。」

3. 《上清眞人許長史舊館壇碑》曰：「長史第三子諱玉斧，世名翽。字道翔。

正生。母陶威女，先亡。已得在洞府，易遷宮中。君清穎瑩絜，特絕世倫。郡舉上計掾，不赴。糠粃塵務,研精上業。即弘景玄中之眞師也。恆居此宅,繕修經法。楊君數相從就,亟通眞感。太和五年,於茲告逝,時年卅。《眞誥》云：『後十六年，當度東華，爲上相青童君之待帝晨，受書爲上清仙公，與谷希子並職。帝晨之位,比世待中。」

玄洲仙都太上丈人（治玄洲紫桂宮，玄洲之主矣）

【校】

　　古本「玄」作「元」，避康熙諱，「桂」作「柱」；說本「玄」字闕末筆「、」，避康熙諱。

【註】

1. 《十洲記》曰：「玄洲在北海中戌亥之地，地方七千二百里，去南岸三十六萬里。上有太玄都仙伯眞公所治，多丘山。」

2. 《元始上眞眾仙記》曰：「玄洲方丈，諸群仙未昇天者在此，去會稽岸六萬里，太清仙伯太上丈人所治。」

太保玉郎李君（名飛）

【校】

　　古本、秘本、說本「玉」作「王」。

【註】

　　《眞誥・運象篇第三》曰：「北元中玄道君李慶賓之女、太保玉郎李靈飛之小妹，受書爲東宮靈照夫人，治方丈臺第十三朱館中。」

侍帝晨觀大夫九宮太傅玉晨郎

北牖弟子中候仙人（姓范，諱邈，字度世，曾名永。漢桓帝侍郎，撰《魏夫人傳》）

【校】

　　古本、輯本「候」作「侯」。

【註】

1. 《神仙傳》（《太平御覽》卷 669 引）云：「中候上仙范邈，字度世，舊名冰，服虹景丹得道。撰《魏夫人傳》。」

2. 《眞誥・甄命授第三》註曰：「范中候名邈，即是撰《南眞傳》者。」

女真位
【校】

　　　說本無「真位」二字。

紫微元靈白玉龜臺九靈太真元君
【校】

　　　古本、說本「太」作「元」。

【註】

1. 《莊子・大宗師》曰：「西王母得之（指得道），坐乎少廣，莫知其始，莫知其終。」

2. 《荀子・大略》曰：「禹學於西王國。」

3. 《山海經・西山經》曰：「又西三百五十里，曰玉山，是西王母所居也。西王母其狀如人，豹尾虎齒而善嘯，蓬髮戴勝，是司天之厲及五殘。」《海內西經》曰：「西王母梯幾而戴勝，其南有三青鳥，為西王母取食。在崑崙虛北。」《大荒西經》曰：「有西王母之山、壑山、海山。有沃之國，沃民是處。沃之野，鳳鳥之卵是食，甘露是飲。凡其所欲其味盡存。爰有甘華、甘柤、白柳、視肉、三騅、璇瑰、瑤碧、白木、琅玕、白丹、青丹，多銀鐵。鸞鳳自歌，鳳鳥自舞，爰有百獸，相羣是處，是謂沃之野。　有三青鳥，赤首黑目，一名曰大鵹，一曰少鵹，一名曰青鳥……西海之南，流沙之濱，赤水之後，黑水之前，有大山，名曰崑崙之丘。有神，人面虎身，有文有尾，皆白，處之。其下有弱水之淵環之，其外有炎火之山，投物輒然。有人戴勝，虎齒，有豹尾，穴處，名曰西王母。此山萬物盡有。」

4. 《穆天子傳》卷3曰：「吉日甲子，天子賓於西王母，乃執白圭玄璧以見西王母……乙丑天子觴西王母於瑤池之上……西王母又為天子吟曰：『徂彼西土，爰居其野。虎豹為群，於鵲與處。嘉命不遷，我惟帝女……』」

5. 《世本》曰：「舜時，西王母來獻白環玉玦。」

6. 《新書・修政》曰：「（堯）身涉流沙，地封獨山，西見王母……」

7. 《淮南子・覽冥訓》曰：「稷為堯使，西見王母。」又曰：「羿請不死之藥於西王母，姮娥竊以奔月。」《墮形訓》曰：「西王母在流沙之瀕。」

8. 《大戴禮記・少閒》曰：「昔舜以天德嗣堯，西王母來獻其白琯。」

9. 司馬相如《大人賦》曰：「吾乃今日睹西王母皬然白首。戴勝而穴處兮，

亦幸有三足鳥為之使。」

10. 揚雄《甘泉賦》曰：「想西王母欣然而上壽兮，屏玉女而卻虙妃。」

11. 張衡《思玄賦》曰：「聘王母於銀臺兮，羞玉芝之療飢。」

12. 《漢書‧地理志》曰：「臨羌西北至塞外，有西王母石室。」

13. 《十洲記》曰：「崑崙，號曰崑陵，在西海之戌地，北海之亥地，去岸十三萬里。又有弱水周迴繞市。山東南接積石圃，西北接北戶之室。東北臨大活之井，西南至承淵之谷。此四角大山，寔崑崙之支輔也。積石圃南頭，是王母告周穆王云咸陽去此四十六萬里，山高，平地三萬六千里。上有三角，方廣萬里，形似偃盆，下狹上廣，故名曰崑崙山三角。其一角正北，干晨之輝，名曰閬風巔；其一角正西，名曰玄圃堂；其一角正東，名曰崑崙宮；其一角有積金，為天墉城，面方千里。城上安金臺五所，玉樓十二所。其北戶山、承淵山，又有墉城。金臺、玉樓，相鮮如流精之闕，光碧之堂，瓊華之室，紫翠丹房，錦雲燭日，朱霞九光，西王母之所治也，真官仙靈之所宗。上通璇璣，元氣流佈，五常玉衡。理九天而調陰陽，品物群生，希奇特出，皆在於此。」《上清外國放品青童內文》卷下記載與此相似。

14. 《漢武帝內傳》曰：「王母上殿東向坐，著黃錦袷襡（上夾下蜀無絮長襦也），文采鮮明，光儀淑穆。帶靈飛大綬腰分頭之劍。頭上大華結（上華下髻），戴太真晨嬰之冠……年卅許……絕世真靈人也。」

15. 《洞冥記》曰：「元光中，帝起壽靈壇。壇上列植垂龍之木，似青梧，高十丈，有朱露，色如丹汁，灑其葉，落地皆成珠。其枝似龍之倒垂，亦曰珍枝樹。此壇高八丈，帝使董謁乘雲霞之輦以升壇。至夜三更，聞野雞鳴，忽如曙，西王母駕玄鸞，歌春歸樂，謁乃聞王母歌聲而不見其形。歌聲繞梁三匝乃止，壇傍草樹枝葉或翻或動，歌之感也。四面列種軟棗，條如青桂。風至，自拂階上游塵。」

16. 《吳越春秋‧句踐陰謀外傳》曰：「立東郊以祭陽，名曰東皇公；立西郊以祭陰，名西王母。」

17. 《論衡‧無形》曰：「禹、益見西王母，不言有毛羽。」

18. 《尚書帝驗期》曰：「王母之國在西荒，凡得道受書者，皆朝王母於崑崙之闕。」

19. 《河圖括地象》曰：「崑崙之弱水中，非乘龍不得至。有三足神鳥，為西王

母取食。」《河圖玉版》曰：「西王母居崑崙之山。」

20.《太平經‧師策文》曰：「師曰：『……樂莫乎長安市，使人壽若西王母，比若四時周反始，九十字策傳方上。』」《解師策書訣第五十》口：「『使人壽若西王母』。『使人』者，，使帝王有天德好行正文之人也；『若』者，順也，能大順行吾書，即天道也，得之者大吉，無有咎也；『西』者，人人棲存真道於胸心也；『王』者，謂帝王得案行天道者大興而王也，其治善，乃無上也；『母』者，老壽之證也，神之長也。」

21.《博物志》卷 8 曰：「漢武帝好仙道，祭祀名山大澤以求神仙之道。時西王母遣使乘白鹿告帝當來，乃供帳九華殿以待之。七月七日夜漏七刻，王母乘紫雲車而至於殿西，南面東向，頭上戴玉勝，青氣郁郁如雲。有三青鳥，如鳥大，使侍母旁。時設九微燈。帝東面西向，王母索七桃，大如彈丸，以五枚與帝，母食二枚。帝食桃輒以核著膝前，母曰：『取此核將何為？』帝曰：『此桃甘美，欲種之。』母笑曰：『此桃三千年一生實。』」卷 9 曰：「老子云：『萬民皆付西王母，唯王、聖人、真人、僊人、道人之命上屬九天君耳。』」

22.《抱朴子‧雜應》有「西王母兵信之符」。

23.《搜神記》卷 6 曰：「哀帝建平四年夏，京師郡國民聚會里巷阡陌，設張博具歌曲，祠西王母。又傳書曰：『母告百姓，佩此書者不死。不信我言，視門樞下，當有白髮。』至秋乃止。」卷 14 曰：「羿請無死之藥於西王母，嫦娥竊之以奔月。」

24.《元始上真眾仙記》曰：「《真書》曰……元始君經一劫乃一施太元母，生天皇十三頭，治三萬六千歲，書為扶桑大帝東王公，號曰元陽父；又生九光玄女，號曰太真西王母，是西漢夫人。」又曰：「《真記》曰……上仙受天任者，一日三朝玄都太上真人也，雖有億萬里，往還如一步耳，世人安知此哉？或有日三朝扶桑公，或三朝西王母……西漢九光夫人，始陰之氣，治西方。故曰木公金母，天地之尊神。元氣鍊金，生育萬物，調和陰陽，光明日月，莫不由之。」又曰：「《真記》曰……崑崙玄圃金為墉城，四方千里，城上安金臺五所，玉樓十二瓊華之屋，紫翠丹房，七寶金玉積之連天，巨獸萬尋，靈香億千，西王母九光所治，群仙無量也。」

25.《無上秘要》卷 22《三界宮府品》曰：「墉城金臺……右在崑崙山，西王母治於其所。墉臺墉宮西瑤上臺，右在崑崙山上，西王母所居……右出《洞

眞經》及《道跡眞跡經》。」

26.《大洞玉經》卷下有「西元龜山九靈眞仙母青金丹皇君」。有註曰：「西元者，桐柏山，或云崑崙山；九靈，山中館名也……仙母，乃坤母，爲黃婆，爲無夜夫人，爲大藥王，即太陰鍊形之道。」

27.《洞眞高上玉帝大洞雌一玉檢五老寶經》有「西元龜山九靈眞仙母青金丹皇君」。又曰：「能知大洞眞經，一名九天太眞道德經，此經之作乃自玄微十方元始天尊所運炁撰集也，西王母從元始天王受道，乃共刻於北元天中錄那邪之國。」

28.《太上靈寶諸天內音自然玉字》卷4曰：「坤母者，太陰都候九靈之母，治在東海扶桑暘谷之淵，常總地機，輪轉元炁，上應天關，天關轉，地機動，周天一度，水則湧三千三百度，九江湧溢，水則彌天，東海受會，制期河源，覆山水神也。治於須彌之山，以山鎮固於巨海，遏斷於長源，則地機而不淪，保劫而長存……」又有「西王母」。

29.《太眞玉帝四極明科經》卷3曰：「太玄都四極明科曰：『龜山元錄，西臺王母所受於元始天王，秘於九天之上大有之宮……』」

30.《洞玄靈寶自然九天生神章經》曰：「控翮王母家，永享無終紀。」

31.《上清三元玉檢三元布經》曰：「王母有西龜之錄，舊處萬神之行，萬眞之光。」

32.《上清明堂元眞經訣》曰：「白玉龜臺九靈太眞元君西王母授說明堂玄眞經。」

33.《洞神八帝妙精經》曰：「齋百日，召王母，青書帛一尺於淨室之中，拜而於之。」

34.《洞眞太上太霄琅書》卷10曰：「太微天帝曰：……昔太眞王母、東華青童、元始天王皆太上弟子也……」

35.《上清七聖玄紀經》著錄有《白玉龜臺九鳳太眞西王母傳》。

36.《上清玉帝七聖玄紀迴天九霄經》有「西龜王母」；著錄有《上聖白玉龜臺九靈太眞西王母列玄紀》。

37.《上清元始高上玉皇九天譜錄》有神名「崇」，號「玄清紫元虛皇龜臺九靈太元道君」。

38.《上清元始變化寶眞上經九靈太妙龜山玄錄》卷上曰：「西龜之山一日龍山，乃九天之根紐，萬氣之淵府，在天西北角，周迴四十萬里。高與玉清連界，東南則接通陽之霞，上承青宮神虎之門，西北則交寒穴之野，

上通金闕神仙之庭，南則極於太丹浮黎之鄉，氣協洞陽之光，北則指於鉤陳交關華蓋，氣踐廣靈，中央直沖玉京八達交風山頂。平天三萬里，悉涌金爲牆，結玉爲門，金臺玉樓十二神宮。上有自然流精紫闕，金華之堂，瓊瑤之室，傍通九穴之洞，自生紫氣之雲。交帶鳳文九色落陳，崖生紫桂，嶺秀瓊林，結瑚爲條，植玉爲根，騫樹含寶，赤子白環。三華耀葩於朱景，反香流芳於太玄……金華之堂北窻上有自生紫氣結成玄文，字方一丈，垂芒煥明，天書宛妙，非可尋詳。九天丈人昔上甲元年清齋雲宮，宴景龜山，仍刻金簡繕書玄文，解其素滯，演其靈音，記曰《龜山丹皇飛玄紫文》。西王母以開皇元年正月上寅之日乘虛汎靈逸遨九霄，靜齋龜山，上登自然流金紫闕金華瓊堂，遊觀北窻，朝禮玄文，瞻崖思靈，心想上眞，於是妙感玄覺，丹心表明。時忽有天眞大神挾日帶月……奉元始天王命使齊九天金書紫字青金丹皇之文降授於王母焉，錫號西元九靈上眞仙母，封西龜之嶽，又授素書一卷《上眞始生變化元錄》，總領仙籍，承統玉清。又以青瓊之板給九天鳳衣、飛青羽襦、晨嬰之冠、鳳雲之舄、神鳳紫輪飛　行羽蓋二十四乘、五色仗幡命靈之節。又以上宮金華玉女七百人侍衛於仙母焉，使治流金紫闕金華瓊堂。一月三登玉清，再宴崑崙，五校眾仙。於是天眞大神啓授事畢，悉反駕玉宮。」又有「青金九靈仙丹皇眞母」。又曰：「元始錫西王母青金丹皇玉文，高上元始告靈九天祖宗，西王母諱婉衿，寔天九靈之氣混西金之魄，結紫雲之胞骨，鍊日精之暉，吐納七曜之華，協晨霞而湌太陽鳳髓，嚥於月精蘭腦，凝於玉根金藏，結絡丹形，八纏紫心，表明於丹皇妙圖，高列於帝軒，寢景靈嶽，灰心上清，功濟萬品，惠溢有生，秉節獨操，累劫長存，故致高上曲華元始錫焉，以婉衿有金眞之德，錫禪西元九靈上眞仙母，青金丹皇之號，封掌龜山，總領元錄，依俯仰徵青瓊之板金書玉字，給九天鳳衣……一月三登玉清，再宴崑崙，五校眾仙，五嶽河海十方靈官，莫不總統。」又曰：「青瓊之板金書玉字青金丹皇錫文，皆出自九天大有宮中俯仰之格，皆結高玄空洞自然之章，以徵於上眞高聖之官，不施於始學。如金闕東華方諸宮亦有儀軌，以召始學飛仙之人也。此亦悉出大有之格，但品第尊卑，以高下之異耳，自非九天有名，方諸有錄，終不見其篇目。得見其文，皆刻簡來生，列圖帝籍，應得神仙，故逆表於靈格。」卷下曰：「龜山九靈眞仙母元混西金之炁，形長七千萬丈。春三月頭建寶

琅扶晨羽冠，服紫炁浮雲，神披九色龍錦羽裙，腰帶流金火鈴、虎符龍書，坐太空之中丹綠青三色雲之上，光照煥曜，洞映紫清，思之還長七寸七分。夏三月仙母則變形爲九色之鳳，一體九頭，文彩煥爛，光明奕奕，洞照太虛，思之還反眞形。秋三月仙母則變爲人形鳳頭，衣九色飛雲錦衤屬，腰帶交靈紫綬，立九色之雲，光明煥煥，洞明上清，思之還反眞形。多三月仙母則變形爲紫青黃三色之光，更相累遷，沌沌混混，光明洞發，此則反九靈之炁，更受鍊元混西金之精，思之還人眞形。」

39. 《上清大洞九微八道大經妙籙》曰：「《紫微玄宮玉女玉飛天眞書》，太清元始天王以授西王母，佩此文三萬年太眞位登仙宗，千丘眞人來朝，百瀆眞人衛從，二萬人受祭，傳口盟以玄黃或白或青，傳之萬世。」

40. 陶弘景《水仙賦》曰：「安期奉棗，王母送桃。」

41. 《登眞隱訣》曰：「崑崙瑤臺，西王母之宮。所謂西瑤上臺，天眞秘文盡在其中。」《登眞隱訣》（《太平御覽》卷 673 引）曰：「崑崙瑤臺，西王母之宮，所謂西瑤上臺，《天眞秘文》在其中。」《登眞隱訣》（《太平御覽》卷 674 引）曰：「西華堂在上清，王母所居。」

42. 《眞誥・運象篇第三》曰：「龜闕鬱巍巍，墉臺絡月珠。列坐九靈房，叩璈吟太無。」《眞誥・稽神樞第二》曰：「時或有龜山賓共集，高會眞仙之日。」註曰：「龜山賓即西王母。」《眞誥・甄命授第一》曰：「昔漢初有四五小兒，路上畫地戲。一兒歌曰：『著青裙，入天門，揖金母，拜木公。』到復是隱言也，時人莫知之。唯張子房知之，乃往拜之。此乃東王公之玉童也。所謂金母者，西王母也。木公者，東王公也。僊人拜王公、揖王母。

43. 《釋九靈太妙龜山元錄》（《雲笈七籤》卷 8）曰：「龜山在天西北角，周迴四千萬里，高與玉清連界，西王母所封也。」《釋三十九章經》（《雲笈七籤》卷 8）曰：「第三十九章，西元龜山九靈眞仙母青金丹皇君曰：『崑崙山有九靈之館，又有金丹流雲之宮，上接璿璣之輪，下在太宮之中，乃王母之所治也。西元龜山在崑崙之西，太帝玉妃之所在。』」

44. 《上清大洞眞經》卷 6 有「九靈眞仙母青金丹皇君」；《元始五老赤書玉篇眞文書經》卷下有「元始靈寶西天無極大道西華金堂玉仙眞母」、「西王母」；《太上諸天靈書度命妙經》有「西王金母」；《上清黃氣陽精三道順行經》有「西龜金母」；《太上玉佩金檔太極金書上經》有「西龜王母」、「西王母」；《太上洞玄靈寶開演秘密藏經》有「西臺金母」；《太上洞玄靈寶眞

文要解上經》有「西靈金母」；《洞眞太微黃書九天八籙眞文》有「龜山王母」；《太上洞玄靈寶三元品戒功德輕重經》有「九靈眞母」；《皇天上清金闕帝君靈書紫文上經》、《洞眞太微金虎眞符》有「龜母」；《上清金書玉字上經》有「龜山眞母」；《洞眞上清青要紫書金銀眾經》卷上有「西臺龜母」，卷下有「西龜王母」；《上清金眞玉光八景飛經》有「西龜王母」；《南嶽夫人傳》（《太平廣記》卷58）有「龜山九虛太眞金母金闕聖君」；《上清太上玉清隱書滅魔神慧高玄眞經》有「西元龜山九靈眞仙丹青金丹皇君」；《上清高上金元羽章玉清隱書經》、《洞眞太上素靈洞元大有妙經》、《太上大道三元品誡謝罪上法》、《太上赤文洞神三籙》有「西王母」。

紫虛元君領上眞司命南嶽魏夫人（諱華存，字賢安，小有王君弟子，楊君師）

【註】

1. 《元始上眞眾仙記》曰：「魏夫人治南嶽山。」

2. 《上清明堂元眞經訣》有「太極眞人服四極雲牙神仙上方」。註曰：「女弟子魏華存受清虛眞人方。」

3. 《上清金眞玉光八景飛經》曰：「王君以經（指豁落七元二符）於陽洛山十一月上午子時盟九天，以傳南嶽夫人，今封於陽洛山中。」

4. 《眞誥・協昌期第一》曰：「玄師即南眞夫人。」又曰：「大方諸宮，青君常治處。其上人皆天眞高仙，太極公卿諸司命所在也。有服日月芒法，雖已得道爲眞，猶故服之。」註曰：「霍山赤城亦爲司命之府，唯太元夫人、南嶽夫人在焉。李仲甫在西方，韓眾在南方，餘三十司命皆在東華，青童爲太司命總統故也。楊君亦云東軫執事，不知當在第幾位耳。」《眞誥・翼眞檢第一》曰：「伏尋《上清眞經》出世之源，始於晉哀帝興寧二年太歲甲子，紫虛元君上眞司命南嶽魏夫人下降，授弟子琅琊王司徒公府舍人楊某，使作隸字寫出，以傳護軍長史句容許某並第三息上計掾某某。二君又更起寫，修行得道。」《眞誥・運象篇第一》有「南嶽夫人」、「上眞司命南嶽夫人」；《眞誥・運象篇第三》有「南嶽紫虛元君」；《眞誥・翼眞檢第一》有「紫虛元君上眞司命南嶽魏夫人」。

5. 《南嶽夫人內傳》（《太平御覽》卷678引）曰：「夫人姓魏，諱華存，字賢安，任城人，晉司徒文康公魏舒女也。少讀老莊春秋三傳五經百子事，常別居一園，獨立閑處，服餌胡麻……季冬月夜半，四眞人來降於室，太極眞人安度明、東華青童君、碧海景林眞、清虛眞人王子登，於是夫人拜乞

長生度世。青童君曰：『此清虛眞人者，爾之師也，當受業焉。』景林眞曰：『爾應爲紫虛元君上眞司命，封南嶽夫人也。』……八玄仙伯柯元首、五方天帝君簡肅正等授夫人玉札金文，位爲紫虛元君，領上眞司命，使主諸學道死生圖籍，攝御之宮闕校考。金闕後聖君命仙伯牙叔平授夫人青瓊之板，丹綠爲文，位爲南嶽夫人。此秩仙公給曲晨飛蓋以遊九宮，使治天台大霍山洞臺之中，主下訓奉道教授當爲眞仙者。」《太平廣記》卷 58 有《南嶽魏夫人傳》。

6. 《上清大洞眞經》卷 1 有「紫虛元君」、「祖師南極紫眞」；《大洞玉經》卷上有「祖師南極紫眞」，卷下有「魏元君」；《上清天關三圖經》有「南嶽夫人」；《上清瓊宮靈飛六甲籙》有「南嶽魏夫人」；《上清黃氣陽精三道順行經》有「南嶽夫人」；《登眞隱訣》卷中有「玄師南嶽夫人」；《赤松子章歷》卷 5 有「南嶽紫虛元君」、「南嶽魏夫人」。

八靈道母西嶽蔣夫人

【註】

《眞誥・運象篇第一》有「八靈道母西嶽蔣夫人（案有數號者，並以多爲高……有受讀《黃庭》事云『北嶽蔣夫人』）」，此條又見於《道跡靈仙記》。《眞誥・協昌期第一》有「北嶽蔣夫人」。

北海六微玄清夫人

【校】

古本、說本「玄」字闕末筆「、」，皆避康熙諱。

【註】

《眞誥・運象篇第一》有「北海六微玄清夫人」；《眞誥・甄命授第二》、《周氏冥通記》有「玄清夫人」。

上眞東宮衛夫人

【註】

《眞誥・運象篇第一》有「上眞東宮衛夫人」。

北漢七靈石夫人

【校】

《眞誥・運象篇第一》有「北漢七靈右夫人」。

紫清上宮九華真妃（姓安，晉朝降於茅山）

【校】

　　古本「於」作「于」。

【註】

1. 《元始上眞眾仙記》曰：「九華眞妃治夏蓋山，或在龍山。」

2. 《眞誥・運象篇第一》有「紫清上宮九華安妃」、「紫清上宮九華眞妃」。曰：「紫微夫人曰：『此是太虛上眞元君金臺李夫人之少女也。太虛元君昔遣詣龜山學上清道。道成，受太上書，署爲紫清上宮九華眞妃者也。於是賜姓安，名鬱嬪，字靈簫。』」（按：本篇有九華眞妃的具體衣著）又曰：「眞妃乃徐徐微言而授曰：『我是元君之少女，太虛李夫人愛子也。昔初學眞於上眞之妃，以遊行玉清也。』」《眞誥・運象篇第一》曰：「興寧三年，歲在乙丑，六月二十五日夜。註曰：『此是安妃降事之端……」

3. 《洞眞太上神虎隱文》有「紫清九華安妃」。

紫虛左宮郭夫人

太極中華石夫人

【校】

　　《眞誥・運象篇第一》有「太極中華右夫人」。

太真王夫人

【註】

　　《太玄八景籙》有「太眞王夫人」；《上清金眞玉光八景飛經》有「太眞夫人」；《洞玄靈寶二十四生圖經》有「南極上元九光太眞王夫人」。

滄浪雲林右英王夫人

【註】

1. 《登眞隱訣》卷中有「雲林夫人」。

2. 《眞誥・運象篇第一》有「滄浪雲林右英夫人」。《眞誥・運象篇第二》曰：「南眞說云：『是阿母第十二女工媚蘭，字申林，治滄浪山，受書爲雲林夫人。』」《眞誥・運象篇第三》有「雲林右英王夫人」。《眞誥・協昌期第一》有「滄浪雲林宮右英王夫人」。

3. 《無上秘要》卷 22《三界宮府品》曰：「雲靈宮，右在東海滄浪山，右英

王夫人所居。」

朱陵北絕臺上嬪管妃

【註】

《眞誥‧運象篇第一》有「朱陵北絕臺上嬪管妃」。

方丈臺昭靈李夫人

【校】

《眞誥‧運象篇第三》作「東宮靈照夫人」。註曰:「長史書作靈照夫人,而楊君書多云照靈。」又有「昭靈李夫人」、「方丈左臺昭靈李夫人」;《眞誥‧協昌期第一》有「方丈臺昭靈李夫人」。

【註】

1. 《登眞隱訣》卷中有「方丈臺照靈李夫人」。《登眞隱訣》(《太平御覽》卷678引)曰:「太一有玉璽金眞虎符,方丈臺昭靈李夫人治方丈臺北十三館中,以晉興寧中降楊君,曳紫錦衣帶神虎符、流金鈴,帶青玉色綬。有兩侍女,年二十許,著青綾衣,一侍女名曰:隱暉,捧赤玉箱二枚,青帶絡玉檢文,題檢一曰太上章,一曰太上文,自此後數數來降,授書作詩。」

2. 《眞誥‧運象篇第三》曰:「北元中玄道君李慶賓之女、太保玉郎李靈飛之小妹,受書爲東宮靈照夫人,治方丈臺第十三朱館中。」

北嶽上真山夫人

【註】

《眞誥‧運象篇第一》有「北嶽上眞山夫人」。

瓊華夫人

【註】

《天地宮府圖‧七十二福地》(《雲笈七籤》卷27)曰:「第六十四綿竹山。在漢州綿竹縣,是瓊華夫人治之。」

三元馮夫人

【註】

《墉城集仙錄》卷2曰:「三元夫人者,姓馮名雙禮珠,乃上清高眞也,亦主監盟初仙及證度得道,當爲眞人元君者⋯⋯」

右華九成范夫人

【註】

　　《南嶽夫人內傳》（《太平御覽》卷 678 引）曰：「三素高元君遣左華九成夫人范定英授夫人流金火鈴，九蓋之軿，使彈制萬魔，引輪太無。」

紫微左宮王夫人（諱清娥，字愈音，阿母第二十六女也）

【校】

　　秘本無「王」字。《眞誥・運象篇第一》曰：「紫微左夫人王諱清娥，字愈意，阿母第二十女也。」《大丹隱書》（《雲笈七籤》卷 23）云：「紫微夫人，姓王，諱清娥，字愈音，云是西王母第二十四女。」

【註】

1. 《無上秘要》卷 22《三界宮府品》曰「紫微宮，右在北溟外羽明野玄隴山，紫薇夫人之所居……右出《洞眞經》及《道迹眞迹經》。」

2. 《上清元始高上玉皇九天譜錄》有神名「松纓」，號「太清清虛紫微夫人元君」。

3. 《上清元始變化寶眞上經九靈太妙龜山玄籙》卷中有「紫微夫人」。又曰：「紫微夫人服之十年，自然昇雲金臺之座，對西王母，與眾仙爲侶。」《上清高上龜山玄籙》有相似記載。

4. 《眞誥・運象篇第一》有「紫微左宮王夫人」。又曰：「南嶽夫人見告云：『紫微左夫人王諱清娥，字愈意，阿母第二十女也。鎮羽野玄壟山，主教當得成眞人者。』」《眞誥・甄命授第二》曰：「紫微才豐情綺，動言富逸，牽引始末，**恒**超理外。」

5. 《大丹隱書》（《雲笈七籤》卷 23）云：「紫微夫人，姓王，諱清娥，字愈音，云是西王母第二十四女。紫微宮在北溟外羽明野玄壟山，山在崑崙之東北。」

6. 《上清大洞眞經》卷 1 有「祖師上眞聖母紫微元君王夫人」；《大洞玉經》卷上有「經師上眞聖母紫微元君王夫人」；《太眞玉帝四極明科經》卷 2、卷 5、《上清金眞玉光八景飛經》、《太上赤文洞神三籙》有「紫微夫人」；《洞玄靈寶丹水飛術運度小劫妙經》、《上清高聖太上大道君洞眞金元八景玉錄》、《上清九天上帝祝百神內名經》、《登眞隱訣》有「紫微王夫人」；《上清高上龜山玄籙》有「紫微夫人」、「後聖眞人紫微夫人」。

長陵杜夫人

【註】

《眞誥・運象篇第一》有「長陵杜夫人」。

太微玄清左夫人

【校】

古本「玄」作「元」，說本「玄」字闕末筆「、」，皆避康熙諱。

【註】

1. 《眞誥・運象篇第一》曰：「太微玄清左夫人北淳宮中歌曲。」
2. 《墉城集仙錄》卷 3 曰：「夫人者（太微玄清左夫人），乃太微之上眞也，興寧三年乙丑十二月十七日，與太元眞人眾眞降於句曲金壇眞人楊羲之室。」

右陽王華仲飛姬

【註】

《清虛眞人王君內傳》（《雲笈七籤》卷 106）曰：「（太素三元上道君）又使清眞左夫人郭靈蓋、右陽玉華仲飛姬，齎神策玉璽，授君（指王褒）以爲太素清虛眞人……」

西華靈妃甄幽蕭

【註】

1. 《無上秘要》卷 22《三界宮府品》：「西華宮，右諸學眞人，得受以素眞經者，則未生之前，已書名於此宮……右出《洞眞經》及《道跡眞跡經》。」
2. 《太玄八景籙》、《洞玄靈寶二十四生圖經》皆有「東西二華」，蓋爲其中的西華。

後聖上保南極元君紫元夫人

【註】

1. 《上清後聖道君列紀》有「後聖李君上保太丹宮南極元君」，爲後聖李君四輔之一。
2. 《清虛眞人王君內傳》（《雲笈七籤》卷 106）曰：「南極紫元夫人，一號南極元君。」
3. 《上清黃氣陽精三道順行經》曰：「南極上元君曰：『吾受高上順行三道之

要，黃氣陽精之道，服御靈暉，口啜皇花……傍金翅於高木，迴石景以暎顏，修御靈圖，遂感神眞，乃三景垂暎，七精翼軒，五靈交帶，四司結篇，西龜定籙，名題高晨，故位登南極上元之君……』」

4. 《上清三元玉檢三元布經》曰：「高上三元布經乃上清三天眞書……藏於九天之上大有之宮金臺玉室九曲丹房，南極上元君主之。」

5. 《上清天關二圖經》曰：「帝君明燈內觀求仙上法，南極上元君受帝君，常居朗玄之臺金房紫戶之內。」

6. 《上清太上九眞中經絳生神丹訣》有《南極元君玉經寶訣》。

7. 《墉城集仙錄》卷 2 曰：「南極王夫人者，王母第四女也，名林，字容眞。一號紫元夫人，或號南極元君。理太丹宮，受書爲金闕聖君上保司命……」

8. 《上清大洞眞經》卷 1 有「南極上元君」；《太上玉佩金檔太極金書上經》有「南極上元禁君」；《上清金眞玉光八景飛經》、《太玄八景籙》有「南極上元」；《上清元始高上玉皇九天譜錄》有神名「輝景」，號「玉虛太一南極上元禁道君」；《上清高聖太上大道君洞眞金元八景玉錄》有「南極元君」；《上清元始變化寶眞上經九靈太妙龜山玄籙》卷上、《洞眞上清開關三圖七星移度經》卷上、《太上九赤班符五帝內眞經》、《洞眞太上素靈洞元大有妙經》有「南極上元君」。《洞眞上清青要紫書金銀眾經》卷上、卷下、《太上洞玄靈寶三元品戒功德輕重經》、《太上諸天靈書度命妙經》有「南極上元君」；《上清太霄隱書元眞洞飛二景經》有「南上元君」；《太眞玉帝四極明科經》卷 2 有「上元禁君」，卷 3 有「南極上元君」、「南極元君」，卷 5 有「南極上元」；《登眞隱訣》卷中有「南極夫人」；《眞誥·運象篇第三》有「南極紫元夫人」，《眞誥·甄命授第二》有「紫元夫人」。

後聖上傅太素元君

【註】

1. 《太平經》有「後聖李君上傅白山宮太素眞君」，爲後聖李君四輔之一。

2. 《上清後聖道君列紀》有「後聖李君上傅白山宮太素眞君」，爲後聖李君四輔之 ‥。

東華玉妃淳文期（青童之妹）

【校】

輯本「淳」作「湻」；《眞誥·協昌期第一》作「東華玉妃淳文期」；《眞

誥‧稽神樞第三》作「淳文期」。

【註】

1. 《太玄八景籙》有「東西二華」，蓋爲其中的東華。

2. 《洞玄靈寶二十四生圖經》有「東西二華」，蓋爲其中的東華。

3. 《真誥‧稽神樞第三》曰：「文期，青童之妹也。」《真誥‧協昌期第一》曰：「東海東華玉妃淳文期授含真臺女真張微子服霧之法……」

東宮中候王夫人（桐栢真人別生妹）

【校】

古本「候」作「侯」；「栢」作「柏」；秘本、說本「栢」作「柏」；輯本「妹」作「姉」。

【註】

1. 《上清大洞真經》卷1有「上真聖母中候元君王夫人」。

2. 《大洞玉經》卷上有「上真聖母中候元君王夫人」。

3. 《真誥‧運象篇第三》曰：「靈王第三女名觀香，字眾愛，是宋姬子，於子喬爲別生妹。受子喬飛解脫綱之道得去，入緱（外書作維字）氏山中，後俱與子喬入陸渾。積三十九年，觀香道成，受書爲宮內傳妃，領東宮中候真夫人（此即中候王夫人也）。」《真誥‧握真輔第二》曰：「四月二十七日夜半，夢見一女子，著上下青綾衣。與吾（指許穆）相見，自稱云：『我是王眉壽之小妹也。』相見時，似如是在山林之間……」註曰：「王眉壽之小妹，即中候夫人也。」《真誥‧運象篇第四》、《真誥‧甄命授第三》有「中候夫人」。

太和上真左夫人

【註】

1. 《洞真太微黃書九天八籙真文》有「上清太素太和之宮」。

2. 《真誥‧運象篇第一》有「太和靈嬪上真左夫人」。

西漢夫人

【註】

1. 《元始上真眾仙記》曰：「元始君經一劫乃一施太元母，生天皇十三頭，治三萬六千歲，書爲扶桑大帝東王公，號曰元陽父；又生九光玄女，號曰太

　　眞西王母，是西漢夫人。」又曰：「或有日三朝扶桑公，或三朝西王母……
西漢九光夫人，始陰之氣，治西方。故曰木公金母，天地之尊神。元氣鍊
金，生育萬物，調和陰陽，光明日月，莫不由之。」

　2.《眞誥・運象篇第一》有「西漢夫人」，因位於一般女眞之中，此西漢夫人
　　蓋非西王母也。

華山夫人

玉清神女房素

【註】

　　《上清九天上帝祝百神內名經》曰：「神女房素執朱陵飛氣之香華，捧要
妙幽玄之神章而立。」爲太上大道君之侍女。

西王母侍女

王上華

【註】

　　《道跡經》（《無上秘要》卷 20 引）曰：「西王母爲茅盈作樂，命侍女王
上華彈八琅之璈，又命侍女董雙成吹雲和之聲，又命侍女石公子擊昆庭之金，
又命侍女許飛瓊鼓震靈之璜，又命侍女琬絕青拊吾陵之石，又命侍女范成君
拍洞陰之磬，又命侍女段安香作纏便之鈞。於是眾聲徹合，靈音駭空。王母
命侍女於善賓、李龍孫歌玄雲之曲。」

董雙成

【註】

　1.《漢武帝內傳》曰：「（西王母）又命侍女董雙成吹雲龢之笙。」
　2.《上清元始變化寶眞上經九靈太妙龜山玄籙》卷上有西王母侍女「董雙成」。
　3.見「王上華」條。

石公子

【註】

　1.《漢武帝內傳》曰：「（西王母）又命侍女石公子擊昆庭之鍾。」
　2. 見「王上華」條。

宛絕青

【校】

《道跡經》(《無上秘要》卷 20 引)「宛」作「琬」。

【註】

見「王上華」條。

地成君

【校】

《漢武帝內傳》、《道跡經》(《無上秘要》卷 20 引)「地」作「范」。

【註】

1.《漢武帝內傳》曰:「侍女范成君擊洞庭之磐。」

2. 見「王上華」條。

郭密香

【註】

《漢武帝內傳》有「侍女郭密香」。

干若賓

【校】

古本「賓」作「賓」。

【註】

《道跡經》(《無上秘要》卷 20 引)西王母有侍女「于善賓」,或是此人。

李方明

【註】

《漢武帝內傳》西王母有侍女「李方明」。

張靈子

【註】

《墉城集仙錄》曰:「王母執《太霄隱書》,命侍女張靈子執交信之盟,以授茅固及衷。」

太帝宮官

【註】

　　《十洲記》曰：「扶桑在碧海之中，地方萬里，上有太帝宮，太眞東王父所治處。」

靈林玉女　賈屈庭

【校】

　　《道跡經》（《無上秘要》卷 20 引）「靈」作「雲」；《南嶽夫人內傳》（《太平御覽》卷 678 引）「靈林」作「林雲」。

【註】

1. 《道跡經》（《無上秘要》卷 20 引）曰：「扶桑暘谷神王又命雲林玉女賈屈庭吹鳳喉之簫。」

2. 《南嶽夫人內傳》（《太平御覽》卷 678 引）曰：「方諸青童怡然小留，四眞吟唱，乃命北寒玉女宋聊涓彈九氣之璈，東華玉女煙景珠擊西盈之鍾，林雲玉女賈屈庭吹鳳戾之簫，飛玄玉女鮮子靈今拊九合五節。」

金闕宮官

太保侯范法安

經命仙伯牙叔平

【註】

　　《南嶽夫人內傳》（《太平御覽》卷 678 引）曰：「金闕後聖君命仙伯牙叔平授夫人青瓊之板，丹綠爲文，位爲南嶽夫人。」

東華宮玉女煙景珠

【校】

　　古本「煙」作「烟」。

【註】

　　《道跡經》（《無上秘要》卷 20 引）曰：「方諸青童又命東華玉女煙景珠擊西盈之鍾。」《南嶽夫人內傳》（《太平御覽》卷 678 引）與此記載相似。

上元夫人侍女宋辟非

【註】

1. 《漢武帝內傳》曰：「帝（指漢武帝）因問上元夫人由，王母曰：『是三天上元之官，統領十方玉女之名錄者也。』當二時許，上元夫人至，來時亦聞雲中簫鼓之聲既至，從官文武千餘人，皆女子，年同十八九許……夫人可廿餘，天姿清輝，靈眸絕朗，著赤霜之袍，雲彩亂色」。又曰：「上元夫人……曰：『阿環昔初學道於廣都之丘，建木丹誠，術數未成之時，倒景君、無常先生，此二人蓋太清玄和之靈官也，見授六甲左右靈飛方十二事……』」

2. 《墉城集仙錄》卷2曰：「上元夫人者，道君弟子也，亦云玄古以來得道，證仙位，總統眞籍，亞於龜臺金母……上元夫人命侍女宋闢非出紫錦之囊，開綠金之笈……」

3. 《十洲記》、《博物志》、《上清太上玉清隱書滅魔神慧高玄眞經》、《太眞玉帝四極明科經》卷2有「上元夫人」。

主仙道君侍女

范運華

【註】

　　《清虛眞人王君內傳》（《雲笈七籤》卷106）曰：「於是主仙道君命侍女范運華、趙峻珠、王抱臺等發瓊笈，披綠蘊，出《上清隱書龍文八靈眞經》二卷授子登（指王褒）……」

趙峻珠

【註】

1. 《洞眞太上神虎隱文》有玉清上宮侍女「趙定珠」，或即此神。
2. 見「范運華」條。

王抱一

【校】

　　《清虛眞人王君內傳》（《雲笈七籤》卷106）「一」作「臺」。

【註】

　　見「范運華」條。

華敬滌

【校】

　　《南嶽夫人內傳》（《太平御覽》卷 678 引）與《雲笈七籤》卷 4《上清經述》作「華散條」。

【註】

　　《南嶽夫人內傳》（《太平御覽》卷 678 引）曰：「於是清虛眞人王君乃命侍女華散條、李明允等，使披雲蘊、開玉笈，出《太上寶文》……」《雲笈七籤》卷 4《上清經述》亦同。

李伯益

鮮于靈金

【註】

1. 《道跡經》（《無上秘要》卷 20 引）曰：「清虛眞人又命飛玄玉女鮮于靈金拊九合玉節。」
2. 《南嶽夫人內傳》（《太平御覽》卷 678 引）曰：「方諸青童怡然小留，四眞吟唱，乃命北寒玉女宋聊涓彈九氣之璈，東華玉女煙景珠擊西盈之鍾，林雲玉女賈屈庭吹鳳戾之簫，飛玄玉女鮮子靈今拊九合玉節。」

太和殿

【註】

　　《清靈眞人裴君傳》（《雲笈七籤》卷 105）曰：「遂與君共乘飛龍之車，西到六嶺之門，八絡之丘，協晨之宮，八景之城，登七靈之臺，坐太和之殿。」

寥陽殿

【註】

1. 《上清太一金闕玉璽金眞紀》曰：「《素靈玄洞經》曰：『上皇大帝君玉尊陛下……下命五嶽名山諸得仙者靈尊萬萬並會於寥陽之殿，共議天下萬民之罪福……』」
2. 《登眞隱訣》（《太平御覽》卷 674 引）曰：「上清有楊寥殿，上皇太帝玉尊集群眞於內。」

藥珠闕

【註】

1. 《太上黄庭内景經》曰:「上清紫霞虛皇前太上大道玉晨君閒居藥珠作七言,散化五形變萬神,是為黄庭作内篇。」

2. 《洞真太上神虎隱文》曰:「太上大道君勅命侍晨四臣徐引以前,登蕊珠之闕,入七暎内房。」

3. 《上清高聖太上大道君洞真金元八景玉錄》曰:「(太上高聖玉晨大道君)治藥珠日闕館七暎紫房,玉童玉女各三十萬人侍君散香焉。」

4. 《七域修真證品圖》第五太極真人果位有「藥珠宫」。

七暎房

【註】

1. 《太真玉帝四極明科經》卷1曰:「爾時太上大道君授高聖太真玉帝五色神官《四極明科》百二十條,上檢天真,中檢飛仙,下治罪人。如是玉文,皆出高聖上宰,所注藏於高上玉虛七暎紫房,玉華典章,金仙散香,五帝神兵五億萬人,飛精羽騎,侍衛靈文。」又曰:「《太玄都四極明科》曰:『上清大有六天宫俯仰之格上道寶經三百卷,符章七千篇,此玉清寶文,藏於太上靈都之宫七暎紫方諸内,傳於已成真人。』」卷3曰:「《太玄都四極明科》曰:『《玉佩金檔》……乃元皇玉帝高聖帝君所修,秘於九天之上七寶紫暎之房。』」

2. 《高上太霄琅書瓊文帝章·九天元始號》曰:「第七梵寶天王……治天南上七暎之宫,左右侍真玉女八萬人。」《高上太霄琅書瓊文帝章·化應聲天王太霄琅書瓊文第六》曰:「攜契七暎房,金羅煥中田。」

3. 《洞真太上神虎隱文》曰:「太上大道君勅命侍晨四臣徐引以前,登蕊珠之闕,入七暎内房。」

4. 《洞真八景玉籙晨圖隱符》曰:「上清八景玉籙晨圖隱符,此文隱秘,非世所聞,玉清高上常藏於金蘭玉匱七暎之房,封以丹藥之笈……」

5. 《上清金真玉光八景飛經》有「上上上紫瓊宫玉寶臺七暎朱房」。

6. 《上清玉帝七聖玄紀迴天九霄經》有「七暎朱宫」。又曰:「記名西龜之山,騰形七暎之房。」

7. 《上清太上黄素四十四方經》曰:「(黄素之書)藏於七瑛之房。」

8.《上清高聖太上大道君洞眞金元八景玉籙》曰：「（太上高聖玉晨大道君）治藥珠日闕館七映紫房，玉童玉女各三十萬人侍君散香焉。」

9.《上清元始變化寶眞上經九靈太妙龜山玄籙》卷上有「九天之上瓊林七暎之宮」

10.《七域修眞證品圖》第五太極眞人果位有「七映臺」。

長綿樓

【校】

　　古本「綿」作「錦」。

【註】

　　《上清太一金闕玉璽金眞紀》曰：「《素靈玄洞經》曰：『上皇大帝君玉尊陛下乃上登清靈宅太虛之闕丹城紫臺長綿玉樓……』」

第三節　第三中位

【註】

　　《七域修眞證品圖》曰：「太極眞人修前九轉之行及三百戒，有六千善功，兼修上品眞道不備者位爲太極眞人，賜紫毛之節，眾神導從，給玉童玉女三萬人。其宮闕在太清之上，上清之下，老君所治。」

太極金闕帝君姓李（壬辰下教，太平主）

【註】

1. 《太平經・太平金闕帝晨後聖帝君師輔歷紀歲次平氣去來北候賢聖功行種民定法本起》曰：「長生大主號太平眞正太一妙氣、皇天上清金闕後聖九玄帝君，姓李，是高上太之冑，玉皇虛無之胤，玄元帝君，時太皇十五年，太歲丙子兆氣，皇平元年甲申成形，上和七年庚寅九月三日甲子卯時，刑得相制，直合之辰，育於北玄玉國、天岡靈境、人鳥閣蓬萊山中、李谷之間，有上玄虛生之母，九玄之房，處在谷中。玄虛母之始孕，夢玄雲日月纏其形，六氣之電動其神，乃冥感陽道，遂懷胎眞人。既誕之日，有三日出東方。既育之後，有九龍吐神水。故因靈谷而氏族，用曜景爲名字。厥年三歲，體道凝眞，言成金華。」後與《上清後聖道君列記》略同。

2. 《神仙傳・衛叔卿》曰：「今世向大亂，天下無聊，後數百年間，土滅金亡，天君來出，乃在壬辰耳。」

3. 《抱朴子》（內篇佚文）曰：「天地五嶽社稷之神，後聖君命清虛小有眞人撰集上仙眞錄，總名爲上清《正法》，以愮萬邪。」

4. 《元始上眞眾仙記》曰：「《眞記》曰：『玄都玉京七寶山，周迴九萬里，在大羅之上，城上七寶宮，宮內七寶臺，有上中下三宮，如一宮……上宮是盤古眞人元始天王、太元聖母所治；中宮太上眞人、金闕老君所治；下宮九天眞皇、三天眞王所治。』」又曰：「……玉京金闕是太上眞人，月三朝元始天王。太上眞人，元始之弟子，皆如帝王有司徒丞相也。金闕老子，太上弟子也。」又有「金闕帝君」。

5. 《洞眞高上玉帝大洞雌一玉檢五老寶經》曰：「諸言後聖者皆是後得到之後均，大洞金書，上皇合眞，三元羅景，太上齊靈，晨中比曜，七微均清者，乃得稱爲後聖爾。」

6. 《太真玉帝四極明科經》卷1曰：「高聖太真玉帝、高晨大師、領仙玉郎執昇仙羽節瓊文帝章，宣告五靈，玉司扶位，萬帝臨軒，明皇啓誓，奉授明科於太上大道君。道君受玄誡，於時啓付後聖九玄金闕帝君，使上治上清，中治十天，下掌萬兆，總領群仙，普告萬真，檢定青宮，有玄圃紫簡，名繫玉皇，授於後學，咸使知戒，按科修行。」又有「金闕上聖九玄帝君」。

7. 《上清後聖道君列紀》曰：「到壬辰之年三月六日，聖君來下，光臨於兆民矣。」

8. 《皇天上清金闕帝君靈書紫文上經》曰：「《靈書紫文上經》是後聖李君自少學道所受修行要文者也，乃太微天帝、紫微上真天帝玉清君二天帝口傳之訣、爲真之法。」

9. 《元始無量度人上品妙經四註》卷4李少微註曰：「聖君者，金闕後聖太平李真君也，諱弘。來劫下爲人主，故預稱後聖君也。尹氏《玄中記》曰：『太上老君常居紫微宮，一號天皇大帝，一號太乙天尊，一號金闕聖君，天地萬物莫不由其造化焉。」

10. 《上清後聖道君列記》曰：「上清金闕後聖帝君李諱（諱）弘元，一諱玄水，字子光，一字山淵，蓋地皇之胄，玄帝時人，上和七年歲在丙子三月直合日始育於北國天剛山下李氏之家。母先夢玄雲縷其形，乃感而懷焉，浴之亦有羣龍吐水於盥器中。年五歲仍好道樂真言，頌成章，常仰日欣笑，對月吟歎……行年二十而有金姿玉顏，遂棄家離親，超跡風塵，潛室長齋，浮遊名山……於是精感太虛心通神，且遂致天帝下教，流光拔粲，授以鬱儀大章、大洞真經……爰有紫微上真天帝玉清君遣八景瓊輿來迎聖君以登上清宮，賜蕊剛丹玉鳳璽，金真玉光，給神虎之符及飛行之羽，朱錦龍裙，青帔虎帶，要光霞日，子戴圓容神冠，受書爲上清金闕後聖帝君。上昇上清，中游太極宮，下治十天，封掌兆民及諸天河海神仙地源，陰察鬱絕洞臺內根，埋玄布氣，敷雲蕩津，翔眄小有，解駕龜山，窮幽照伏，毫末皆關也……上清之高帝也，所以高號於上清者，神高靈虛故也；所以中遊太極者，總羣真朝飛仙故也；所以下治於十天者，封掌於兆民故也；陰察於洞天者，是無下而不關故也……到壬辰之年三月六日，聖君來下，光臨兆民矣……滅惡人已於水火，存慈善已爲種民，學始者爲仙，使道者爲仙官……」

11. 《皇天上清金闕帝君靈書紫文上經》曰：「金闕中有四帝君，其後聖君處其左，居太空瓊臺丹玕之殿，侍女眾真三萬人，毒龍雷虎玃天之獸備門抱關，

蛟蛇千尋，衛於牆析，飛鳥奔雀大翅之鳥叩奮爪陳於廣庭。天威煥赫，流光八朗……」《太平經·太平金闕帝晨後聖帝君師輔歷紀歲次平氣去來北候賢聖功行種民定法本起》略同；《皇天上清金闕帝君靈書紫文上經》又曰：「《靈書紫文上經》是後聖李君自少學道所受修行要文者也，乃太微天帝、紫微上真天帝玉清君二天帝口傳之訣，爲真之法。」

12. 《太上大道玉清經》卷5曰：「下界凡夫學道者名曰後聖。」卷6有「金闕後聖帝君」，有「後聖太平天尊」和「太平道君」（爲三位真人）。

13. 《洞真上清青要紫書金根眾經》卷上有「後聖九玄帝君」；卷下有「金闕帝君」。又曰：「上清金闕宮在三元宮之北，相去五萬里，高上所處之東，去玄羽野西壟山九千里，處玉清之西，與天關連。臺外有四門，門有兩闕，一闕金，一闕玉，皆夾門左右。門有羽衣守土，各三百人……東門名玉景金融門……高上玉清虛皇、太真之寶出入之所經；南門名洞寶瓊雲門，主真人飛仙遊宴八極，周行五嶽出入所經；西門名玄京玉寶門，主學仙受署真人進敍錄簿所由經也；北門名朔陰極雲門，主真人犯非退降偏皇之任學素簡所經由也……門內周迴七千里，金闕宮居在中央，中有金輝紫殿瓊房玉室，後聖金闕帝君所住，紫雲廳其上，綠霞繞房，日月夾照，神燭自明……此金闕之上館，眾真之所經。其有四極真人，主領學仙簿錄，進敍退降及始學儀則皆由四極真人也，真人奉玉札儀格。夫學道，道成皆詣東華青宮，校定金名，退更清齋三月，書玉札一枚，詣金闕，謁金闕帝君。」

14. 《洞真太上神虎隱文》曰：「太上大道君曰：『李山淵德合七聖，爲金闕之主，方當參謁十天，理命億兆，定中元於玄機，制陰陽以齊首，拔真擢領，封河召海，斷任死生，把執天威，鹹滅六天，總罰三官，罰執北帝，明公侍軒，道亦高標，德弘逸遠，任亦重矣，掌亦倖也哉！既已說之，以智慧，又復及之以消魔智慧，可以驅神消魔，可以滅邪，復援之以神華真符，使威鹹六天，詠之以揮神高章亦助之，散穢去患也……乃可俱授山淵以成其任乎。』」

15. 《洞真太微金虎真符》曰：「金虎真符，太微天帝君以傳金闕帝君。」

16. 《上清太上開天龍蹻經》卷1有「金闕後聖太平李真君」、「九玄帝君」，非一神。

17. 《上清七聖玄紀經》著錄有《金闕聖君傳》。

18. 《上清河圖內玄經》有「後聖九玄帝君」、「金闕玉陛下」，非一神。

19. 《上清玉帝七聖玄紀迴天九霄經》著錄有《後聖金闕帝君列玄紀》。又曰：「……高聖帝君曰：『……至壬辰之後，至道當行……』」

20. 《上清元始變化寶眞上經九靈太妙龜山玄籙》卷下曰：「金闕後聖太平李眞天帝上景君元通晨之炁，形長九千萬丈，春三月頭建七精寶華冠，衣玄黃五色之裘、青錦飛裙，手執虎符，坐七色之雲，光映暐曄，照明上清，在細微之內，八冥之外，思之還長九寸九分。夏三月天帝上景君則變形爲老公，頭戴飛龍，身衣黃文之裘、黃羽之裙，手執金枝，立紫雲之上，光明奕奕，洞照上清，思之還反眞形。秋三月天帝上景君則化形爲小童子，衣五色之衣，或乘師子，或坐青雲，思之還反眞形。冬三月天帝上景君則變形爲蒼黑青三色之光，光明混沌，更相纏繞，此則反金闕之炁，更受練元通晨之精，思之還反眞形。」

21. 《洞玄靈寶二十四生圖經》曰：「上皇元年九月二日，後聖李君出遊西河歷觀八門。」

22. 《洞眞太上說智慧消魔眞經》卷 5《變化品》曰：「代見太平之君，名入爲種民之錄。」

23. 《上清高上金元羽章玉清隱書經》曰：「後聖九玄金闕帝君下爲周師，改號爲老子，以八天隱文授於幽王，幽王自謂居自然之運，代五帝之氣，錯陰陽之化，不崇天文。老子知周文衰，收文而去周，西度製作教化。遇關令尹喜……即爲述道德經上下二章於綠那之國……」

24. 《赤松子章歷》卷 4 曰：「萬姓歸仰，晵見太不，奉迎聖君，永爲種民，過泰之恩，以爲效信，恩惟太上。」

25. 《老君音誦戒經》曰：「老君曰：『世間詐僞，攻錯道經，惑亂愚民，但言老君當治，李弘應出，天下縱橫，返逆者眾，稱名李弘，歲歲有之……稱劉舉者甚多，稱李弘者亦復不少，吾大瞋怒，念此惡人以我作辭者乃爾多乎……』」

26. 《太上三天正法經》有「後聖金闕帝君」、「九玄帝君」。又曰：「太上大道君告後聖九玄帝君曰：『君受號爲上清金闕後聖帝君，上陸上清，中遊太極，下治十天，封掌兆及諸天河海神山地源，陰察群靈，皆總領所關，勤搜上眞，輔正三天，滅除兇惡。今故出眾書八靈眞籙相付，宜加精勤，授於骨分使爲聖主，除妖存種，反正三天，今至承唐之年壬辰之歲，吾道當行。』」

27. 《元始五老赤書玉篇真文書經》卷中曰：「得見太平，爲聖君種民。」卷下有「金闕後聖帝君」。

28. 《靈寶自然九天生神三寶大有金書》曰：「神寶君者，則洞神之尊神，神寶丈人，則神寶君之祖炁也，丈人是冥寂玄通無上玉虛之炁。九萬九千九百九十萬炁後，至赤明元年化生神寶君，經二劫，至上皇元年出書時號三皇洞神太清太極宮。」又曰：「洞明正一法，嚴修六天文，太平返空無，奉翊後聖君。」

29. 有《金闕帝君三元真一經》，《紫陽真人內傳》曰：「金闕帝君三元真一法，東海小童傳涓子，涓子傳蘇子，蘇子傳周子。」

30. 《太微靈書紫文琅玕華丹神真上經》曰：「皇天上清後聖君自少學道，所受施行秘要，得爲金闕之帝者也。」

31. 《洞真太微黃書九天八籙真文》曰：「太微中有三皇一帝，皇者，君之宰輔，一曰皇君，一曰皇天，一曰皇老，此即三元之炁，混沌之真，出入上清太素、太和之宮。」有「太平金闕皇君」。

32. 《太玄八景籙》曰：「上皇元年九月二日，後聖李君出遊西河，歷觀八方。」又曰：「蕭蕭九天氣，清澄自高玄。慶雲翳重虛，金闕稱紫煙。中有太極宮，道君羅大千。」

33. 《太上洞玄靈寶真一勸誡法輪妙經》有「後聖金闕上帝君」、「太極之宮」、「遊乎上清，身詣金闕」。

34. 《上清太上八素真經》曰：「後聖李君奉受八素真經奔辰隱書，施行其法，乃致太微天帝下迎，五星同輿，乘華三素，上登玉清，受書爲上清金闕帝君。」又曰：「後聖李君具受玄教，施行道成，時乘八景之輿，上登上清宮，受書爲金闕帝君。」又曰：「壬辰吉會聖君來下。」又曰：「太極者，此是太清境中之宮。」

35. 《洞真上清太微帝君步天綱飛地紀經簡玉字上經》曰：「《太上隱書步天綱飛六紀玉經》皆後聖君以付方諸宮青童君，使下教骨命宿有仙名者。自無仙籍玉書得道之子亦永自不相遭遇見此玉經也。」

36. 《登真隱訣》有註曰：「太極帝君者，是太極之天帝金闕聖君，初學道所受三一之師矣。」《登真隱訣》（《太平御覽》卷 674 引）曰：「琅玕殿在上清，金闕聖君所居也。」

37. 《真誥·甄命授第一》曰：「君曰：『道者混然，是生元炁。元炁成，然後

由太極。太極則天地之父母、道之奧也。故道有大歸，是爲素眞。故非道無以成眞，非眞無以成道。』」又曰：「君（指裴君）曰：『崑崙上有九府，是爲九宮，太極爲太宮也。諸僊人俱是九宮之官僚耳。至於眞人，乃九宮之公卿大夫。」《眞誥・甄命授第二》曰：「紫元夫人告曰：『天下有五難：貧窮惠施，難也；豪富學道，難也；制命不死，難也；得見《洞經》，難也；生值壬辰後聖世，難也。』」《四十二章經・第十章》曰：「佛言：『天下有五難：貧窮布施難，豪貴學道難，制命不死難，得睹佛經難，生值佛世難。』」《眞誥・稽神樞第一》曰：「辟兵水之災，見太平聖君。」

38. 《眞誥・協昌期第一》、《太上玉晨鬱儀結璘奔日月圖》、《皇天上清金闕帝君靈書紫文上經》、《上清黃庭內經・瓊室章第二十一》曰：「日中五帝字曰：『日魂珠景昭韜綠映迴霞赤童玄炎飆象』，凡十六字。此是金闕聖君採服飛根之道，昔受之於太微天帝君，一名《赤丹金精石景水母玉胞之經》。」

39. 陶弘景《水仙賦》曰：「迎九玄於金闕。」

40. 《上清大洞眞經》卷 1 有「後聖帝君」，卷 5 有「金闕後聖太平李眞天帝上景君」；《大洞玉經》卷下有「金闕後聖太平李眞天帝上景君」；《上清黃氣陽精三道順行經》、《洞眞上清開關三圖七星移度經》卷上、《上清太霄隱書元眞洞飛二景經》有「金闕帝君」；《高上太霄琅書瓊文帝章・九天元始號》、《洞眞太上太霄琅書》卷 1 有「後聖九玄道君」；《太上玉佩金襠太極金書上經》有「皇天上清金闕帝君」；《太上大道三元品誡謝罪上法》有「金闕後聖帝君」；《上清三元玉檢三元布經》有「後聖金闕帝君」；《太上洞玄靈寶眾簡文》、《太極眞人敷靈寶齋戒威儀諸經要訣》有「太上金闕玉皇」；《紫陽眞人內傳》有「太極帝君」、「金闕帝君」、「皇天上清金闕帝君」、「太平」；《太上洞玄靈寶眞文要解上經》有「元老九玄」、「金闕七寶後聖帝君」；《上清大洞九微八道大經妙籙》有上清宮「後聖李君」；《上清曲素訣辭籙》有上清金闕之「聖君」；《上清金眞玉皇上元眞靈三百六十五部元錄》有「金闕玉陛下」、「無上三天金闕玉帝」、「太無上九天金闕玉帝」、「無極大道無上金闕玉帝」；《上清天關三圖經》有「金闕聖君」；《上清高上玉晨鳳臺曲素上經》有「太平聖君」、「後聖金闕帝君」；《上清金眞玉光八景飛經》有「後聖九玄金闕帝君」；《太上九赤班符五帝內眞經》有「後聖九玄帝君」；《紫庭內秘訣修行法》有「金闕太平玉晨玄元無上道君」；《上清金書玉字上經》有「後聖李彭二君」；《洞眞太上素靈洞元大有妙經》有「後聖九玄

金闕帝君」、「金闕聖君」、「後聖帝君」。

左位

太極左眞人中央黃老君

【註】

1. 《抱朴子・對俗》有「黃老」之稱，指黃帝與老子。《極言》曰：「（黃帝）適東嶽而奉中黃。」《遐覽》著錄《中黃經》、《黃老仙錄》。

2. 《紫陽眞人內傳》曰：「（周義山）登嵩高山，入洞門遇中央黃老君。」又曰：「黃老君巾三華九陽之巾，手彈流徵雲珠素琴，被服金光，天姿嚴峻，眼有電精，口含玉膏。」又曰：「中央黃老君是太極四眞王之師老矣，上攝九天，中遊崑崙。黃闕來其外，紫戶在其內……若見白元，得爲下眞，壽三千；若見無英，得爲中眞，壽萬年；若見黃老，與天相傾，上爲眞人，列名金臺。」

3. 《上清太上帝君九眞中經》卷上曰：「中央黃老君者，太上太微天帝君之弟子也，以清虛上皇二年混爾始生，日暉重曜，連光暎靈，五雲翳蓋，慶煙玄停。年七歲仍自知長生之要，天仙之法，內眇綸上思，欽納玄眞，蕭條靈想，心棲神源，廣體八絕，握空投全，解脫於文蔚之羅，披素於空往之肆……乃天韻妙靄，宿會玄感，於是太上授以帝君九眞之經八道秘言之章，施修道成，受書爲太極眞人。太極有四眞人，中央黃老君處其左，得佩龍玄之文，神虎之符，帶流金之鈴，執紫毛之節，巾金精之巾或扶晨華冠，駕鬱華飛龍，乘三素之雲。」卷下有「上清高聖中央黃老君」。

4. 《清靈眞人裴君傳》（《雲笈七籤》卷105）曰：「復北遊詣太極宮，見太極四眞人。」

5. 《太上三天正法經》有註曰：「青童君曰：『黃素元君者，則黃老中央君之母……』」

6. 《太上洞房內經註》曰：「黃老君，中央道君也，治雲庭洞房。」

7. 《太眞玉帝四極明科經》卷3曰：「太玄都四極明科曰：『大洞眞經三十九章，高上九皇道君元始自然之章，一名太眞道經，一名三天龍書，秘於高上大有之天九玄玉房之內，侍經玉童玉女各三千人，燒香衛靈，傳於中央黃老君……』」

8. 《洞眞太微黃書九天八籙眞文》曰：「太微中有三皇一帝，皇者，君之宰輔，

一曰皇君，一曰皇天，一曰皇老，此即三元之炁，混沌之眞，出入上清太素、太和之宮。」

9.《上清三元玉檢三元布經》曰：「太素元君虛結空胎，憑華而生，誕於高上上清寶素九玄玉皇天中……黃素元君即太素之中女，中央黃老君之母也。」

10.《上清太上八素眞經》曰：「中央黃老君以此洞經（指《大洞眞經》）之妙而爲七世獲福，尤深秘之。」

11.《洞眞高上玉帝大洞雌一玉檢五老寶經》曰：「無英、黃老、白元君乃三素三元君之子，是太素三元君之孫也。虛結空胎，憑華而生，誕亦在高上上清寶素九玄玉皇天中，乃下入洞房與巳身俱昇。其三男三君在天華房上元虛之室，即白元、無英、黃老，皆男子也，受生於虛眞，以成三男之形，稟靈和玉晨上炁，故結生虛無而爲人，非由陰陽會胎而成也。又白元、無英、中央黃老皆是上清天眞官位之號，又亦有眞仙之精者，受書處位應爲此號，不必盡虛生也，諸天之中皆亦有之矣。」

12.《上清化形隱景登升保仙上經》有「中央黃老君、南方赤精君、東方青童君，北方太上君、西方太素君並迴九陰以散形，運九晨以匡軀……」

13.《上清玉帝七聖玄紀迴天九霄經》著錄有《上聖中央黃老君列玄紀》；有「太極四眞」。

14.《上清元始變化寶眞上經九靈太妙龜山玄籙》卷上曰：「中央黃老君，元五暉之炁，諱無英生，字雲九夜，長三千萬丈。夏三月，頭建寶琅晨冠，衣九色雲衣文裳，帶交靈紫綬，十二色華光，常立五色獅子之上，光明流曜上清之中，思之還長三寸三分。秋三月，中央黃老君則變形爲玉童，頭戴七精之華，衣飛天羽衣，手執華幡，思之還反眞形。冬三月，中央黃老則變形爲大仙，通身黃金色，衣七色衣，項負圓光，足履蓮華，光明流煥，思之還反眞形。春三月，中央黃老君則變形爲紫綠青之光，更相纏繞，在玉虛之上，此則反中央之氣，更受鍊元五暉之精，思之還反眞形。」

15.《登眞隱訣》卷上曰：「洞房中有三眞，左爲無英公子，右爲白元君，中爲黃老君，三人共治洞房中。」

16.《眞誥·甄命授第一》曰：「太卜者，道之子孫，審道之本，洞道之根，是以爲上清眞人，爲老君之師。」註曰：「此即謂太上高聖玉晨大道君也，爲太極左眞人中央黃老君之師。」又曰：「君（指裴君）曰：『老君者，太上之弟子也，年七歲而知長生之要，是以爲太極眞人。』君曰：『太極

有四真人，老君處其左，佩神虎之符，帶流金之鈴，執紫毛之節，巾黃金之巾。行則扶華晨蓋，乘三素之雲。』」註曰：「此二條事出《九真中經》，即是論中央黃老君也。黃老爲太極真人南嶽赤君之師。裴既師赤君，所以崇其本始而陳其德位也。」

17.《無上秘要》曰：「中央黃老君，在左最尊，已度上清。」

18.《上清七聖玄紀經》著錄有《中央黃老君傳》。

19.《太上靈寶五符序》卷上有「中黃道君」，卷下有「中黃」；《上清大洞真經》卷1有「中央黃老元素道君」，卷3、和卷4有「中央黃老君」，卷5有「太極主四真人元君」；《大洞玉經》卷上有「中央黃老元素道君」、「中央黃老君」，卷下有「太極主四真人元君」；《元始五老赤書玉篇真文書經》卷下有「黃老君」、「中黃老君」；《太上玉佩金檔太極金書上經》、《上清金書玉字上經》、《洞真上清開關三圖七星移度經》卷上、《上清太上玉清隱書滅魔神慧高玄真經》、《洞真太上素靈洞元大有妙經》、《洞真上清青要紫書金根眾經》、《上清高聖太上大道君洞真金元八景玉錄》、《洞真太微金虎真符》有「中央黃老君」；《大洞金華玉經》有「黃老君」；《太上洞玄靈寶真文要解上經》有「太極真人黃老皇帝」。

20.《太上九赤班符五帝內真經》、《上清金真玉光八景飛經》、《上清瓊宮靈飛六甲籙》、《上清瓊宮靈飛六甲左右上符》、《洞真太微金虎真符》有「太極四真人」；《太上洞神三皇儀》有「太極四真」。

太極左真人紫陽左仙公中華公子

【註】

　　《無上秘要》卷20《仙歌品·八素陰陽歌》有「中華公子」；《無上秘要》卷84有「紫陽左仙公中華公子石路虛成。」

太極左卿黃觀子

【註】

　　《真誥·甄命授第一》曰：「昔有黃觀子者，亦少好道。家奉佛道，朝拜叩頭，求乞長生。如此積四十九年，後遂服食入焦山。太極真人百四十事試之，皆過，遂服金丹，而詠《大洞真經》。今補仙官，爲太極左仙卿，有至志者也。非佛所能致，是其中寸定矣。」註曰：「此說與傅含真奉佛事亦同。」

無上真人文始先生尹喜

【註】

1. 《莊子‧天下》曰：「關尹、老聃乎，古之博大真人哉！」

2. 《史記‧老子韓非列傳》曰：「老子修道德，其學以自隱無名爲務。居周久之，見周之衰，乃遂去。至關，關令尹喜曰：『子將隱矣，強爲我著書。』於是老子乃著書上下篇，言道德之意五千餘言而去，莫知所然。」

3. 《呂氏春秋‧不二》曰：「老聃貴柔，孔子貴仁，墨翟貴廉，關尹貴清。」

4. 《列仙傳‧老子》曰：「老子，姓李，名耳，字伯陽，陳人也。生於殷時，爲周柱下史。好養精氣，接而不施。轉爲守藏史，積八十餘年。《史記》云：『二百餘年，時稱爲隱君子，諡曰聃。仲尼至周，見老子，知其聖人，乃師之。後周德衰，乃乘青牛車去入大秦。過西關，關令尹喜待而迎之，知真人也。乃強使著書，作道德上下經二卷。』《列仙傳‧關尹喜》曰：「關令尹喜者，周大夫也。善內學，常服精華，隱德修行，時人莫知。老子西遊，喜先見其氣，知有真人當過，物色而遮之，果得老子。老子亦知其奇，爲著書授之，後與老子俱遊流沙，化胡。服苣勝實，莫知其所終。尹喜亦自著書九篇，號曰《關尹子》。」

5. 《漢書‧藝文志》曰：「《關尹子》九篇，名喜，爲關吏，老子過關，喜棄吏而從之。」

6. 《搜神記》（佚文）曰：「老子將西入關，關令尹喜，好道之士，睹真人當西，乃要之途也。」

7. 《抱朴子‧金丹》曰：「無一人不有《道機經》，唯以此爲至秘，乃云是君喜所撰。余告之曰，此是魏世軍督王圖所撰耳，非古人也。」《釋滯》有「尹喜」。又曰：「尹生委衿帶之職，違式遏之任，而有周不罪之以不忠。」《遐覽》著錄《文始先生經》。

8. 《太真玉帝四極明科經》卷 2 曰：「太玄都四極明科曰：『上皇玉籙玉帝黃籙紫書三卷，太真丈人所佩，以傳文始先生……』」

9. 《上清高上金元羽章玉清隱書經》曰：「後聖九玄金闕帝君下爲周師，改號爲老子，以八天隱文授於幽王，幽王自謂居自然之運，代五帝之氣，錯陰陽之化，不崇天文。老子知周文衰，收文而去周，西度制作教化。遇關令尹喜……即爲述《道德經》上下二章於綠那之國，老子張口，於是隱文從口而出，以授於喜，喜依盟奉受，即致八景雲輿，洞遊八方，竦身於虛無

之內，項生寶明之光，七十二相，暎照一形，隨運變化，昇入八天。」

10.《三天內解經》卷上曰：「至周幽王時，老子知周昨當衰，被髮佯狂，辭周而去，至關乘青牛車與尹喜相遇，授喜上下中經一卷，五千文二卷，合三卷，尹喜受此書氣道，得成道。眼見西國胡人強梁難化，因與尹喜共西入罽賓國，神變彌加，大人化伏胡王，爲作佛經六千四萬言，王舉國皆共奉……老子又西入天竺國，去罽賓國又四萬里，國王妃名清妙，晝寢，老子遂令尹喜乘白象化爲黃雀飛入清妙口中，狀如流星，後年四月八日，剖右肋而生，墮地而行，七步舉右手，指天而吟『天上天下唯我爲尊，三界皆苦，何可樂焉？生便精苦。』即爲佛身，佛道於此而更興也……」

11.《洞眞上清太微帝君步天綱飛地紀經簡玉字上經》曰：「老聃步綱，稱曰聖師，關令受教，俱會雲臺。」

12.《上清高上金元羽章玉清隱書經》、《太上洞玄靈寶眞文要解上經》有「文始先生」。

朱火丹靈宮龔仲陽、幼陽（兄弟二人，受道於青童君）

【校】

　　古本「於」作「于」。

【註】

1.《上清大洞眞經》卷6曰：「反胎朱火室，更受洞中生，伯史衛神軀，令我保黃寧。」

2.《大洞玉經》卷下有註曰：「朱火室，朱陵火室。」

3.《太眞玉帝四極明科經》卷2曰：「太玄都四極明科曰：『太清眞經丹字紫書三五順行凡三訣，東海小童所修，其文秘在玉京西室瓊門在內，幼陽君封一通於陽洛山，中有金名，東華玄字紫庭當得此文，舊科萬劫一傳，若有其人，七百年內聽得三傳。』」

4.《上清太上玉清隱書滅魔神慧高玄眞經》曰：「昔上元夫人以隱文（指《紫文丹章綠字隱文》）授太和玉女，太和玉女授幼陽君，陽君道成升虛，以文封於九嶷洞室，七百年當授合眞通玄之人……」

5.《上清黃氣陽精三道順行經》曰：「蘇子林、谷希子、幼陽君、王喬、赤松、皇人青眞之徒，始學便修三道之要黃氣陽精丹書紫字之法，便得超凌三清，登青華之宮，更受上品妙經，詣金闕，受號位登玉清上眞四極之任。」

6.《太微靈書紫文仙忌眞記上經》，註曰：「方諸青童君上清乃鈔傳於朱火丹

陵龔仲楊、幼陽，使授南宮諸成眞人者。」

7. 《紫陽眞人內傳》曰：「（周義山）登陽洛山遇幼陽君受青要紫書。」又曰：
「（周義山）南行朱火丹陵山遇龔仲陽，受仙忌眞記。」

8. 《上清太上八素眞經》曰：「有大洞眞經者，修行其法，七祖父母皆離脫鬼
名原貸三官考譴，度錄仙府，解釋艱羅，使詣朱火丹陵宮受學仙道，仙道
成，使翼佐五帝，爲九宮之仙也。」

9. 《清靈眞人裴君傳》（《雲笈七籤》卷 105）曰：「《仙忌眞記》曰：『子欲望
昇天愼秋分，罪無大小皆上聞，以罪求仙仙甚難，是故學道爲心寒。』此
是朱火丹陵仲陽先生之要言矣！」

10. 《眞誥·運象篇第三》曰：「朝遊朱火宮，夕宴夜光池。」《眞誥·闡幽微
第二》註曰：「有即身地仙不死者，有託形尸解去者，有既終得入洞宮受
學者，有先詣朱火宮煉形者。」

東陽真人陵陽子明
【註】

1. 《列仙傳·陵陽子明》曰：「陵陽子明者，銍鄉人也。好釣魚於旋谿，釣得
白龍，子明懼，解鉤，拜而放之。後得白魚，腹中有書，教子明服食之法。
子明遂上黃山，采五石脂，沸水而服之。三年，龍來迎去，止陵陽山上百
餘年，山去地千餘丈，大呼下人，令上山牛，告言：『谿中子安當來問子
明釣車在否？』後二十餘年，子安死，人取葬石，山下有黃鶴來，棲其冢
邊樹上，鳴呼子安云。」

2. 郭璞《遊仙詩》曰：「陵陽挹丹溜，容成揮玉杯。」

3. 《神仙傳·序》曰：「陵陽吞脂以登高。」

4. 《抱朴子·明本》曰：「夫得仙者，或昇太清，或翔紫霄，或造玄洲，或棲
板桐，聽均天之樂，享九芝之饌，出攝松羨於倒景之表，入宴常陽於瑤房
之中……」《黃白》曰：「陵陽子明，非男子也。」今人王明註曰：「陵陽
子明，水銀別稱。」

5. 《上清七聖玄紀經》有「東極眞人陵陽子明」。

中元老人中央上玄子
【校】

古本「玄」作「元」，說本「玄」字闕末筆「、」，皆避康熙諱；秘本、

說本「元」作「玄」。

【註】

1. 《上清黃氣陽精三道順行經》曰：「中皇僊人玄子生、墨翟子、趙延甫、寧康伯、彭鑑、安期、帛高之徒七百人，尋道履苦，情貫玉虛，雖騰身霄崖，遊盤五嶽，不得三道之要，故不得上登金門之內，受謁金闕之格。」

2. 《上清明堂元眞經訣》曰：「眞人挹五方元晨之暉，食九霞之精，所以神光內曜，朱華外陳，體生玉映，形與氣明，行之十四年，四極老人中央元君降下於子，一合乘雲駕龍，白日登天。」註曰：「五方老人蓋謂五方自然之精神，非世學之所爲也。」又曰：「中央元君上玄黃老君來降，授子黃氣陽精藏天隱月遁景錄章青要虎書，俱與四老一合上昇。」

3. 《上清太上九眞中經絳生神丹訣》有「中元老人中央上玄子」。

北極真人安期生

【校】

說本「生」作「子」。

【註】

1. 《史記·樂毅傳》曰：「太史公曰：『樂臣公學黃帝、老子，其本師號曰河上丈人，不知其所出。河上丈人教安期生，安期生教毛翕公，毛翕公教樂瑕公，樂瑕公教樂臣公，樂臣公教蓋公。』」《史記·孝武本紀》曰：「少君（指李少君）言於上曰：『祠竈則致物，致物而丹砂可化爲黃金，黃金成以爲飲食器則益壽，益壽而海中蓬萊仙者可見，見之則封禪不死，黃帝是也。臣嘗遊海上見安期生，食巨棗，大如瓜。安期生仙者，通蓬萊中，合則見人，不合則隱。』於是天子始親祠竈，而遣方士入海求蓬萊安期生之屬，而事化丹砂諸藥齊爲黃金矣。居久之，李少君病死。天子以爲化去不死也，而使黃錘、史寬受其方，求蓬萊安期生莫能得，而海上燕齊怪迂之方士多相效，更言神事矣。」

2. 《列仙傳·安期先生》曰：「安期先生者，瑯邪阜鄉人也。賣藥於東海邊，時人皆言千歲翁。秦始皇東遊，請見，與語三日三夜，賜金璧度數千萬。出於阜鄉亭，皆置去。畱書，以赤玉舄一量爲報，曰：『後數年，求我於蓬萊山。』始皇即遣使者徐市、盧生等數百人入海，未至蓬萊山，輒逢風波而還。立祠阜鄉亭海邊十數處云。」《抱朴子·極言》記載與此相似。

3. 《高士傳》曰：「安期生者，琅琊人也，受學河上丈人，賣藥海邊，老而不

　　仕，時人謂之千歲公。秦始皇東遊，請與語三日三夜，賜金璧直數千萬。出置阜鄉亭而去，留赤玉舄為報，留書與始皇曰：『後數十年求我於蓬萊山下。』及秦敗，安期生與其友蒯通交往，項羽欲封之，卒不肯受。」

4.《神仙傳·李少君》曰：「安期一旦語之（指李少君）：『我被玄洲召，即日當去……』……畢，須臾，有乘龍虎導引數百人，迎安期，安期乘羽車而昇天也。（李少君）言：『……冥海之棗大如瓜，鍾山之李大如瓶，臣已食之……』」

5. 郭璞《遊仙詩》曰：「王孫列八珍，安期鍊五石。」

6.《抱朴子·對俗》曰：「昔安期先生、龍眉寧公、修養公、陰長生皆服金液半劑者也。其止世間，或近千年，然後去耳。」

7.《元始上眞眾仙記》曰：「崑崙玄圃金為墉城……西王母九光所治，群仙無量也……漢時四皓僊人、安期、彭祖今並在此輔焉。」

8.《眞誥·運象篇第二》曰：「金醴玉漿，交梨火棗。」又曰：「玉醴金漿，交梨火棗，此則騰飛之藥，不比於金丹也。」陶弘景《水仙賦》曰：「安期奉棗，王母送桃，錦旌麗日，羽衣拂霄。」

9.《上清黃氣陽精三道順行經》曰：「中皇僊人玄子生、墨翟子、趙延甫、寧康伯、彭鑑、安期、帛高之徒七百人，尋道履苦，情貫玉虛，雖騰身霄崖，遊盤五嶽，不得三道之要，故不得上登金門之內，受謁金闕之格。」

10.《太上洞玄靈寶本行因緣經》曰：「仙公（指太極左仙公葛玄）曰：『……子欲使法輪速升飛行上清諸天者，當更立功救度國民土人災厄疾苦，大功德滿，太上錫迎子矣。是以彭祖八百歲，安期生千年，白石生三千齡，故游民間，皆坐其前世學法，小功德薄故也，乃有萬餘歲在山河中猶未昇天……』」

11.《上清太上元始耀光金虎鳳文章寶經》曰：「興寧三年乙丑七月七日，桐栢眞人承樂子長、安期先生受出三皇蘊中金虎鳳文章符，令晚學道士許遠遊承受以制萬魔。」

12.《上清七聖玄紀經》有「北極眞人安期生」。

北極老子玄上仙皇

【校】

　　古本「玄」作「元」，說本「玄」字闕末筆「、」，皆避康熙諱；《無上秘

要》「子」作「人」。

【註】

1.《上清明堂元真經訣》曰：「北極老子來至，授子玄籙寶明，一合俱昇。」

2.《上清太上九真中經絳生神丹訣》有「北極老人玄上仙皇」。

清和天帝君

【校】

《無上秘要》作「清和宮天帝君」。

【註】

《無上秘要》卷 84 曰：「清和宮天帝君是太極中天之帝。」

南極老人丹陵上真

【註】

1.《史記・天官書》曰：「狼比地有大星，曰南極老人。老人見，治安，不見，兵起。」《正義》曰：「老人一星在弧南，一曰南極。爲人主占壽命延長之應，常以秋分之曙見於景，春分之日見於丁。見，國長命，故謂之壽昌，天下安寧。不見，人主憂也。」《史記・封禪書》之《索隱》曰：「壽星・蓋南極老人星也。見則天下理安，故祠之以祈福壽。」

2.《後漢書・禮儀志》曰：「仲秋之月，祀老人星於國都老人廟。」

3.《春秋元命包》曰：「直弧北有一大星，爲老人星，見則治平，主壽，亡則君危主亡。常以秋風候之。」宋均註：「春分候之西郊，秋風候之東郊，皆在南方。」又曰：「老人星者，治平則見，見則主壽，帝以秋風候之南郊。」又曰：「直弧比地有一大星，曰南極老人，見則主安，不見則兵革起。常以秋風候之南郊，以慶主令天下。」《春秋文曜鉤》曰：「老人星見則主安，不見則兵起。」又曰：「王者安靜，則老人星見，當以秋風候之。」宋均註：「老人星在狼星南，河東南極之下。」《春秋運斗樞》曰：「老人星臨國則蓂莢生。」又曰：「王政和平，則老人星臨其國，萬民壽。」

4.《太上大道三元品誡謝罪上法》有「南上老君丹靈老子南極上元真人」、「無極大道南上赤帝丹靈老子」。

5.《元始五老赤書玉篇真文書經》卷下有「無極大道南上老君丹靈南極真人」。

6.《上清明堂元真經訣》曰：「南極老人來至，授子丹景，一合俱昇。」

7.《上清太上九真中經絳生神丹訣》有「南極老人丹陵上真」。

8.《眞誥・稽神樞第四》曰：「在元氣爲元君，在玄宮爲玄師，在南辰爲南極老人，在太虛爲太虛眞人，在南嶽爲赤松子。此乃天帝四眞人之師，太一之友。」

青精先生太宛北谷子

【校】

《神仙傳・彭祖》、《無上秘要》「太」作「大」。

【註】

1.《神仙傳・彭祖》曰：「……彭祖曰：『今大宛山中，有青精先生者，傳言千歲，色如童子，行步一日三百里，能終歲不食，亦能一日九餐……』采女曰：『敢問青精先生所謂何僊人也？』彭祖曰：『得道者耳，非僊人也。僊人者，或竦身入雲，無翅而飛；或駕龍乘雲，上造太階……』」

2.《登眞隱訣》（《太平御覽》卷 671 引）曰：「太極眞人青精迅飯方。按：《彭祖傳》云：大宛有青精先生能一日九食，亦能終歲不饑，即是此矣。眞上仙之妙方，斷穀之奇靈也。」

3.《眞誥・稽神樞第四》曰：「至於青精先生、彭鏗、鳳綱、南山四皓、淮南八公，並以服上藥，不至一劑，自欲出處嘿語，肥遯山林，以遊仙爲藥，以升虛爲戚，非不能登天也，弗爲之耳。此諸君自輾轉五嶽，改名易貌，不復作尸解之絕也。」註曰：「……青精亦出《彭傳》及《王君傳》、『飸飯方』中。」

4.《無上秘要》卷 84 曰：「青精先生、大宛北谷子，此二人受西梁飸飯得道。」

5.《天地宮府圖・十大洞天》（《雲笈七籤》卷 27）曰：「第七羅浮山洞，周迴五百里，名曰朱明輝眞之洞天。在循州博羅縣，屬青精先生治之。」

玄和陰陵上帝

【校】

古本「玄」作「元」，說本「玄」字闕末筆「、」，皆避康熙諱。

【註】

1.《上清大洞九微八道大經妙籙》有「玄和陰陵上帝」。

2.《無上秘要》卷 84 有「玄和陰陵上帝是太極中天之帝。」

太極高仙伯延蓋公子

【註】

《雲笈七籤》卷 96《王母贈魏夫人歌一章並序》有「太極高仙伯延蓋公子」。

玄洲仙伯

【校】

古本「玄」作「元」，說本「玄」字闕末筆「、」，皆避康熙諱。

【註】

1. 《十洲記》曰：「玄洲在北海之中，戌亥之地，地方七千二百里，去南岸三十六萬里，上有太玄都仙伯真公所治，多丘山，又有風山，聲響如雷電，對天西北門，上多太玄仙官……」

2. 《上清大洞九微八道大經妙籙》曰：「《玄洲仙伯開天萬仙真書》，東海小童君以授得道之人。」

3. 《上清外國放品青童內文》卷下曰：「國名句他羅之國，一名天鏡之國……國外則有玄洲，方七千二百里。四面是海，去岸三十六萬里。上有太玄都，仙伯真公所治。」

4. 《天地宮府圖‧十大洞天》（《雲笈七籤》卷 27）曰：「第六赤城山洞。周迴三百里，名曰上清玉平之洞天，在台州唐興縣，屬玄洲仙伯治之。」

5. 《太真玉帝四極明科經》卷 1 有「玄洲仙伯」；《太上三天正法經》有「玄洲仙伯」。

太極左仙公葛玄（吳時下演靈寶，下為地仙）

【校】

古本「玄」作「元」，說本「玄」字闕末筆「、」，皆避康熙諱。

【註】

1. 《晉書‧葛洪傳》曰：「（葛洪）從祖玄，吳時學道得仙，號曰葛仙公，以其煉丹秘術授弟子鄭隱。」

2. 《神仙傳‧葛玄》曰：「葛玄，字孝先，丹陽人也。生而秀穎，性識英明，經傳子史，無不該覽。年十餘，俱失怙恃，忽歎曰：『天下有常不死之道，何不學焉。』因循跡名山，參訪異人，服餌芝術，從僊人左慈，受《九丹金液仙經》。玄勤奉齋科，感老君與太極真人，降於天台山，授《玄靈寶》

等經三十六卷。久之，太上又與三眞人，項負圓光，乘八景玉輿，寶蓋、幡、幢、旌節，煥耀空中，從官千萬……悉遵太上之命，修煉勤苦不怠。尤長於治病收劫鬼魅之術，能分形變化。」《神仙傳・左慈》曰：「左慈者，字元放……慈告葛仙公言：『當入霍山中合九轉丹。』丹成，遂仙去矣。」

3. 《抱朴子・金丹》曰：「昔左元放於天柱山中精思，而神人授之金丹仙經……余從祖仙公又從元放受之，凡受《太清丹經》三卷及《九鼎丹經》一卷、《金液丹經》一卷……江東先無此書，書出於左元放，元放以授余從祖，從祖以授鄭君，鄭君以授余，故他道士了無知者也。」《抱朴子》（內篇佚文）曰：「葛仙公每飲酒醉，常入門前陂中，竟日乃出。會從吳主到荊州，還大風，仙公船沒。吳主謂其已死。須臾從水上來，衣履不濕，而有酒色，云昨爲無諮詢召，設酒不能便歸，以淹留也。」《地眞》有「葛仙公」。

4. 《搜神記》曰：「葛玄字孝先，從左元放受《九丹液仙經》。與客對時食，言及變化之事，客曰：『事畢，先生作一事特戲者。』玄曰：『君得無即欲有所見乎？』乃嗽口中飯，盡變大蜂數百，皆集客身，亦不螫人。久之，玄乃張口，蜂皆飛入。玄嚼食之，是故飯也。又指蝦蟆及諸行蟲燕雀之屬使舞，應節如人。冬爲客設生瓜棗，夏致冰雪。又以數十錢，使人散投井中，玄以一器于井上呼之，錢一一飛從井出。爲客設酒，無人傳杯，杯自至前，如或不盡，杯不去也，嘗與吳主坐樓上，見作請雨土人。帝曰：『百姓思雨，寧可得乎？』玄曰：『雨易得耳。』乃書符著社中，頃刻間，天地晦冥，大雨流淹。帝曰：『水中有魚乎？』玄復書符擲水中，須臾，有大魚數百頭。使人治之。」

5. 《元始上眞眾仙記》曰：「葛玄受金闕君命，爲太極左仙公，治蓋竹山，又在女幾山，常駕乘虎騎也。」

6. 《眞誥・稽神樞第二》曰：「玄善於變幻，而拙於用身。今正得不死而已，非僊人也。初在長山，近入蓋竹，亦能乘虎使鬼，無所不至，但幾於未得受職耳。亦恒與謝稚堅、黃子陽、郭聲子相隨。」註曰：「葛玄字孝先，是抱朴從祖，即鄭思遠之師也。少入山得仙，時人咸莫測所在。傳言東海中僊人寄書呼爲仙公，故抱朴亦同然之。長史所以有問，今答如此，便是地仙耳。《靈寶》所云太極左仙公，於斯妄乎？」

7. 陶弘景《吳太極左仙公葛公之碑》曰：「仙公姓葛諱玄，字孝先，丹陽句容都鄉吉陽里人也……吳初，左元放自洛而來，授公白虎七變、爐火九丹。

於是五通具足，化遁無方……於時有人漂海隨風，渺渧無垠。忽值神島，見人授書一函，題曰『寄葛公』，令歸吳達之。由是舉世翕然號爲仙公。故抱朴著書亦云『余從祖仙公乃抱朴三代從祖也』。俗中經傳所談，云『已被太極銓授，居左仙之位』。如《真誥》並《葛氏舊譜》，則事有未符。恐教迹參差，適時立說……仙公赤烏七年太歲甲子八月十五日平旦升仙，長往不返。**恒**與郭聲子等相隨，久當授任玄都，祇秩天爵，佐命四輔，理察人祇。」

8. 《太上洞玄靈寶智慧本願大戒上品經》曰：「仙公於天台山靜齋念道，稽首禮拜請問靈寶玄師太極太虛真人曰：『弟子有幸得侍對天尊，自以微言彌綸萬劫，洞觀道源，過泰之歡，莫有諭也。顧玄少好神仙白日飛騰之道，心想上聖……』是時太上高玄真人嘯詠步虛洞章，歡然容豫耀金顏而含笑言曰：『此子累劫念道致太極玉名寄慧人中，將獨步玉京，超逸三界，巍巍乎太上仙公之任矣……』」又曰：「仙公（指葛玄）告弟子鄭思遠曰：『吾少游諸名山，履於嶮山希，在禽獸之左右，辛苦備至，忍情遣念，損口惠施，後身成人，懷道安世，**恒**修慈愛，念道存真，無時敢替也。齋直一年而未竟，其冬至之日，天真晛降，見授大經上仙之道。天真令我大齋長靜，按經施誦，次而學之遂成真人矣……』」

9. 《太微靈書紫文琅玕華丹神真上經》曰：「皇天上清後聖君自少學道，所受施行秘要，得爲金闕之帝者也。五老上真、太極左僊公上啟撰集爲靈書紫文。」

10. 《太上洞玄靈寶真一勸誡法輪妙經》曰：「太上高玄太極三宮法師玄一真人說《太上洞玄靈寶真一勸誡法輪妙經》，舊文藏於太上六合玄臺，典經皆龍華玉女、金晨玉童散華燒香，侍衛靈文，依科四萬劫一傳，太上有命，使付太極左仙公也。太極左仙公於天台山靜齋拔罪，燒香懺謝，思真念道……仙公自覺苦徹遐感天真，於是研思玄業，志勵殊勤。齋未一年，遂致感通上聖……天真並下，第一自稱太上玄一第一真人郁羅翹，第二自稱太上玄一第二真人光妙音，第三自稱太上玄一第三真人定光。並集三真，皆項有圓光，映照十方……太上玄一真人郁羅翹告太極左仙公曰：『子積劫念行，損身救物，開度有生，惠逮草木，括身林阜，守情忍色，恭禮師宗存弗厭，苦志篤厲，乃有至德致紫蘭臺金闕上清宮，有瓊文紫字，功德巍巍，行合上仙，太上命太極真人徐來勒保汝爲三洞大

法師，今復命我來爲子作第一度師。子可復坐，我當告子開度法輪勸誡
要訣……」太上玄一第二眞人光妙音告左仙公曰：『……太上命我爲子第
二度世，當俱告子三塗五苦生死命根勸誡要訣……』太上玄一第三眞人
定光告左仙公曰：『……太上今命我爲子第三度師，今當告子無量妙通轉
神入定勸誡要訣……』」

11.《太上洞玄靈寶本行因緣經》曰：「吳赤烏三年，歲在庚申，正月一日壬子，
　　仙公登勞盛山靜齋念道……」又曰：「（地仙道士）曰：『……師尊始學道
　　幸早，被賜爲太極左仙公，登玉京，入金闕，禮無上虛皇……』」又曰：「仙
　　公曰：『昔帝堯之世，汝（指葛玄弟子紀法成）隨我入嵩高山學，汝志小
　　望速……』」又曰：「仙公曰：『我先世經歷施行罪福，輪轉化形……吾昔
　　嘗爲貴人而凌貧賤，抉強抑弱，死入地獄。後生爲小人，貧窮陋疾……思
　　念作善，然心不自解，憂毒難言，死升福堂。後生富家，珍寶內足，無有
　　所之而苦酷奴婢，死入地獄，徒考三官罪竟。後生爲下使……而以私產供
　　給貧人，敬仰道士，上香奉油，唯願生貴家，死升福堂，衣食自然。後生
　　爲貴人，乃復殺害眾生，漁獵爲事，死入地獄，經履刀山劍樹，湯煮吞火，
　　五苦備至罪竟，後生爲豬羊以報昔怨……是時三侍臣同發願後生作道士，
　　我爲隱士，釋道微、竺法蘭願爲沙門，鄭思遠、張泰爲道士，普志升仙度
　　世……今日相隨，是宿世之緣……』」

12.《上清高上玉晨鳳臺曲素上經》曰：「《太上曲素五行秘符》，太極左仙公撰。」

13.《洞玄靈寶千眞科》曰：「爾時太極左仙公以吳赤烏三年正月一日登勞盛山
　　精思念道。」又曰：「太上告曰：『子有功德，宿著左仙，暫託因緣，寄生
　　下世，爲物宗匠，助道弘宣。』」

14.《太上無極大道自然眞一五稱符上經》卷下有「葛玄」、「仙公」；《太上洞
　　玄靈寶本行宿緣經》有「仙公」；有《太極葛仙公傳》。

西極老人素靈子期
【校】
　　《無上秘要》「素」作「袁」。
【註】
　1.《上清明堂元眞經訣》曰：「西極老人來至，授子素靈威神，一合俱昇。」
　2.《上清太上九眞中經絳生神丹訣》有「西極老人素陵子期」。

五老上眞仙都老公（撰《靈書紫文》）

【校】

　　《無上秘要》「老」作「左」。

【註】

1. 《紫陽眞人內傳》曰：「偓佺曰：『藥有數種，仙有數品。有乘雲駕龍白日昇天，與太極眞人爲友，拜爲仙官之主。其位可司眞公、定元公、太生公及中黃大夫、九氣丈人、仙都公，此位皆上仙也。』」

2. 《太微靈書紫文琅玕華丹神眞上經》曰：「皇天上清後聖君自少學道，所受施行秘要，得爲金闕之帝者也。五老上眞、太極左遷公上啓撰集爲《靈書紫文》。」

3. 《皇天上清金闕帝君靈書紫文上經》有註曰：「五老上眞仙都君受聖君，命授青童君，青童君以傳王遠遊，使下教骨相玄名有仙籍之人應得此文者。」又曰：「《靈書紫文上經》是後聖李君自少學道所受修行要文者也，乃太微天帝、紫微上眞天帝玉清君二天帝口傳之訣，爲眞之法。」

4. 《上清金眞玉光八景飛經》有「五老上眞」；《太上玉佩金檔太極金書上經》、《上清三元玉檢三元布經》有「五老仙都」；《上清玉帝七聖玄紀迴天九霄經》有「五老上眞仙都左公」。

東極老人扶陽公子

【註】

1. 《上清明堂元眞經訣》曰：「東極老人來至，授子青眞，一合俱昇。」

2. 《元始五老赤書玉篇眞文書經》卷下、《太上大道三元品誡謝罪上法》有「東極老人」；《上清太上九眞中經絳生神丹訣》有「東極老人扶陽公子」。

太極左公北谷先生

【校】

　　古本、秘本、說本「公」作「宮」；《上清七聖玄紀經》、《無上秘要》「谷」作「洛」。

【註】

　　《上清七聖玄紀經》有「太極左公北洛先生」。

三天都護王長、趙昇

【註】

1. 《元始上眞眾仙記》曰：「王長、趙昇二人受書爲廬山中正一三天都護。」
2. 《張道陵傳》（《雲笈七籤》卷 109）曰：「張道陵字輔漢，沛國豐人也。本大儒生，博綜五經。晚乃計此無益於年命，遂學長生之道，弟子千餘人。其《九鼎》大要惟付王長。後得趙升，七試皆過……」
3. 《三天內解經》卷上曰：「漢世前後帝王凡四百二十五年，之中百姓民人得道者甚多……自王長、趙昇散仙之徒乃有數百，非可悉名。」
4. 《赤松子章歷》有「王長」、「趙升眞人」。

太極上真公孔丘

【校】

輯本「丘」作「邱」。

【註】

1. 《呂氏春秋·遇合》曰：「文王嗜菖蒲葅，孔子聞而服之，縮頞而食之，三年然後勝之。」
2. 《史記·孔子世家》曰：「孔子生魯昌平鄉陬邑……」
3. 《春秋演孔圖》曰：「孔子母徵在，遊大澤之陂，睡夢黑帝使，請己已往夢交，語曰：『汝乳必於空桑之中。』覺則若感，生丘於空桑。」又曰：「孔子長十尺，大九圍，坐如蹲龍，立如牽牛，就之如昴，望之如斗。」又曰：「孔子長十尺，海口尼首，方面，月角日準，河目龍顙，斗唇昌顏，均宜輔喉……立如鳳峙，坐如龍蹲，手握天文，足履度字。望之如樸，就之如升，視若營四海，躬履謙讓……」
4. 《孝經右契》曰：「孔子夜夢三槐之間，豐、沛之邦，有赤煙氣起，乃呼顏回、子夏同往觀之。驅車到楚西北范氏街，見芻兒打麟，傷其左前足，束薪而覆之。孔子曰：『兒來！汝姓爲誰？』兒曰：『吾姓爲赤松，名時喬，字受紀。』孔子曰：『汝豈有所見乎？』兒曰：『吾所見一禽，如麕，羊頭，頭上有角，其末有肉。方以是西走。』孔子曰：『天下已有主也。爲赤劉。陳、項爲輔。五星入井，從歲星。』兒發薪下麟，示孔子。孔子趨而往，麟向孔子，蒙其耳，吐三卷圖，廣三寸，長八寸，每卷二十四子。其言『赤劉當起日周亡』，赤氣起，火耀興，玄丘制命，帝卯金。」《搜神記》卷 8 與此略同。

5. 《孝經鉤命決》曰：「仲尼斗脣，舌理七重，吐教陳機受度。」又曰：「仲尼虎掌，是謂威射。」又曰：「仲尼龜脊。」又曰：「夫子輔喉。」又曰：「夫子騈齒。」 註曰：象鉤星也。又曰：「仲居（尼）海口，言善食海澤也。」

6. 《論語比考》曰：「孔子師老聃。」《論語譔考》曰：「叔梁紇與徵在禱尼丘山，感黑龍之精，以生仲尼。」《論語摘輔象》曰：「孔子海口，言若含澤。」

7. 《抱朴子‧塞難》曰：「仲尼，儒者之聖也……道者，萬殊之源也。儒者，大淳之流也。」又曰：「……知仲尼不免於俗情，非學仙之人也。」《辨問》曰：「《靈寶經》有《正機》、《平衡》、《飛龜授袟》凡三篇，皆仙術也。吳王伐石以治宮室，而於合石之中，得紫文金簡之書，不能讀之，使使者持以問仲尼，而欺仲尼曰：『吳王閒居，有赤雀銜書以置殿上，不知其義，故遠諮呈。』仲尼以視之，曰：『此乃靈寶之方，長生之法，禹之所服，隱在水邦，年齊天地，朝於紫庭者也。禹將仙化，封之名山石函之中，乃今赤雀銜之，殆天授也。』以此論之，是夏禹不死也，而仲尼又知之；安知仲尼不皆密修其道乎？正復使聖人不爲此事，未可謂無其效也。」《袪惑》曰：「孔子母年十六七時，吾相之當生貴子，及生仲尼，眞異人也，長九尺六寸，其顙似堯，其項似皐陶，其肩似子產，自腰以下不及禹三寸。雖然，貧苦孤微，然爲兒童便好俎豆之事。吾知之必當成就。及其長大，高談驚人，遠近從之受學者，著錄數千人。我喜聽其語，數往從之，但恨我不學，不能與之覆疏耳。常勸我讀《易》云，此良書也，丘竊好之，韋編三絕，鐵撾三折，今乃大悟。魯哀公十四年，西狩獲麟，麟死。孔子以問吾，吾語之，言此非善祥也。孔子乃愴然而泣。後得惡夢，乃欲得見吾。時四月中盛熱，不能往，尋聞之病七日而沒，於今仿佛記其顏色也。」

8. 《太上靈寶五符序》卷上有「魯大夫孔丘」。

9. 《元始上眞眾仙記》曰：「孔丘爲大（太）極上眞公，治九嶷山。」

10. 道安《二教論‧服法非老第九》（《廣弘明集》卷 8）曰：「又《清淨法行經》云：『佛遣三弟子震旦教化。儒童菩薩，彼稱孔丘；光淨菩薩，彼稱顏淵；摩訶迦葉，彼稱老子。』」

11. 《太上赤文洞神三籙》曰：「三籙篇上周易內文三甲處談，周易內文俱八極聖祖名上字，妙行符，昔伏羲傳與神農，神農傳由知五穀之播種，辨別百藥之良，得濟生民，後籙圖得之，爲顓師……孔子得之，遂洞幽微以讚易道。」

12.《拾遺記》卷 2 曰：「孔子相魯之時，有神鳳遊集。至哀公之末，不復來翔。故云『鳳鳥不至』，可爲悲矣。」卷 3 曰：「周靈王立二十一年，孔子生於魯襄公之世。夜有二蒼龍自天而下，來附徵在之房，因夢而生夫子。有二神女，擎香露於空中而來，以沐浴徵在。天帝下奏鈞天之樂，列以顏氏之房。空中有聲，言天感生聖子，故降以和樂笙鏞之音，異於俗世也。又有五老列於徵在之庭，則五星精也。夫子未生時，有麟吐玉書於闕里人家，文云：『水精之子，繫衰周而素王。』故二龍繞室，五星降庭。徵在賢明，知爲神異，乃以繡紱繫麟角，信宿而麟去。相者云：『夫子繫殷湯，水德而素王。』至敬王之末，魯定公二十四年，魯人鋤商田於大澤，得麟，以示夫子，繫角之紱，尙猶在焉。夫子知命之將終，乃抱麟解紱，涕泗滂沱。且麟出之時，及解紱之歲，垂百年矣。錄曰：詳觀前史，歷覽先誥，《援神》、《鉤命》之說，六經緯候之志，研其大較，與今所記相符；語乎幽秘，彌深影響。故述作書者，莫不憲章古策，蓋以至聖之德列廣也。是以尊德崇道，必欲儘其眞極……」

明晨侍郎三天司眞顏回

【校】

　　古本、輯本「回」作「囘」。

【註】

1.《論語譔考》：「顏囘有角額，似月形。淵，水也，月是水精，故名淵。」《論語摘輔象》：「仲尼爲素王，顏淵爲司徒。」

2.《高士傳》曰：「顏回，字子淵，魯人也，孔子弟子。貧而樂道，退居陋巷，曲肱而寢。孔子曰：『回，來家貧居卑，胡不仕乎？』回對曰：『不願仕。回有郭外之田五十畝，足以給饘粥；郭內之圃十畝，足以爲絲麻。鼓宮商之音，足以自娛；習所聞於夫子，足以自樂。回何仕焉？』孔子愀然變容，曰：『善哉，回之意也。』」

3.《抱朴子·辨問》曰：「顏淵具體而微，是聖事有厚薄也。」

4.《元始上眞眾仙記》曰：「顏回受書初爲明泉侍郎，後爲三天司眞。」

5. 王隱《晉書·蘇韶傳》（《太平廣記》卷 319 引）曰：「韶曰：『……顏淵、卜商今見在爲修文郎，凡有八人……』」

玄圃眞人軒轅黃帝

【校】

　　古本「玄」作「元」，說本「玄」字闕末筆「、」，皆避康熙諱。

【註】

1. 《左傳》昭公十七年曰：「昔者黃帝氏以雲紀，故爲雲師而雲名。」杜預註曰：「黃帝，姬姓之祖也。黃帝受命有雲瑞，故以雲紀事，百官師長皆以雲爲名號。」

2. 《國語・晉語四》曰：「昔少典氏娶於有蟜氏，生黃帝、炎帝。」

3. 《莊子・大宗師》：「黃帝得之，以登雲天。」《在宥》曰：「黃帝立爲天子十九年，令行天下，聞廣成子在於空同之山，故往見之，曰：『我聞吾子達於至道，敢問至道之精。吾欲取天地之精，以佐五穀，以養民人，吾又欲官陰陽，以遂群生爲之奈何？』廣成子曰：『而所欲問者，物之質也；而所欲官者，物之殘也。自而治天下，雲氣不待族而雨，草木不待黃而落，日月之光益以荒矣。而佞人之心翦翦者，又奚足以語至道！』黃帝退，捐天下，築特室，席白茅，閒居三月，復往邀之。廣成子南首而臥，黃帝順下風膝行而進，再拜稽首而問曰：『吾聞子達於至道，敢問，治身奈何而可以長久？』廣成子蹶然而起，曰：『善哉問乎！來！吾語女至道……』」《天地》曰：「黃帝遊乎赤水之北，登乎崑崙之丘而南望。」《至樂》曰：「崑崙之虛，黃帝之所休。」《徐無鬼》曰：「黃帝將見大隗乎具茨之山。」

4. 《山海經・西山經》曰：「又西北四百二十里，曰峚山，其上多丹木，員葉而赤莖，黃華而赤實，其味如飴，食之不饑。丹水出焉，西流注於稷澤，其中多白玉，是有玉膏，其原沸沸湯湯，黃帝是食是饗。是生玄玉。玉膏所出，以灌丹木，丹木五歲，五色乃清，五味乃馨。黃帝乃取峚山之玉榮，而投之鍾山之陽。瑾瑜之玉爲良，堅粟精密，濁澤有而色。五色發作，以和柔剛。天地鬼神，是食是饗；君子服之，以御不祥。自峚山至於鍾山，四百六十里，其間盡澤也，是多奇鳥、怪獸、奇魚，皆異物焉。」又曰：「又西四百八十里，曰軒轅之丘，無草木。洵水出焉，南流注於黑水，其中多丹粟、多青、雄黃。」《北山經》曰：「又東北二百里，曰軒轅之山，其上多銅，其下多竹。有鳥焉，其狀如梟白首，其名曰黃鳥，其鳴自詨，食之不妒。」《海外西經》曰：「軒轅之國在窮山之際，其不壽者八百歲。在女子國北。人面蛇身，尾交首上。窮山在其北，不敢西射，畏軒轅之丘。

在軒轅國北。其丘方，四蛇相繞。」《大荒東經》曰：「東海之渚中，有神，人面鳥身，珥兩黃蛇，踐兩黃蛇，名曰禺𧉚虎。黃帝生禺𧉚虎，禺𧉚虎生禺京。禺京處北海，禺𧉚虎處東海，是惟海神。」又曰：「東海中有流波山，入海七千里。其上有獸，狀如牛，蒼身而無角，一足，出入水則必風雨，其光如日月，其聲如雷，其名曰夔。黃帝得之，以其皮爲鼓，橛以雷獸之骨，聲聞五百里，以威天下。」《大荒西經》曰：「有北狄之國。黃帝之孫曰始均，始均生北狄……有軒轅之臺，射者不敢西向，畏軒轅之臺……有軒轅之國，江山之南棲爲吉，不壽者乃八百歲。」《大荒北經》曰：「有係昆之山者，有共工之臺，射者不敢北鄉。有人衣青衣，名曰黃帝女魃。蚩尤作兵伐黃帝，黃帝乃令應龍攻之冀州之野。應龍畜（蓄）水。蚩尤請風伯雨師，縱大風雨。黃帝乃下天女曰魃，雨止，遂殺蚩尤。魃不得復上，所居不雨。叔均言之帝，後置之赤水之北。叔均乃爲田祖。魃時亡之，所欲逐之者，令曰：『神北行！』先除水道，決通溝瀆……大荒之中。有山名曰融父山，順水入焉。有人名曰犬戎。黃帝生苗龍，苗龍生融吾，融吾生弄明，弄明生白犬，白犬有牝牡，是爲犬戎，肉食。有赤獸，馬狀無首，名曰戎宣王屍。」《海內經》曰：「黃帝妻雷祖，生昌意。昌意降處若水，生韓流。韓流擢首、謹耳、人面、豕喙、麟身、渠股、豚止，取淖子曰阿女，生帝顓頊……有九丘，以水絡之，名曰陶唐之丘、叔得之丘、孟盈之丘、昆吾之丘、黑白之丘、赤望之丘、參衛之丘、武夫之丘、神民之丘。有木，青葉紫莖，玄華黃實，名曰建木，百仞無枝，上有九欘，下有九枸，其實如麻，其葉如芒。大皥爰過，黃帝所爲……黃帝生駱明，駱明生白馬，白馬是爲鯀。」

5. 《韓非子·十過》曰：「黃帝合鬼神於西泰山，駕象車而六蛟龍，畢方並轄，蚩尤居前，風伯進掃，雨師灑道，虎狼在前，鬼神在後，騰蛇伏地，鳳凰覆上，大合鬼神，作爲清角。」

6. 《淮南子》（《太平御覽》卷 186 引）曰：「黃帝作竈，死爲竈神。」

7. 《史記·五帝本紀》曰：「蚩尤作亂，不用帝命，於是黃帝乃徵師諸侯，與蚩尤戰於涿鹿之野，遂禽殺蚩尤。」《孝武本紀》曰：「少君（指李少君）言於上曰：『祠竈則致物，致物而丹砂可化爲黃金，黃金成以爲飲食器則益壽，益壽而海中蓬萊仙者可見，見之則封禪不死，黃帝是也。』」《封禪書》曰：「公玉帶曰：『黃帝時雖封泰山，然風后、封巨、岐伯令黃帝封東

泰山，禪凡山，合符，然後不死焉。』」又曰：「（公孫）卿曰：『……黃帝採首山銅，鑄鼎於荊山下。鼎既成，有龍垂鬍髯下迎黃帝。黃帝上騎，群臣後宮從上者七十餘人，龍乃上去。餘小臣不得上，乃悉持龍髯，龍髯拔，墮，墮黃帝之弓。百姓仰望黃帝既上天，乃抱其弓與鬍髯號，故後世因名其處曰鼎湖，其弓曰烏號。』」

8. 《大戴禮記・五帝德》曰：「宰我問於孔子曰：『予聞榮伊曰黃帝三百年。請問黃帝者人耶？何以至三百年？』……孔子曰：『黃帝，少典之子也，曰軒轅。生而神靈，弱而能言，幼而慧齊，長而敦敏，成而聰明。治五氣，設五量，撫萬民，度四方；教熊羆貔豹虎，以與赤帝戰於版泉之野，三戰然後得行其志。黃帝黼黻衣，大帶黼裳，乘龍辰雲，以順天地之紀，幽明之故，死生之說，存亡之難。時播百穀草木，故教化淳鳥獸昆蟲，歷離日月星辰；極畋土石金玉，勞心力耳目，勞勤心力耳目，節用水火材物，生而民得其利百年，死而民畏其神百年，亡而民用其教百年，故曰三百年也。』」

9. 《漢書・王莽傳》曰：「或言黃帝時建華蓋以登仙，莽乃造華蓋九重……」《古今人物表》張晏註曰：「黃帝作軒冕之服，故謂之軒轅。」《藝文志》著錄有《黃帝雜子步引》十二卷、《黃帝岐伯按摩》十卷、《黃帝雜子十九家方》二十一卷等；卷 30 著錄《黃帝四經》四篇；《黃帝銘》六篇；《黃帝君臣》十篇，曰：「起六國時，與《老子》相似也。」《雜黃帝》五十八篇，曰：「六國時賢者所作。」《黃帝泰素》二十篇，曰：「六國時韓諸公子所作。」《黃帝》十六篇，圖三卷；《黃帝內經》十八卷，《黃帝三王養陽方》二十卷。

10. 張衡《靈憲》曰：「星也者，體生於地，精成於天，列居錯跱，各有道屬。紫宮為皇極之居，太微為五帝之廷……黃神軒轅於中……」

11. 《列仙傳・黃帝》曰：「黃帝者，號軒轅，能劾百神朝而使之。弱而能言，聖而預知，知物之紀，自以為雲師；有龍形。自擇亡日，與群臣辭，至於卒，還葬橋山，山崩，柩空無屍，惟劍舄在焉。仙書曰：『黃帝採首山之銅，鑄鼎於荊山之下，鼎成，有龍垂鬍髯下迎帝，乃昇天。群臣百僚悉持龍髯，從帝而升。攀帝弓及龍髯，拔而弓墮，群臣不得從，仰望帝而悲號，故後世以其處為鼎湖，名其弓為烏號焉。』」《列仙傳・容成公》曰：「容成公者，自稱黃帝師，見於周穆王。」

12. 《尚書帝命驗》曰：「河龍圖出，洛龜書威，赤文象字，以授軒轅。」《尚書中候》曰：「帝軒提像，配永循機，天地休通，五行期化。河龍圖出，洛龜書威，赤文像字，以授軒轅。」註曰：「軒，軒轅，黃帝名。永，長也。循，順也。黃帝軒轅觀攝提之象，配而行之，以長爲順，斗機爲政。休，美也。天地美氣相通行，應四時之期而變化。龍御圖而出也，龜負書而出威則也。」

13. 《詩含神霧》曰：「大電光繞北斗樞星，照郊野，感附寶而生黃帝。」

14. 《禮含文嘉》曰：「黃帝修兵革以德行，則黃龍至，鳳皇來儀。」

15. 《春秋演孔圖》曰：「黃帝之將興，黃雲陞於堂。」《春秋文曜鉤》曰：「黃帝龍顏，得天庭，法中宿，取象文昌。」《春秋運斗樞》曰：「黃帝與大司馬容光觀，鳳凰銜圖置黃帝前。」又曰：「黃帝得龍圖，中有璽章，文曰：天黃符璽。」《春秋合誠圖》曰：「黃帝坐玄扈洛水上，與大司馬容光等臨觀，鳳皇銜圖置帝前，帝再拜受圖。」又曰：「黃帝請問太一長生之道，太乙曰：『齋戒六丁，道乃可成。』」又曰：「軒轅，主雷雨之神，旁有一星玄戈，名曰貴人，旁側郎位，主宿衛尚書。」宋均註：「軒轅星，象電主雷，謂黃帝以雷精起也。」《春秋考異郵》曰：「黃帝將起，有黃雀赤頭，占曰：黃者土精，赤者火焚，雀者賞萌，餘當立。」《春秋保乾圖》曰：「黃帝坐於扈閣，鳳皇銜書置帝前，其中得五始之文。」

16. 《孝經援神契》曰：「黃帝身逾九尺，附函挺朵，修髯花瘤，河目龍顙，日角龍顏。」《孝經鉤命決》曰：「附寶出，降大靈，生帝軒。」

17. 《論語比考》曰：「黃帝師力牧，帝顓頊師籙圖，帝嚳師赤松子，帝堯師務成子，帝舜師尹壽，禹師國先生，湯師伊尹，文王師呂望，武王師尚父，周公師虢叔，孔子師老聃。」《論語摘輔象》曰：「黃帝七輔：州選舉，翼佐帝德，風后受金法，天老受天籙，五聖受道級，知命受料俗，窺紀受變復，地典受周絡，力墨受準斥。」宋均註曰：「金法，言能決理是非也。籙，天教命也。級，次序也。糾，正也。有禍變能補復也。絡，維緒也。準斥，凡事也。力墨或作力牧。」

18. 《河圖始開圖》曰：「黃帝問風后曰：余欲知河之始開。風后曰：河凡有五，皆始開乎崑崙之墟。」又曰：「黃帝修德立義，天下大治，乃召天老而問焉：余夢見兩龍，挺日圖，即帝以授余於河之都。」又曰：「黃帝名軒轅，北斗神也，以雷精起，胸文曰：黃帝子。修德立義，天下大治。」又曰：

「黃帝名軒，北斗黃神之精。母地祇之女附寶，之郊野，大電繞斗，樞星耀，感附寶，生軒，胸文曰：黃帝子。」《河圖挺佐輔》曰：「黃帝修德立義，天下大治，乃召天老而問焉：『余夢見兩龍挺日圖，即帝以授余於河之都，覺昧素喜，不知其理，敢問於子。』天老曰：『河出龍圖，洛出龜書，紀帝錄州聖人所紀姓號，典謀治平，然後鳳皇處之。今鳳皇以下三百六十日矣，合之圖紀，天其授帝圖乎？』黃帝乃祓齋七日，衣黃衣、黃冠、黃冕，駕黃龍之乘，戴蛟龍之旗。天老五聖，皆從以遊河洛之間，求所夢見者之處，弗得。至於翠嬀之淵，大盧魚沂流而至。乃問天老曰：『子見天中河流者乎？』曰：『見之。』顧問五聖，皆曰莫見。乃辭左右，獨與天老跪而迎之，五色畢具，天老以授黃帝，帝舒視之，名曰錄圖。」又曰：「天授元始建帝號，黃龍負圖，鱗甲成字，從河中出，付黃帝。令侍臣寫，以示天下。」《龍魚河圖》曰：「黃帝攝政前，有蚩尤兄弟八十一人，並獸身人語，銅頭鐵額，食沙石子，造立兵杖刀戟大弩，威振天下，誅殺無道，不仁不慈。萬民欲令黃帝行天子事。黃帝仁義，不能禁止蚩尤，遂不敵，乃仰天而歎。天遣玄女下，授黃帝兵信神符，制伏蚩尤，以制八方。」又曰：「帝伐蚩尤，乃睡夢西王母遣道人，被玄狐之裘，以符授之曰：『太乙在前，天乙備後，河出符信，戰則剋矣。』黃帝寤，思其符，不能悉憶，以告風后、力牧。曰：『此兵應也，戰必自勝。』力牧與黃帝俱到盛水之側，立壇，祭以太牢。有玄龜銜符出水中，置壇中而去。黃帝再拜稽首，受符視之，乃夢所得符也，廣三寸，表一尺。於是黃帝佩之以徵，即日禽蚩尤。」

19. 《博物志》卷 2 曰：「夷海內西北有軒轅國，在窮山之際，其不壽者八百歲。渚沃之野，鸞自舞，民食鳳卵，飲甘露。」卷 5 曰：「黃帝問天老曰：『天地所生，豈有食之令人不死者乎？』天老曰：『太陽之草，名曰黃精，餌而食之，可以長生。太陰之草，名曰鉤吻，不可食，入口立死。人信鉤吻之殺人，不信黃精之益壽，不亦惑乎？』」卷 8 曰：「黃帝登仙，其臣左徹者削木象黃帝，帥諸侯以朝之。七年不還，左徹乃立顓頊。左徹亦仙去也。」卷 9 曰：「黃帝治天下百年而死。民畏其神百年，以其數百年，故曰黃帝三百年。」

20. 《拾遺記》卷 1 曰：「軒轅出自有熊之國。母曰昊樞，以戊己之日生，故以土德稱王也。時有黃星之祥。考定曆紀，始造書契。服冕垂衣，故有袞龍

之頌。變乘桴以造舟楫，水物爲之祥踊，滄海爲之恬波。泛河沈璧，有澤馬群鳴，山車滿野。吹玉律，正璿衡。置四史以主圖籍，使九行之士以統萬國。九行者，孝、慈、文、信、言、忠、恭、勇、義。以觀天地，以祠萬靈，亦爲九德之臣。熏風至，眞人集，乃厭世於昆臺之上，留其冠、劍、佩、舄焉。昆臺者，鼎湖之極峻處也，立館於其下。帝乘雲龍而遊。殊鄉絕域，至今望而祭焉。帝以神金鑄器，皆銘題。及升遐後，群臣觀其銘，皆上古之字，多磨滅缺落。凡所造建，咸刊記其年時，辭跡皆質。詔使百辟群臣受德教者，先列珪玉於蘭蒲席上，燃沈楡之香，舂雜寶爲屑，以沈楡之膠和之爲泥，以塗地，分別尊卑華戎之位也。帝使風后負書，常伯荷劍，且遊洹流，夕歸陰浦，行萬里而一息。洹流如沙塵，足踐則陷，其深難測。大風吹沙如霧，中多神龍魚鱉，皆能飛翔。有石蕖青色，堅而甚輕，從風靡靡，覆其波上，一莖百葉，千年一花。其地一名「沙瀾」，言沙湧起而成波瀾也。偓人寧封食飛魚而死，二百年更生，故寧先生遊沙海七言頌云：『青蕖灼爍千載舒，百齡暫死餌飛魚。』則此花此魚也。」

21. 《神仙傳・序》曰：「軒轅控飛龍於鼎湖。」《神仙傳・廣成子》曰：「廣成子者，古之偓人也，居崆峒上石室之中。黃帝聞而造焉，曰：『敢問至道之要。』廣成子曰：『爾治天下，雲不待簇而飛，草木不待黃而落，奚足以語至道哉！』黃帝退而閒居，三月，復往見之。廣成子方北首而臥，黃帝膝行而前，再拜，請問治身之道。廣成子蹶然而起，曰：『至哉，子之問也！至道之精，窈窈冥冥；至道之極，昏昏默默。無視無聽，抱神以靜，形將自正。必靜必清，無勞爾形，無搖爾精，乃可長生……』」

22. 《抱朴子・金丹》曰：「按《黃帝九鼎神丹經》曰，黃帝服之（指神丹），遂以昇仙。又云，雖呼吸道引，及服草木之藥，可得延年，不免於死也；服神丹令人壽無窮已，與天地相畢，乘雲駕龍，上下太清。」《微旨》曰：「俗人聞黃帝以千二百女昇天，便謂黃帝單以此事致長生，而不知黃帝於荊山之下，鼎湖之上，飛九丹成，乃乘龍登天也。黃帝自可有千二百女耳，而非單行之所由也。」《釋滯》曰：「昔黃帝荷四海之任，不妨鼎湖之舉。」《極言》曰：「昔黃帝生而能言，役使百靈，可謂天授自然之體者也，猶復不能端坐而得道。故陟王屋而受丹經，到鼎湖而飛流珠，登崆峒而問廣成，之具茨而事大隗，適東嶽而奉中黃，入金谷而諮涓子，論道養則資玄素二女，精推步則訪山稽力牧，講占候則詢風后，著體診則受雷岐，審攻

戰則納五音之策，窮神奸則記白澤之辭，相地理則書青烏之說，救傷殘則
綴金冶之術。故能畢該秘要，窮道盡眞，遂昇龍以高躋，與天地乎罔極也。
然按神仙經，皆云黃帝及老子奉事太乙元君以受要訣，況乎不逮彼二君
者，安有自得仙度世者乎！」又曰：「按《荊山經》及《龍首記》，皆云黃
帝服神丹之後，龍來迎之，羣臣追慕，靡所措思，或取其幾杖，立廟而祭
之；或取其衣冠，葬而守之。《列仙傳》云黃帝自擇亡日，七十日去，七
十日還，葬於橋山，山陵忽崩，墓空無屍，但劍舄在焉。此諸說雖異，要
於爲仙也。言黃帝仙者，見於道書及百家之說者甚多，而儒家不肯長奇怪，
開異塗，務於禮教，而神仙之事，不可以訓俗，故云其死，以杜民心耳。」
《地眞》曰：「昔黃帝東到青丘，過風山，見紫府先生，受《三皇內文》，
以劾召萬神，南到圓隴陰建木，觀百靈之所登，採若乾之華，飲丹巒之水；
西見中黃子，受《九加之方》，過崆峒，從廣成子受《自然之經》；北到洪
隄，上具茨，見大隗君黃蓋童子，受神芝圖，還陟王屋，得《神丹金訣記》。
到峨眉山，見天皇眞人於玉堂，請問眞一之道……」《遐覽》著錄《黃帝
符》

23.《元始上眞眾仙記》曰：「軒轅氏爲黃帝，治嵩高山。」

24.《搜神記》（佚文）曰：「《黃帝書》云：『上古之時，有二神人，一名荼與，
二名鬱壘，一名鬱律。度朔山，山上有大桃樹，二人依樹而住。於樹東北，
有大穴，眾鬼皆出入此穴。荼與鬱壘主統領簡擇萬鬼。鬼有妄禍人者則縛
以葦索，執以飴虎。於是黃帝作禮歐之：立桃人於門戶，畫荼與鬱壘與虎
以象之。今俗法，每以臘終除夕，飾桃人，垂葦索，畫虎於門，左右置二
燈，象虎眼。以祛不祥。』」

25.《太上靈寶五符序》卷上曰：「軒轅之時，神農世衰，諸侯相侵，互有攻奪
之氣……炎帝欲侵凌諸侯，諸侯咸歸軒轅。軒轅乃修德振兵治藝五種，拯
撫萬民，度四方，教熊羆狼豹貙虎貜天以與炎帝戰於阪泉之野三載……諸
侯因尊軒轅爲天子，代神農以雲命，爲雲師，置左右大監，監於萬國鬼神
山川……有土德之瑞，故號黃帝……黃帝居軒轅之丘……」卷下曰：「昔
在黃帝軒轅曾省天皇眞一之經，而不解三一眞氣之要，是以周流四方，求
其解釋爾。乃命駕出而遠遊，昌宇驂乘，方明爲御，力牧從焉。東到青丘
過風山見紫府先生，受三皇內文天文大字，以劾召萬神，役使群靈；南到
五芝玄澗……西見中黃子，受九茄之方；過崆峒上從廣成子，受自然之

經……還陟王屋山，受金液九轉神丹經於玄女；乃復遊雲臺青城山，見寧先生……近皇人爲扶桑君，所使領峨嵋仙官，今猶未去矣……皇人問子欲奚求？黃帝跽曰：『願得長生。』」《抱朴子・地眞》記載與此相似。

26. 《太上赤文洞神三籙》曰：「況曰：『軒轅，夫人性好潔淨，希於妙道，謹行天符，攝神收鬼……』」

27. 《洞眞太微黃書九天八籙眞文》曰：「黃帝得此文（指《太微黃書》）霸天下，攝萬兵，役鬼神，自然神明聖智。」

28. 《黃帝龍首經》曰：「黃帝將上天，次召其三子而告之曰：『吾昔受此《龍首經》於玄女……』」

29. 《七域修眞證品圖》曰：「黃帝燕居之暇，登啓明之臺，六聖侍焉，天老、力牧、大鴻、太山、稽隗、朋張若語以無爲之道，長生修眞之要。黃帝曰：『若謁紫府君於青丘，撢先生於青城，太和君於炎洲，天眞皇人於峨嵋，問五牙三一之旨，飛升長生之妙，利而行之，未能盡解。且人受生形骸血肉塊然之有也，道之爲用，虛無沖淡，泊然之無也，以有質之礙證無形之道，其可得乎？』」

30. 《洞玄靈寶五嶽古本眞形圖（並序）》曰：「昔黃帝徵師諸侯，與蚩尤戰於涿鹿之野，遂擒之。諸侯咸宗軒轅爲天子，代神農氏，是爲黃帝。天下有不順者從而征之……察四嶽，並有佐命之山，而南嶽獨峙無輔，乃章祠三天太上道君，命霍山、潛山爲儲君，奏可。帝乃自造山，躬寫形象，連五圖之後，拜青城爲丈人，署廬山爲使者，形皆以次相續，此適始於黃帝耳。」

31. 《太上無極大道自然眞一五稱符上經》卷上有註曰：「昔黃帝受之（指靈寶文）爲太乙帝君，攜五帝同時昇天，上仙之道也。」又有「中央鎭星黃帝文昌靈寶中稱符」

32. 《上清太上開天龍蹻經》卷1曰：「軒轅黃帝夙植仙津，上感神精，誕靈特秀，位承天帝，復道求眞，清齋玄闕，越雲臺山拜參寧君，請問三洞……」

33. 《赤松子中誡經》設黃帝與赤松子的問答，言神仙之事。

34. 《太上老君開天經》曰：「黃帝之時，老君下爲師，號曰廣成子。」

35. 《洞眞上清太微帝君步天綱飛地紀經簡玉字上經》曰：「黃帝步綱，精爲軒轅。」

36. 陶弘景《水仙賦》曰：「若夫層城瑤館，縉雲瓊閣，黃帝所以觸百神也。」

37. 《眞誥・運象篇第一》曰：「（西宮）是玄圃北壇西瑤之上臺也。天眞珍文，

盡藏於此中。」《眞誥·運象篇第四》曰:「(許邁)叱吒而答曰:『大道不親,唯善是與。天地無心,隨德乃矜。是以阪泉流血,無違龍髯之舉。三苗丹野,逐(謂應作涿字)鹿絳草,豈妨大聖靈化高通上達耶?』」又曰:「黃帝火九鼎於荆山,尚有橋領之墓。」《眞誥·稽神樞第四》曰:「軒轅自採首山之銅以鑄鼎,虎豹百禽為之視火參爐。鼎成而軒轅疾崩,葬喬山。五百年後山崩,空室無尸,唯寶劍、赤舄在耳。一旦又失所在也。」註曰:「《列仙傳》云:『御龍攀髯及子晉馭鵠,並為不同,亦可是化後更出而為之也。』」

38. 《無上秘要》卷4《靈山品》曰:「崑崙山,高平地三萬六千里。上有三隅,面方萬里,形似偃盆。其一隅正北,主於辰星之精,名曰閬風臺。一隅正西,名曰玄圃臺。一隅正東,名曰崑崙臺……右出《洞眞太霄隱書》。」

39. 《軒轅本紀》(《雲笈七籤》卷100)曰:「黃帝修興封禪禮畢,採首山之銅,將鑄九鼎於荆山之下,以象太一於雍州。」

玄帝顓頊(黃帝孫,受靈寶五符)

【校】

　　古本「玄」作「元」,說本「玄」字闕末筆「丶」,皆避康熙諱。

【註】

1. 《國語·楚語下》曰:「少暭之衰也,九黎亂德,顓頊受之,乃命南正重司天以屬神,命火正黎司地以屬民。」

2. 《山海經·海外北經》曰:「務隅之山,帝顓頊葬於陽,九嬪葬於陰。」《大荒東經》曰:「東海好外有大壑,少昊之國。少昊孺帝顓頊於此,棄其琴瑟。」《大荒南經》曰:「又有成山,甘水窮焉。有季禺之國,顓頊之子,食黍……有國曰伯服,顓頊生伯服,食黍。」《大荒西經》曰:「有芒山。有桂山。有榣山。其上有人,號曰太子長琴。顓頊生老童,老童生祝融,祝融生太子長琴,是處榣山,始作樂風……大荒之中,有山名曰日月山,天樞也。吳姖天門,日月所入。有神,人面無臂,兩足反屬於頭山,名曰噓。顓頊生老童,老童生重及黎,帝令重獻上天,令黎印下地,下地是生噎,處於西極,以行日月星辰之行次……有池,名孟翼之攻顓頊之池……大荒之中,有山名曰大荒之山,日月所入。有人焉三面,是顓頊之子,三面一臂,三面之人不死。是謂大荒之野……有魚偏

枯，名曰魚婦。顓頊死即復蘇。風道北來，天乃大水泉，蛇乃化爲魚，是爲魚婦。顓頊死即復蘇。」《大荒北經》曰：「東南海之外，大荒之中，河水之間，附禺之山，帝顓頊與九嬪葬焉……丘方員三百里，丘南帝俊竹林在焉，大可爲舟。竹南有赤澤水，名曰封淵。有三桑無枝。丘西有沈淵，顓頊所浴……有叔歜國，顓頊之子，黍食，使四鳥：虎、豹、熊、羆。有黑蟲如熊狀，名曰獵獵……西北海外，流沙之東，有國曰中車扁，顓頊之子……西北海外，黑水之北，有人有翼，名曰苗民。顓頊生驩頭，驩頭生苗民，苗民姓釐，食肉。有山名曰章山。」《海內經》曰：「黃帝妻雷祖，生昌意。昌意降處若水，生韓流。韓流擢首、謹耳、人面、豕喙、麟身、渠股、豚止，取淖子曰阿女，生帝顓頊。」

3. 《莊子・大宗師》曰：「顓頊得之，以處玄宮。」

4. 《大戴禮記・五帝德》曰：「孔子曰：'顓頊，黃帝之孫，昌意之子也，曰高陽。洪淵以有謀，疏通而知事；養材以任地，履時以象天，依鬼神以制義；治氣以教民，絜誠以祭祀。乘龍而至四海：北至於幽陵，南至於交趾，西濟於流沙，東至於蟠木，動靜之物，大小之神，日月所照，莫不只勵。」

5. 《史記・五帝本紀》曰：「帝顓頊高陽者，黃帝之孫而昌意之子也。」

6. 《詩含神霧》曰：「瑤光如蜺，貫月正白，感女樞，生顓頊。」

7. 《春秋元命包》曰：「在昔瑤光貫月，感女樞生顓頊，女樞見此而意感也。」《春秋文曜鈎》：「顓頊併幹，上法月參，集威成紀，以法陰陽。」

8. 《論語比考》曰：「黃帝師力牧，帝顓頊師籙圖，帝嚳師赤松子，帝堯師務成子，帝舜師尹壽，禹師國先生，湯師伊尹，文王師呂望，武王師尚父，周公師虢叔，孔子師老聃。」

9. 《河圖帝覽嬉》曰：「北方玄武之所生，其帝顓頊；其神玄冥。」《河圖握矩記》曰：「少昊秀外龍庭，月懸通鵙。顓頊渠頭並幹，通眉帶午。帝嚳駢齒方頤，龐覼珠庭，仳齒戴幹。」《河圖握矩記》曰：「帝乾荒，擢首而謹耳，猴喙而渠股，是襲若水，取蜀山氏曰樞，是爲河女，所謂淖子也。淖子感搖光於幽防，而生顓頊。」《河圖稽命徵》曰：「瑤光之星，如虹貫月，感處女於幽房之宮，生帝顓頊於若水，首戴丁戈，有德文也。」

10. 《帝王世紀》曰：「顓頊，黃帝之孫，昌意之子，姬姓也……二十登帝位。以水承金，位在北方。」

11. 《博物志》卷 1 曰：「天地初不足，故女媧氏練五色石以補其闕，斷鼇足以

立四極。其後共工氏與顓頊爭帝，而怒觸不周之山，折天柱，絕地維。故天后傾西北，日月星辰就焉；地不滿東南，故百川水注焉。」卷8曰：「黃帝登仙，其臣左徹者削木象黃帝，帥諸侯以朝之。七年不還，左徹乃立顓頊。左徹亦仙去也。」

12. 《搜神記》（佚文）曰：「帝與顓頊平九黎，始立五行之官者也。」今人汪紹楹註曰：「帝謂帝嚳。」又曰：「昌意正妃，謂女樞。金天氏末，生顓頊於弱水。」

13. 《拾遺記》卷1曰：「帝顓頊高陽氏，黃帝孫，昌意之子。昌意出河濱，遇黑龍負玄玉圖。時有一老叟謂昌意云：『生子必葉水德而王。』至十年，顓頊生，手有文如龍，亦有玉圖之像。其夜昌意仰視天，北辰下，化為老叟。及顓頊居位，奇祥眾祉，莫不總集，不稟正朔者，越山航海而皆至也。帝乃揖四方之靈，群后執珪以禮，百辟各有班序。受文德者，錫以鍾磬；受武德者，錫以干戈。有浮金之鍾，沈明之磬，以羽毛拂之，則聲振百里。石浮於水上，如萍藻之輕，取以為磬，不加磨琢。及朝萬國之時，及奏含英之樂，其音清密，落雲間之羽，鯨鯢遊湧，海水恬波。有曳影之劍，騰空而舒，若四方有兵，此劍則飛起指其方，則克伐；未用之時，常於匣裏如龍虎之吟。」

14. 《太上靈寶五符序》卷上曰：「黃帝居軒轅之丘，而娶西凌之女，是為累祖，累祖為黃帝正妃，生子二人，其後皆有天下，其一曰玄囂，是為青陽，青陽降居江水，二曰昌意，降居弱水，昌意娶蜀山女曰昌僕，生高陽。高陽有盛德，是為顓頊，黃帝之孫。」

15. 《元始上真眾仙記》曰：「顓頊氏為黑帝，治太恒山。」

16. 《太上赤文洞神三籙》曰：「三籙篇上，周易內文，三甲處，談周易內文，俱八極聖祖名上字，妙行符，昔伏羲傳與神農，神農傳由知五穀之播種，辨別百藥之良，得濟生民，後籙圖得之，為顓師。」

17. 《太上無極大道自然真一五稱符上經》卷上有「北方辰星黑帝顓頊靈寶北稱符」。

18. 《真誥·稽神樞第一》曰：「玄帝時，召四海神，使運安息國天市寶玉璞石……」又曰：「不審玄帝是何世耶？後生蒙矓，多所不及，願告。」註曰：「顓頊水王，故號玄帝，外書亦耳。」《真誥·稽神樞第二》曰：「玄帝者，昔軒轅子昌意娶蜀山之女生高陽，德號顓頊。顓頊父居弱水之鄉，頊身陶七河

之津，是爲玄帝。仗萬靈以信順，監眾神以導物，役御百氣，召致雷電，於是乘結元之輦，北巡幽陵，南至交趾，西濟流沙，東至蟠木，動靜之類，小大之神，日月所照，莫不屬焉。四行天下，周旋八外。諸有洞臺之山，陰宮之丘，皆移安息之石，封而塡之。鑄羽山之銅爲寶鼎，各獻以一於洞山神峰，不獨句曲一山而已。此所謂玄帝也。」註曰：「……說顓頊與《五符》語正同，《五符》唯無埋鼎一事耳。」

19.《太上老君開天經》曰：「顓頊之時，老君下爲師，號曰赤精子。」

王子帝嚳（黃帝曾孫，受靈寶五符）

【註】

1.《山海經・海外南經》曰：「狄山，帝堯葬於陽，帝嚳葬於陰。爰有熊、羆、文虎、蜼、豹、離朱、視肉。籲咽、文王皆葬其所。一曰湯山。」《大荒南經》曰：「帝堯、帝嚳、帝舜葬於嶽山。」

2.《大戴禮記・五帝德》曰：「孔子曰：『元囂之孫，湘極之子也，曰高辛。生而神靈，自言其名；博施利物，不於其身；聰以知遠，明以察微；順天之義，知民之急；仁而威，惠而信，修身而天下服。取地之財而節用之，撫教萬民而利誨之，歷日月而迎送之，明鬼神而敬事之。其色郁郁，其德嶷嶷，其動也時，其服也士。春夏乘龍，秋冬乘馬，黃黼黻衣，執中而獲天下；日月所照，風雨所至，莫不從順。』」

3.《史記・五帝本紀》曰：「帝嚳高辛者，黃帝之曾孫也……帝嚳娶陳鋒氏女，生放勳。」

4.《春秋文曜鉤》曰：「帝嚳載幹，是謂清明，發節移度，蓋象招搖。」

5.《論語比考》曰：「黃帝師力牧，帝顓頊師籙圖，帝嚳師赤松子，帝堯師務成了，帝舜師尹壽，禹師國先生，湯師伊尹，文王師呂望，武王師尚父，周公師虢叔，孔子師老聃。」

6.《帝王世紀》曰：「帝嚳高辛氏，姬姓也。其母不見。生而神異，自言其名曰『夋』。駢齒有盛德，能順三長……」

7.《拾遺記》卷1曰：「帝嚳之妃，鄒屠氏之女也。軒轅去蚩尤之凶，遷其民善者於鄒屠之地，遷惡者於有北之鄉。其先以地命族，後分爲鄒氏、屠氏。女行不踐地，常履風雲，遊於伊、洛。帝乃期焉，納以爲妃。妃常夢吞日，則生一子，凡經八夢，則生八子。世謂爲『八神』，亦謂『八翌』，翌，明也，亦謂『八英』，亦謂『八力』，言其神力英明，翌成萬象，億兆流其神

睿焉。」

8. 《太上靈寶五符序》卷上曰：「帝嚳，黃帝曾孫也，高辛父曰喬極，喬極父曰玄囂，玄囂父曰黃帝。自玄囂與喬極不得在位，至高辛即地位，高辛於帝顓頊爲族子。高辛生而神靈，自言其名，普施利不於其身……帝嚳既執中而屍天下，日月所照風雨所至，莫不從助，總得天地之心。其時有天人神眞之官降之，乘寶蓋玄車而御九龍，策雲馬而發天窻，自稱九天眞王、三天眞皇，並執八光之節，佩景雲之符，到於牧德之臺，授帝嚳以九天眞靈經、三天眞寶符、九天眞金文，上開太上通天之氣，下敷元生神祇之度，極混沌而爲限終於地幽以生，初唯天眞而造其涯下，賢不能達……帝嚳乃祭天帝北河之壇，藏於鍾山之峰，封以青玉之匱，以期後聖有功德者令施其幽。」

9. 《眞誥·稽神樞第四》曰：「王子者，帝佶也。曾詣鍾山，獲《九華十變經》以隱遁日月，遊行星辰。後一旦疾崩，營冢在渤海山。夏中衰時，有發王子墓者。室中無所有，唯見一劍在北寢上，自作龍鳴虎嘯之聲，人遂無敢近者。後亦失所在也。」註曰：「帝佶即堯父，外書作嚳字。」又曰：「……出掾寫《劍經》中。」

帝舜（服九轉神丹，入於九疑山而得道矣）

【校】

　　古本「於」作「于」；「疑」作「嶷」。

【註】

1. 《尚書·堯典》曰：「師錫帝（指堯）曰：『有鰥在下，曰虞舜。』……帝曰：『格汝舜，詢事考言乃言底可績，三載。汝陟帝位。』舜讓於德弗嗣。正月上日，受終於文祖。」

2. 《世本》曰：「舜時，西王母來獻白環玉玦。」

3. 《山海經·海內南經》曰：「蒼梧之山，帝舜葬於陽，帝丹朱葬於陰。」《大荒東經》曰：「有困民國，勾姓，黍食。有人曰王亥，兩手操鳥，方食其頭。王亥託於有易、河伯僕牛。有易殺王亥，取僕牛。河伯念有易，有易潛出，爲國於獸，方食之，名曰搖民。帝舜生戲，戲生搖民。」《大荒南經》曰：「有阿山者。南海之中，有氾天之山，赤水窮焉。赤水之東，有蒼梧之野，舜與叔均之所葬也……大荒之中，有不庭之山，榮水窮焉。有

人三身，帝俊妻娥皇，生此三身之國，姚姓，黍食，使四鳥。有淵四方，四隅皆達，北屬黑水，南屬大荒。北旁名曰少和之淵，南旁名曰從淵，舜之所浴也……有載民之國。帝舜生無淫，降載處，是謂巫載民……帝堯、帝嚳、帝舜葬於嶽山。」《海內經》曰：「南方蒼梧之丘，蒼梧之淵，其中有九嶷山，舜之所葬。在長沙零陵界中。」

4. 《大戴禮記・五帝德》曰：「孔子曰：『蟜牛之孫，瞽叟之子也，曰重華。好學孝友，聞於四海，陶家事親，寬裕溫良。教敦而知時，畏天而愛民，恤遠而親親。承受大命，依於倪皇，睿明通知，爲天下王。使禹敷士，主名山川，以利於民。使后稷播種，務勤嘉穀，以作飲食。羲和掌曆，敬授民時。使益行火，以闢山萊。伯夷主禮，以節天下。夔作樂，以歌籥舞，和以鐘鼓。皋陶作士，忠信疏通，知民之情。契作司徒，教民孝友，敬政率經。其言不惑，其德不慝，舉賢而天下平。南撫交趾，大放鮮支、渠廋、氐、羌，北山、戎、發、息慎，東長、鳥夷羽民。舜之少也，惡悴勞苦，二十以孝聞乎天下，三十在位，嗣帝所，五十乃死，葬於蒼梧之野。』」《少閒》曰：「昔舜以天德嗣堯，西王母來獻其白琯。」

5. 《漢武帝內傳》曰：「元封（漢武帝）行內守，至於盛唐祠虞舜於九疑。」

6. 《尚書帝命驗》曰：「姚氏縱華感樞。」註曰：「縱，生也。舜母握登樞星之精，而生舜重華。樞如虹也。」又曰：「舜授終，鳳凰來儀。」又曰：「舜受命，蓂莢慈。」《尚書帝驗期》曰：「西王母獻舜白玉琯及益地圖。」又曰：「西王母於大荒之國，得益地圖，慕舜德，遠來獻之。」《尚書中候》曰：「舜沈璧於河，榮光休至，黃龍負卷舒圖，出入壇畔。」《尚書中候考河命》曰：「握登生舜於姚墟，龍顏色黑，身長六尺一寸。」又曰：「父母憎之，使其塗廩，自下焚之，舜乃服鳥工之衣飛去。又使濬井，自上填之，舜服龍工之服，自傍而出。」又曰：「舜之妃曰女英，帝堯之女也。作鳥工之衣、龍工之服，以授舜，俊其厄而著之。」又曰：「嘗耕於歷，夢眉長與發等。」

7. 《詩含神霧》曰：「握登見大虹，意感而生帝舜。」又曰：「握登感大虹，生大舜於姚墟。」

8. 《禮含文嘉》曰：「舜損己以安百姓，致鳥獸鶬鶬鳳凰來儀。」

9. 《春秋演孔圖》曰：「舜之將興，黃雲升於堂。」《春秋文曜鉤》曰：「舜重瞳子，是謂謐諒，上應攝提，以統三光。」《春秋運斗樞》曰：「舜以太尉

受號，即位爲天子。五年二月東巡守，至於中月，與三公諸侯臨觀，黃龍五采負圖出，置舜前。圖以黃玉爲匣如櫃，長三尺，廣八寸，厚一寸，四合而連，有戶、白玉檢、黃金繩，芝爲泥封兩端。章曰天黃帝符璽五字，廣袤各三寸，深四分，鳥文。舜與大司空禹、臨侯望博等三十人集發，圖玄色而綈狀，可舒卷，長三十二尺，廣九寸，中有七十二帝地形之制，天文官位度之差。」又曰：「黃龍從洛水出，詣虞舜，鱗甲成字。舜令寫之，寫竟，去。」《春秋感精符》曰：「蒼帝之始二十八世，滅蒼之翼也，滅翼者斗，滅斗者參，滅參者虛，滅虛者房。」註曰：「堯，翼之星精，在南方，其色赤。舜，斗之星精，在中央，其色黃。禹，參之星精，在西方，其色白。湯，虛之星精，在北方，其色黑。文王，房星之精，在東方，其色青。五星之精。」《春秋合誠圖》曰：「舜長九尺，員首，龍顏日衡，方庭大口，面頤亡發，懷珠握褒，形擲婁色鬢露，目童重萌衡眉骨圓起，頤含。」

10. 《孝經援神契》曰：「舜龍顏重瞳，大口，手握褒。」註曰：龍顏，取象軒，故有此骨表也。重童取象雷，多精光也。大口以象斗星，又爲天作喉舌。握褒，手中褒字，喻從勞苦起，受褒飾，致大位者也。」《孝經鉤命決》曰：「舜即位，巡省中河，錄圖受文。方堯禪舜，沈書曰稷，而赤光起。舜禪禹，沈璧堯壇，赤光又起。及湯觀洛，沈璧三投，光不起矣。」

11. 《洛書靈準聽》曰：「舜受終，鳳凰儀，黃龍感，朱草生，蓂莢孳，西王母授益地圖。」又曰：「舜長九尺，太上員首，龍顏日衡，方庭甚口，面顙亡髦，懷珠握褒，形卷婁，色鬢露，目童重曜，故曰舜，而原曰重華。」

12. 《帝王世紀》曰：「舜，姚姓也，其先出自顓頊……橋牛生瞽瞍，妻曰握登，見大虹意感而生舜於姚墟，故姓姚。目重瞳，故名重華，字都君。龍顏大口，黑色，身長六尺一寸，有盛德……」

13. 《博物志》卷9曰：「昔舜筮登天爲神，牧佔有黃龍神曰：『不吉。』」

14. 《抱朴子‧袪惑》曰：「舜是孤煢小家兒耳，然有異才，隱耕歷山，漁於雷澤，陶於海濱，時人未有能賞其奇者。我見之所在以德化民，其目又有重瞳子，知其大貴之相，常勸勉慰勞之。善崇高尚，莫憂不富貴，火德已終，黃精將起，誕承曆數，非子而誰！」

15. 《搜神記》卷8曰：「虞舜耕於歷山，得玉歷於河際之巖，舜知天命在己，體道不倦。舜龍鬚大口，手握褒。」宋均註曰：「握褒，手中有『褒』字，喻從勞苦，受褒飭，致大祚也。」

16.《拾遺記》卷 1 曰：「丹丘之野多鬼血，化爲丹石，則碼瑙也。不可斫削雕琢，乃可鑄以爲器也。當黃帝時，碼瑙甕至，堯時猶存，甘露在其中，盈而不竭，謂之寶露，以班賜群臣。至舜時，露已漸減。隨帝世之汙隆，時淳則露滿，時澆則露竭，及乎三代，減於陶唐之庭。舜遷寶甕於衡山之上，故衡山之嶽有寶露壇。舜於壇下起月館，以望夕月。舜南巡至衡山，百辟群后皆得露泉之賜。時有雲氣生於露壇，又遷寶甕於零陵之上，舜崩，甕淪於地下。」又曰：「虞舜在位十年，有五老遊於國都，舜以師道尊之，言則及造化之始。舜禪於禹，五老去，不知所從。舜乃置五星之祠以祭之。其夜有五長星出，薰風四起，連珠合璧，祥應備焉。萬國重譯而至……舜葬蒼梧之野，有鳥如雀，自丹州而來，吐五色之氣，氤氳如雲，名曰憑霄雀，能群飛銜土成丘墳。此鳥能反形變色，集於峻林之上。在木則爲禽，行地則爲獸，變化無常。常遊丹海之際，時來蒼梧之野。銜青砂珠，積成壟阜，名曰『珠丘』。其珠輕細，風吹如塵起，名曰『珠塵』。今蒼梧之外，山人采藥，時有得青石，圓潔如珠，服之不死，帶者身輕。故僊人方回《遊南嶽七言贊》曰：「珠塵圓潔輕且明，有道服者得長生。」

17.《太上靈寶五符序》卷上曰：「帝堯之時洪水滔天，山壞陵崩，下民斯憂……於是帝堯乃求人，更得舜，舜登用攝行天子之政。」

18.《元始上眞衆仙記》曰：「舜治積石山。」

19.《眞誥·稽神樞第一》有註曰：「《河圖》者，舜禹所受……」《眞誥·稽神樞第四》曰：「北戎長胡大王獻帝舜以白埌之霜十轉紫華，服之使人長生飛仙，與天地相傾。舜即服之，而方死葬蒼梧之野，此諸君並已龍奏靈阿，鳳鼓雲池矣。而猶尸解託死者，欲斷以生死之情，示民有終始之限耳，豈同腐骸太陰以肉餉螻蟻者哉？直欲過違世之夫，塞俗人之願望也。」

20.《雲笈七籤》卷 85 有《戎胡授舜十轉紫金丹序》。

栢成子高（湯時退耕，修步綱之道）

【校】

　　古本、說本「栢」作「柏」。

【註】

1.《山海經·海內經》曰：「華山青水之東，有山名曰肇山。有人名曰柏子高，柏子高上下於此，至於天。」

2.《莊子‧天下》曰：「堯治天下，伯成子高立爲諸侯。堯授舜，舜授禹，伯成子高辭爲諸侯而耕。禹往見之，則耕在野。」

3.《上清七聖玄紀經》有「栢成子高」。

4.《洞眞上清太微帝君步天綱飛地紀經簡玉字上經》曰：「桓（栢）成步綱，遂見文始，得友西歸、半車童子。」

5.《眞誥‧運象篇第四》曰：「柏成納氣而腸胃三腐。」

6.《天地宮府圖‧七十二福地》（《雲笈七籤》卷 27）曰：「第五十大面山。在益州成都縣，屬偓人栢成子治之。」

7.《三天君列紀》（《雲笈七籤》卷 101）曰：「上清眞人總仙大司馬長生法師主三天君，姓柏成，諱欻生，字芝高，乃中皇時人。歲在東維之際，誕於北水中山栢林之下。夫名爲欻生者，以母感日華而懷孕。年九歲求長生之道。」

夏禹（受鍾山眞人靈寶九跡法，治水有功）

【註】

1.《尚書‧堯典》曰：「舜曰：『咨，四嶽，有能奮庸熙帝之載，使宅百揆，亮采惠疇？』僉曰：『伯禹作司空。』帝曰：『俞，咨，禹，汝平水土，惟時懋哉！』」

2.《山海經‧海外北經》曰：「共工之臣曰相柳氏，九首，以食於九山。相柳之所抵，厥爲澤谿。禹殺相柳，其血腥，不可以樹五穀種。禹厥之，三仞三沮，乃以爲眾帝之臺。」又曰：「禹所積石山在其（指誇父國）東，河水所入。」《大荒西經》曰：「西北海之外，大荒之隅，有山而不合，名曰不周，有兩黃獸守之。有水曰寒署之水。水西有濕山，水東有幕山。有禹攻共工國山。」《大荒北經》曰：「大荒之中，有山名曰先檻大逢之山，河濟所入，海北注焉。其西有山，名曰禹所積石……有毛民之國，依姓，食黍，使四鳥。禹生均國，均國生役采，役采生修鞈，修鞈殺綽人。帝念之，潛爲之國，是此毛民……共工臣名曰相繇，九首蛇身，自環，食於九土。其所歍所尼，即爲源澤，不辛乃苦，百獸莫能處。禹湮洪水，殺相繇，其血腥臭，不可生穀；其地多水，不可居也。禹湮之，三仞三沮，乃以爲池，群帝因是以爲臺。在崑崙之北。」《海內經》曰：「禹、鯀是始布土，均定九州……洪水滔天。鯀竊帝之息壤以堙洪水，不待帝命。帝令祝融殺鯀於羽郊。鯀復生禹。帝乃命禹卒布土以定九州。」

3. 《荀子・大略》曰：「禹學於西王母。」

4. 《尸子》曰：「禹理水，觀於河，見白面長人魚身出曰：『吾河精也。』授禹河圖而還於淵中。」

5. 《大戴禮記・五帝德》曰：「孔子曰：『高陽之孫，鯀之子也，曰文命。敏給克濟，其德不回，其仁可親，其言可信。聲為律，身為度，稱以上士。亹亹穆穆，為綱為紀。巡九州，通九道，陂九澤，度九山。為神主，為民父母。左準繩，右規矩，履四時，據四海，平九州，戴九天，明耳目，治天下。舉皋陶與益以贊其身，舉干戈以征不享不道無德之民，四海之內，舟車所至，莫不賓服。

6. 《淮南子・地形訓》曰：「禹乃以息土壙洪水，以為名山，掘崑崙虛以下地，中有增城九重，其高萬一千里百一十四步二尺四寸。」

7. 《史記・夏本紀》曰：「夏禹，名曰文命。禹之父曰鯀，鯀之父曰帝顓頊，顓頊之父曰昌意，昌意之父曰黃帝。禹者，黃帝之玄孫而帝顓頊之孫也。」

8. 《論衡・無形》曰：「禹、益見西王母，不言有毛羽。」《奇怪》曰：「禹母吞薏苡而生禹，故夏姓曰姒。」

9. 《吳越春秋・越王無餘外傳》：「禹乃東巡，登衡嶽……因夢見赤繡衣男子，自稱玄夷蒼水使者，『聞帝使文命於斯，故來候之……』……東顧謂禹曰：『欲得我山神書者，齋於黃帝岩嶽之下，三月庚子，登山發石，金簡之書存矣。』禹退，又齋。三月庚子，登宛委山，發金簡之書，案金簡玉字得通水之理。」

10. 《十洲記》曰：「昔禹治洪水既畢，乃乘蹻車，度弱水，而到此山（指鍾山），祠上帝於北阿，歸大功於九天。又禹經諸五嶽，使工刻石，識其裏數高下。其字科斗書，非漢人所書。今丈尺里數，皆禹時書也。不但刻劇五嶽，諸名山亦然。刻山之獨高處爾。」

11. 《尚書帝命驗》曰：「禹，白帝精，以星感脩紀，山行見流星，意感栗然，生姒戎文禹。」註曰：「星，金精也。栗然，感貌。姒，禹氏，禹生戎地，一名政命也。」又曰：「禹身長九尺，有只虎鼻河目，駢齒鳥啄，耳三漏，戴成鈴，裹玉斗，玉骭屦尸。」又曰：「有人大口，兩耳參漏，足文履已，首戴鉤鈐，胸懷玉斗，分別九州，隨山濬川，任土作貢。」《尚書中候》曰：「堯使禹治水，禹辭，天地重功，帝欽擇人。帝曰：『出爾命圖乃天。』禹臨河觀，有白面長人魚身，出曰：『吾河精也。』表曰：『文命治滛水，

臣河圖去入淵。』」又曰：「禹治水，天賜玄珪，告厥成功也。」又曰：「禹觀於蜀河，而授綠字。」《尚書中候考河命》曰：「脩己剖背，而生禹於石紐。虎鼻彪口，兩耳參鏤，首戴鉤鈐，匈懷玉斗，文履己，故名文命。長九尺九寸，夢自洗河，以手取水飲之，乃見白狐九尾。」又曰：「觀於河，有長人，白面魚身，出曰：吾河精也。呼禹曰：『文命治淫。』言訖，受禹河圖，言治水之事，乃退入於淵。於是以告曰：臣見河伯，面長人首魚身，曰吾河精，授臣河圖。」 又曰：「治水既畢，天悉玄珪，以告成功，夏道將興。草木暢茂，郊止青龍，祝融之神，降於崇山。」又曰：「乃受舜禪，即天子之位。天乃悉禹洪範九疇，洛出龜書五十六字，此謂洛出書者也。」又曰：「南巡守濟江，中流有二龍負舟。舟人皆懼，禹笑曰：吾受命於天，屈力以養人，生性也，死命也，奚憂龍哉。龍於是曳尾而逃。」

12. 《詩含神霧》曰：「大禹之興，黑風會紀。」註曰：「黑力墨、風七後，皆黃帝臣，伯禹，當其至也。」

13. 《禮含文嘉》曰：「禹卑宮室，盡力乎溝洫，百穀用成。神龍至，靈龜服，玉女敬養，天賜妾。」又曰：「禹卑宮室，盡力溝洫，百穀用成，玉女敬降養。」宋均註：「玉女，有人如玉色也，天降精生玉女，使能養人。美女玉色，養以延壽也。」又曰：「禹治水旱，天賜神女聖姑。」

14. 《樂稽耀嘉》曰：「禹將受位，天意大變，迅風雷雨，以明將去虞而適夏也。」

15. 《春秋感精符》曰：「蒼帝之始二十八世，滅蒼之翼也，滅翼者斗，滅斗者參，滅參者虛，滅虛者房。」註曰：「堯，翼之星精，在南方，其色赤。舜，斗之星精，在中央，其色黃。禹，參之星精，在西方，其色白。湯，虛之星精，在北方，其色黑。文王，房星之精，在東方，其色青。五星之精。」《春秋合誠圖》曰：「禹九尺有咫，虎鼻河目，駢齒鳥啄，耳三漏，戴鈐，懷玉斗，玉肝，履己。」

16. 《孝經鉤命決》曰：「命星貫昴，修紀夢接，生禹。」又曰：「禹時，星纍纍若貫珠，炳煥如連璧。」

17. 《論語摘輔象》曰：「禹虎鼻山準。」

18. 《河圖括地象》曰：「八年水厄解，歲乃大旱，民無食。禹大哀之，行曠山中，見物如豕人立，呼禹曰：『爾禹來，歲大旱，西山土中食，可以止民之饑也。』禹歸以問於太乙曰：『是何應與？』太乙曰：『腥腥也，人面豕身，知人名也。』禹乃大發民眾，以食於西山。」《河圖挺佐輔》曰：「禹

既治水功大，天帝以寶文大字錫禹，佩渡北海弱水之難。」

19.《洛書靈準聽》曰：「禹身長九尺有只，虎鼻河目、駢齒鳥喙，耳三漏，戴成鈴，懷玉斗，玉體履己。」

20.《帝王世紀》曰：「伯禹，夏后氏，姒姓也。其先出顓頊。顓頊生鯀，堯封爲崇伯，納有莘氏女，曰志，是爲修己。山行，見流星貫昴，夢接意感，又吞神珠薏苡，胸坼而生禹於石紐。虎鼻大口，兩耳參鏤，首戴鉤，胸有玉斗，足文履己，故名义命，字高密。身長九尺二寸。長於西羌，西夷人也。」

21.《博物志》卷 2 曰：「穿胸國，昔禹平天下，會諸侯會稽之野，防風氏後到，殺之。夏德之盛，二龍降之。禹使范成光御之，行域外。既周而還至南海，經防風，防風之神二臣以塗山之戮，見禹使，怒而射之，迅風雷雨，二龍升去。二臣恐，以刃自貫其心而死。禹哀之，乃拔其刃療以不死之草，是爲穿胸民。」《博物志》（佚文）（《太平御覽》卷 914 引）曰：「嵇山之陰，禹葬焉，聖人化感鳥獸，故象爲民田，春耕銜拔草根，秋啄除其穢。」

22.《拾遺記》卷 2 曰：「禹鑿龍關之山……至一空巖，深數十里，幽暗不可復行，禹乃負火而進。有獸狀如豕，銜夜明之珠，其光如燭。又有青犬，行吠於前。禹計可十里，迷於晝夜，既覺漸明，見向來豕犬變爲人形，皆著玄衣。又見一神，蛇身人面。禹因與語，神即示禹八卦之圖，列於金版之上。又有八神侍側。禹曰：『華胥生聖子，是汝耶？』答曰：『華胥是九河神女，以生余也。』乃探玉簡授禹，長一尺二寸，以合十二時之數，使量度天地。禹即執持此簡，以平定水土。蛇身之神，即羲皇也。」

23.《抱朴子·辨問》曰：「《靈寶經》有《正機》、《平衡》、《飛龜授袟》凡三篇，皆仙術也。吳王伐石以治宮室，而於合石之中，得紫文金簡之書，不能讀之，使使者持以問仲尼，而欺仲尼曰：『吳王閒居，有赤雀銜書以置殿上，不知其義，故遠諮呈。』仲尼以視之，曰：『此乃靈寶之方，長生之法，禹之所服，隱在水邦，年齊天地，朝於紫庭者也。禹將仙化，封之名山石函之中，乃今赤雀銜之，殆天授也。』以此論之，是夏禹不死也，而仲尼又知之；安知仲尼不皆密修其道乎？」《仙藥》有「禹步法」。

24.《太上靈寶五符序》卷上曰：「（舜）命禹卒平水土……大水既消爾，乃巡狩於鍾山，祀上帝於玉關，歸洪勳於天后，還大成於萬靈。然後登彼玄

峰於繡嶺之阿瓊境之上，忽得此書，禹乃更恭齋馨林幽岫，請奉佩身。眞人告禹曰：『汝功德感靈，天人並助，而年命向雕，嶮矣哉！乃口訣以長生之道，示以眞寶服御之方。分擿而別還，乃計功勞於會稽之野，召群神於東越之山。』」又曰：「靈寶五帝官將號」，註曰：「夏禹撰出天文中字，會稽南山之陽所演集。」《太上靈寶五符序》卷中有「靈寶太玄陰生之符」，註曰：「夏禹文命，受之於鍾山眞人。」卷下曰：「奉請降文命夏禹帝君。」

25. 《元始上眞眾仙記》曰：「廣成丈人今爲鍾山眞人。」又曰：「禹治蓋竹山。」

26. 《太上玉佩金檔太極金書上經》曰：「昔鍾山眞公教夏禹之道是此玄眞之法（指日霞月精之道挹二景之法），但抄略而巳，其元舊本纏旋之事也。眞公者，今即九天禁郎，未得登帝眞之任也，夏禹亦居玄山之宰部，主五嶽之都統也，皆修玄眞之道，以致漸昇玉清之階也。」

27. 《太上靈寶諸天內音自然玉字》曰：「天眞皇人告五老帝君曰：『我嘗於龍漢之中受文於無名常存之君俯仰之儀……西王母以上皇元年七月丙午於南浮洞室下教以授清虛眞人王君，傳於禹，封於南浮洞室石磧之中，大劫交運，當出世以度得道之人。』」

28. 《洞玄靈寶丹水飛術運度小劫妙經》曰：「一玉女持一卷鎭炎泣川小劫玉字言授晨鄉天人夏禹者也，可爲眾天教大災之時以往過也。」

29. 《上清明堂元眞經訣》曰：「昔鍾山眞人教夏禹之道是此玄眞法耳，但鈔略而巳，無纏旋之事也。」註曰：「按《劍經序》云夏禹服靈寶行九眞，又五符所載鍾山眞人教焉。」

30. 《眞誥·稽神樞第四》曰：「夏禹詣鍾山，啖紫柰，醉金酒，服靈寶，行九眞，而猶葬於會稽。」註曰：「此事亦出《五符》中。《茅傳》又云『受行玄眞之法。』……此諸君並巳龍奏靈阿，鳳鼓雲池矣。而猶尸解託死者，欲斷以生死之情，示民有終始之限耳，豈同腐骸太陰以肉飼螻蟻者哉？直欲遏違世之夫，塞俗人之願望也。」

31. 《無上秘要》卷 84《得太極道人名品》曰：「夏禹，姓姒，名文命，承舜王天下。受鍾山眞公靈寶九行九眞，又行玄眞法得道。」

32. 《靈寶略記》（《雲笈七籤》卷 3）曰：「至夏禹登位……遂得帝嚳所封《靈寶眞文》。於是奉持出世，依法修行。禹唯自修而巳，不傳於世。故禹得大神仙力，能鑿龍門，通四瀆。功畢，川途治導，天下乂安，乃託屍見死，

其實非死也。」

周穆王（至崑崙，見西王母）

【校】

　　古本「崑崙」作「崐崘」。

【註】

1.《穆天子傳》卷 3 曰：「吉日甲子，天子賓於西王母。」註曰：「《紀年》：『穆王十七年，西征崑崙丘，見西王母。其年來見，賓於昭公。』」

2.《尚書帝驗期》曰：「泊周穆王，駕黿鼉魚鱉，爲梁以濟弱水，而升崑崙玄圃閬苑之野，而會於王母，歌白雲之謠，刻石紀跡於弇山之下而還。」

3.《列子‧周穆王》曰：「穆王不恤國是，不樂臣妾，肆意遠遊，命駕八駿之乘……遂賓於西王母，觴於瑤池之上，西王母爲天子謠，王和之，其辭哀焉。」

4.《拾遺記》卷 3 曰：「三十六年，王（指周穆王）東巡大騎之谷，指春宵宮，集諸方士仙術之要，而螭、鵠、龍、蛇之類，奇種憑空而出。時已將夜，王設長生之燈以自照，一名**恒**輝。又列璠膏之燭，遍於宮內。又有鳳腦之燈。又有冰荷者，出冰壑之中，取此花以覆燈七八尺，不欲使光明遠也。西王母乘翠鳳之輦而來，前導以文虎、文豹，後列雕麟、紫麔。曳丹玉之履，敷碧蒲之席，黃莞之薦，共玉帳高會，薦清澄琬琰之膏以爲酒。又進洞淵紅花，兼州甜雪，崑流素蓮，陰岐黑棗，萬歲冰桃，千常碧藕，青花白橘。素蓮者，一房百子，凌冬而茂。黑棗者，其樹百尋，實長二尺，核細而柔，百年一熟……西王母與穆王歡歌既畢，乃命駕升雲而去。」

5.《眞誥‧稽神樞第四》曰：「周穆王北造崑崙之阿，親飲絳山石髓，食玉樹之實，而方墓乎汲郡。」註曰：「此則《穆天子傳》所載，見西王母時也。此諸君並已龍奏靈阿，鳳鼓雲池矣。而猶尸解託死者，欲斷以生死之情，示民有終始之限耳，豈同腐骸太陰以肉餇螻蟻者哉？直欲遏違世之夫，塞俗人之願望也。」

帝堯

【註】

1.《尚書‧堯典》曰：「曰若稽古帝堯，曰放勳。欽明文思安安，允恭克讓，

光被四表，格於上下。克明俊德，平章百姓，百姓昭明。」

2. 《山海經‧海外南經》曰：「狄山，帝堯葬於陽，帝嚳葬於陰。爰有熊、羆、文虎、蜼、豹、離朱、視肉。籲咽、文王皆葬其所。一曰湯山。」《大荒南經》曰：「帝堯、帝嚳、帝舜葬於嶽山。」

3. 《莊子‧天地》曰：「堯之師曰許由。」

4. 《新書‧脩政》：「（堯）身涉流沙，地封獨山，西見王母⋯⋯」

5. 《淮南子‧覽冥訓》曰：「稷爲堯使，西見王母。」《脩務訓》曰：「堯眉八彩，九竅通洞，而公正無私。」

6. 《大戴禮記‧五帝德》曰：「孔子曰：『高辛之子也，曰放勳。其仁如天，其知如神；就之如日，望之如雲；富而不驕，貴而不豫；黃黼黻衣，丹車白馬。伯夷主禮，龍、夔教舞，舉舜、彭祖而任之，四時先民治之。流共工於幽州，以變北狄；放讙兜於崇山，以變南蠻；殺三苗於三危，以變西戎；殛鯀於羽山，以變東夷。其言不貳，其行不回，四海之內，舟輿所至，莫不說夷。』」

7. 《列仙傳‧偓佺》曰：「偓佺者，槐山采藥父也。好食松食，形體生毛，長數寸。兩目更方，能飛行逐走馬。以松子遺堯，堯不暇服也。」

8. 《易緯坤靈圖》曰：「堯之精陽，萬物莫不從者，帝必有洪水之災，天生聖人使救之，故言乃統天也。攝天之業，使之理也。」註曰：「言堯在天陽精所生。」

9. 《尚書中候》曰：「堯即政七十載，修壇河洛，仲月辛日，昧明禮備，榮光出河，休氣四塞。」又曰：「堯立德匪懈，萬民和欣，則龍馬見，其身赤色，龜背裹廣九尺，五色，頷下有紅赤文似字。」註云：「龍形象馬，赤熛怒之使。甲所以藏圖。王者有仁德，則龍馬見也。其文赤色而綠比也。」又曰：「堯即政七十載，德政清平，比隆伏羲。鳳凰巢於阿閣驩林。景星出翼軫，朱草生郊，嘉禾孳連，甘露潤枝，醴泉出山。修壇河洛，榮光出河，休氣四塞。」《尚書中候握河紀》曰：「有盛德，封於唐，厥夢作龍而上。厥時高辛氏衰，天下歸之。」又曰：「堯夢作龍，而天下歸之。」又曰：「堯時受河圖，龍銜赤文綠色。」又曰：「堯即政七十年，受河圖。」又曰：「堯即位七十年，景星出翼，鳳皇止庭。」鄭玄註曰：「景，大也，明也。翼，朱鳥宿也。」又曰：「粵若堯母曰：慶都遊於三河，龍負圖而至。其文要曰：亦受天祐，眉八彩，鬢髮長七尺二寸，圓兌上豐平，足履

翼宿。既而陰風四合，赤龍感之孕，十四月而生堯於丹陵，其狀如圖，身長十尺。」又曰：「堯即政十七年，仲月甲日，至於稷，沉璧於河。青雲起，回風搖落，龍馬銜甲，赤文綠色，自河而出，臨壇而止，吐甲回遭。甲似龜，廣九尺，有文言虞、夏、商、周、秦、漢之事。帝乃寫其文，藏之東序。」《尙書中候我應》曰：「堯即政十七年，鳳皇止庭。伯禹拜曰：『昔帝軒提象，鳳巢阿閣。』」

10. 《詩合神霧》曰：「慶都與赤龍合昏，生赤帝伊祈，堯也。」又曰：「堯時嘉禾七莖，連三十五穗。」

11. 《禮含文嘉》曰：「堯德匪懈，醴泉出。」又曰：「堯廣被四表，致於龜龍。」

12. 《春秋元命包》曰：「堯遊河渚，赤龍負圖以出。圖赤如絳狀，龍沒圖在。」又曰：「唐帝遊河渚，赤龍負圖以出。圖赤色如錦狀，赤玉爲匣，白玉爲檢，黃珠爲泥，元玉爲鑑，章曰：天皇上帝，合神制署，天上帝孫，伊堯龍潤涓，圖在唐典。右尉舜等百二十臣發視之，藏之大麓。」《春秋文曜鉤》曰：「堯眉八彩，是謂通明，曆象日月，陳剸考功。」又曰：「唐堯即位，羲和立渾儀，蓋名渾爾。」《春秋感精符》曰：「蒼帝之始二十八世，滅蒼之翼也，滅翼者斗，滅斗者參，滅參者虛，滅虛者房。」註曰：「堯，翼之星精，在南方，其色赤。舜，斗之星精，在中央，其色黃。禹，參之星精，在西方，其色白。湯，虛之星精，在北方，其色黑。文王，房星之精，在東方，其色青。五星之精。」《春秋合誠圖》曰：「堯坐舟中，與太尉舜臨觀，鳳皇負圖授堯。圖以赤玉爲柙，長三尺，廣八寸，厚五寸，黃玉檢，白玉繩，封兩端，其章曰天赤帝符璽五字。」又曰：「帝堯之母曰慶都，生而神異，常有黃雲覆上。」宋均註：「堯母應都，蓋大帝之女，生於斗維之野，當三河東南，天大雷電，有血流潤丈石之中，是生慶都。」又曰：「堯母慶都，有名於世，蓋大帝之女，生於斗維之野，常在三河之南，天大雷電，有血流潤大石之中，生慶都。長大形象大帝，當有黃雲覆蓋之，夢食不饑。及年二十，寄伊長孺家，出觀三河之首，常若有神隨之者。有赤龍負圖出，慶都讀之：赤受天運。下有圖，人衣赤光，面八彩，鬚鬢，長七尺二寸，兌上豐下，足履翼翼，署曰赤帝起誠天下寶。奄然陰風雨，赤龍與慶都合婚，有娠，龍消不見。既乳，視堯如圖表。及堯有知，慶都以圖予堯。」註曰：「三河之首，東河北端。運，錄運也。衣赤光，光像而又著衣也。八彩，彩色有八也。翼，翼星，火位宿也。圖大旁有此署文七十也。龍乘風雲，故先陰風乃龍至也。婚，猶會合，或爲結也。如

圖大儀錶也。」

13. 《孝經援神契》曰：「堯鳥庭，荷勝，八眉。」註曰：「堯，火精人也。鳥庭，庭有鳥骨表，取象朱鳥與太微庭也。朱鳥戴聖，荷勝似之。八眉，眉彩色有八。」

14. 《論語比考》曰：「仲尼曰：『吾聞帝堯率舜等遊首山，觀河渚。有五老遊河渚。一曰：河圖將來告帝期。二曰：河圖將來告帝謀。三曰：河圖將來告帝書。四曰：河圖將來告地圖。五曰：河圖將來告帝符。有頃赤龍銜玉苞，舒圖刻版，題命可卷，金泥玉檢，封盛書。威曰：知我者重童也。五老乃爲流星，上入昴。黃姚視之，龍沒圖在。堯等共發曰：帝當樞百，則禪於虞。堯喟然曰：咨汝舜，天之曆數在汝躬，允執其中，四海困窮，天祿永終。』」《論語比考》曰：「黃帝師力牧，帝顓頊師籙圖，帝嚳師赤松子，帝堯師務成子，帝舜師尹壽，禹師國先生，湯師伊尹，文王師呂望，武王師尚父，周公師虢叔，孔子師老聃。」

15. 《抱朴子・祛惑》曰：「世云堯眉八彩，不然也，直兩眉頭甚豎，似八字耳。堯爲人長大美髭髯，飲酒一日中二斛餘，世人因加之云千鍾，實不能也，我自數見其大醉也。雖是聖人，然年老治事，轉不及少壯時。及見去四凶，舉元凱，賴用舜耳。」

16. 《太上靈寶五符序》卷上曰：「帝堯之時洪水滔天，山壞陵崩，下民斯憂……」

17. 《元始上眞眾仙記》曰：「堯治熊耳山。」《山海經・中山經》曰：「又西二百里，曰熊耳之山，其上多漆，其下多椶。」《河圖括地象》曰：「熊耳山，地門也，其精上爲畢附耳星。」

18. 《拾遺記》卷1曰：「帝堯在位，聖德光洽。河洛之濱，得玉版方尺，圖天地之形。又獲金璧之瑞，文字炳列，記天地造化之始。四凶既除，善人來服，分職設官，彝倫攸敘。乃命大禹，疏川瀹澤。有吳之鄉，有北之地，無有妖災。沉翔之類，自相馴擾。幽州之墟，羽山之北，有善鳴之禽，人面鳥喙，八翼一足，毛色如雉，行不踐地，名曰青鸞，其聲似鍾磬笙竽也。《世語》曰：「青鸞鳴，時太平。」故盛明之世，翔鳴藪澤，音中律呂，飛而不行。至禹平水土，棲於川嶽，所集之地，必有聖人出焉。自上古鑄諸鼎器，皆圖象其形，銘贊至今不絕。堯登位三十年，有巨查浮於西海，查上有光，夜明晝滅。海人望其光，乍大乍小，若星月之出入矣。查常浮繞四海，十二年一周天，周而復始，名曰貫月查，亦謂掛星查，羽人棲息

其上。群仙含露以漱，日月之光則如冥矣。虞、夏之季，不復記其出沒。
遊海之人，猶傳其神偉也。西海之西，有浮玉山。山下有巨穴，穴中有水，
其色若火，晝則通曨不明，夜則照耀穴外，雖波濤灌蕩，其光不滅，是謂
「陰火」。當堯世，其光爛起，化爲赤雲，丹輝炳映，百川恬澈。遊海者
銘曰「沉燃」，以應火德之運也。堯在位七十年，有鸑雛歲歲來集，麒麟
遊於藪澤，梟鴟逃於絕漠。有祇支之國獻重明之鳥，一名「雙睛」，言雙
睛在目。狀如雞，鳴似鳳。時解落毛羽，肉翮而飛。能搏逐猛獸虎狼，使
妖災群惡不能爲害。飴以瓊膏。或一歲數來，或數歲不至。國人莫不掃灑
門戶，以望重明之集。其未至之時，國人或刻木，或鑄金，爲此鳥之狀，
置於門戶之間，則魑魅醜類自然退伏。今人每歲元日，或刻木鑄金，或圖
畫爲雞於牖上，此之遺像也。」又《拾遺記》卷 1 引《易緯》曰：「堯爲
陽精，葉德乾道，粵若稽古，是謂上聖。惟天爲大，惟堯則之。禪業有虞，
所謂契葉符同，明象日月。蓋其載籍遐曠，算紀綿遠，德業異紀，神跡各
殊。」

19.《眞誥·稽神樞第四》有註曰：「古來英聖之王，唯未見顯堯及湯得道及鬼
官之迹耳。」

風后（黃帝師，出四扇者）
【註】

1.《史記·五帝本紀》曰：「（黃帝）舉風后、力牧、常先、大鴻以治民。」
《封禪書》曰：「公玉帶曰：『黃帝時雖封泰山，然風后、封巨、岐伯令
黃帝封東泰山，禪凡山，合符，然後不死焉。』」

2.《漢書·藝文志》曰：「《風后》十三篇，黃帝臣，依託也。」

3.《詩含神霧》曰：「大禹之興，黑風會紀。」註曰：「黑力墨、風七後，
皆黃帝臣，伯禹，當其至也。」又曰：「風后，黃帝師，又化爲老子，
以書授張良。」

4.《論語摘輔象》曰：「黃帝七輔：風后受金法⋯⋯」

5.《春秋內事》曰：「黃帝師於風后，風后善於伏羲氏之道，故推衍陰陽之事。」

6.《抱朴子·極言》曰：「黃帝講占候則詢風后。」

7.《太上靈寶五符序》卷上曰：「（黃帝）舉風后、力牧、恒先、大鴻以治民⋯⋯」

8.《帝王世紀》曰：「黃帝以風后配上臺⋯⋯」

9.《拾遺記》卷 1 曰：「帝使風后負書，常伯荷劍，旦遊洹流，夕歸陰浦，

行萬里而一息。」卷 8 曰：「周羣（案：三國蜀人）妙閑算術讖說，遊岷山採藥，見一白猿從絕峰而下，對羣而立。羣抽所佩書刀投猿，猿化爲一老翁，握中有玉版長八寸，以授羣，羣問曰：『公是何年生？』答曰：『已衰邁也，忘其年月，猶憶軒轅之時，始學曆數，風后、容成，皆黃帝之史，就余授曆術……』」

10. 四扇，一種仙藥。《神仙傳・茅君》曰：「後二弟（指茅君二弟）年衰，各七八十歲，棄官委家，過江尋兄。君使服四扇散，卻老還嬰，於山下洞中修煉四十餘年，亦得成眞。

西歸子（未顯）

【註】

1.《洞眞上清太微帝君步天綱飛地紀經簡玉字上經》曰：「桓（柏）成步綱，遂見文始，得友西歸、半車童子。」

2.《眞誥・稽神樞第四》曰：「赤水山中學道者朱孺子，吳末入山，服菊花及術耳。後遇西歸子，從乞度世。西歸子授以要言入室存泥丸法。」此條又見於《道迹靈仙記》

3.《無上秘要》卷 84《得太極道人名品》曰：「文始先生、西歸子、豐車童子，此三人並栢成之師友。」

蒲衣（莊子云猶是被衣矣）

【註】

1.《莊子・應帝王》曰：「齧缺問於王倪，四問而四不知。齧缺因躍而大喜，行以告蒲衣子。」

2.《高士傳》曰：「蒲衣子者，舜時賢人也。年八歲而舜師之。齧缺問於王倪，四問而四不知。齧缺因躍而大喜，行以告蒲衣子。蒲衣子曰："而乃今知之乎？有虞氏不及泰氏，有虞氏其猶臧仁以要人，亦得人矣，而未始出於非人。泰氏其臥徐徐，其覺於於，一以巳爲馬，一以巳爲牛，其知情信其德甚眞，而未始入於非人也。"後舜讓天下於蒲衣子，蒲衣子不受而去，莫知所終。」

3.《洞眞上清太微帝君步天綱飛地紀經簡玉字上經》曰：「蒲衣步綱，遂入北斗。」

丰車子（未顯）

【校】

　　《無上秘要》作「牟車童子」。

【註】

1. 《洞真上清太微帝君步天綱飛地紀經簡玉字上經》曰：「桓（柏）成步綱，遂見文始，得友西歸、牟車童子。」

2. 《無上秘要》曰：「文始先生、西歸子、牟車童子，此三人並栢成之師友。」

支離

【註】

1. 《莊子・人間世》曰：「支離疏者，頤隱於臍，肩高於頂，會撮指天，五管（官）在上，兩髀爲脅。挫鍼治繲，足以餬口；鼓莢播精，足以食十人。上徵武士，則支離攘臂而遊於其間；上有大役，則支離以有常疾不受功；上與病者粟，則受三鍾與十束薪。夫支離其形者，猶足以養其身，終其天年，又況支離其德者乎！」《至樂篇》曰：「支離叔與滑介叔觀於冥伯之丘，崑崙之虛，黃帝之所休。俄而柳生其左肘，其意其意蹶蹶然惡之。」

2. 《抱朴子・論仙》曰：「枝離爲柳，秦女爲石。」

3. 《洞真上清太微帝君步天綱飛地紀經簡玉字上經》曰：「支離步綱，棲集閶風。」

被衣

【註】

1. 《莊子・天地》曰：「堯之師曰許由，許由之師曰齧缺，齧缺之師曰王倪，王倪之師曰被衣。」《知北遊》曰：「齧缺問道乎被衣，被衣曰：『若正汝形，一汝視，天和將至；攝汝知，一汝度，神將來舍。德將爲汝美，道將爲汝居，汝瞳焉如新生之犢而无求其故！』」

2. 《高士傳》曰：「被衣者，堯時人也。堯之師曰許由，許由之師曰齧缺，齧缺之師曰王倪，王倪之師曰被衣。齧缺問道乎被衣，被衣曰：『若正汝形，一汝視，天和將至。攝汝知，一汝度，神將來舍，德將爲汝美，道將爲汝居。汝瞳焉如新生之犢，而无求其故。』言未卒，齧缺睡寐，被衣大悅，行歌而去之，曰：『形若槁骸，心若死灰，眞其實知不以故，自持媒媒晦晦，無心而不可與謀，彼何人哉！』」

3. 《洞眞上淸太微帝君步天綱飛地紀經簡玉字上經》曰：「被衣步綱，七精下游。」

王倪

【註】

1. 《莊子‧齊物論》曰：「齧缺問乎王倪曰：『子知物之所同是乎？』曰：『吾惡乎知之！』」《天地》曰：「堯之師曰許由，許由之師曰齧缺，齧缺之師曰王倪，王倪之師曰被衣。」

2. 《高士傳》曰：「王倪者，堯時賢人也，師被衣。齧缺又學於王倪，問道焉。齧缺曰：『子知物之所同是乎？』曰：『吾惡乎知之。』『子知子之所不知邪？』曰：『吾惡乎知之。』『然則物無知邪？』曰：『吾惡乎知之。雖然，嘗試言之。庸詎知吾所謂知之非不知邪？庸詎知吾所謂不知之非知邪？且吾嘗試問乎汝，民濕寢則腰疾偏死，鰌然乎哉？木處則惴栗恂懼，猿猴然乎哉？三者孰知正處？民食芻豢，麋鹿食薦，蝍且甘帶，鴟鴉耆鼠，四者孰知正味？猿猵狙以爲雌，麋與鹿交，鰌與魚遊。毛嬙麗姬，人之所美也。魚見之深入，鳥見之高飛，麋鹿見之決驟，四者孰知天下之正色哉？自我觀之，仁義之端，是非之塗，樊然淆亂，吾惡能知其辯。』齧缺曰：『子不知利害，則至人固不知利害乎？』王倪曰：『至人神矣！大澤焚而不能熱，河漢沍而不能寒，疾雷破山風振海而不能驚，若然者，乘雲氣，騎日月，而遊乎四海之外，死生無變於己，而況利害之端乎？』」

3. 《洞眞上淸太微帝君步天綱飛地紀經簡玉字上經》曰：「王倪步綱，乘雲十天。」

齧缺

【註】

1. 《莊子‧天地》曰：「堯之師曰許由，許由之師曰齧缺，齧缺之師曰王倪，王倪之師曰被衣。」又曰：「許由曰：『……齧缺之爲人也，聰明叡知，給數以敏，其性過人，而又乃以人受天。彼審乎禁過，而不知過之所由生。與之配天乎？彼且乘人而無天，方且本身而異形，方且尊知而火馳，方且爲緒使，方且爲物絯，方且四顧而物應，方且應眾宜，方且與物化而未始有恆。夫何足以配天乎？雖然，有族，有祖，可以爲眾父，而不可以爲眾父父。治，亂之率也，北面之禍也，南面之賊也。』」

2. 《高士傳》曰：「齧缺者，堯時人也。許由師事齧缺，堯問於由曰：『齧缺可以配天乎？吾藉王倪以要之。』許由曰：『殆哉，圾乎天下。齧缺之爲人也，聰明睿知，給數以敏，其性過人，而又乃以人受天。彼審乎禁過，而不知過之所由生，與之配天乎？彼且乘人而無天。方且本身而異形，方且尊知而火馳，方且爲緒使，方且爲物絯，方且四顧而物應，方且應眾宜，方且與物化而未始有恆，夫何足以配天乎！』」

3. 《西昇經》卷上曰：「道無問，問無應則弗知，乃知知乃不知也，故齧缺問於王倪，四問而四不知。」

4. 《洞眞上清太微帝君步天綱飛地紀經簡玉字上經》曰：「齧缺步綱，上登天堂。」

5. 《周氏冥通記》曰：「其人形中人面，左邊有紫志，著黃絹帽多鬚而前，齧缺是也。」

巢父

【註】

1. 《高士傳》曰：「巢父者，堯時隱人也。山居不營世利，年老以樹爲巢，而寢其上，故時人號曰巢父。堯之讓許由也，由以告巢父，巢父曰：『汝何不隱汝形，藏汝光，若非吾友也！』擊其膺而下之，由悵然不自得。乃過清泠之水，洗其耳，拭其目，曰：『向聞貪言，負吾之友矣！』遂去，終身不相見。」

2. 《神仙傳·衛叔卿》曰：「度世因曰：『向與父博者爲誰？』叔卿曰：『洪崖先生、許由、巢父、王子晉、薛容也。』」

3. 《抱朴子·論仙》曰：「俗人貪榮好利，汲汲名利，以己之心，遠忖昔人，乃復不信古者有逃帝王之禪授，薄卿相之貴任，巢許之輩，老萊莊周之徒，以爲不然也。況於神仙，又難知於斯，亦何可求今世皆信之哉？」《釋滯》曰：「背聖主而山棲者，巢許所以稱高也。」

4. 《元始上眞眾仙記》曰：「許由、巢父今爲九天侍中、箕山公。」

5. 《洞眞上清太微帝君步天綱飛地紀經簡玉字上經》曰：「巢父步綱，上朝天皇。」

6. 《無上秘要》曰：「巢父，洗耳師。」

許由

【註】

1. 《莊子・逍遙遊》曰：「堯讓天下於許由。」《天地》曰：「堯之師曰許由，許由之師曰齧缺，齧缺之師曰王倪，王倪之師曰被衣。」《讓王》曰：「堯以天下讓許由，許由不受。」

2. 《戰國策・燕策》曰：「鹿毛壽謂燕王曰：『不如以國讓子之，人謂堯賢者也，以其讓天下於許由，由必不受，有讓天下之名，實不失天下。』」

3. 《荀子・成相》曰：「許由善卷，重義輕利行顯明。」

4. 《高士傳》曰：「許由，字武仲，陽城槐里人也。為人據義履方，邪席不坐，邪膳不食。後隱於沛澤之中。堯讓天下於許由，曰：『日月出矣而爝火不息，其於光也不亦難乎！時雨降矣而猶浸灌，其於澤也不亦勞乎！夫子立而天下治，而我猶屍之，吾自視缺然，請致天下。』許由曰：『子治天下，天下既已治也，而我猶代子，吾將為名乎？名者，實之賓也，吾將為賓乎？鷦鷯巢於深林，不過一枝。偃鼠飲河，不過滿腹。歸休乎君，予无所用天下為。庖人雖不治庖，尸祝不越樽俎而代之矣！』不受而逃去。齧缺遇許由，曰：『子將奚之？』曰：『將逃堯。』曰：『奚謂邪？』曰：『夫堯知賢人之利天下也，而不知其賊天下也。夫唯外乎賢者知之矣！』由於是遁耕於中嶽潁水之陽，箕山之下，終身無經天下色。堯又召為九州長，由不欲聞之，洗耳於潁水濱。時其友巢父牽犢欲飲之，見由洗耳，問其故。對曰：『堯欲召我為九州長，惡聞其聲，是故洗耳。』巢父曰：『子若處高岸深谷，人道不通，誰能見子。子故浮游，欲聞求其名譽，汙吾犢口。』牽犢上流飲之。許由沒，葬箕山之巔，亦名許由山，在陽城之南十餘里。堯因就其墓，號曰箕山公神，以配食五嶽，世世奉祀，至今不絕也。」

5. 《抱朴子・論仙》曰：「俗人貪榮好利，汲汲名利，以己之心，遠忖昔人，乃復不信古者有逃帝王之禪授，薄卿相之貴任，巢許之輩，老萊莊周之徒，以為不然也。況於神仙，又難知於斯，亦何可求今世皆信之哉？」《釋滯》曰：「背聖主而山棲者，巢許所以稱高也。」《仙藥》曰：「石硫磺芝，五嶽皆有，而箕山為多。其方言許由就此服之而長生，故不復以富貴累意，不受堯禪也。」

6. 《神仙傳・衛叔卿》曰：「度世因曰：『向與父博者為誰？』叔卿曰：『洪崖先生、許由、巢父、王子晉、薛容也。』」

7.《元始上真眾仙記》曰：「許由、巢父今爲九天侍中、箕山公。」

8.《太上洞玄靈寶本行因緣經》曰：「許由、巢父絕尙箕山，能辭堯禪。」又曰：「巢、許早昇太極宮。」

9.《洞真上清太微帝君步天綱飛地紀經簡玉字上經》曰：「許由步綱，鳳皇群翔。」

卞隨

【註】

1.《莊子・讓王》曰：「湯將伐桀，因卞隨而謀，卞隨曰：『非吾事也。』湯曰：『孰可？』曰：『吾不知也。』」又曰：「湯遂與伊尹謀伐桀，克之，以讓卞隨。卞隨辭曰：『後之伐桀也謀乎我，必以我爲賊也；勝桀而讓我，必以我爲貪也。吾生乎亂世，而無道之人再來漫我以其辱行，吾不忍數聞也。』乃自投稠水而死。」

2.《洞真上清太微帝君步天綱飛地紀經簡玉字上經》曰：「卞隨步綱，駕龍泰清。」

華封

【註】

1.《莊子・天地》曰：「堯觀乎華。華封人曰：『嘻！聖人！請祝聖人！』」

2.《洞真上清太微帝君步天綱飛地紀經簡玉字上經》曰：「華封步綱，體生玄雲。」

北人

【註】

1.《莊子・讓王》曰：「舜以天下讓其友北人無擇，北人無擇曰：『異哉後之爲人也，居於畎畝之中而遊堯之門！不若是而已，又欲以其辱行漫我。吾羞見之。』因自投清泠之淵。」

2.《抱朴子・釋滯》曰：「夫北人、石戶、善卷、子州，皆大才也，而沈遁放逸，養其浩然，昇降不爲之虧，大化不爲之缺也。況學仙之士，未必有經國之才，立朝之用，得之不加塵露之益，棄之不覺毫釐之損者乎。」

3.《洞真上清太微帝君步天綱飛地紀經簡玉字上經》曰：「北人步綱，玉女來遊。」

子州

【註】

1. 《莊子・讓王》曰：「堯以天下讓許由，許由不受。又讓於子州支父，子州支父曰：『以我爲天子，猶之可也。雖然，我適有幽憂之病，方且治之，未暇治天下也。』」

2. 《高士傳》曰：「子州支父者，堯時人也。堯以天下讓許由。許由不受，又讓於子州支父。子州支父曰：『以我爲天子猶之可也。雖然，我適有幽憂之病，方且治之，未暇治天下也。』舜又讓之，亦對之曰：『予適有幽憂之病，方且治之，未暇治天下也。』」

3. 《抱朴子・釋滯》曰：「夫北人、石戶、善卷、子州，皆大才也，而沉遁放逸，養其浩然，昇降不爲之虧，大化不爲之缺也。況學仙之士，未必有經國之才，立朝之用，得之不加塵露之益，棄之不覺毫釐之損者乎。」

4. 《上清丹景道精隱地八術經》曰：「子州受之（隱地八術之法）於太極，習隱變而長存。」

5. 《洞眞上清太微帝君步天綱飛地紀經簡玉字上經》曰：「子州步綱，翠龍虎服。」

善卷

【註】

1. 《莊子・讓王》曰：「舜以天下讓善卷，善卷曰：『余立於宇宙之中，冬日衣皮毛，夏日衣葛絺；春耕種，形足以勞動；秋收斂，身足以休食；日出而作，日入而息，逍遙於天地之間而心意自得。吾何以天下爲哉！悲夫，子之不知余也！』遂不受，於是去而入深山，莫知其處。」

2. 《荀子・成相》曰：「許由善卷，重義輕利行顯明。」

3. 《高士傳》曰：「善卷者，古之賢人也。堯聞得道，乃北面師之。及堯受終之後，舜又以天下讓卷。卷曰：『昔唐氏之有天下，不教而民從之，不賞而民勸之，天下均平，百姓安靜，不知怨，不知喜。今子盛爲衣裳之服以眩民目，繁調五音之聲以亂民耳，丕作皇韶之樂以愚民心，天下之亂，從此始矣。吾雖爲之，其何益乎！予立於宇宙之中，冬衣皮毛，夏衣絺葛，春耕種形足以勞動，秋收斂身足以休食，日出而作，日入而息，逍遙於天地之間，而心意自得。吾何以天下爲哉？悲夫！子之不知余也。』遂不受，去，入深山，莫知其處。」

4. 《抱朴子・釋滯》曰：「夫北人、石戶、善卷、子州，皆大才也，而沉遁放逸，養其浩然，昇降不爲之虧，大化不爲之缺也。況學仙之士，未必有經國之才，立朝之用，得之不加塵露之益，棄之不覺毫釐之損者乎。」

5. 《洞眞上清太微帝君步天綱飛地紀經簡玉字上經》曰：「善卷步綱，乘蹻龍燭。」

馬皇
【註】

1. 《列仙傳・馬師皇》曰：「馬師皇者，黃帝時馬醫也。知馬形生死之，診治之輒愈。後有龍下，嚮之垂耳張口。皇曰：『此龍有病，知我能治。』乃鍼其脣下口中，以甘草湯飲之而愈。後數數有疾，龍出其波，告而求治之。一旦，龍負皇而去。」

2. 《漢武帝內傳》有「馬皇受眞術四卷」。

3. 《河圖挺佐輔》曰：「命馬師皇爲牧正，臣胲服牛，始駕而僕蹕之御全矣。」

4. 《神仙傳・序》曰：「馬皇見迎以護龍。」

5. 《抱朴子・論仙》曰：「馬皇乘龍而行，子晉躬御白鶴，或鱗身蛇軀，或金車羽服。」

6. 《上清大洞九微八道大經妙籙》曰：「《蓬萊高上眞書》，玄成清天上皇以傳寧封，佩此符橫行江河四海，群龍衛從，水精振伏，一名《蓬萊太玄之札》，一名《九流眞書》，北陵丈人以授馬皇，致（龍）來乘而昇天。」

7. 《洞眞上清太微帝君步天綱飛地紀經簡玉字上經》曰：「馬皇步綱，龍雲俱至。」

8. 《眞誥・稽神樞第二》曰：「（劉翊）行達陽平，遂遇馬皇先生。」註曰：「馬皇出《列仙傳》，黃帝時馬師也。」

安公（姓陶，乘赤龍矣）
【註】

1. 《列仙傳・陶安公》曰：「陶安公者，六安鑄冶師也。數行火，火一旦散上行，紫色衝天。安公伏冶下求哀，須臾，朱雀止冶上，曰：『安公安公，治與天通，七月七日，迎汝以赤龍。』至期，赤龍到，大雨，而安公騎之東南，上一城邑，數萬人眾共送視之，皆與辭決云。」《搜神記》略同。

2. 《洞眞上清太微帝君步天綱飛地紀經簡玉字上經》曰：「安公步綱，赤龍見
　負。」

大項（名託）

【註】

1. 《戰國策‧秦策五》甘羅曰：「夫項橐生七歲而爲孔子師。」

2. 《淮南子‧說林訓》曰：「呂望使老者奮，項橐使嬰兒矜，以類相慕。」高
　誘註：「項託年七歲，窮難孔子而爲之作師，放使小兒之疇自矜大也。」《脩
　務訓》曰：「夫項託七歲爲孔子師，孔子有以聽其言也。」

3. 《史記‧樗里子甘茂列傳》曰：「大項橐生七歲爲孔子師。」

4. 《抱朴子‧微旨》曰：「然善事難爲，惡事易作，而愚人復以項託、伯牛輩
　謂天地之不能辨臧否，而不知彼有外名者，未必有內行，有陽譽者不能解
　陰罪。」《塞難》曰：「而項、楊無春彫之悲矣！」

5. 《洞眞上清太微帝君步天綱飛地紀經簡玉字上經》曰：「大項步綱，色反嬰
　兒。」

6. 《無上秘要》曰：「大項，項橐者。」

右位

太極右眞人西梁子文

【註】

1. 《上清明堂元眞經訣》曰：「昔太極眞人西梁子奉受太上口訣，千歲五傳。」

2. 《登眞隱訣》（《太平御覽》卷 671 引）曰：「太極眞人青精十石迅飯，上仙
　靈方，王君注解其後，大書者是太素本經及西梁口訣，墨註者是青虛王君
　所釋，南嶽魏夫人敷撰而使。」

3. 《無上秘要》曰：「西梁子文，授王清虛青精餌飯雲牙者。」

太極右眞人安度明

【註】

1. 《南嶽夫人內傳》（《太平於覽》卷 678 引）曰：「季冬月夜半，四眞人來降
　於室，太極眞人安度明、東華青童君、碧海景林眞、清虛眞人王子登，於
　是夫人（指南嶽夫人魏華存）拜乞長生度世。」

2. 《無上秘要》曰：「安度明，初降南眞於脩武縣中者。」

玄洲仙都絳文期

【校】

　　古本「玄」作「元」，說本「玄」字闕末筆「丶」，皆避康熙諱。

【註】

　　《無上秘要》曰：「絳文期，玄洲仙都降南眞於陽洛山者。」

紫陽真人范明期

【註】

　　《無上秘要》曰：「范明期受西梁餌飯。」

鬱絕真人裴玄仁

【校】

　　古本「鬱」作「欝」，「玄」作「元」，避康熙諱；說本「玄」字闕末筆「丶」，避康熙諱；《眞誥・運象篇第一》有「鬱絕眞人裴玄人」。

【註】

1.《清虛眞人裴君傳》（《雲笈七籤》卷 105）曰：「西玄者，葛衍山之別名也。葛衍有三山相連，西爲西玄，東爲鬱絕山，中央名葛衍山。三山有三府，名曰三宮。西玄山爲清靈宮，葛衍山爲紫陽宮，鬱絕根山爲極眞宮」

2. 見第二左位「清靈眞人裴君」。

太玄仙女西靈子都

【校】

　　古本「玄」作「元」，說本「玄」字闕末筆「丶」，皆避康熙諱。

【註】

1.《眞誥・稽神樞第四》曰：「西靈子都者，太玄仙女也。」

2.《五嶽眞形神仙圖記》（《雲笈七籤》卷 79）曰：「漢初有司馬季主師事太玄仙女。」註曰：「太玄仙女，號西靈子都，居委羽石室大有宮中。有諸妙法，五嶽備焉。」

司馬季主（受西靈子都劍解之道）

【註】

1.《史記・日者列傳》曰：「司馬季主者，楚人也，卜於長安市……」

2.《抱朴子》（內篇佚文）曰：「范零子，少好仙道，如此積年。後遇司馬季

主。」

3. 《紫陽眞人內傳》曰:「(周義山)登委羽山遇司馬季主,受石精金光藏景化形。」

4. 《上清後聖道君列記》有「司馬季主」,爲二十四眞之一。

5. 《上清金書玉字上經》曰:「《太上神錄》曰:『諸見北斗、高上、太微一星,皆增筭三百年,見二星,增筭六百年……韓眾、司馬季主及中嶽眞人孟子卓、張巨君逮尹軌之徒,皆亦得見之者也。』」

6. 《眞誥・運象篇第四》曰:「季主服雲散以潛升,猶頭足異處。」《眞誥・稽神樞第四》曰:「司馬季主後入委羽山石室大有宮中,受石精金光藏景化形法於西靈子都。西靈子都者,太玄仙女也。其同時今在大有室中者,廣寧鮑叔陽、太原王養伯、潁川劉瑋惠、岱郡段季正,俱受師西靈子都之道也。季主臨去之際,託形枕蓆,爲代己之象,墓在蜀郡成都升盤山之南。諸葛武侯昔建碑銘於季主墓前,碑贊末曰:『玄漠太寂,混合陰陽,天地交泮,萬品滋彰。先生理著,分別柔剛。鬼神以觀,六度顯明。』」註曰:「《眞誥》云:『季主咽虹液,而頭足異處。』《劍經》註云:『吞刀圭而蟲流。』今東卿說云:『託形枕蓆,爲代己之象。』似當作錄形靈丸兵解去也。漢史既不顯其終,無以別測其事也。」此條正文又見於《道迹靈仙記》。《眞誥・協昌期第二》曰:「九華眞妃言:『守五斗內一,是眞一之上也,皆地眞人法也。』上黨王眞、京兆孟君、司馬季主,皆先按於此道而始矣。」《眞誥・稽神樞第四》曰:「挹九轉而尸尪,吞刀圭而蟲流,司馬季主、寧仲君、燕昭王、王子晉是也。」註曰:「桐柏亦用劍解,當是此吞刀圭者,非九轉也。司馬季主亦以靈丸作兵解,故右英云:『頭足異處』。」又曰:「季主讀玉經,服明丹之華,挹扶晨之暉,今顏色如二十女子。鬚長三尺,黑如墨也……季主託形隱景,潛跡委羽,《紫陽傳》具載其事也,昨夜東卿至,聊試請問季主本末。東卿見答,令疏如別,爲以上呈。願不怪之,省訖付火。」註曰:「此楊君與長史書,今有華撰《周君傳》,記季主事殊略。未見別眞手書傳,依此語則爲非也。此前似有按語,今闕失一行。」此條正文又見於《道迹靈仙記》。

太極仙侯張奉

【註】

見第五位主神「張奉」註。

洞臺清虛七真人

【註】

1. 《上清後聖道君列記》有「洞臺清虛天七眞人」，爲二十四眞中的七位。

2. 《眞誥・稽神樞第一》曰：「此山（指句曲山）洞虛內觀，內有靈府，洞庭四開，穴岫長連，古人謂爲金壇之虛臺、天后之便闕、清虛之東窗、林屋之隔遻。眾洞相通，陰路所適，七塗九源，四方交達，眞洞仙館也。」註曰：「此論洞天中諸所通達……清虛是王屋洞天名，言華陽與比併相貫通也。」

3. 《無上秘要》曰：「洞臺清虛七眞人，姓名未顯，同在王屋山宮，此中亦有在上清限者。」

西嶽卿副司命季翼仲甫（左元放師）

【註】

1. 《抱朴子・辨問》曰：「仲甫假形於晨鳧。」

2. 《神仙傳》（《太平廣記》卷 10 引）曰：「李仲甫者，豐邑中益里人也。少學道於王君，服水丹有效，兼行遁甲，能步訣隱形，年百餘歲，轉少。初隱百日，一年復見形，後遂長隱，但聞其聲，與人對話，飲食如常，但不可見。有書生姓張，從學隱形術，仲甫言卿性褊急，未中教。然守之不止，費用數十萬，以供酒食，殊無所得。張患之，乃懷匕首往。先與仲甫語畢，因依其聲所在，騰足而上，拔匕首，左右刺斫。仲甫已在床上，笑曰：『天下乃有汝輩愚人，道學未得，而欲殺之。我寧得殺耶？我眞能死汝。但恕其頑愚，不足間耳。』使人取一犬來，置書生前曰：『視我能殺犬否。』犬適至，頭已墮地，腹已破。乃叱書生曰：『我能使卿如犬行矣。』書生下地叩頭乃止，遂赦之。仲甫有相識人，居相去五百餘里，常以張羅自業。一旦張羅，得一鳥，視之乃仲甫也，語畢別去。是日，仲甫已復至家。在民間三百餘年，後入西嶽山去，不復還也。」

3. 《登眞隱訣》（《太平御覽》卷 678 引）曰：「李翼字仲甫，以七變法傳左慈，慈修之以變化萬端。此經在茅眞人傳，後道士以還丹方殊秘，故略出別爲一卷。」

4. 《眞誥・稽神樞第二》曰：「慈顏色甚少，正得爐火九華之益。」註曰：「左慈，字元放，李仲甫弟子，即葛玄之師也。」《眞誥・協昌期第一》曰：

「大方諸宮，青君常治處。其上人皆天眞高仙，太極公卿諸司命所在也……」註曰：「霍山赤城亦爲司命之府，唯太元夫人、南嶽夫人在焉。李仲甫在西方，韓眾在南方，餘三十司命皆在東華，青童爲太司命總統故也。」

5. 《無上秘要》曰：「李翼，字仲甫，京兆人，與茅司命俱事王君。」

6. 《道教相承次第錄》（《雲笈七籤》卷 4）曰：「太上老君命李中甫出神仙之都，以法授江南左慈字元放，故令繼十六代爲師相付。」

八老元仙

【校】

《無上秘要》作「八老先生」。

【註】

1. 《上清大洞眞經》有「上清八皇老君」。

2. 《上清後聖道君列記》有「八老先生」，爲二十四眞中的八位。

3. 《洞眞上清太微帝君步天綱飛地紀金簡玉字上經》曰：「高上太素君及上清八老君下教玄洲二十九眞人以升閬鳳臺。」

4. 《無上秘要》曰：「八老先生姓名未顯，應是淮南八公，此中亦有在太清者。」

正一上玄玉郎王中

【校】

古本「玄」作「元」，說本「玄」字闕末筆「、」，皆避康熙諱。《無上秘要》「中」作「忠」。

【註】

《墉城集仙錄》卷 1 曰：「金闕聖君命太極眞人使正一上玄玉郎王忠、鮑丘等賜盈以四節燕胎流明神芝。」

鮑丘

【校】

輯本「丘」作「邱」；說本「鮑丘」作「丘鮑」。

【註】

見「正一上玄玉郎王中」條。

南陵玉女

【註】

　　《上清太上八素眞經》曰：「太極遣南陵玉女三十二人衛此（指上眞之法）。」

陽谷真人領西歸傳淳于太玄

【校】

　　古本「玄」作「元」，避康熙諱；輯本「淳」作「滄」；說本「玄」字闕末筆「、」，避康熙諱。《眞誥・運象篇第一》、《無上秘要》「谷」作「洛」。

【註】

　1.《紫陽眞人內傳》曰：「乃登陽洛山，遇幼陽君，受青要紫書三五順行。」

　2.《眞誥・運象篇第一》有「陽洛眞人領西歸傳淳于太玄（西域人）」。

　3.《無上秘要》曰：「淳于太玄，石城人，陽洛眞人領西歸傳。」

戎山真人右仙公范泊華

【校】

　　古本「泊」作「伯」；《無上秘要》「泊」作「伯」。

【註】

　　《眞誥・運象篇第一》有「戎山眞人太極右仙公范伯華（幽人）」。

陸渾真人太極監西郭幼度

【註】

　1.《眞誥・運象篇第一》有「陸渾眞人太極監西郭幼度」。

　2.《無上秘要》曰：「郭幼度，陸渾眞人，太極監。」

中黃四司大夫領北海公涓子（蘇君師矣）

【註】

　1.《列仙傳・涓子》曰：「涓子者，齊人也。好餌術，接食其精，至三百年乃見於齊。著《天人經》四十八篇。後釣於菏澤，得鯉魚，腹中有符。隱於宕山，能致風雨。受《伯陽九仙法》，淮南山安，少得其文，不能解其旨也。其《琴心》三篇，有條理焉。」

　2.《漢書・藝文志》曰：「《蜎子》十三篇，名淵，楚人，老子弟子。」

　3.《神仙傳・序》曰：「涓子餌術以著經。」

4. 《抱朴子・遐覽》曰：「（黃帝）入金谷而諮涓子。」《遐覽》有《涓子天地人經》。

5. 《紫陽眞人內傳》曰：「吾是中嶽僊人蘇林字子玄也，本衛人，受學於岑先生，岑先生見授鍊身消災之近術，後又傳仇公……致吾於涓子。涓子者，中僊人也，守之彌年，見教守三一之法……」又曰：「我受涓子祕要，善守三一之道。」又曰：「涓子即子玄之師，涓子似齊人，少好餌術，接食其精，精思感天。後釣於菏澤，見東海小童，語之曰：『釣得鯉魚者剖之。』後果得而剖魚腹，獲金闕帝君守三元眞一之法。於是道隱於橐山，能致風雨，學道在世二千七百年，一旦告人云被太微召補仙官，遂去，而不知所終矣。」

6. 《金闕帝君三元眞一經》，涓子授東海青童君。

7. 《洞眞太上素靈洞元大有妙經》有「涓子」。

8. 《洞眞上清太微帝君步天綱飛地紀經簡玉字上經》曰：「涓子步綱，河出靈魚，服挹玉液，遂昇玄洲。」

9. 陶弘景《尋山志》曰：「仰彭涓兮弗遠，必長年兮可期。」

10. 《登眞隱訣》卷上曰：「《太極帝君寶章》，東海青童君授涓子以封掌名山也。」《登眞隱訣》（《太平御覽》卷 678 引）曰：「太極帝君寶章者東海青單君，授涓子以封掌名山。涓子剖鯉所獲，是太上召三一守形也。以朱書素，佩之左肘，勿輕履汙穢，佩之八年而三一俱見矣。三者，三元者一君也，授其封掌之教。」

11. 《眞誥・協昌期第二》曰：「九華眞妃言：『守五斗內一，是眞一之上也，皆地眞人法也。』……五斗內一，涓子內法，昔授於峨嵋臺中。本其外守一、玄一之屬，莫有逮其從者也。」

12. 《無上祕要》曰：「涓子，名未顯，青童弟子，蘇君之師。少餌術精，受守一玄丹之道，中黃四司大夫領北海公。」

13. 《天地宮府圖・十大洞天》（《雲笈七籤》卷 27）曰：「第十括蒼山洞，周迴三百里，號曰成德隱玄之洞天。在處州樂安縣，屬北海公涓子治之。」

太極法師徐來勒（吳時天台山傳葛仙公法輪經）

【校】

輯本「台」作「臺」。

【註】

1. 《元始上眞眾仙記》曰：「徐來勒爲太極眞人，治括蒼山，小宮在天台山。」

2. 《太上洞玄靈寶眞一勸誡法輪妙經》曰：「太上玄一眞人郁羅翹告太極左仙公曰：『子積劫念行，損身救物，開度有生，惠逮草木，括身林阜，守情忍色，恭禮師宗存弗厭，苦志篤屬，乃有至德致紫蘭臺金闕上清宮，有瓊文紫字，功德巍巍，行合上仙，太上命太極眞人徐來勒保汝爲三洞大法師，今復命我來爲子作第　·度師。子可復坐，我當告子開度法輪勸誡要訣……』

3. 《太上洞玄靈寶本行宿緣經》有「太極眞人高上法師」。又曰：「夫學道宜知先師，我師是太上玉晨大道虛皇，道之尊也。我是師第六弟子，大聖眾皆師之弟子，弟子無軮數也。我師名波悅宗，字維那訶，今以告子，子秘之哉。蓋眞人之名字亦難究矣，此名字多是隱語也。我名徐來勒，字洪元甫。」

4. 《洞玄靈寶本相運度劫期經》有「徐來勒」。

邯鄲張君

【註】

1. 《神仙傳·劉京》曰：「劉京，字太玄，南陽人也……後棄世從邯鄲張君學道，受餌朱英丸方合服之，百三十歲，視之如三十許人。」

2. 《眞誥·稽神樞第三》曰：「趙威伯者，東郡人也，少學邯鄲張先生。先生得道子人耳，晚在中嶽，授《玉佩金鐺經》於范丘林。」《眞誥·協昌期第二》曰：「九華眞妃言：『守五斗內一，是眞一之上也，皆地眞人法也。』……魯女生、邯鄲張君，今皆在中嶽及華山，正守此一。亦可得漸階上道而進，復爲不難也。五斗內一，涓子內法，昔授於峨嵋臺中。本其外守一、玄一之屬，莫有逮其蹤者也。」

3. 《洞眞上清太微帝君步天綱飛地紀經簡玉字上經》曰：「漢成皇帝大司馬王鳳以陽朔元年中聞道士劉京從邯鄲張君學仙，得步天綱法。」

4. 《無上秘要》曰：「邯鄲張君，前漢末人。」

庚桑子

【註】

1. 《莊子·庚桑楚》曰：「老耼之役有庚桑楚者，偏得老耼之道，以北居畏壘之山，其臣之畫然知者去之，其妾之挈然仁者遠之；擁腫之與居，鞅掌之

為使。居三年，畏壘大壤。畏壘之民相與言曰：『庚桑子之始來，吾洒然異之。今吾日計之而不足，歲計之而有餘。庶幾其聖人乎！子胡不相與尸而祝之，社而稷之乎？』」

2.《高士傳》曰：「庚桑楚者，楚人也，老聃弟子，偏得老聃之道，以北居畏壘之山。其居三年，畏壘大壤。畏壘之民相與言曰：『庚桑子之始來，吾洒然異之。今吾日計之而不足，歲計之而有餘，庶幾其聖人乎！子胡不相與尸而祝之，社而稷之乎？』庚桑子聞之，南面而不釋。然弟異之，庚桑子曰：『弟子何異於予？夫春氣發而百草生，正得秋而萬寶成。夫春與秋，豈無得而然哉！天道已行矣，吾聞至人屍居環堵之室，而百姓倡狂不知所如往。今以畏壘之細民，而竊竊焉欲俎豆予於賢人之間，我其杓之人邪！吾是以不釋於老聃之言。』」

3.《洞眞上清太微帝君步天綱飛地紀經簡玉字上經》曰：「庚桑步綱，遊行八冥。」

4.《無上秘要》曰：「庚桑，善化導者。」

蕭史

【註】

1.《列仙傳・蕭史》曰：「蕭史者，秦穆公時人也。善吹簫，能致孔雀白鶴於庭。穆公有女字弄玉好之，公遂以女妻焉。日教弄玉作鳳鳴，居數年，吹似鳳聲，鳳凰來止其屋，公為作鳳臺，夫婦止其上，不下數年。一日，皆隨鳳凰飛去，故秦人為作鳳女祠於雍宮中，時有簫聲而已。」

2.《神仙傳・序》曰：「蕭史乘鳳而輕舉。」

3.《抱朴子・對俗》曰：「……蕭史偕翔鳳以凌虛。」

4.《洞眞上清太微帝君步天綱飛地紀經簡玉字上經》曰：「蕭史步綱，隱逸秦樓，弄玉受教，俱到青丘。」

太上玄一三眞（吳時降天台山，傳葛仙公靈寶經）

【校】

古本「玄」作「元」，避康熙諱；輯本「台」作「臺」；說本「玄」字闕末筆「、」，避康熙諱。

【註】

1.《元始五老赤書玉篇眞文書經》卷下有「太玄上一君」。

2. 《太上洞玄靈寶眞一勸誡法輪妙經》曰：「太上高玄太極三宮法師玄一眞人說《太上洞玄靈寶眞一勸誡法輪妙經》，舊文藏於太上六合玄臺，典經皆龍華玉女、金晨玉童散華燒香，侍衛靈文，依科四萬劫一傳，太上有命，使付太極左仙公也。太極左仙公於天台山靜齋拔罪，燒香懺謝，思眞念道……仙公自覺苦徹遐感天眞，於是研思玄業，志勵殊勤。齋未一年，遂致感通上聖……天眞並下，第一自稱太上玄一第一眞人郁羅翹，第二自稱太上玄一第二眞人光妙音，第三自稱太上玄一第三眞人定光。並集三眞，皆項有圓光，映照十方……太上玄一眞人郁羅翹告太極左仙公曰：『子積劫念行，損身救物，開度有生，惠逮草木，括身林阜，守情忍色，恭禮師宗存弗厭，苦志篤屬，乃有至德致紫蘭臺金闕上清宮，有瓊文紫字，功德巍巍，行合上仙，太上命太極眞人徐來勒保汝爲三洞大法師，今復命我來爲子作第一度師。子可復坐，我當告子開度法輪勸誡要訣……』太上玄一第二眞人光妙音告左仙公曰：『……太上命我爲子第二度世，當俱告子三塗五苦生死命根勸誡要訣……』太上玄一第三眞人定光告左仙公曰：『……太上今命我爲子第三度帥，今當告子無量妙通轉神入定勸誡要訣……』」又曰：「太上玄一眞人告仙公曰：『吾昔受太上無極大道君眞一勸誡法輪妙經，修行奉師。一日六時燒香朝禮，旋行皆先朝我師，心存目想，見師如經，我無有師，經則不見，既得見經，師便在前，抱饑忍渴，隨師東西。我受師訓，切勵備經，痛如刀割，克如毒錐，俛仰伏事，**恒**不敢虧，痛不敢辭，毒不敢言。如此經歷四億萬年，眞道得成，位登太上玄一眞人……』」

3. 《太上洞玄靈寶授度儀》有「太上玄一第一眞人」、「太上玄一第二眞人」、「太上玄一第三眞人」；《太上無極大道自然眞一五稱符上經》卷下有「太上玄一眞人」；《洞玄靈寶玄一眞人說生死輪轉因緣經》有「三天法師玄一眞人」。

4. 有《太上玄一眞人說勸誡法輪妙經》、《太上玄一眞人說妙通轉神入定經》、《太上玄一眞人說三途五苦勸誡經》。

劉京

【註】

1. 《神仙傳‧劉京》曰：「劉京，字太玄，南陽人也。漢孝文皇帝侍郎也。後棄世從邯鄲張君學道，受餌朱英丸方合服之，百三十歲，視之如三十

許人。後師事薊子訓，子訓授京五帝靈飛六甲十二事、神仙十洲眞形諸秘要。京按訣行之，甚效。能役使鬼神，立起風雨，召致行廚，坐在立亡……周流名山五嶽，與王眞俱行，悉遍也……魏黃初三年，京入衡山中去，遂不復見。」

2. 《眞誥・協昌期第二》曰：「東陵聖母口訣：學道愼勿言，有多爲山神百精所試。夜臥，閉目存眼童子在泥丸中，令內視身神，長生昇天。劉京亦用此術。」註曰：「出《神仙傳》，今爲海神之宗。劉京，漢末人，出《飛步經》後。」

3. 《洞眞上清太微帝君步天綱飛地紀經簡玉字上經》曰：「漢成皇帝大司馬王鳳以陽朔元年中聞道士劉京從邯鄲張君學仙，得步天綱法。」

玄洲上卿太極中候大夫蘇君（名林，字子玄。涓子弟子，周君師）

【校】

古本「玄」作「元」，避康熙諱，「候」作「侯」；秘本、說本「候」作「侯」；說本「玄」字闕末筆「、」，避康熙諱。

【註】

1. 《紫陽眞人內傳》曰：「吾是中嶽僊人蘇林字子玄也，本衛人，受學於岑先生，岑先生見授鍊身消災之近術，後又傅仇公，仇公乃見教以服氣之法、還神守魂之事，吾行之甚驗，大得其益。仇公見告云：『術識盡此，不能使子白日昇天，上爲眞官也。』致吾於涓子。涓子者，中僊人也，守之彌年，見教守三一之法……吾因受之，得以遊翔名山，往來方諸之館，寢息丹陵之丘，看望八表，得意而棲，從容以來數百年，中良爲樂，足樂……」又曰：「我受涓子秘要，善守三一之道，役使鬼神，受太極帝君眞印封掌名山，以得不死，亦是金闕帝君眞書之首，眾妙之大訣，但吾所學，少成地僊人也……」又曰：「吾行當被玄洲召去……」又曰：「蘇子玄後亦被玄洲召爲眞命上卿。一旦於陳留乘雲車，驂龍虎符，侍者羽蓋而昇天也。同時多有見者，冉冉西北升，良久雲氣覆之，遂絕。」又曰：「涓子即子玄之師……」

2. 《上清黃氣陽精三道順行經》曰：「蘇子林、谷希子、幼陽君、王喬、赤松、皇人青眞之徒，始學便修三道之要黃氣陽精丹書紫字之法，便得超凌三清，登青華之宮，更受上品妙經，詣金闕，受號位登玉清上眞四極之任。」

3.《太上洞房內經序》曰：「昔蘇子玄者，外國人也，善行三一，爲中嶽僊人。」

4.《登眞隱訣》卷上有「玄洲上卿蘇君」。

5.《眞誥‧握眞輔第一》曰：「周君（指紫陽左眞人周義山）曰：『寡人先師蘇君……』」

6.《無上秘要》曰：「蘇林，字子玄，濮陽曲水人，師涓子道學，受三元眞一，遊遍人間數百年。玄洲遣迎，雲車羽蓋，驂駕龍虎，錫玄洲上卿，領太極中候大夫。」

7.《玄洲上卿蘇君傳》（《雲笈七籤》卷104）曰：「先師姓蘇，諱林，字子玄，濮陽曲水人也。少稟異操，獨逸無倫，訪眞之志，與日彌篤。常負擔至趙，師琴高先生，時年二十一，受鍊氣益命之道……後改師華山僊人仇先生……（仇先生）乃致林於涓子……以漢元帝神爵二年三月六日告季通曰：『我昨夜被玄洲召爲眞命上卿，領太極中候大夫，與汝別。』比明旦，有雲車羽蓋，驂龍駕虎，侍從數千人迎林，即日登天，冉冉西北而去。良久，雲氣覆之遂絕。林未去之時，先是太極遣使者下拜爲中嶽眞人，後又太上遣玉郎下拜爲五嶽地眞人，宮在丹陵。」

弄玉

【註】

1. 見「蕭史」條。

2.《無上秘要》曰：「秦穆公女，奔蕭史者。」

二女（白水使者）

【校】

古本、說本無「白水使者」四字。

【註】

1.《楚辭‧離騷》曰：「朝吾將濟於白水兮，登閬風而馬。」王逸註曰：「《淮南子》言：『白水出崑崙之山，飲之不死。』」

2.《列仙傳‧江妃二女》曰：「江妃二女者，不知何所人也。出遊於江漢之湄，逢鄭交甫見而悅之，不知其神人也。謂其僕曰：『我欲下請其佩。』僕曰：『此間之人皆習於辭，不得，恐罹悔焉。』交甫不聽，遂下與之言曰：『二女勞矣。』二女曰：『客子有勞，妾何勞之有！』交甫曰：『橘是柚也，我盛之以筥，令附漢水，將流而下，我遵其旁，采其芝而茹之，以知吾爲不

遜也。願請子之佩。』二女曰：『橘是柚也，我盛之以莒，令附漢水，將流而下，我遵其旁，采其芝而茹之。』遂手解佩與交甫。交甫悅，受而懷之，中當心。趨去數十步，視佩，空懷無佩。顧二女，忽然不見。《詩》曰：『漢有遊女，不可求思。』此之謂也。」

3. 《洞眞上清太微帝君步天綱飛地紀經簡玉字上經》曰：「二女步綱，俱澣白水，乃見金母，棲身東陛。」

4. 《無上秘要》曰：「二女，白水陽見禹者。」

長桑公子（莊子師）
【註】

1. 《史記・扁鵲倉公列傳》曰：「扁鵲者，勃海郡鄭人也，姓秦氏，名越人。少時爲人舍長。舍客長桑君過，扁鵲獨奇之，常謹遇之。長桑君亦知扁鵲非常人也。出入十餘年，乃呼扁鵲私坐，間與語曰：『我有禁方，年老，欲傳與公，公毋泄。』扁鵲曰：『敬諾。』乃出其懷中藥予扁鵲：『飲是以上池之水，三十日當知物矣。』乃悉取其禁方書盡與扁鵲。忽然不見，殆非人也。扁鵲以其言飲藥三十日，視見垣一方人。以此視病，盡見五藏癥結，特以診脈爲名耳。」

2. 《漢武帝內傳》有「長桑公子」。

3. 《神仙傳・玉子》曰：「玉子者，姓章名震，南郡人也……乃師桑子，受其眾術。」

4. 《眞誥・稽神樞第四》曰：「莊子師長桑公子，授其微言，謂之《莊子》也。隱於抱犢山，服北盲火丹，白日升天，上補太極闈編郎。」註曰：「長桑即是扁鵲師，事見《魏傳》及《史記》。世人苟知莊生如此者，其書彌足可重矣。」

5. 《無上秘要》曰：「長桑公子，莊周師，授扁鵲起死方者。」

韋編郎莊周
【註】

1. 《史記・老子韓非列傳》曰：「莊子者，蒙人也，名周。周嘗爲蒙漆園吏，與梁惠王、齊宣王同時。其學無所不闚，然其要本歸於老子之言，故其著書十餘萬言，大抵率寓言也。作《漁父》、《盜跖》、《胠篋》，以詆訿孔子之徒，以明老子之術。」

2. 《高士傳》曰：「莊周者，宋之蒙人也。少學老子。爲蒙縣漆園史，遂遺世
　 自放，不仕。王公大人皆不得而器之。楚威王使大夫以百金聘周，周方釣
　 於濮水之上，持竿不顧，曰：『吾聞楚有神龜，死二千歲矣，巾笥而藏之
　 於廟堂之上。此龜寧無爲留骨而貴乎？寧生曳尾塗中乎？』大夫曰：『寧
　 掉尾塗中耳。』莊子曰：『往矣，吾方掉尾於塗中。』或又以千金之幣迎
　 周爲相，周曰：『子不見郊祭之犧牛乎，衣以文繡，食以芻菽，及其牽入
　 太廟，欲爲孤豚，其可得乎？』遂終身不仕。」

3. 《抱朴子·釋滯》曰：「莊公藏器於小吏。」《勤求》曰：「莊周貴於搖尾塗
　 中，不爲被網之龜，被繡之牛，餓而求粟於河侯，以此知其不能齊死生也。」

4. 《元始上眞眾仙記》曰：「莊周爲太玄博士，治在荊山。」

5. 《太極眞人敷靈寶齋戒威儀諸經要訣》曰：「太極眞人曰：『莊周者，太上
　 南華僊人也……世人於今不知是仙眞上人，以莊子所造多寓言，大鵬、大
　 椿、冥靈皆實錄語也，非虛發矣……』」

6. 《眞誥·稽神樞第四》曰：「莊子師長桑公子，授其微言，謂之《莊子》也。
　 隱於抱犢山，服北盲火丹，白日升天，上補太極闈編郎。」註曰：「長桑
　 即是扁鵲師，事見《魏傳》及《史記》。世人苟知莊生如此者，其書彌足
　 可重矣。」

秦佚
【註】

1. 《莊子·養生主》曰：「老聃死，秦失弔之。」

2. 《無上秘要》曰：「秦佚，弔老聃化者。」

接輿
【註】

1. 《論語·微子》曰：「楚狂接輿歌而過孔子曰：『鳳兮鳳兮！何德之衰？往
　 者不可諫，來者猶可追。已而，已而！今之從政者殆而！孔子下，欲與之
　 言。趨而辟（避）之，不得與之言。」

2. 《莊子·逍遙遊》曰：「肩吾問於連叔曰：『吾聞言於接輿，大而無當，往
　 而不返……』」《人間世》曰：「孔子適楚，楚狂接輿遊其門曰：『鳳兮鳳兮，
　 何如德之衰也！來世不可待，往世不可追也。天下有道，聖人成焉；天下
　 無道，聖人生焉。方今之時，僅免刑焉……』」

3. 《列仙傳·陸通》曰：「陸通者，云楚狂接輿也。好養生，食橐盧木實及蕪菁子。遊諸名山，在蜀娥媚山上，世世見之，歷數百年去。」

4. 《高士傳》曰：「陸通，字接輿，楚人也。好養姓，躬耕以爲食。楚昭王時，通見楚政無常，乃佯狂不仕，故時人謂之楚狂。孔子適楚，楚狂接輿，遊其門。曰：『鳳兮鳳兮，何如德之衰也？來世不可待，往世不可追也。天下有道，聖人成焉。天下無道，聖人生焉。方今之時，僅免刑焉。福輕乎羽，莫之知載。禍重乎地，莫之知避。已乎已乎，臨人以德。殆乎殆乎，畫地而趨。迷陽迷陽，無傷吾行。卻曲卻曲，無傷吾足。山木自寇也，膏火自煎也。桂可食故伐之，漆可用故割之。人皆知有用之用，而不知無用之用也。』孔子下車，欲與之言。趨而避之，不得與之言。楚王聞陸通賢，遣使者持金百鎰，車馬二駟，往聘通，曰：『王請先生治江南。』通笑而不應。使者去，妻從市來，曰：『先生少而爲義，豈老違之哉！門外車跡何深也。妾聞義士非禮不動。妾事先生，躬耕以自食，親織以爲衣，食飽衣暖，其樂自足矣，不如去之。』於是夫負釜甑，妻戴紝器，變名易姓，遊諸名山，食桂櫨實，服黃菁子，隱蜀峨眉山，壽數百年。俗傳以爲仙云。」

5. 《神仙傳·序》曰：「陸通匝遲紀於橐盧。」

6. 《洞真上清太微帝君步天綱飛地紀經簡玉字上經》曰：「接輿步綱，夫妻俱仙，得治峨嵋，封掌山川。」

7. 《無上秘要》曰：「接輿，上峨眉號陸通者。」

伯昏

【註】

1. 《莊子·德充符》曰：「申徒嘉，兀者也，而與鄭子產同師於伯昏无人。」
   《田子方》曰：「列禦寇爲伯昏无人射，引之盈貫，措杯水其肘上，發之，適矢復沓，方矢復寓。當是時，猶象人也。伯昏无人曰：『是射之射，非不射之射也。嘗與汝登高山，履危石，臨百仞之淵，若能射乎？』於是无人遂登高山，履危石，臨百仞之淵，背逡巡，足二分垂在外，揖禦寇而進之。禦寇伏地，汗流至踵。伯昏无人曰：夫至人者，上闚青天，下潛黃泉，揮斥八極，神氣不變。今汝怵然有恂目之志，爾於中也殆矣夫！』」
   《列禦寇》曰：「列禦寇之齊，中道而反，遇伯昏瞀人。伯昏瞀人曰：『奚方而反？』曰：『吾驚焉』曰：『惡乎驚？』曰：『吾嘗食於十漿，而五漿先饋。』伯昏無人曰：『若是，則汝何爲驚已？』曰：『夫內誠不解，

形諜成光，以外鎮人心，使人輕乎貴老，而鏊其所患。夫漿人特爲食羹
之貨，無多餘之贏，其爲利也薄，其爲權也輕，而猶若是，而況於萬乘
之主乎！身勞於國而知盡於事，彼將任我以事而效我以功，吾是以驚。』
伯昏瞀人曰：『善哉觀乎！女處己，人將保女矣。』无幾何而往，則戶外
之屨滿矣。伯昏瞀人北面而立，敦杖蹙之乎頤，立有間，不言而出。」

2. 《抱朴子‧釋滯》曰：「伯昏躡億仞而企踵。」

3. 《洞眞上清太微帝君步天綱飛地紀經簡玉字上經》曰：「伯昏步綱，列爲水
靈。」

4. 《無上秘要》曰：「伯昏，臨危引弓者。」

郘間

【註】

1. 《洞眞上清太微帝君步天綱飛地紀經簡玉字上經》曰：「郊間步綱，乘龍奔
辰，放鈎棄綸，永爲上眞。」按：「郊間」或即「郘間」。

2. 《抱朴子‧論仙》曰：「若使皆如郊閒兩瞳之正方……」按：「郊閒」或即
「郘間」。

老聃

【校】

古本「聃」作「耼」。

【註】

1. 《論語‧述而》曰：「述而不作，信而好古，竊比於我老彭。」

2. 《莊子‧天道》曰：「周之徵藏史有老聃者。」《天運》曰：「孔丘見老聃歸，
曰：『吾今於是乎見龍。』」《天下》曰：「關尹老聃乎！古之博大眞人哉！」

3. 《史記‧老子韓非列傳》曰：「老子者，楚苦縣厲鄉曲仁里人也，姓李氏，
名耳，字耼，周守藏室之史也。孔子適周，將問禮於老子……孔子去，謂
弟子曰：『……至於龍，吾不能知其乘風雲而上天，吾今日見老子，其猶
龍邪！』老子脩道德，其學以自隱無名爲務。居周久之，見周之衰，迺遂
去。至關，關令尹喜曰：『子將隱矣，彊爲我著書。』於是老子迺著書上
下篇，言道德之意五千餘言而去，莫知其所終。或曰：老萊子亦楚人也，
著書十五篇，言道家之用，與孔子同時云。蓋老子百有六十餘歲，或言二
百餘歲，以其脩道而養壽也。自孔子死之後百二十九年，而史記周太史儋

見秦獻公曰：『始秦與周合，合五百歲而離，離七十歲而霸王者出焉。』或曰儋即老子，或曰非也，世莫知其然否。老子，隱君子也。老子之子名宗，宗爲魏將，封於段干。」

4. 《列仙傳·老子》曰：「老子，姓李，名耳，字伯陽，陳人也。生於殷時，爲周柱下史。好養精氣，接而不施。轉爲守藏史，積八十餘年。《史記》云：『二百餘年，時稱爲隱君子，諡曰聃。仲尼至周，見老子，知其聖人，乃師之。後周德衰，乃乘青牛車去入大秦。過西關，關令尹喜待而迎之，知眞人也。乃強使著書，作道德上下經二卷。』」《列仙傳·關尹喜》曰：「關令尹喜者，周大夫也。善內學，常服精華，隱德修行，時人莫知。老子西遊，喜先見其氣，知有眞人當過，物色而遮之，果得老子。老子亦知其奇，爲著書授之，後與老子俱遊流沙，化胡。服苣勝實，莫知其所終。尹喜亦自著書九篇，號曰《關尹子》。」《列仙傳·容成公》曰：「容成公者，自稱黃帝師，見於周穆王，能善補導之事。取精於玄牝，其要，谷神不死，守生養氣者也。髮白更黑，齒落更生，事與老子同。亦云，老子師也。」

5. 《後漢書·桓帝紀》曰：「（延熹）八年春正月，遣中常侍左悺之苦縣，祠老子。十一月，使中常侍管霸之苦縣，祠老子。」《後漢書》志第八《祭祀中》曰：「桓帝即位十八年，好神仙事。延熹八年，初使中常侍之陳國苦縣祠老子。九年，親祠老子於濯龍。文罽爲壇，飾淳金扣器，設華蓋之坐，用郊天樂也。」《後漢書·孔融傳》曰：「融曰：『然。先君孔子與君先人李老君同德比義，而相師友……』」

6. 《高士傳》曰：「老子李耳，字伯陽，陳人也。生於殷時，爲周柱下史，好養精氣，貴接而不施。轉爲守藏史。積八十餘年，《史記》云二百餘年。時稱爲隱君子，諡曰聃。仲尼至周，見老子，知其聖人，乃師之。後周德衰，乃乘青牛車去，入大秦。過西關，關令尹喜望氣先知焉，乃物色遮候之。已而老子果至，乃強使著書，作《道德經》五千餘言，爲道家之宗。以其年老，故號其書爲《老子》。」

7. 《神仙傳·老子傳》曰：「或云：『母懷之七十二年乃生，生時剖母左腋而出，生而白首，故謂之老子。』或云：『老子之母，適至李樹下而生老子，生而能言，指李樹曰：以此爲我姓。』」

8. 《抱朴子·對俗》曰：「俗人貪榮好利，汲汲名利，以己之心，遠忖昔人，

乃復不信古者有逃帝王之襌授，薄卿相之貴任，巢許之輩，老萊莊周之徒，以爲不然也。況於神仙，又難知於斯，亦何可求今世皆信之哉？」又曰：「得道之高，莫過伯陽。伯陽有子名宗，仕魏爲將軍，有功封於段干。」《金丹》曰：「抱朴子曰：『復有太清神丹，其法出於元君。元君者，老子之師也……元君者，大神仙之人也，能調和陰陽，役使鬼神風雨，駿駕九龍十二白虎，天下眾仙皆隸焉，猶自言亦本學道服丹之所致也，非自然也……』」又曰：「金液，太乙所服而仙者也……老子受之於元君。」《塞難》曰：「老子，得道之聖也……道者，萬殊之源也。儒者，大淳之流也……仲尼既敬問伯陽，願比老彭。又自以知魚鳥而不識龍，喻老氏於龍，蓋其心服之辭，非空言也。與顏回所言，瞻之在前，忽然在後，鑽之彌堅，仰之彌高，無以異也。」《釋滯》曰：「伯陽爲柱史。」《明本》曰：「昔赤松子、王喬、琴高、老氏、彭祖、務成子、鬱華皆眞人，悉仕於世，不便遐遁……」《勤求》曰：「老子以長生久視爲業。」《雜應》著錄《老子篇中記》，有「老子領中符」；《登涉》有「老子左契」、「李耳太平符」；《祛惑》有「老君竹使符、左右契」；《遐覽》有「左右契」。

9. 《拾遺記》卷 3 曰：「老聃在周之末，居反景日室之山，與世人絕跡。惟有黃髮老叟五人，或乘鴻鶴，或衣羽毛，耳出於頂，瞳子皆方，面色玉潔，手握青筠之杖，與聃共談天地之數。及聃退跡爲柱下史，求天下服道之術，四海名士，莫不爭至，五老即五方之精也。浮提之國，獻神通善書二人，乍老乍少，隱形則出影，聞聲則藏形。出肘間金壺四寸，上有五龍之檢，封以青泥。壺中有黑汁如淳漆，灑地及石，皆成篆隸科斗之字。記造化人倫之始，佐老子撰《道德經》，垂十萬言。寫以玉牒，編以金繩，貯以玉函。晝夜精勤，形勞神倦。及金壺汁盡，二人刳心瀝血，以代墨焉。遞鑽腦骨，取髓代爲膏燭。及髓血皆竭，探懷中玉管，中有丹藥之屑，以塗其身，骨乃如故。老子曰：『更除其繁紊，存五千言。』及至經成工畢，二人亦不知所往。」

10. 《洞眞上清太微帝君步天綱飛地紀經簡玉字上經》曰：「老聃步綱，稱曰聖師。」